Stein / Scherak

Kompendium Jugend
im ländlichen Raum

D1734995

Margit Stein
Lukas Scherak
(Hrsg.)

Kompendium Jugend
im ländlichen Raum

Verlag Julius Klinkhardt
Bad Heilbrunn • 2018

k

Dieser Titel wurde in das Programm des Verlages mittels eines Peer-Review-Verfahrens aufgenommen. Für weitere Informationen siehe www.klinkhardt.de.

Bibliografische Information der Deutschen Nationalbibliothek
Die Deutsche Nationalbibliothek verzeichnet diese Publikation
in der Deutschen Nationalbibliografie; detaillierte bibliografische Daten
sind im Internet abrufbar über http://dnb.d-nb.de.

Bildnachweis Coverfoto: © Yvonne Weis / fotolia.de.
Druck und Bindung: AZ Druck und Datentechnik, Kempten.
Printed in Germany 2018.
Gedruckt auf chlorfrei gebleichtem alterungsbeständigem Papier.

ISBN 978-3-7815-2264-0

Inhaltsverzeichnis

Jugend auf dem Land: Ländliche Räume und ihre Wahrnehmung durch verschiedene Akteursgruppen

Jugend auf dem Land: Ausgewählte Bereiche und Themen

1) Wirtschaft und wirtschaftliche Teilhabe von Jugendlichen in ländlichen Räumen

2) Politik mit und für Jugendliche in ländlichen Räumen

3) Bildung und Bildungsbeteiligung von Jugendlichen in ländlichen Räumen

4) Werteorientierung und Wertebildung von Jugendlichen in ländlichen Räumen

Vorwort

Wenn man sich mit ländlichen Räumen und ihrer Wahrnehmung durch verschiedene Akteursgruppen beschäftigt und dazu noch einen besonderen Fokus auf die Jugend legen will, dann stellen sich zunächst einmal einige definitorische Grundfragen. Jugend sei Trunkenheit ohne Wein, beschrieb einst Johann Wolfgang von Goethe eine Lebensperiode scheinbar noch ohne Sorgen, in Wirklichkeit aber viel komplexer und viel schwieriger zu fassen, als es vordergründig scheint, bezeichnet der Begriff „Jugend" doch nicht nur eine bestimmte Phase im Leben eines Individuums, sondern auch eine eigenständige Gruppe von Menschen in einer, je nach Epoche und Kultur durchaus unterschiedlich zu fassenden und differenziert zu betrachtenden Altersspanne.

Ähnlich komplex ist auch der Begriff des ländlichen Raumes, der sich, ungeachtet seiner naturräumlichen und kulturhistorischen Vielfalt, vielleicht als ein naturnaher, teilweise noch land- und forstwirtschaftlich geprägter Siedlungs- und Landschaftsraum mit relativ geringer Bevölkerungs- und Bebauungsdichte und geringer Zentralität der Städte und Dörfer beschreiben ließe, jedoch je nach erkenntnistheoretischer Positionierung eine große ökonomische, naturräumliche und soziale Differenziertheit aufweist, starken Wandlungsprozessen unterliegt und häufig als eine Art „Restgröße" jenseits größerer Städte und Ballungszentren angesehen wird und in diesem Sinne im Gegensatz zu urbanen Verdichtungsräumen und ihren Randzonen steht.

Oft durch die „urbane" Brille betrachtet, häufig genug aber auch mit eigenen Stereotypen kämpfend, sind die ländlichen Räume, definitorisch und konzeptuell nur bedingt einheitlich zu fassen. So ist der ländliche Raum in den bevölkerungsärmeren Regionen im Süden und Osten Niedersachsens ein ganz anderer als im zuzugsstarken demographisch stabilen und mittelständisch geprägten Oldenburger Münsterland. Selbst kleinräumige Vergleiche zwischen benachbarten Dörfern, Gemeinden und kleineren Städten lassen oft erhebliche Kontraste bezüglich des Siedlungsbildes, des Wirtschafts- und Sozialgefüges, der kulturellen Aktivitäten sowie der allgemeinen Entwicklungsdynamik erkennen. Gerade weil der gesellschaftliche Blick auf den ländlichen Raum und auf die Jugend oft durch einen hohen Stadtbias geprägt, vielfach dazu noch durch implizite Selbstverortungen, Wertorientierungen sowie kulturelle Deutungsmuster und Zuschreibungen beeinflusst wird, erscheint es von großer Bedeutung, sich wissenschaftlich mit der „Jugend auf dem Land" und den damit verbundenen Wahrnehmungs- und Interpretationsmustern zu befassen.

Die Sache scheint sonnenklar und ist es doch nicht. Die ländlichen Räume leiden unter den Folgen des demografischen Wandels, besonders stark trifft sie der Weggang junger Menschen. Doch ist das wirklich überall so? Warum zieht es Jugendliche überhaupt in die Städte? Unter welchen Bedingungen würden sie nach Abschluss ihrer Ausbildung wieder in ländliche Regionen wechseln? Und aus welchen Gründen bleiben manche junge Menschen gleich dort? Was macht den Zusammenhalt und die (gleichwohl oft mangelnde) Attraktivität aus und was ist überhaupt „ländlicher Raum" bzw. „Land"? Welche Wahrnehmungsmuster, einschließlich Stereotype und Vorurteile beherrschen die Diskussion und beeinflussen letztlich auch Entscheidungen, im Kleinen wie im Großen?

Nicht nur wirtschaftliche Teilhabe und berufliche Perspektiven spielen darin eine zentrale Rolle. Es geht auch im Bildungschancen und Beteiligungsmöglichkeiten von Jugendlichen. Gibt es spezifische Werteorientierungen von Jugendlichen auf dem Lande, ist das „Wir-Gefühl" tatsächlich größer als in der Stadt? Nicht zuletzt sind auch Verhaltens- und Erlebniswelten von Jugendlichen zu hinterfragen. Können flächendeckendes schnelles Internet und die Digitalisierung den Stadt-Land-Gegensatz nivellieren? Globales Dorf oder Smart Country, der ländliche Mikrokosmos mit seinen kleinteiligen Netzwerken auf unterschiedlichsten Ebenen ist vielleicht doch zukunftsfähiger als zuweilen gedacht.

Die Universität Vechta, die tief im ländlichen Raum verwurzelt ist und per definitionem junge Menschen in den Vordergrund ihres Interesses stellt, sieht eine wichtige Aufgabe darin, Transformations- und Veränderungsprozesse zu untersuchen, wissenschaftlich zu begleiten und natürlich als Innovationsmotor die ländliche Regionalentwicklung auch aktiv mitzugestalten. Partizipative Forschungsansätze und den Wissenstransfer vor Ort unterstützt seit einigen Jahren der innovative Science-Shop am Standort Cloppenburg.

Neben Forschung und Lehre ist die sogenannte „Third Mission" inzwischen eine wichtige Säule der Hochschulen und damit auch Standbein in den jeweiligen Regionen geworden. Diese ist besonders wichtig in ländlichen Gebieten, die oftmals vom demografischen und strukturellen Wandel besonders betroffen sind und meist wenig aus eigenen Mitteln investieren können. Hochschulen vor Ort können dann zeigen, was „Land" und Region neben Forschung und Lehre von ihnen bekommen können: Weiterbildungsangebote, wissenschaftliche Beratungen und Dienstleistungen, öffentliche Ringvorlesungen oder offene Kinderlabore. Auch Forschungsprojekte mit örtlichen Unternehmen, sozialen Institutionen und natürlich den Kommunen fallen darunter. Hieraus entsteht ein Mehrwert für alle Beteiligten, die zudem demonstrieren, was vor Ort geleistet werden kann, wenn man gemeinsam an einem Strang zieht.

Transformation und Wandel betreffen alle Regionen Deutschlands, Europas und im Zuge der Globalisierung nicht zuletzt der ganzen Welt, aber sie wirken sich regional sehr unterschiedlich aus bzw. haben Folgen, denen begegnet werden muss.

Wirtschaft, Gesellschaft und Raum lassen sich dabei nicht losgelöst voneinander betrachten. Ökonomischer Wandel bringt oft gesellschaftlichen und kulturellen Wandel mit sich, man denke nur an die Digitalisierung aller Lebensbereiche. Insbesondere junge Menschen sind, ob freiwillig oder gezwungenermaßen, heute in nie gekanntem Ausmaß mobil, zwischen den Regionen Deutschlands aber auch in Europa und nicht zuletzt global. Die weltweiten Flüchtlingsströme zeigen uns, dass dies eine nicht nur auf Europa beschränkte Entwicklung ist. Räumliche und organisationelle Strukturen, z.b. in den Siedlungsformen, Versorgungs-, Verkehrs- und Kommunikationssystemen, können nur zeitverzögert oder eingeschränkt auf diese Veränderungen reagieren. Politik ist gefordert. Junge Menschen nutzen daher ihre Chancen sehr unterschiedlich: Gehen oder Bleiben? Mitgestalten vor Ort, Mut zur Lücke oder Chance für eigene Wege? Integration oder Segregation?

Die einführenden Beiträge in diesem Sammelband decken die gesamte Bandbreite des Themas Jugend in ländlichen Räumen ab. Seit den 1990er Jahren hat sich die Ungleichheit der Lebensräume zu Ungunsten der ländlichen Räume erneut vertieft. Doch wie definieren sich ländliche Räume? Hier gibt es stark divergierende Ansätze und Konzepte. Und nicht jeder ländliche Raum ist „typisch" abzugrenzen und klar zu umreißen. Karl Martin Born und Annett Steinführer bilden mit ihrem Beitrag den unerlässlichen Einstieg: Was sind eigentlich ländliche Räume und wo in Deutschland treten sie auf?

Dem Gegensatzpaar Stadt-Land widmen sich nachfolgend Martin Stummbaum und Tobias Hempel. Städtische „Urbanität" wird hier zu Teilen als Vision, wenn nicht gar Schimäre entlarvt, die der gängigen „Dorf-Natur-Idyllisierung" oder ländlichen „No-Future-Perspektivlosigkeit" als Extrempolen gegenüber steht. „Wohnen" steht „Leben" in der Realität eben nicht so eindeutig diametral gegenüber wie in der Werbung eines schwedischen Möbelhauses, in der es heißt: „Wohnst Du noch (auf dem Land) oder lebst Du schon (in der Stadt)?"

Mit der Niedersächsischen Landjugendstudie hatte Margit Stein 2010/13 den Fokus der Aufmerksamkeit erstmals explizit auf jugendliches Leben auf dem Land gelegt. Neben den etablierten Ansätzen und Ergebnissen der Shell-Jugendstudien und der Erhebungen des Deutschen Jugendinstituts DJI wurde damit der bis dahin bestehende „Stadtbias" überwunden. Gemeinsam mit Lukas Scherak und Detlef Lindau-Bank gewährt ihr Beitrag Einblicke in Methodik und Zielsetzung und ermöglicht „land"-spezifische Aussagen.

Eine vergleichende Langzeitperspektive über 60 Jahre hinweg ermöglicht die Studie „Ländliche Lebensverhältnisse im Wandel 1952, 1972, 1993 und 2012", des Bundesministeriums für Ernährung und Landwirtschaft, die Andreas Keil, Charlotte Röhner und Nur Seyfi in ihrem Beitrag vorstellen. Die Transformation von Kindheit in ländlichen Räumen wird anhand der untersuchten 20-Jahres-Abstän-

de besonders deutlich. Der Fokus des Beitrags liegt auf der aktuellen Sicht der Erwachsenen auf die Lebensbedingungen von Kindern in ländlichen Räumen.
Um Alltagswelten und Zukunftsvorstellungen der Jugendlicher selbst geht es Andrea Moser und Tobias Mettenberger, die aus zwei Studien „Jugend und Ländlichen Räumen zwischen Bleiben und Abwandern" und „Jugendliche Zukunftsorientierungen in ländlichen Mittelstädten" recht heterogene Befunde zu Lebensentwürfen junger Menschen präsentieren. Ländliche Bleibebemühungen für Jugendliche müssen sich vor diesem Kontext letztlich auch fragen lassen, ob eine enge Bindungs-Strategie den jungen Menschen die bestmöglichen Chancen zur Entwicklung bietet, oder ob eine (temporäre) Wanderung zu individuellen Standorten, gleich ob in der Stadt oder dem Land, nicht auch eine zu gestaltende Option sein muss, um der Lebensbiographie und -planung zu entsprechen.
Dieser Perspektive widmet sich auch Markus Wochnik, der Bleibestrategien von Jugendlichen im ländlichen Raum analysiert. Was ist überhaupt eine „erfolgreiche" Biographie? Wird man auf dem Land automatisch als „rückständig" und „chancenlos", mithin als „förderbedürftig" abgestempelt? Ländliche Biographie wird somit oft negativ konstruiert und konnotiert. Stehen Anpassung und Selbstverwirklichung wirklich im Kontrast zueinander? Und wieviel Einfluss haben gesellschaftliche Orientierungsmuster vor Ort bzw. medial transportierte „Meinungen"? Jugendliche wissen oft besser als gemeinhin angenommen, damit umzugehen.
Svenja Lenz und Margit Stein analysieren Familienbilder im Stadt-Land-Vergleich. „Heile Großfamilie" im Dorf und Vereinzelung und „Patchwork-Family" in der Stadt, so lauten gern tradierte Stereotypen in diesem Kontext. Auch hier zeigt sich anhand von Studien mit Grundschulkindern, dass diese ein differenzierteres Bild von Familienkonstellationen haben. Die eigene Erfahrung im Umgang mit unterschiedlichen Lebensstilen und Familienentwürfen ist aber weiterhin in der Stadt signifikant größer als auf dem Land.

Fünf exemplarischen Schwerpunktthemen widmen sich die Beiträge im zweiten Teil des Sammelbandes:
Wirtschaft und wirtschaftliche Teilhabe in ländlichen Räumen betrifft vor allem junge Menschen, die vor der Frage stehen, wie und wo sie sich eine Existenz aufbauen sollen bzw. können. Das beginnt mit den Ausbildungschancen und wird begleitet von attraktiven Angeboten, die regionale Bindung und Perspektive erzeugen können. Birgt die zunehmende Akademisierung der Ausbildung eine zusätzliche Gefahr für hochschulferne Räume? Andererseits können günstige Lebenshaltungskosten auch Teilhabe ermöglichen, die Zentren nur offerieren, aber letztlich nicht einlösen können.
Insofern ist auch (nicht nur lokale!) Politik mit und für Jugendliche in ländlichen Räumen ein wichtiges Thema bzw. eine neue Herausforderung: Vor Ort gelebte

Teilhabechancen können unveränderliche räumliche Disparitäten abmildern, politisches Handeln muss gezielt junge Menschen adressieren und ihre Bedürfnisse ernst- und aufnehmen. Zugleich muss attraktive Regionalpolitik auch Offenheit und Mitsprache ermöglichen, was wiederum das „Risiko" für individuelle Entscheidungen (z.B. auch für eine Abwanderung) gegebenenfalls erhöhen kann. Die regionale Jugendstudie zum Landkreis Vechta zeigt beispielhaft, was bei Jugendlichen gut ankommt und wie Bindung funktionieren kann.

Bildung ist nach wie vor ein Schlüssel für individuelle wie strukturelle Entwicklung. Was kann und muss ländliche Bildung leisten? Wie steht die Bildungsbeteiligung heute da? Sind zentrale Schulzentren mit allen Schulformen, aber oft stundenlangen Busanfahrten „besser" als die überschaubare „Dorfschule" vor Ort? Und was sind die Unterrichtsinhalte bzw. zu vermittelnden Kompetenzen? Lernen „Stadtkinder" ander(e)s?

Und wie steht es um die vielbeschworenen „Werte"? Progressivität und Beharrung: Wertevermittlung findet neben der Familie auch auf dem Land zu einem wachsenden Teil in der Schule und der Jugendarbeit statt. Die demokratische Zivilgesellschaft muss Wertevermittlung aber stets kritisch begleiten, so dass in ländlichen Räumen kein Vakuum entsteht, in dem demokratiefeindliche und populistische Gruppierungen ihre Gedankenwelt verbreiten können. Wir-Gefühl und Zugehörigkeit auch bei Jugendlichen mit Migrationshintergrund können als Indikatoren einer erfolgreichen Integrationsleistung im ländlichen Raum belegt werden. Beständige Werte bei gleichzeitiger Offenheit und Beweglichkeit neuer Vielfalt gegenüber können „Heimatbindung" bieten.

Zwei Beiträge widmen sich abschließend exemplarisch ausgewählten Aspekten aus den Verhaltens- und Erlebniswelten von Jugendlichen: Das Nutzungsverhalten im Internet wird vor allem auch von den (meist in geringerem Umfang) verfügbaren Breitbandstrukturen in ländlichen Regionen determiniert. Ein eigenständiges Mikrosystem stellt der ländliche Raum hingegen teilweise noch im Bereich der Interventionsprozesse nach Gewalterfahrungen und Missbrauch von Jugendlichen dar. Hier steht eine höhere soziale Kontrolle einer ebenfalls höheren Gefahr von Stigmatisierung und Tabuisierung solcher Vorfälle gegenüber.

Der vorliegende Sammelband bietet insgesamt mit seinen zahlreichen Beiträgen einen facettenreichen Querschnitt durch die aktuellen Debatten und Forschungsergebnisse im Kontext „Jugend und ländliche Räume". Ich freue mich, dass der ländliche Raum Jugendlichen durchaus viel bieten kann und als Lebens- und Entwicklungsraum geschätzt wird, wenn die Bedingungen „stimmen". Hierzu bedarf es vernetzter und übergreifender Ansätze, enger Kooperation und eines gemeinsamen Miteinanders aller Beteiligten, nicht zuletzt der Hochschulen. Die Zukunft der ländlichen Räume wird in hohem Maße von den dort lebenden Jugendlichen selbst bestimmt. Sehen diese ihre Region als lebenswert und zukunftsfähig an und können sie diese mitgestalten, besteht die Chance, dass sie dort verbunden bleiben bzw. nach einer Ausbildung bzw. einem Studium dorthin zurückkehren. Alles in allem bietet dieses Werk umfangreiche Daten, Praxisbeispiele sowie individuelle Perspektiven und lädt damit zu anregenden Diskussionen und weiteren Studien ein, die unsere Kenntnisse über den ländlichen Raum und die dort lebenden und arbeitenden Menschen zukünftig noch weiter verbessern werden.

Prof. Dr. Burghart Schmidt
Präsident der Universität Vechta

Jugend auf dem Land:
Ländliche Räume und ihre Wahrnehmung durch verschiedene Akteursgruppen

Karl Martin Born und Annett Steinführer

Ländliche Räume: Definitionsprobleme, Herausforderungen und gesellschaftlicher Wandel

1 Einleitung und Zielsetzung

Der nachfolgende Beitrag verfolgt das Ziel, den Begriff der ländlichen Räume im Hinblick auf seine Mehrdimensionalität zu präzisieren. Zugleich werden aktuelle und künftige Herausforderungen, vor denen ländliche Regionen in Deutschland stehen, benannt und an Beispielen in ihren Wechselwirkungen diskutiert. Die hier vorgenommene Betrachtung aus raum- und sozialwissenschaftlicher Perspektive interessiert sich gleichermaßen für Rahmenbedingungen und Handelnde – dabei stehen Jugendliche und die Lebensphase Jugend nicht im Vordergrund, werden aber im Zusammenhang mit einzelnen Prozessen und Herausforderungen besonders berücksichtigt.

Nach einer Diskussion von Definitionsproblemen und verschiedener Abgrenzungen ländlicher Räume soll die Bedeutung dieser Raumkategorie für die Gesamtgesellschaft Deutschlands vermittelt werden. Dieser Abschnitt thematisiert sowohl Eigenschaften ländlicher Räume als auch tradierte und wirkmächtige Zuschreibungen. Vor diesem Hintergrund werden dann Überlegungen zu aktuellen und zukünftigen Herausforderungen angestellt, um interne wie externe Entwicklungen in ihrer Bedeutung für ländliche Räume zu identifizieren und zu analysieren. Ein Schwerpunkt liegt dabei auf dem demographischen Wandel. Anschließend werden ausgewählte Prozessabhängigkeiten und Wirkungsketten vorgestellt, um Uneinheitlichkeiten und Brüche in der Entwicklung ländlicher Räume zu verdeutlichen und Hinweise für eine differenzierte Betrachtung und politisch-planerische Behandlung dieser Raumkategorie zu geben. Ein Fazit beschließt den Beitrag.

2 Ländliche Räume: Definitionen, Abgrenzungen, Übergangsbereiche

Ein Konsens über die ökonomische, naturräumliche und soziale Differenziertheit ländlicher Räume ist schnell hergestellt. Doch lassen sich in der Frage ihrer Definition und Abgrenzung unterschiedliche erkenntnistheoretische Positionen vertreten (u.a. Mormont 1990; Henkel 2004; Becker 2005; Cloke 2006; Baumann 2016; Grabski-Kieron 2016; Küpper 2016; Maretzke 2016):

Ländliche Räume sind eine eigene, durch spezifische Indikatoren bestimmbare und auf statistischer Basis abgrenzbare Raumkategorie.

Ländliche Räume sind ein fluider, sowohl im Alltagshandeln individuell unterschiedlich definierter als auch je nach wissenschaftlichem Erkenntnisinteresse stets neu zu konzeptualisierender Raumtyp.

Alles, was übrigbleibt, wenn (Groß- oder kreisfreie) Städte und Ballungszentren definiert sind, wird als „ländlich" klassifiziert – ländliche Räume werden also mittels einer Negativdefinition abgegrenzt und stellen eine Restkategorie dar.

Ein eigener Gebietstyp „ländlicher Raum/ländliche Räume" existiert aufgrund der allgemeinen Verbreitung urban(isiert)er Lebensstile und Lebensweisen gar nicht mehr.

Absolute Raumkategorien sind – aus einer sozialkonstruktivistischen Sicht – überhaupt abzulehnen.

Ausgehend von den beiden erstgenannten Positionen bleibt jegliche definitorische und – nachgelagert – räumliche Abgrenzung ländlicher Räume eine grundlegende Herausforderung. Hierbei lassen sich drei Denkfiguren unterscheiden: Zum ersten gelten Stadt und Land, städtische und ländliche Räume, Städte und Dörfer als polarisierende Beschreibungen von Siedlungs- und Landschaftseinheiten und somit als Gegensätze, wenn aus definitorischen Gründen unterschiedliche Parameter (vorrangig Bevölkerungs- und Siedlungsdichte, Tertiärisierungsgrad, Freiraumausstattung sowie Lage zu Oberzentren) herangezogen und an einem jeweils zu bestimmenden – und deshalb in gewisser Weise immer beliebigen – Schwellenwert voneinander unterschieden werden. Zum zweiten lässt sich als wichtige Ursache für die inhaltlichen Abgrenzungsschwierigkeiten eine dichotome Betrachtung von Stadt und Land vermuten – im Sinne zweier komplementärer Teile eines Ganzen. Als prominentes Beispiel ist hier der häufig gehörte Verweis auf die Bevölkerungsstatistik der Vereinten Nationen zu erwähnen, wonach in Deutschland 75 % aller Menschen „in Städten" leben – gern missverstanden als „Großstadt", doch ist die UN-Formulierung „urban areas" sehr viel vager (UN 2015). Ländliche Räume sind in diesem Verständnis der komplementäre und nicht näher differenzierte Restraum. In der wissenschaftlichen Fachterminologie finden sich darüber hinaus mit „suburban", „perirural" und „periurban" Bezeichnungen zur Charakterisierung von Übergangsbereichen. Zum dritten wird der Gebrauch von „Stadt" oder „Land" auch von normativ aufgeladenen Kontexten und damit Zuschreibungen beeinflusst, die häufig nicht nur mit Lebensstilen und Milieus assoziiert werden, sondern zugleich wertend wirken: Modernität, Traditionsbewusstsein, Zukunftsgewandtheit, Nostalgie etc. sind typische Bezugsmaßstäbe dieser Sichtweise. Für jede Definitionsbemühung ist zu beachten, dass „ländlich" im Gegensatz oder in Ergänzung zu „städtisch" ein tief im kulturellen Gedächtnis verankertes Gedankenkonstrukt der westlichen Welt ist (Mormont 1990, 40f.), das zahlreiche normative Assoziationen in sich birgt, die im Alltag, oft aber auch in der Wissenschaft implizit mitschwingen oder gar explizit verwendet werden. Abhängig von der je spezifischen erkenntnistheoretischen Position finden sich somit in der Literatur wahlweise Definitionsversuche oder aber die Position, dass ein befriedigendes, einheitliches Konzept ländlicher Räume angesichts ihrer Vielfalt heute nicht (mehr) möglich sei. Im Sinne einer Minimaldefinition sollen hier, Grabski-Kieron (2016, 826) folgend, die spezifische Form der Landnutzung (hohe Bedeutung land- und forstwirtschaftlicher Flächen sowie freiraumbezogener Ressourcennutzungen) und eine „disperse Siedlungsstruktur mit vorrangig gering- bis mittelzentralen und azentralen Siedlungen" (ebd.) als zentrale Strukturmerkmale ländlicher Räume in Mitteleuropa verstanden werden. Ein solches Verständnis versucht, die weit verbreiteten normativen Zuschreibungen an ländliche Räume zu vermeiden.

2.1 Statistikbasierte Abgrenzungen: Bevölkerungsdichte, Siedlungsgröße und -zentralität, Spezifika der Flächennutzung

Vor diesem Hintergrund wird verständlich, dass statistikbasierte Abgrenzungen in bestimmten Kontexten präferiert als vermeintlich „objektive" Kriterien zur Identifikation ländlicher Räume herangezogen werden. Ausgehend von einem Minimalverständnis ländlicher Räume als in erster Linie dünn(er) besiedelt stellen die Bevölkerungsdichte und die Siedlungsgrößen in einem definierten Raumausschnitt zentrale Indikatoren dar. So nutzt beispielsweise die OECD einen dreistufigen Abgrenzungsschlüssel, der zunächst alle Gebietskörperschaften mit weniger als 150 Einwohnern pro Quadratkilometer (EW/km²) als ländliche Räume definiert (OECD 2011). Allerdings ergeben sich durch nationale Unterschiede territorial-administrativer Zuweisungen erhebliche Schwierigkeiten: Für Deutschland verwendet die OECD die Gemeindeverbände (z.B. Verbands- oder Samtgemeinden) mit Durchschnittsgrößen zwischen 9.000 Einwohnern in Bayern und 23.500 Einwohnern in Baden-Württemberg,[1] während in Frankreich eine Gebietskörperschaft tatsächlich nur ein Dorf umfassen kann. In einem zweiten Schritt werden diese Gebietskörperschaften in der nächsten administrativen Ebene – in Deutschland die Kreise – zusammengefasst und nach dem Grad ihrer Ländlichkeit beurteilt: Als „überwiegend ländlich" gelten Kreise, in denen mehr als die Hälfte der Menschen in als ländlich kategorisierten Gebietskörperschaften leben. In diesen Kreisen darf es keine Städte über 200.000 Einwohner oder mit

---

1 Gemeindeverbände mit unterschiedlichen administrativen Funktionen und Rechtsstatus gibt es in allen Flächenländern außer im Saarland, in Hessen und in Nordrhein-Westfalen – für diese muss in solchen Abgrenzungen also die Gemeindeebene verwendet werden. Hierbei reicht die Bandbreite der durchschnittlichen Bevölkerungszahlen von weniger als 2.000 in Rheinland-Pfalz bis zu über 45.000 in Nordrhein-Westfalen (Stand Ende 2015; BBSR 2017b).

mehr als einem Viertel der Gesamtbevölkerung geben. Als Übergangskategorie zu „überwiegend städtischen" Gebieten werden außerdem „intermediäre" Regionen ausgewiesen.

Für die Europäische Union entwickelte Eurostat 2013 einen neuen rasterbasierten Zugang, um die Schwächen der OECD-Typologie – die unterschiedlichen Gebietsgrößen in den einzelnen Ländern auf LAU2- (Gemeinde-) und NUTS3- (Kreis-)Ebene – zu beheben. Bezugsebene sind 1-km²-Zellen. Diese Typologie ländliche Räume fasst nur als Restkategorie urbaner Räume auf: Sie haben weniger als 300 EW/km² pro Zelle und als Zellverbund (angrenzende Zellen mit weniger als 300 EW/km²) weniger als 5.000 Einwohner (Eurostat 2013; EU COM 2014).

In Deutschland hat das Bundesinstitut für Bau-, Stadt- und Raumforschung (BBSR) 2011 eine neue Abgrenzung der Siedlungsstrukturellen Kreistypen vorgelegt. In die Typologie flossen der Bevölkerungsanteil in Groß- und Mittelstädten, die Einwohnerdichte der Kreisregion und die Einwohnerdichte der Kreisregion ohne Groß- und Mittelstädte ein (zuletzt aktualisiert für den Stand 2015; BBSR 2017c). Vier siedlungsstrukturelle Kreistypen werden unterschieden. Davon sind zwei Typen ländlicher Kreise:

Ländliche Kreise mit Verdichtungsansätzen sind Kreise mit einem Bevölkerungsanteil in Groß- und Mittelstädten von mindestens 50 % und einer Einwohnerdichte unter 150 EW/km² sowie Kreise mit einem Bevölkerungsanteil in Groß- und Mittelstädten unter 50 % mit einer Einwohnerdichte ohne Groß- und Mittelstädte von mindestens 100 EW/km².

Dünn besiedelte ländliche Kreise haben einen Bevölkerungsanteil in Groß- und Mittelstädten unter 50 % und eine Einwohnerdichte ohne Groß- und Mittelstädte unter 100 EW/km² (Abb. 1).

Mit dieser Abgrenzung verabschiedete sich das BBSR von einer differenzierteren Darstellung mit neun siedlungsstrukturellen Kreistypen, darunter vier Typen ländlicher Räume, die sich in ihrer Lage im Raum, dem Regionstyp und der Bevölkerungsdichte unterschieden. Diese Typologie war bereits Anfang der 1990er Jahre entwickelt und noch in der Raumordnungsprognose 2020 (BBR 2004, Anhang, 284) verwendet worden. In dieser Abgrenzung gab es zwei eigene Typen ländlicher Räume, zudem umfassten auch Agglomerations- und Verstädterte Räume jeweils einen ländlichen Raumtyp.

Ausgehend von den vier Siedlungsstrukturellen Kreistypen des BBSR schlug Maretzke (2016) für die ländlichen Kreise mit Verdichtungsansätzen und die dünn besiedelten ländlichen Kreise eine eigene Typisierung vor. Diese basiert auf elf fast ausschließlich ökonomischen Indikatoren. Ländliche Räume werden in strukturstärkere (drei Typen) und strukturschwächere (zwei Typen) differenziert, bei denen entweder deren sektorale Prägung (produzierendes Gewerbe bzw. Dienst-

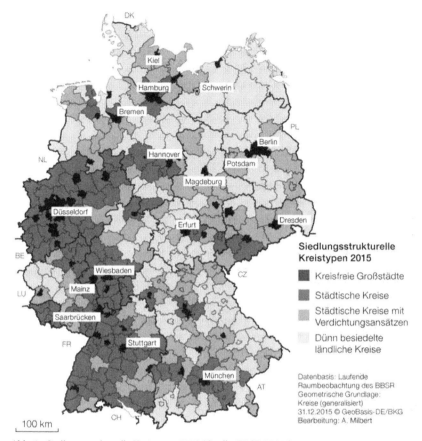

Siedlungsstrukturelle
Kreistypen 2015

■ Kreisfreie Großstädte

■ Städtische Kreise

■ Städtische Kreise mit
Verdichtungsansätzen

□ Dünn besiedelte
ländliche Kreise

Datenbasis: Laufende
Raumbeobachtung des BBSR
Geometrische Grundlage:
Kreise (generalisiert)
31.12.2015 © GeoBasis-DE/BKG
Bearbeitung: A. Milbert

100 km

Abb. 1: Siedlungsstrukturelle Kreistypen 2015 (Quelle: BBSR 2017c)

leistungsorientierung) oder wirtschaftlichen Potenziale im Vordergrund stehen. Die Aussagekraft der Typologie wird dann anhand demographischer Indikatoren getestet (ebd., 176-184).

2016 wurde am Thünen-Institut für Ländliche Räume eine neue Abgrenzung und Typisierung ländlicher Räume entwickelt (Küpper 2016). Diese unterscheidet vier Raumtypen nach dem Grad ihrer Ländlichkeit und sozioökonomischen Lage (Abb. 2). In die Dimension „Ländlichkeit" gingen Strukturindikatoren (z.B. Siedlungs- und Bebauungsdichte sowie land- und forstwirtschaftliche Flächennutzung) und Lageindikatoren (regionales Bevölkerungspotenzial und Erreichbarkeit der nächstgelegenen Oberzentren) ein. Die Daten dafür liegen auf Gemeindeebene vor. Die Dimension „Sozioökonomische Lage" berücksichtigt Aspekte des Arbeits- und Wohnungsmarktes, die Lebenserwartung, individuelle,

Haushalts- und kommunale Einkommensindikatoren, Wanderungssalden und, mit den Schulabgängern ohne Abschluss, einen Bildungsindikator (detaillierter: Küpper 2016, 4-21). Einige dieser Daten liegen nur für die Kreise vor, weshalb die Typisierung ländlicher Räume auf Kreisregionsebene[2] erfolgt (Abb. 2; vgl. auch www.landatlas.de).

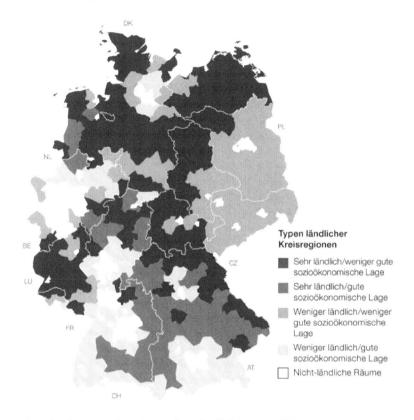

Abb. 2: Typen ländlicher Räume (Thünen-Typologie) 2016 (Quelle: Küpper 2016)

---

2 Die Gebietseinheit der Kreisregionen nach BBSR wird verwendet, um die unterschiedlichen Kreisgrößen in den Bundesländern vergleichbarer zu machen. Dafür werden kreisfreie Städte unter 100.000 Einwohnern, wie es sie z.B. in Bayern gibt, mit den sie umgebenden Landkreisen zu Kreisregionen zusammengefasst. Diesen Zugang verfolgte auch Maretzke (2016).

Im Vergleich der Abgrenzungen sind folgende Punkte hervorzuheben:
Teils finden Bevölkerungs- und Siedlungsdichte als alleinige Indikatoren Anwendung, teils werden diese um ökonomische, soziale oder landschaftsbezogene Indikatoren erweitert. Damit hängt die Entscheidung für eine einfache oder eine komplexere Typologie zusammen.

Unterschiede bestehen es Weiteren in der Hinsicht, ob nur Struktureigenschaften oder auch Lagefaktoren (etwa die Erreichbarkeit von Oberzentren) Berücksichtigung finden.

Eine Vielzahl methodologischer Prozessentscheidungen – die Abfolge der Abgrenzungsschritte, die Wahl der Raumebenen und des statistischen Verfahrens sowie die Zahl der gewünschten bzw. erzeugten Typen – haben wesentliche Auswirkungen auf die letztliche Gebietskulisse.

Die „Thünen-Typologie" (Küpper 2016) und die Typisierung von Maretzke (2016) zielen nicht auf eine ganzheitliche Raumkategorisierung Deutschlands, sondern nehmen nur eine Typisierung ländlicher Räume vor – hier werden also die Agglomerationen als Residualraum verstanden.

Bei allen konzeptionellen Vorüberlegungen spielen in der Abgrenzungspraxis stets auch Fragen der Datenverfügbarkeit auf den gewünschten Raumebenen eine wichtige Rolle – so kann etwa eine für alle EU-Staaten gültige Abgrenzung (noch) nur auf wenige gemeinsame Indikatoren zurückgreifen.

Aufgrund dieser inhaltlichen, methodischen und datenbezogenen Aspekte gibt es niemals die *eine* „richtige" Abgrenzung, sondern in der Wissenschaft ist die Entscheidung für oder gegen eine bestimmte Gebietskulisse stets ausgehend von der jeweiligen Forschungsfrage zu treffen.

2.2 Förderbasierte Abgrenzungen: ELER und LEADER

Für inhaltliche Weichenstellungen in der Regionalentwicklung spielen europäische und nationale Förderprogramme eine wichtige Rolle. Diese gründen sich auf eine tradierte Zuschreibung an ländliche Räume als „eine Raumkategorie mit besonderen wirtschaftlichen und sozialen Verhältnissen" (Becker 2005, 23). Die dafür erforderlichen Abgrenzungen beeinflussen in hohem Maße die Handlungslogiken der Akteure aus Politik und Verwaltung. Die Förderung ländlicher Räume erfolgt insbesondere im Rahmen der Gemeinschaftsaufgabe zur Verbesserung der Agrarstruktur und des Küstenschutzes (GAK) und der Gemeinsamen EU-Agrarpolitik. Im ELER der laufenden Förderperiode 2014-2020 (Europäischer Landwirtschaftsfonds für die Entwicklung des ländlichen Raums; EU-KOM 2013) wird auf eine Gebietskulisse der EU-Kommission von 2014 zurückgegriffen. Diese gilt für Mittel aus dem Europäischen Fonds für regionale Entwicklung (EFRE) und dem Europäischen Sozialfonds (ESF) und orientiert sich in ihrer Differenzierung („weniger entwickelte Regionen", „Übergangsregionen" und „stärker

entwickelte Regionen") ausschließlich an der Relation des regionalen Bruttoin-
landsprodukts zum EU-Durchschnitt (EU-KOM 2014).
Die genaue Abgrenzung der Gebietskulisse wird in Deutschland von den Bundesländern in ihren jeweiligen Entwicklungsprogrammen für den Ländlichen Raum
(EPLR) vorgenommen. Dabei kommen verschiedene Indikatoren zur Anwendung (z.b. Bevölkerungsdichte oder -zahl mit unterschiedlichen Schwellenwer-
ten), und die Abgrenzungen erfolgen zum Teil weder kreis- noch gemeindescharf
(wenn etwa auf ländlich geprägte Ortsteile innerhalb von Stadtgebieten Bezug
genommen wird). Zugleich ist angesichts einer jährlichen Summe von 2,5 Milli-
arden Euro (einschließlich nationaler Kofinanzierungsmittel von Bund, Ländern
und Kommunen; BMEL 2014), die zwischen 2014 und 2020 allein im Rahmen
des ELER in ländliche Räume in Deutschland fließt, davon auszugehen, dass sich
die Bundesländer bei der Abgrenzung nicht nur von sachlogischen Überlegungen
leiten lassen.

Tab. 1: Flächen- und Bevölkerungsanteil ländlicher Räume laut unterschiedlichen Gebietsabgrenzungen (Eurostat 2013, Kriehn & Steinführer 2015
(basierend auf Tietz 2009), UN 2015, BMEL 2016, Küpper 2016,
BBSR 2017b)

	Anteil an der Gesamtfläche	Anteil an der Gesamtbevölkerung
OECD-Typologie (2011)	65 %	19 %
Eurostat-Typologie (2013)	40 %	18 %
UN-Statistik (2014)	k.A.	25 %
BBSR-Typologie der Siedlungs-strukturellen Kreistypen (2011/2017)	68 %	32 %
ELER-Programme 2007-2013	90 %	54 %
ELER-Programme 2014-2020	92 %	58 %
Thünen-Typologie (2016)	91 %	57 %

Als ein für die Entwicklung ländlicher Räume wichtiger Programmbestandteil des
ELER gilt die Förderung sogenannter LEADER-Regionen, in denen verschiedene
Akteure[3] zum Wohl der Region tätig werden sollen und die dafür mit höheren
Fördersätzen „belohnt" werden: LEADER-Regionen sollen, so die Europäische
Kommission in einer Darlegung von 2006 (EU-KOM 2006), zwischen 10- und
100.000 Einwohner haben, sich durch Homogenität, Geschlossenheit, gemeinsa-

---

3 LEADER ist die Abkürzung für *Liaison entre actions de développement de l'économie rurale*, womit
das Ziel dieses Ansatzes – das gemeinsame Handeln unterschiedlicher Akteure mit dem Ziel einer
prosperierenden ländlichen Wirtschaft – verdeutlicht werden soll.

me Traditionen und Identität auszeichnen. Zugeschrieben werden den Menschen in diesen Regionen gewissermaßen gemeinsame Bedürfnisse und Erwartungen ebenso wie ein enger Zusammenhalt. Die Europäische Union vermeidet somit in diesem regionalentwicklungsbezogenen Kontext eine Orientierung an den oben beschriebenen Maßen der Bevölkerungsdichte (OECD und Eurostat) und legt ihren Schwerpunkt auf ökonomische Kriterien (BIP) und die Einwohnerzahl sowie auf Zuschreibungen wie Homogenität, Tradition und regionale Identität. Die unterschiedlichen Abgrenzungen ländlicher Räume führen im Ergebnis zu uneinheitlichen Aussagen darüber, wie hoch der Bevölkerungs- und Flächenanteil dieses Gebietstyps in Deutschland ist (Tab. 1).

2.3 Sozialräumliche Zugänge: soziale und politische Peripherisierung, Gleichwertigkeit der Lebensverhältnisse und territoriale Ungleichheit

Ländliche Räume können auch anhand sozialräumlicher Kriterien beschrieben werden, wobei keine trennscharfen, deutlich abgegrenzten Raumkategorien entstehen. In jüngerer Zeit spielt hierbei der Begriff der Peripherisierung (Barlösius/ Neu 2008, 15; Kühn/Weck 2013) eine wichtige Rolle, da er nicht nur sozioökonomische Aspekte, sondern auch eine politische Dimension umfasst: Ländliche Räume haben, so das Argument, im Vergleich zu städtischen Räumen deutlich eingeschränktere Zugangsmöglichkeiten zu nationalen Entscheidungsgremien. Häufig werden in politischen Diskursen ländliche Räume eher mit Herausforderungen in Verbindung gebracht, die entweder durch externe Policy-Maker oder durch wenig beeinflussbare gesellschaftliche Wandlungsprozesse geprägt sind. Beispiele hierfür sind die Markt- und Preisentwicklung landwirtschaftlicher Produkte wie Schweinefleisch oder Milch, die auf supranationaler Ebene zu verantworten seien, oder der demographische Wandel, der sowohl in seinen reproduktiven wie mobilitätsbezogenen Ausprägungen nur wenig beeinflussbar erscheint. Politische Peripherisierung hat demnach nicht nur mit politischem Personal, sondern auch mit Themen und Entscheidungsprozessen zu tun.

In jüngerer Zeit gewinnen mit der (erneuten) Debatte um die Gleichwertigkeit der Lebensverhältnisse bzw. der „territorialen Ungleichheit" (Kersten 2009; Neu 2009) zwei Maßstäbe an Bedeutung, deren Ausgestaltung normativen Überlegungen folgt und damit hinreichende Konkretisierungsgrade ebenso wie vertiefte und über Fallstudien hinausgehende empirische Untersuchungen vermissen lässt. Gleichwertigkeit ist in der Bundesrepublik ein sehr hoch bewerteter Maßstab – sie wird bei allen Diskursen um Raumentwicklung angeführt, dann aber (so Barlösius 2006) oft als Gleichheit oder Gleichförmigkeit interpretiert, und dies, obwohl die Ausführungen zu den Leitbildern der Raumentwicklung dahingehend eindeutig sind (zuletzt MRKO 2016, 10). Diese Fehlinterpretation rührt von der Fixierung auf Pro-Kopf-Berechnungen her, wenn etwa Wohn- oder Verkaufsfläche pro Einwohner oder Erreichbarkeiten der nächstgelegenen Daseinsvorsorgeeinrichtung unabhängig von ihrer Qualität oder der tatsächlichen Nutzung ermittelt werden. Diese Orientierung an Input-Indikatoren führt dazu, dass unterausgelastete Infrastrukturen unter Verweis auf ihre fehlende finanzielle Tragfähigkeit abgebaut werden, damit die Verhältniszahlen wieder stimmen. Gleichheit kann normativ-legalistisch sein, aber sie verführt eben auch dazu, Maßzahlen als Abgrenzung zu nutzen.

Wenn Gleichwertigkeit also nicht mit Gleichförmigkeit und Gleichbehandlung identisch ist, dann schließt Gleichwertigkeit raumzeitliche Differenzierungen – mithin Ungleichheit – ein. Um dieses Dilemma aufzulösen, verweist Barlösius (2006) auf das Konzept der Chancengleichheit: Wenn gleichwertig nicht gleich meint, sei dies kein Anlass dafür, die in dieser Auslegung enthaltenen gesellschaftlichen Ziele – z.B. Bildungsteilhabe oder Gesundheitsversorgung – aufzugeben; sie bestehen davon unabhängig weiter. Dementsprechend muss der Zugang zu öffentlichen Gütern möglichst ähnliche Aufwände (also z.B. Raumüberwindungskosten) verlangen, und gleichzeitig sollten Entwicklungsrückstände (beispielsweise bezogen auf die Breitbandversorgung) beschleunigt aufgeholt werden. Die Ungleichheitssoziologie verbindet die ungleiche Verteilung von Gütern, die Wohlstand und soziales Ansehen versprechen, innerhalb der Gesellschaft entlang von vertikalen Ober-, Mittel- und Unterschichten mit einer horizontalen Verteilung dieser Güter im Raum. Vertikale Ungleichheit kann durch Umverteilung gemindert werden, während in einem räumlichen Kontext nur Aufwertungsprozesse benachteiligter Regionen denkbar sind. Ihrer Meinung nach ist Gleichwertigkeit als regionale Gerechtigkeit zu sehen: Bedarfsgerechtigkeit, Teilhabegerechtigkeit und Generationengerechtigkeit seien hier entscheidende Schlagwörter.

Tatsächlich stellt sich die Frage, ob die Interpretation des Postulats der Gleichwertigkeit der Lebensbedingungen als Paradigma der klassischen räumlichen Anpassungspolitik nicht als „Angleichung der Daseinsvorsorge nach oben" oder als „nachholende Modernisierung" bewertet und somit mit Problemen wie Pfadabhängigkeiten oder institutionellen und administrativen Lock-Ins in Verbindung gebracht werden kann.

In regelmäßiger Folge wird Gleichwertigkeit auch politisch verhandelt. So hat die Bundesregierung im Juli 2015 auf eine Kleine Anfrage der Bundestagsfraktion Bündnis 90/Die Grünen reagiert und einige Klarstellungen getroffen (Deutscher Bundestag 2015). Erstens wird festgehalten, dass die Gleichwertigkeit der Lebensbedingungen in Deutschland ein politisches Ziel mit hoher Priorität ist und als Leitvorstellung der Raumordnung des Bundes und der Länder dient. Dieser Grundsatz ist keine verfassungsrechtliche Verpflichtung im Sinne einer Staatszielbestimmung oder eines Verfassungsauftrages. Somit könne kein verfassungsrechtlicher Anspruch formuliert werden. Der Verweis auf die Bund-Länder-Gemeinschaftsaufgaben „Verbesserung der regionalen Wirtschaftsstruktur" (GRW) bzw. „Verbesserung der Agrarstruktur und des Küstenschutzes" (GAK) nimmt auch die Länder in die Pflicht. Zweitens interpretiert die Bundesregierung Gleichwertigkeit als Rahmenbedingungen der Menschen und subsumiert darunter ein weites Feld von Daseinsvorsorge bis zu wirtschaftlichen Chancen, das durch umfangreiche Strategien und Programme abgedeckt werde. Gleichwertigkeit hat demnach auch mit Chancen zur Wahrnehmung von Angeboten zu tun, und diese Angebote können sektoral differenziert sein. Diese Argumentation führt die Bundesregierung fort, wenn sie sich einer Definition von Mindestanforderungen im Sinne einer „Sockelgleichwertigkeit", wie sie im Raumordnungsbericht 2011 formuliert war (BBSR 2012, 16f.), mit dem Hinweis auf den Grundsatz der regionalen Differenzierung und Lösungsfindung entzieht. Hierzu sei angemerkt, dass derartige Festsetzungen an anderer Stelle, oft auf Länderebene, faktisch durchaus bestehen – so sind etwa Hilfsfristen für Rettungsdienste, Zentrenerreichbarkeit oder Internetqualität normativ festgelegt bzw. als Ziele postuliert. Die Festlegung qualitativer Ausstattungsmerkmale auf regionaler Ebene ist ein wichtiger Beitrag zur Herstellung gleichwertiger Lebensbedingungen – fraglich bleibt aber, auf welcher Ebene dann verglichen werden soll. Drittens lehnt die Bundesregierung die Heranziehung von Indikatoren zur Definition von Gleichwertigkeit und dessen räumliche Verbreitung ab. Im Raumordnungsbericht 2011 (BBSR 2012) waren zwar wirtschaftliche Situation, Wohlstandverteilung, soziale und technische Infrastrukturversorgung, Wohnungsmarkt, Erreichbarkeit, Mobilität und Umweltsituation als mögliche Indikatoren benannt worden, doch interpretiert die Bundesregierung diese Konzeption als wissenschaftlichen Ansatz, der in Bezug auf eine raumpolitische Umsetzung fortzuentwickeln ist. Sie betont: „Aussagen über die Gleichwertigkeit der Lebensverhältnisse und etwaiger Handlungserfordernisse lassen sich daraus aber schon im Hinblick auf die unterschiedlichen räumlichen Verhältnisse und aufgrund des Fehlens qualitativer Merkmale nicht ohne weiteres ableiten" (Deutscher Bundestag 2015, 7). Eine mögliche Interpretation dieser Darstellung ist, dass offenbar jede Region entscheiden soll, was für sie gleichwertig ist. Hervorzuheben ist in diesem Zusammenhang jedoch, dass im Raumordnungsbericht 2011 ausgehend von einem indikatorbasierten Zugang erstmals in einem regierungsoffiziellen Dokument von „ungleichwertigen Lebensverhältnissen" die Rede war (vgl. bereits Einig/Jonas 2009).

Jens Kersten, Claudia Neu und Berthold Vogel (2015) nähern sich der Thematik der Gleichwertigkeit aus staatsrechtlicher bzw. -philosophischer Perspektive und verknüpfen sie mit der Frage der Daseinsvorsorge. Diese sei demnach ein Legitimationselement des demokratischen Wohlfahrtsstaates und konstituierendes Element des Zusammenwachsens und -haltens der Nachkriegs- und Wiedervereinigungsgesellschaft: Zugang zu Bildung und Gesundheit, Energie und Telekommunikation, Mobilität und Verkehr sowie Wasserversorgung und Abfallentsorgung garantieren Zugang zu und Teilhabe an gesellschaftlichen Errungenschaften. Mithin wird Gleichwertigkeit und Einheitlichkeit der Lebensverhältnisse (unter

Verweis auf Art. 72 bzw. 106 des Grundgesetzes) also zur räumlichen Dimension der Möglichkeit der Partizipation am Wohlfahrtsstaat. Finanzielle Belastungen und geänderte politische Rahmenbedingungen führten aber dazu, dass aus der weiteren Erhöhung des wohlfahrtsstaatlichen Niveaus im Sinne einer Land-Stadt-Angleichung eine Sicherung des Mindeststandards wurde, die den sozialen Zusammenhalt gerade so gewährleisten konnte. Die Autoren gehen von „zunehmenden Abkopplungsprozessen ganzer Räume", ja von einer wachsenden räumlichen Polarisierung aus (ebd., 16, 21, 26) und sehen in diesem Kontext insbesondere ländliche Räume als benachteiligt an.

Aufgrund seines per se normativen Charakters bleibt das Gleichwertigkeitspostulat ein zentraler, niemals exakt zu quantifizierender Maßstab, an dem Raumentwicklung in Deutschland auch künftig gemessen werden wird. In der Perspektive auf die Generation Jugend, die in diesem Band im Vordergrund steht, ergeben sich aus diesem kurzen Überblick zahlreiche offene Forschungsfragen: Welchen Stellenwert räumt diese Generation dem Gleichwertigkeitspostulat ein? Welche Staats- und Gerechtigkeitsverständnisse verbinden sich damit? Wie übersetzt sich dies in politische oder andere gesellschaftliche Beteiligung? Zugleich weisen diese Fragen weit über den Horizont einer auf ländliche Räume fokussierten Sozialforschung hinaus.

2.4 Ländliche Räume als lebensweltliches, mediales und politisches Konstrukt: Zuschreibungen und Inszenierungen

Bereits oben wurde darauf hingewiesen, dass „Stadt" und „Land" eine tradierte kulturelle Dichotomie darstellen. Alltagsweltlich verbinden sich damit in nicht unerheblichem Maß Vermutungen, Inszenierungen und Zuschreibungen. Diese tragen kontinuierlich dazu bei, das „Ländliche" weiterhin als etwas vom „Städtischen" Verschiedenes zu konzeptualisieren, ohne dass dies in eindeutigen räumlichen Abgrenzungen resultiert.

Ein gängiges Stereotyp sieht in ländlichen Räumen Beharrungs- und Traditionsräume, in denen sich aus progressiver Perspektive als überkommen interpretierte Praktiken erhalten haben. Neben Volksfesten und Vereinswesen werden in diesem Zusammenhang häufig Dialekte und Bräuche genannt (Henkel 2004, 97ff.; Jacobeit/Scholze-Irrlitz 2005). Diese Zuschreibung ist in mehrerer Hinsicht als problematisch zu bewerten: Erstens negiert sie die offensichtliche Diskrepanz zwischen Beharrung und Tradition in sozialen Kontexten bei gleichzeitiger Innovationsimplementation im wirtschaftlichen Bereich (Klein et al. 2016) – Beharrung und Traditionsfixierung können ausgeprägte Produktivitätssteigerungen und Weltmarktführerschaften nicht erklären. Mithin beziehen sich diese Zuschreibungen nur auf ausgewählte Aspekte und werden meist ohne empirische Basis formuliert. Zu dieser oft übersehenen Zukunftsorientierung gehört auch die kontinuierliche Modernisierung ländlicher Infrastrukturen – im technischen, teils aber auch im sozialen Bereich wird Daseinsvorsorge eben nicht nur ab-, sondern auch ausgebaut (Küpper/Steinführer 2017). Zweitens bleibt in diesem Kontext unklar, ob sich bestimmte Aktivitäten aus einer allgemeinen Rückständigkeit ergeben haben oder vielmehr aus einer bewussten Entscheidung heraus weiter bzw. als „erfundene" Traditionen (Hobsbawm 1983) praktiziert werden.

Ein weit verbreitetes und gleichfalls auf tradierte Vorstellungen Bezug nehmendes Verständnis von Ländlichkeit als Idylle lässt sich in jüngeren medialen Inszenierungen nachverfolgen: Zeitschriftentitel wie „Landlust" (mit 1,05 Millionen verkauften Exemplaren, 4,46 Millionen Lesern, davon 76 % Leserinnen und 62 % im Alter von 50 Jahren und mehr sowie 43 % in Gemeinden unter 20.000 Einwohner; Landwirtschaftsverlag 2014), „Landidee" oder „Liebes Land" vermitteln ebenso wie einschlägige TV-Formate ein Bild ländlicher Räume, das von Traditionsbewusstsein, Umweltverbundenheit und hohen ästhetischen Ansprüchen an hauswirtschaftliche Tätigkeiten geprägt ist. Die Leserinnenschaft stammt aus überdurchschnittlich gebildeten und einkommensstarken Haushalten in eher ländlichen Räumen. Diese Zeitschriften können somit als Selbstvergewisserung ländlicher Bevölkerungsgruppen („Es ist (doch) schön hier") und als Illustration von Sehnsuchtsräumen („Dort möchte ich eigentlich leben") gelten (Topçu 2015).

Einen anderen Aspekt ländlichen Lebens vermitteln die inzwischen zahlreich gewordenen Angebote zur eigenständigen Produktion von Nahrungsmitteln: Neben Anleitungen in Monographien und Zeitschriften haben sich hier hybride Formen der Eigenproduktion entwickelt, die teilweise im suburbanen bzw. periruralen Raum zu finden sind. In den unterschiedlichen Ausprägungen (z.B. „Meine Ernte" oder „Ackerhelden") werden neben der Kontrolle über die Produktion der Nahrungsmittel und die damit verbundene Schadstofffreiheit und Qualität auch Aspekte der Tradition der Selbstversorgung und der gemeinschaftlichen Produktion angesprochen. Mithin handelt es sich hierbei um eine Vermittlung idealtypischer Zustände, die einerseits als charakteristisch für ländliche Räume gelten, aber andererseits angesichts bestehender Versorgungsmöglichkeiten als überkommen angesehen werden (Goodman 2004; Eisenberg 2002).

Schließlich unterliegen ländliche Räume auch – in mehrfacher Hinsicht – politischen Zuschreibungen und Instrumentalisierungen. Diese werden nicht selten deutlich polarisierend formuliert, indem ländliche Räume entweder als Erfolgsregionen unvergleichlicher Dynamik (z.B. Oldenburger Münsterland) oder als Gebiete multipler ökonomischer, demographischer, sozialer oder politischer Problemlagen geschildert werden. Verbunden mit diesen Verkürzungen und Zuspitzungen lassen sich deutliche Instrumentalisierungen für unterschiedliche parteipolitische Konzepte erkennen. Ländliche Räume sind in diesem Zugriff somit weniger Handlungs- als vielmehr Projektions- und Illustrationsraum für politische Akteure.

In Ergänzung zu dieser punktuellen Darstellung von Zuschreibungen, medialen Inszenierungen und alltäglichen Praktiken ist, unabhängig von der Frage, wie zutreffend oder verzerrend sie sind, zu betonen, dass die Stadt-Land-Dichotomie zwar als Vorstellung weiterhin wirkmächtig ist, dass ländliche Lebenswirklichkeiten aber deutlich hybrider sind, als sie oft dargestellt werden – und dass auch der plakative Slogan „Laptop und Lederhose" sie nur unzureichend erfasst.

Zusammenfassend bleibt zu konstatieren, dass ländlichen Räumen in Deutschland durchaus eine gewichtige Rolle zukommt – nicht nur als dominierender Landschaftsteil und Heimat großer Bevölkerungsgruppen, sondern auch als Reflexions- und Projektionsraum vielfältiger Lebensstile und politischer Konzeptionen.

3 Aktuelle und künftige Herausforderungen ländlicher Entwicklung

Ein, wenn nicht das, zentrale(s) Schlagwort der politischen, medialen und (nicht nur populär-)wissenschaftlichen Debatte über ländliche Räume der vergangenen Jahre ist der demographische Wandel – gern symbolisch überhöht durch den geradezu ideologischen Begriff der „Landflucht" (Beetz 2016). Dem Thema der (dauerhaften) Abwanderung von Jugendlichen kommt in diesem Zusammenhang ein besonderer Stellenwert zu (u.a. Schubarth/Speck 2009, Becker/Moser 2013, 91-113). Ein weiteres gängiges Schlagwort ist die „Über"-Alterung.

Bevor die viel diskutierten, oft dramatisierten *Veränderungen der Bevölkerungsstruktur* in eine umfassendere Perspektive auf die Entwicklung ländlicher Räume eingebettet werden, sei ein Blick die 6- bis 17-Jährigen als (unbefriedigende) Annäherung[4] an die im Zentrum dieses Sammelbandes stehende Altersgruppe geworfen. Ihr Anteil an der Gesamtbevölkerung auf Ebene der Gemeindeverbände (Stand 2014) verweist zuallererst auf ein West-Ost-Gefälle, welches die Stadt-Land-Unterschiede deutlich überlagert und kein klares Muster erkennen lässt (Abb. 3).

---

4 Wünschenswert wäre hier eine genauere Darstellung der Altersgruppen, die üblicherweise als „Jugend" gelten. Die Regionalstatistikdatenbank des Statistischen Bundesamtes (www.regionalstatistik. de) ermöglicht beispielsweise die Ausweisung der 10- bis 24-Jährigen in vier Klassen. Da jedoch nicht für alle Bundesländer die Datenbasis auf Gemeindeebene für die Jahre 2014 und 2015 vollständig war (letzter Zugriff: 16.8.2017), wird hier erneut auf Daten der Laufenden Raumbeobachtung des BBSR (INKAR) zurückgegriffen.

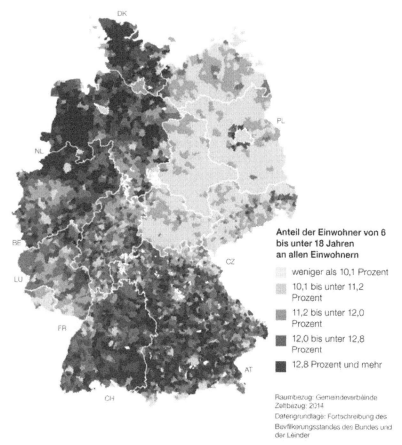

Anteil der Einwohner von 6 bis unter 18 Jahren an allen Einwohnern

weniger als 10,1 Prozent

10,1 bis unter 11,2 Prozent

11,2 bis unter 12,0 Prozent

12,0 bis unter 12,8 Prozent

12,8 Prozent und mehr

Raumbezug: Gemeindeverbände
Zeitbezug: 2014
Datengrundlage: Fortschreibung des
Bevölkerungsstandes des Bundes und
der Länder

Abb. 3: Anteil der 6- bis 17-Jährigen an der Bevölkerung der Gemeindeverbände (2014) (Quelle: INKAR-Datenbank/BBSR 2017a; Kartographie: Torsten Osigus/Thünen-Institut für Ländliche Räume); vgl. auch: www.landatlas.de

Auf Kreisebene liegen die „jugendlichsten" Regionen im ländlichen Nordwesten (Cloppenburg 14,8 % und Vechta 14,1 %; Deutschland: 11,0 %). Gleichzeitig sind es aber auch ländliche Kreise, die den geringsten Anteil an 6- bis 17-Jährigen aufweisen (Spitzenwerte 2014: Oberspreewald-Lausitz und Altenburger Land mit je 8,6 %). Außer in vielen Großstädten sind Jugendliche auch in den Mittelgebirgslandschaften von Hessen, Südniedersachsen, Nordrhein-Westfalen und Rheinland-Pfalz teils unterdurchschnittlich vertreten. Auffällig ist erneut eine hohe Heterogenität: Unmittelbar angrenzende Gemeinden und Kreise weisen deutlich voneinander abweichende Werte auf. Dies ist ein Hinweis darauf, dass neben einer wirtschaftlichen Strukturschwäche auch andere Faktoren (beispielsweise Wohnstandortentscheidungen der Eltern oder Betreuungsangebote) eine Rolle spielen. Für die hier nicht näher thematisierte Alterung ist auf zwei gegenläufige Trends hinzuweisen: einerseits die vergleichsweise geringeren Anteile dieser Altersgruppe in den Großstädten und Metropolen, andererseits höhere Anteile in zahlreichen Mittelstädten, darunter vielen Kurorten. Rechnet man Klein- und Mittelstädte zu ländlichen Räumen, so gibt es also auch hier kein eindeutiges „Stadt-Land"-Muster, wohl aber Konzentrationseffekte gerade im höheren Lebensalter.

Im Vordergrund der auf demographische Aspekte fokussierten Debatte über ländliche Räume in der ersten Dekade des 21. Jahrhunderts standen Fragen des langfristigen Bevölkerungsrückgangs aufgrund von Sterbefallüberschüssen und negativen Salden im Zuge von Binnenwanderungen sowie die Alterung. Andere Facetten des demographischen Wandels, wie internationale Wanderungsbewegungen oder die Veränderung von Haushalts- und Lebensformen, wurden in der Forschung und der medialen Verarbeitung demographischer Prozesse hingegen kaum berücksichtigt (Steinführer 2013). Problematischer als diese Fehlstellen aber war der insbesondere in den 2000er Jahren weitverbreitete Umgang mit den beobachteten Phänomenen: die kaum vorhandene Hinterfragung starker, bisweilen biologistischer Annahmen, die vermeintliche Zukunftsgewissheit unter Zuhilfenahme demographischer Indikatoren, obwohl diese ausschließlich auf historischen Daten basieren (Mackensen 2000), zukunftsgewisse Interpretationen sowie die damit einhergehende Skandalisierung – und weniger: nüchterne Analyse – gesellschaftlicher Veränderungen. Nicht zuletzt hat diese Wahrnehmung des demographischen Wandels auch dazu geführt, dass ländliche Räume kaum als veränderbare Handlungs-, sondern vielmehr als klassische „Containerräume" wahrgenommen wurden. Zu Recht hat die soziologische Forschung diesen Diskurs als „Demographisierung des Gesellschaftlichen" bezeichnet (Barlösius 2007; speziell zu ländlichen Räumen auch Beetz 2007). Dies bedeutet nicht, demographischen Prozessen keine Bedeutung beizumessen – wohl aber, sie nüchtern zu betrachten. So ist etwa die Alterung ein zentrales Charakteristikum der deutschen Gegenwartsgesellschaft mit langfristigen Folgen, doch gilt dies nicht nur für ländliche Räume.

Vor dem Hintergrund der Frage nach den Herausforderungen für ländliche Räume und ihre Akteure ist den *Veränderungen der Bevölkerungsstruktur* auch künftig eine Bedeutung zuzuschreiben – doch stehen ländliche Räume als integraler Bestandteil übergreifender sozialer, politischer, ökonomischer und technologischer Entwicklungen prinzipiell vor den gleichen Herausforderungen wie die Gesamtgesellschaft (Abb. 4). Anders als der Demographie-Diskurs der vergangenen Jahre – in dem die Abwanderung von Jugendlichen einen zentralen, stets geradezu stereotyp vorgebrachten Aspekt darstellte – nahelegte, lassen sich weder die Gegenwart noch die Zukunft dieser (oder irgendeiner anderen) Raumkategorie

Abb. 4: Herausforderungen ländlicher Räume in Deutschland (eigener Entwurf)

auf einen einzigen Prozess begrenzen, der zudem alles andere als eindeutig oder linear verläuft. Daneben sind weitere Rahmenbedingungen und gesellschaftliche Tendenzen zu berücksichtigen. Die in Abbildung 4 über die Veränderungen der Bevölkerungsstruktur hinaus genannten Herausforderungen und Prozesse werden nachfolgend genauer erläutert und mit Beispielen untersetzt. Dies kann nicht umfassend erfolgen, da jedes der Themen eine eigene ausführliche Abhandlung verdient hätte.

Im Kontext des *Wandels der Sozialstruktur und Erwerbsmuster* gibt es eine Vielzahl offener Fragen, die von Altersarmut über die Auswirkungen sozial selektiver Zuwanderung (etwa durch Verdrängte aus großstädtischen Wohnungsmärkten, Seniorinnen und Senioren oder die in der Regionalforschung ausgesprochen beliebten „Raumpioniere") bis hin zu Ausprägungen neuer Lebensstile reichen. Die Mitte der 1990er Jahre von Heinrich Becker formulierte Erkenntnis der vielfältigen sozialstrukturellen Differenzierung und des Nebeneinanders unterschiedlicher Sozialkreise, die im Gegensatz zur – gern stereotyp behaupteten – sozialen „Überschaubarkeit" ländlicher (bzw. hier: dörflicher; Becker 1997, 293f.) Lebensverhältnisse steht, wurde in vergleichenden Dorfstudien jüngst erneut bestätigt (BMEL 2015).

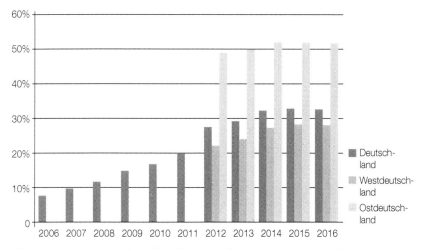

Abb. 5: Betreuungsquoten der 0- bis 2-Jährigen in Kindertagesstätten und öffentlich geförderter Kindertagespflege, 2006–2016 (Quelle: Statistisches Bundesamt 2017; Kühne 2013)

Ein wesentlicher und für ländliche Räume bislang wenig beachteter Prozess stellen veränderte Erwerbsmuster von Eltern vor allem in den westlichen Bundesländern und hier insbesondere von Müttern kleinerer Kinder dar. Für Westdeutschland zeigen Daten des Mikrozensus, dass zwischen 1996 und 2012 der Anteil der mindestens teilzeitbeschäftigten Frauen, deren jüngstes Kind zwischen 3 und unter 6 Jahren alt ist, in Westdeutschland von 47 % auf 62 % gestiegen ist (für Kinder unter 3 Jahren: von 26 % auf 32 %, für Kinder zwischen 6 und 9 Jahren: von 58 % auf 68 %; Statistisches Bundesamt 2017). Diese tiefgreifenden Veränderungen – widergespiegelt etwa in einer Vervierfachung der Betreuungsquoten bei den 0- bis 2-Jährigen in Kindertagesstätten und öffentlich geförderter Kindertagespflege zwischen 2006 und 2016 (Abb. 5) – führen auch in ländlichen Räumen zu gewandelten Alltagsanforderungen und zu einer nicht nur in quantitativer Hinsicht erhöhten Nachfrage nach Betreuungsdaseinsvorsorge mit flexibleren Angebotszeiten (für eine qualitative Studie mit entsprechenden Befunden vgl. Steinführer et al. 2012, 48f.). Die neuen Erwerbsmuster lassen veränderte Wohnstandortbedürfnisse und Mobilitätserfordernisse ebenso wie längerfristig einen Wandel ländlicher Geschlechterarrangements (dazu Tuitjer 2016) erwarten.

Das Phänomen des landwirtschaftlichen Strukturwandels beschäftigt Agrarwissenschaftler und Ländliche-Raum-Forscherinnen seit Jahrzehnten. Aber der *anhaltende* ökonomische Strukturwandel ländlicher Räume geht über Landwirtschaft hinaus, denn kleine und mittelständische Betriebe des Handwerks oder der Ernährungswirtschaft sind neben Verwaltungen und Dienstleistungsbetrieben wichtige Arbeitgeber in diesen Regionen. Diese Unternehmen stehen vor Herausforderungen, die sich sowohl durch ihre spezifische Lage in ländlichen Räumen als auch durch deren Dynamiken ergeben. Gerade ländliche Räume waren über lange Zeit hinweg für zahlreiche Weltmarktführer (hidden champions) ideale Standorte, da sie die Vorteile kurzer administrativer Wege, enger Netzwerke, über Generationen hinweg engagierter Mitarbeiter und unermüdlichen Tüftlertums genießen konnten. Der demographische Wandel und veränderte Lebensstile führen aber in jüngerer Zeit zu einer Alterung der Belegschaften und deutlichen Problemen der Rekrutierung von Auszubildenden und Facharbeitern. Gleichzeitig ermöglichen die Globalisierung, die EU-Integration und die Digitalisierung – entsprechende Bandbreiten vorausgesetzt – die Erschließung neuer Märkte. Grundsätzlich sind ländliche Räume und ihre Unternehmen in ähnlicher Weise von der Entwicklung der Wissensökonomie und der Digitalisierung der Arbeitswelt betroffen und stehen in andauerndem Wettbewerb mit anderen Regionen. Diese Wettbewerbssituation, enge unternehmerische Bindungen, die Strukturen von inhabergeführten Unternehmen und die Identifikation mit der Region lassen auch wirtschaftlich prosperierende ländliche Räume entstehen.

Veränderte Zeit- und Raummuster, eine weitere in Abbildung 4 genannte Herausforderung, ergeben sich einerseits auf einer Mikroebene des Alltagshandelns, etwa aus den oben genannten veränderten Erwerbsmustern. Teilhabe am Erwerbsleben und Nutzung von Betreuungs- und Versorgungsinfrastrukturen verursachen, gerade angesichts der Ausdünnung und/oder Konzentration vieler Daseinsvorsorgeeinrichtungen, Verkehr, der in ländlichen Räumen in vielen Fällen mit motorisiertem Individualverkehr identisch ist (Herget 2016). Doch auch die gesamtgesellschaftlich langfristig gestiegenen Pendelentfernungen (und -längen in Zeiteinheiten) zwischen Wohnung und Arbeitsplatz (Pfaff 2014) und deren offenbar weitgehende Akzeptanz durch die Betroffenen könnten Konsequenzen für ländliche Räume haben. So ist zu prüfen, ob damit nicht mittelfristig nur mehr ein temporäres, nicht aber ein dauerhaftes Verlassen des Wohnorts einhergeht. Bereits heute ist Multilokalität – die Nutzung mehrerer Wohnstandorte – ein wichtiger gesellschaftlicher Trend in allen Raumtypen (Dittrich-Wesbuer/Föbker 2013). Andererseits ergeben sich neue Raummuster auf einer Mesoebene der Siedlungsstrukturen. Beispielsweise zu erwähnen ist hier das Verhältnis zwischen Kernstädten und dörflichem Umland – etwa im Zuge der Alterung, für die es vielerorts Anzeichen gibt, dass Hochbetagte zunehmend aus den Dörfern wegziehen und es so zu einer „doppelten Alterung" der Kernstädte kommt (für sächsische Fallbeispiele: Rößler/Kunz 2010, 57). Doch auch die in einigen Bundesländern (erneut) anstehenden bzw. (wieder einmal) abgeschlossenen Gebietsreformen ebenso wie interkommunale Kooperationen insbesondere mit ihren Folgen für eine Zentralisierung von Daseinsvorsorgeeinrichtungen führen zu veränderten sozialräumlichen Mustern – in der Regel zum Erfordernis größerer Aktionsräume. Schließlich ist auf Pendlerorte, Zweitwohn- und „Ruhesitze" und damit auf Abwesenheit als Normalfall zu verweisen (für das Fallbeispiel Tegernsee: Dirksmeier 2010), woraus sich Auswirkungen auf bürgerschaftliches Engagement und mögliche Beteiligungsformen erwarten lassen.

Wie im Zusammenhang mit der Diskussion um gleichwertige Lebensverhältnisse bereits ausgeführt, zählen im politiknahen Daseinsvorsorge-Diskurs noch immer weitgehend Input-Indikatoren. Alternativ ließe sich über Teilhabe, Nutzung und Erreichbarkeit diskutieren, wobei der *Teilhabe an der digitalen Revolution und Alltagsmobilität* ein besonderer Stellenwert zukommt, da sie den individuellen Bedürfnissen (und verfügbaren Ressourcen entsprechend) ausgestaltet werden können. Mobilität und ausreichende Internetbandbreiten sind Voraussetzungen für eine Nutzung zentraler Angebote der Daseinsvorsorge, sei es durch Sammelfahrten zu Einkaufszentren und Kulturveranstaltungen oder Online-Einkäufe und E-Government. Hierbei sind auch Erkenntnisse der neueren soziologischen Ungleichheitsforschung zu berücksichtigen. Diese betont, dass materielle, soziale und kulturelle Ressourcen nicht mehr allein für gesellschaftliche Teilhabe- oder Ausschlussprozesse ausschlaggebend seien – vielmehr überlagern sich Ungleichheitsdimensionen und -ressourcen vielfältig und diskontinuierlich (Schwinn 2007). Die Teilhabe an Daseinsvorsorge und deren Ermöglichung via Mobilität oder Digitalität sind bei einer Betrachtung sozialer bzw. sozialräumlicher Ungleichheiten also unbedingt zu berücksichtigen.

Gleichzeitig sind ländliche Räume Adressaten sich wandelnder Werte, die in Form bestimmter gesellschaftlicher *Erwartungen an eine nachhaltige* – mindestens aber nachhaltigere – *Ressourcennutzung* formuliert werden. Dazu zählen beispielsweise Vorstellungen über tiergerechte Produktionssysteme in der Landwirtschaft, ästhetische Ansichten über die Kulturlandschaft (von verschiedenen Akteuren artikuliert etwa im Zuge der Energiewende: Mose/Schaal 2012) oder aber EU-Vorgaben beispielsweise in Bezug auf die Wasserqualität, die an ländliche Räume und ihre Akteure adressiert und partiell mittels Anreizsystemen, Beratung oder Ordnungsrecht umgesetzt werden bzw. werden sollen (Zander et al. 2013; Techen et al. 2015). In diesem Zusammenhang gehören Übernutzung (Tamásy 2013) und Landnutzungskonflikte (Steinhäußer et al. 2015) zu den wesentlichen Praxisproblemen.

Die Bewältigung negativer Folgen des Klimawandels (*Klimaanpassung*) und die Verringerung von Treibhausgasen (*Klimaschutz*) werden für ländliche Räume bislang einerseits sektoral, also für die Land- und Forstwirtschaft, diskutiert (Fick 2016; Gömann et al. 2015). Andererseits geht es aus einer energiepolitischen Perspektive um die Erzeugung erneuerbarer Energien und hier insbesondere um deren unerwünschte Folgen, etwa im Hinblick auf das Landschaftsbild (z.B. großflächige Maisfelder und Windparks in Wohngebietsnähe) oder die Stickstoffproblematik im Grund- und Oberflächenwasser, die sich durch Gärreste aus Biogasanlagen weiter verschärft. Jenseits solch sektoraler und ökologischer Aspekte finden jedoch Fragen einer strategischen, klimafreundlichen Siedlungs- und Verkehrsplanung oder eines höheren Risikobewusstseins bislang, anders als in der Stadtforschung, nur bedingt Berücksichtigung in der ländlichen Regionalentwicklung (etwa die Beiträge in Frommer et al. 2011).

Gerade der Klimawandel und seine Folgen sind ein Hinweis auf die Langfristigkeit bereits heute vorhandener Trends und die nur bedingte Prognostizierbarkeit ihrer künftigen Ausprägungen. Für die heutige Jugendgeneration kann somit nur die Unsicherheit als sicher gelten – und dies in einer durch Güterströme und digital vernetzten „Weltrisikogesellschaft" (Beck 2007). Zugleich ließe sich am Beispiel des Klimawandels gut darstellen, wie sich die genannten Herausforderungen und Gesellschaftsprozesse überlagern und auch zu unintendierten Folgen führen, die künftig als Risiken „zweiter Ordnung" bewältigt werden müssen. Einige wenige Stichworte sollen hier genügen: Im Klimawandel spielen Fragen der Ressourcennutzung (z.B. Energie aus Biomasse statt fossilen Brennstoffen), gesellschaftlichen Erwartungen (etwa bezogen auf eine ökologische Energiewende oder ästhetische Landschaftsvorstellungen) und Daseinsvorsorge (z.B. im Hinblick auf die Gefahrenabwehr im Falle klimabedingter Extremereignisse) auf neue Art und Weise zusammen. Im Folgekapitel werden solche Interdependenzen an zwei anderen Beispielen genauer dargelegt.

4 Verdeutlichung wechselseitiger Prozessabhängigkeiten und Wirkungsketten: zwei Beispiele

Die aufgeführten aktuellen und künftigen Herausforderungen ländlicher Entwicklung verdeutlichen die Vielfalt an Prozessen, die in ländlichen Räumen auch für die nachwachsenden Generationen Relevanz entfalten können. Obgleich diese Veränderungen selbstverständlich nicht in allen Gemeinden in gleicher Intensität auftreten, bilden sie doch einen Handlungsrahmen, der in seiner Komplexität zur Herausforderung für kommunale und regionale Planungsprozesse wird. Vor allem aber existieren die genannten Entwicklungsaspekte nicht losgelöst voneinander, sondern überlagern und verstärken sich in vielfältiger Weise.

Am augenscheinlichsten lassen sich Interrelationen und Wirkungsketten am Beispiel des landwirtschaftlichen Strukturwandels erläutern: Der Trend zu größeren und spezialisierteren Betrieben hat zwar mehrere Ursachen (Nachwuchsgewinnung, veränderte Agrarpolitik etc.), ist aber zunächst mit einem signifikanten technologischen Wandel verbunden: Sowohl im Ackerbau als auch in der Fleischproduktion steigt die Produktivität vor allem durch technologiebasierte Assistenzsysteme. Dass dieser technologische Wandel vor dem Hintergrund der immer noch diskutierten Theorie der nachholenden Entwicklung für ländliche Räume attraktiv erscheint (unter anderem führt er ja zu einer Tertiärisierung), ist nachvollziehbar. Allerdings stehen die mit diesem Strukturwandel einhergehenden Veränderungen in den Produktionsbedingungen teilweise im Gegensatz zu öffentlichen Erwartungen an die Produktion von Lebensmittel oder eines nachhaltigen Ressourcenschutzes. Für ländliche Räume ergibt sich eine Dilemmasituation, die angesichts signifikanter Pfadabhängigkeiten und Lock-Ins (u. a. durch langfristig wirkende Investitionen in Stallanlagen oder Maschinen) nicht kurzfristig zu lösen ist. Dieser Wandel („Nachhaltige Transformation"; Smetana et al. 2015) geschieht aber augenscheinlich nicht in der Geschwindigkeit, in der sich die gesellschaftlichen und medialen Einstellungen wandeln. Das Beispiel verdeutlicht aber auch, dass ländliche Räume nicht als geschlossene Systeme zu betrachten sind – es sind nicht nur ökonomische globale Einbindungen und Einflüsse, sondern auch nationale gesellschaftliche Diskurse, die die Lebenswirklichkeit heutiger und künftiger Generationen in ländlichen Räumen beeinflussen.

Ein Schwerpunkt der sozialwissenschaftlichen Forschungen zu ländlichen Räumen seit Beginn der 2000er Jahre lag auf den Folgen des demographischen Wandels für die Daseinsvorsorge. Thematisiert wurden Fragen des grundlegenden Staatsverständnisses (Einig 2008), regionale Disparitäten (Neu 2009), technologische und instrumentelle Handlungserfordernisse (Tietz/Hübner 2011) sowie individuelle und kollektive Anpassungs- und Bewältigungsstrategien (Born 2009; Steinführer et al. 2012). Mit dem Wandel des Sozialstaats, der Privatisierung und Deregulierung von Einrichtungen der öffentlichen Hand veränderten sich in der Bundesrepublik seit den 1990er Jahren auch die Rollenzuschreibungen in Bezug auf die Vorhaltung und Erbringung von Leistungen der öffentlichen Grundversorgung. Einig spricht (wie andere Autoren vor ihm) vom „Gewährleistungsstaat", in dem „[d]ie ursprüngliche staatliche Erfüllungsverantwortung [...] einer Verantwortung [weicht], die nur noch die Gewährleistung der Dienste umfasst" (Einig 2008, 17), und in vielen Bereichen von der Leistungserfüllung getrennt wird. Dennoch geht der öffentliche Vorsorgeauftrag nicht vollends verloren: So bleibt der Staat in Teilen der sozialen Daseinsvorsorge (z.B. im Schulwesen) hauptverantwortlich für die Leistungserfüllung, in anderen existieren verschiedene Trägermodelle, sei es parallel (wie in der Kinderbetreuung) oder arbeitsteilig (z.B. bei der Verkehrsinfrastruktur). Ein weiterer Akteur hat – in historischer Perspektive ist zu sagen: wieder einmal – eine rhetorische Aufwertung erfahren: der Bürger und die Bürgerin. Verantwortung für Daseinsvorsorge wird rhetorisch von einer Verantwortungszuschreibung an die Bevölkerung („Responsibilisierung"; Steinführer 2015) begleitet, vor allem in den Bereichen, die der Staat nicht mehr vorhält bzw. meint, nicht mehr vorhalten zu können. Das wird in der Wissenschaft zu Recht kritisch gesehen und auf die Notwendigkeit hauptamtlicher Unterstützungsstrukturen sowie die Existenz staatlicher Hoheitsaufgaben hingewiesen (Neu 2009, 90-92). Gleichzeitig aber gibt es in ländlichen Räumen eine lange Tradition und erlebte Notwendigkeit lokaler Selbsthilfe, etwa im Bereich der Gefahrenabwehr oder kultureller Einrichtungen. Bürgerschaftliches Engagement stellt dann auch eine Bewältigungsstrategie im Umgang mit sich ausdünnender, nicht Schritt haltender oder veränderter Daseinsvorsorge dar. Es füllt entstandene oder vorweggenommene Lücken, ohne dass die engagierten Akteure die öffentliche Hand aus der Verantwortung entlassen. Daseinsvorsorge entwickelt sich weiter als ein Feld vielfältiger Akteure, Interessen und Ebenen, in dem kontinuierliche Aushandlungen um normative Setzungen und finanzielle Rahmenbedingungen die Regel sind und die der weiteren sozialräumlichen Ausdifferenzierung ländlicher Räume Vorschub leisten. Auch dies ist eine wichtige Rahmenbedingung in der Phase des individuellen Übergangs, in dem sich Jugendliche in ländlichen Räumen am Beginn des 21. Jahrhunderts befinden. Der lokale Sozialstaat, wie ihn vielleicht ihre Eltern noch vor Ort erlebt haben, ist längst ein Aushandlungsobjekt geworden.

5 Zusammenfassung

„Die Zukunft liegt weder in den Ballungszentren, noch in den ländlichen Räumen, nicht in einem Entweder – Oder zwischen städtischem und ländlichem Leben. Die Zukunft einer freien Gesellschaft liegt gerade in der Vielfalt der Wirtschafts- und Lebensformen. Nur aus der Vielfalt kann die Gesellschaft ihre Dynamik entfalten, der einzelne die Chance finden, in der Fülle aller Möglichkeiten des modernen Lebens die ihm gemäßen Lebensformen zu wählen."

Diesen Satz stellte der Agrarwissenschaftler Hermann Priebe Anfang der 1970er Jahre an das Ende seiner Studie über den Unteren Bayerischen Wald (Priebe 1973, 137) – zu einer Zeit, als der Schrumpfungsdiskurs über ländliche Räume in der Bundesrepublik seine erste Konjunktur erfuhr und sich in Konzepten wie etwa „passive Sanierung" niederschlug. Ihm ist eigentlich nichts hinzuzufügen – wäre da nicht die im Zuge der „Demographisierung" des öffentlichen Diskurses über ländliche Räume zu beobachtende Tendenz, in eine längst überkommene Stadt-Land-Dichotomie zurückzufallen, die mit weitgehend undifferenzierten Zuschreibungen an wachsende attraktive Städte einerseits und schrumpfende, durch Abwanderung gekennzeichnete ländliche Räume andererseits einhergehen. Tatsächlich aber sind ländliche Räume heute in einem Maße wie wohl nie zuvor durch eine Vielfalt sozialer, demographischer, ökonomischer und ökologischer Verhältnisse gekennzeichnet. Ebenso vielfältig sind die Herausforderungen und die vorstellbaren Entwicklungsszenarien. Denn die genannten Prozesse überlagern sich vielfältig, mit ebenso unintendierten wie langfristigen Folgen – und der vermeintlichen Zukunftsgewissheit über Abwärtsspiralen und fehlende Zuwanderung steht eine Fülle an Lebensentwürfen (oder, wie Priebe es nennt, „Lebensformen") gegenüber, die auch für den individuellen Lebenslauf ganz richtig im Plural zu formulieren sind. Dabei ist auch davon auszugehen, dass neue Rollenmuster entstehen – etwa durch geänderte Praktiken der Vereinbarkeit von Familie und Beruf. Diese werden folgende Generationen, also die vielumworbene und -besprochene „Jugend", beeinflussen und weiteren sozialen Wandel in ländlichen Räumen befördern. Aus der Vergangenheit und Gegenwart (nicht nur ländlicher Räume) ist zugleich bekannt, dass es immer auch Gegenbewegungen zu vorherrschenden Gesellschaftstrends gibt und gerade junge Menschen hierbei wichtige Akteure darstellen: Jugendbewegte Vergemeinschaftungsformen, die im ersten Drittel des 20. Jahrhunderts insbesondere ländliche Räume für sich entdeckten, sind hier ebenso zu nennen wie die heute so gern untersuchten „Raumpioniere" unterschiedlicher Altersklassen.

Ländliche Räume waren und sind somit dynamische Gesellschaftszusammenhänge, wobei diese Dynamik auf den ersten Blick Expansion in den einen und Regression in den anderen Räumen beinhaltet. Tatsächlich aber handelt es sich um simultane Prozesse unterschiedlicher Sphären: Landwirtschaftliche Prosperität kann, wie in großen Teilen Ostdeutschlands, mit Schrumpfungsprozessen in Bezug auf die Bevölkerung und Daseinsvorsorge einhergehen. Touristische Attraktivität von Mittelgebirgslandschaften hingegen speist sich zum Teil aus dem Ergebnis eigentlich überkommener landwirtschaftlicher Strukturen und geht seit Jahrzehnten mit der Abwanderung Jugendlicher einher. Insofern dürfen die Wechselbeziehungen und Verstärkungseffekte nicht aus dem Blickfeld geraten, da sie die oben benannte Heterogenität und damit verbundene Dynamik wesentlich beeinflussen.

Vor diesem Hintergrund wird die Vielfalt an Erklärungsansätzen und Szenarien für ländliche Räume verständlich, auch wenn diese durchaus konträr erscheinen können: Die Erklärung von Entwicklungsprozessen anhand der Identifikation von Pfadabhängigkeiten ist ebenso plausibel wie der Verweis auf Entwicklungsbrüche durch grundlegende Transformationsprozesse. Aus akteurszentrierter Perspektive spielen in beiden Fällen Einzelpersonen und kollektive Akteure eine ähnliche Rolle wie die funktionale Bewertung und Neuinterpretation von Ausstattungselementen ländlicher Räume (Born 2011, 9). Auch über Nicht-Wissen und Nicht-Vorhersehbarkeit ist zu sprechen, wenn von „der" Zukunft ländlicher Räume die Rede ist: Mit der heutigen Jugend wird zum Beispiel die „Generation Internet" groß – was dies für die Alltagsgestaltung im Morgen bedeutet, lässt sich heute ebenso wenig absehen wie weitere sozio-technologische Revolutionen. Auch hat diese Generation ganz selbstverständlich ein vereintes Deutschland, eine wachsende Europäische Union und globale Vernetzungen ebenso wie ökonomische Krisen kennengelernt. An ländlichen Räumen werden die erwartbaren, aber auch die unbekannten Folgen dieser Sozialisation nicht vorbeigehen.

Literatur

Barlösius, E. (2006): Gleichwertig ist nicht gleich. Aus Politik und Zeitgeschichte. 37, 16-22

Barlösius, E. (2007): Die Demographisierung des Gesellschaftlichen. Zur Bedeutung der Repräsentationspraxis. In: Barlösius, E.; Schiek, D. (Hrsg.): Demographisierung des Gesellschaftlichen. Analysen und Debatten zur demographischen Zukunft Deutschlands. Wiesbaden, 9-34

Barlösius, E.; Neu, C. (Hrsg.) (2008): Peripherisierung – eine neue Form sozialer Ungleichheit? Berlin.

Baumann, C. (2016): Die Lust am Ländlichen – Zur Persistenz und Variation idyllischer Ländlichkeit. Informationen zur Raumentwicklung. 2, 249-259

BBR [Bundesamt für Bauwesen und Raumordnung] (2004): Raumordnungsprognose 2020. Regionen und Städte im demographischen Wandel. Bonn

BBSR [Bundesinstitut für Bau-, Stadt- und Raumforschung] (2017a): INKAR. Indikatoren und Karten zur Stadt- und Raumentwicklung (www.inkar.de)

BBSR [Bundesinstitut für Bau-, Stadt- und Raumforschung] (2017b): Laufende Raumbeobachtung – Raumabgrenzungen. Gemeinden und Gemeindeverbände (http://www.bbr.bund.de/BBSR/DE/Raumbeobachtung/Raumabgrenzungen/Gemeinden/gemeinden_node.html)

BBSR [Bundesinstitut für Bau-, Stadt- und Raumforschung] (2017c): Laufende Raumbeobachtung – Raumabgrenzungen. Siedlungsstrukturelle Kreistypen (http://www.bbsr.bund.de/BBSR/DE/Raumbeobachtung/Raumabgrenzungen/Kreistypen4/kreistypen.html)

BBSR [Bundesinstitut für Bau-, Stadt- und Raumforschung] (Hrsg.) (2012): Raumordnungsbericht 2011. Bonn

Beck, U. (2007): Weltrisikogesellschaft. Auf der Suche nach der verlorenen Sicherheit. Frankfurt am Main

Becker, H. (1997): Ländliche Lebensverhältnisse im Wandel 1952, 1972 und 1993/95. Bonn (Schriftenreihe der Forschungsgesellschaft für Agrarpolitik und Agrarsoziologie e.V.; 307)

Becker, H. (2005): „Land": Von den Unzulänglichkeiten einer Kategorie. Land-Berichte. Sozialwissenschaftliche Halbjahresschrift über ländliche Regionen. 8(1), 22-29

Becker, H.; Moser, A. (2013): Jugend in ländlichen Räumen zwischen Bleiben und Abwandern. Lebenssituation und Zukunftspläne von Jugendlichen in sechs Regionen in Deutschland. Braunschweig

Beetz, S. (2007): Demographisierung ökonomischer, kultureller und sozialer Probleme am Beispiel des ländlichen Raumes. In: Barlösius, E.; Schiek, D. (Hrsg.): Demographisierung des Gesellschaftlichen. Analysen und Debatten zur demographischen Zukunft Deutschlands. Wiesbaden, S. 221-246

Beetz, S. (2016): Der Landfluchtdiskurs – zum Umgang mit räumlichen Uneindeutigkeiten. Informationen zur Raumentwicklung. 2, 109-120

BMEL [Bundesministerium für Ernährung und Landwirtschaft] (2014): Gemeinsame Agrarpolitik der EU 2014–2020. Berlin

BMEL [Bundesministerium für Ernährung und Landwirtschaft] (2016): Willkommen im ländlichen Raum. BMEL-Webseite, Rubrik Interaktive Deutschlandkarte (http://multimedia.gsb.bund.de/BMEL/LRgrafiken/media/karte_0/BMEL_LR_Infokarte_LaendlicheRaeume.pdf)

BMEL [Bundesministerium für Ernährung und Landwirtschaft] (Hrsg.) (2015): Ländliche Lebensverhältnisse im Wandel 1952, 1972, 1993 und 2012. Redaktion: Thünen-Institut für Ländliche Räume und BMEL. Berlin

Born, K. M. (2009): Anpassungsstrategien an schrumpfende Versorgungsstrukturen – Beispiele aus Brandenburg und Niedersachsen. In: Neu, C. (Hrsg.): Daseinsvorsorge. Eine gesellschaftswissenschaftliche Annäherung. Wiesbaden, S. 133-153

Born, K. M. (2011): Ländliche Räume in Deutschland. Differenzierungen, Entwicklungspfade und -brüche. In: Geographische Rundschau. 63(2), 4-11

Cloke, P. (2006): Conceptualizing Rurality. In: Cloke, P. Marsden, T.; Mooney, P. H. (Hrsg.): Handbook of Rural Studies. London et al., S. 18-28

Statistisches Bundesamt (2017): Betreuungsquote. (https://www.destatis.de/DE/ZahlenFakten/GesellschaftStaat/Soziales/Sozialleistungen/Kindertagesbetreuung/Tabellen/Tabellen_Betreuungsquote.html)

Deutscher Bundestag (2015): Antwort der Bundesregierung auf die Kleine Anfrage der Fraktion BÜNDNIS 90/DIE GRÜNEN zum Thema „Regionalentwicklung schrumpfender ländlicher Räume". (http://dip21.bundestag.de/dip21/btd/18/056/1805607.pdf)

Dirksmeier, P. (2010): Multilokalität als Abwesenheit: eine Herausforderung für landschaftlich attraktive ländliche Räume – das Beispiel Tegernsee/Stadt. Europa Regional. 18, 60-70

Dittrich-Wesbuer, A.; Föbker, S. (2013): Multilokales Wohnen – Verbreitung und Formen in Deutschland. In: Scheiner, J.; Blotevogel, H. H.; Frank, S.; Holz-Rau, C.; Schuster, N. (Hrsg.): Mobilitäten und Immobilitäten: Menschen – Ideen – Dinge – Kulturen – Kapital. Dortmund, Essen, S. 391–402

Einig, K. (2008): Regulierung der Daseinsvorsorge als Aufgabe der Raumordnung im Gewährleistungsstaat. Informationen zur Raumentwicklung. 1/2, 17-40

Einig, K.; Jonas, A. (2009): Ungleichwertige Lebensverhältnisse in Deutschland. In: Europa Regional. 17(3), 59-75

Eisenberg, W. (2002): Zur politischen Bedeutung der Selbstversorger-Landwirtschaft im Wendland. In: Meyer-Renschhausen, E. (Hrsg.): Die Gärten der Frauen: zur sozialen Bedeutung von Kleinstlandwirtschaft in Stadt und Land weltweit. Herboltzheim, S. 188-195

EU COM [European Commission] (2014): A harmonised definition of cities and rural areas: the new degree of urbanisation. Brussels

EU-KOM [Europäische Kommission] (2006): Der Leader-Ansatz: ein grundlegender Leitfaden. Luxemburg (http://ec.europa.eu/agriculture/publi/fact/leader/2006_de.pdf)

EU-KOM [Europäische Kommission] (2013): Verordnung (EU) Nr. 1305/2013 des Europäischen Parlaments und des Rates vom 17. Dezember 2013 über die Förderung der ländlichen Entwicklung durch den Europäischen Landwirtschaftsfonds für die Entwicklung des ländlichen Raums (ELER) und zur Aufhebung der Verordnung (EG) Nr. 1698/2005. In: Amtsblatt der Europäischen Union L 347 (20.12.2013), S. 487-548

EU-KOM [Europäische Kommission] (2014): Durchführungsbeschluss der Kommission vom 18. Februar 2014 zur Erstellung der Liste der Regionen, die für eine Unterstützung aus dem Europäischen Fonds für regionale Entwicklung und dem Europäischen Sozialfonds in Frage kommen, sowie der Mitgliedstaaten, die für eine Unterstützung aus dem Kohäsionsfonds in Frage kommen, mit Bezug auf den Zeitraum 2014-2020 (http://eur-lex.europa.eu/legal-content/DE/TXT/PDF/?uri=CELEX:32014D0099&from=DE)

Eurostat (2013): Updated urban-rural typology: integration of NUTS 2010 and the latest population grid. Statistics in focus 16/2013 (http://ec.europa.eu/eurostat/statistics-explained/index.php/Archive:Urban-rural_typology_update)

Fick, J. (Hrsg.) (2016): Wechselwirkungen zwischen Landnutzung und Klimawandel. Ausgewählte Ergebnisse des Forschungsvorhabens CC-LandStraD. Braunschweig

Frommer, B.; Buchholz, F.; Böhm, H. R. (Hg.) (2011): Anpassung an den Klimawandel – regional umsetzen! Ansätze zur Climate Adaption [sic!] Governance unter der Lupe. München

Gömann, H.; Bender, A.; Bolte, A. et al. (2015): Agrarrelevante Extremwetterlagen und Möglichkeiten von Risikomanagementsystemen. Studie im Auftrag des Bundesministeriums für Ernährung und Landwirtschaft (BMEL). Braunschweig

Goodman, D. (2004): Rural Europe Redux? Reflections on alternative agro-food networks and paradigm change. Sociologia Ruralis. 44(1), 1-16

Grabski-Kieron, U. (2016): Geographie und Planung ländlicher Räume in Mitteleuropa. In: Gebhardt, H.; Glaser, R.; Radtke, U.; Reuber, P. (Hrsg.): Geographie. Physische Geographie und Humangeographie. 2. überarb. u. erweit. Aufl. Heidelberg:, S. 820-837

Henkel, G. (2004): Der ländliche Raum. Gegenwart und Wandlungsprozesse seit dem 19. Jahrhundert in Deutschland. Berlin, Stuttgart

Herget, M. (2016): Mobilität von Familien im ländlichen Raum. Arbeitsteilung, Routinen und typische Bewältigungsstrategien. Wiesbaden

Hobsbawm, E. (1983): Introduction: Inventing Traditions. In: Hobsbawm, E.; Ranger, T. (Hrsg.): The Invention of Tradition. Cambridge, S. 1-14

Jacobeit, W.; Scholze-Irrlitz, L. (2005): Volkskunde und ländliche Gesellschaft. In: Beetz, S.; Brauer, K.; Neu, C. (Hrsg.): Handwörterbuch zur ländlichen Gesellschaft in Deutschland. Wiesbaden, S. 240-248

Kersten, J. (2009): Wandel der Daseinsvorsorge – von der Gleichwertigkeit der Lebensverhältnisse zur wirtschaftliche, sozialen und territorialen Kohäsion. In: Neu, C. (Hrsg.): Daseinsvorsorge. Eine gesellschaftswissenschaftliche Annäherung. Wiesbaden, S. 22-38

Kersten, J.; Neu, C.; Vogel, B. (2015): Für eine Gemeinschaftsaufgabe zur Stärkung der regionalen Daseinsvorsorge. WISO Direkt. Analysen und Konzepte zur Wirtschafts- und Sozialpolitik der Friedrich-Ebert-Stiftung. Berlin

Klein, O.; Gronemeyer, C. M.; Maschinski, S.; Born, K. M. (2016): Promotoren in regionalen Innovationssystemen – Drei Fallbeispiele aus Nordwestdeutschland. In: Raumforschung und Raumordnung. 74(4), 1-15

Kriehn, C.; Steinführer, A. (2015): Abgrenzungen ländlicher Räume in Deutschland: Zugänge, Beispiele und Schlussfolgerungen. Unveröffentlichtes Arbeitspapier des Thünen-Instituts für Ländliche Räume. Braunschweig

Kühn, M.; Weck, S. (2013): Peripherisierung – ein Erklärungsansatz zur Entstehung von Peripherien. In: Bernt, M.; Liebmann, H. (Hrsg.): Peripherisierung, Stigmatisierung, Abhängigkeit? Deutsche Mittelstädte und ihr Umgang mit Peripherisierungsprozessen. Wiesbaden, S. 24-46

Kühne, S. (2013): Ins System kommt Bewegung. Entwicklungstrends in der deutschen Bildungslandschaft. In: Bundeszentrale für politische Bildung (Hrsg.): Dossier Zukunft Bildung (http://www.bpb.de/gesellschaft/kultur/zukunft-bildung/146188/ins-system-kommt-bewegung)

Küpper, P. (2016): Abgrenzung und Typisierung ländlicher Räume. Thünen Working Paper 68. Braunschweig (http://literatur.thuenen.de/digbib_extern/dn057783.pdf)

Küpper, P.; Steinführer, A. (2015 [2017], im Druck): Daseinsvorsorge in ländlichen Räumen zwischen Ausdünnung und Erweiterung: ein Beitrag zur Peripherisierungsdebatte. Europa Regional. 23(4), 43-59

Landwirtschaftsverlag GmbH (2014): Landlust. Zahlen und Fakten, die unseren Erfolg sichtbar machen. (http://media.landlust.de/fileadmin/pdf/leserstruktur/Landlust_Booklet_Zahlen_und_Fakten_2015.pdf)

Mackensen, R. (2000): Vergangenheit und Zukunft der Demographie als Wissenschaft. Zeitschrift für Bevölkerungswissenschaft. 25(3-4), 399-429

Maretzke, S. (2016): Demografischer Wandel im ländlichen Raum. So vielfältig wie der Raum, so verschieden die Entwicklung. Informationen zur Raumentwicklung. 2, 169-187

Ministerkonferenz für Raumordnung (MRKO) (2016): Leitbilder und Handlungsstrategien für die Raumentwicklung in Deutschland. Beschlossen von der 41. MKRO am 9. März 2016. o.O.

Mormont, M. (1990): Who is rural? Or, how to be rural: towards a sociology of the rural. In: Marsden, T. K.; Lowe, P.; Whatmore, S. (Hrsg.): Rural Restructuring. Global Processes and their Responses, London, 21-44.

Mose, I.; Schaal, P. (2012). Probleme der Intensivtierhaltung im Oldenburger Münsterland. Lösungsstrategien im Widerstreit konkurrierender Interessen. Neues Archiv für Niedersachsen. 2, 50-69

Neu, C. (2009): Daseinsvorsorge und territoriale Ungleichheit. In: Neu, C. (Hrsg.): Daseinsvorsorge. Eine gesellschaftswissenschaftliche Annäherung. Wiesbaden, S. 80-96

OECD [Organisation for Economic Co-operation and Development] (2011): OECD Regional Typology (https://www.oecd.org/gov/regional-policy/OECD_regional_typology_Nov2012.pdf)

Pfaff, S. (2014): Pendelentfernung, Lebenszufriedenheit und Entlohnung. Eine Längsschnittuntersuchung mit den Daten des SOEP von 1998 bis 2009. Zeitschrift für Soziologie. 43(2), 113-130

Priebe, H. (1973): Der ländliche Raum. Eine Zukunftsaufgabe. Die Region „Unterer Bayerischer Wald" als Beispiel. Stuttgart u.a.

Redepenning, M. (2015): Grenzen, Grenzziehungen und das Ländliche. Ein Versuch. In: Goeke, P.; Lippuner, R.; Wirths, J. (Hrsg.): Konstruktion und Kontrolle. Zur Raumordnung sozialer Systeme. Wiesbaden, S. 75-93

Rößler, C.; Kunz, A. (2010): Wanderungsmuster in ländlichen Räumen. Ergebnisse einer empirischen Analyse des Migrationsgeschehens in Städten und Dörfern des ländlichen Raumes in Sachsen. Dresden

Schubarth, W.; Speck, K. (Hrsg.) (2009): Regionale Abwanderung Jugendlicher. Theoretische Analysen, empirische Befunde und politische Gegenstrategien, Weinheim und München. Weinheim, München

Schwinn, T. (2009): Soziale Ungleichheit. Bielefeld

Smetana, S.; Tamásy, C.; Mathys, A.; Heinz, V. (2015): Sustainability and Regions: Sustainability Assessment in Regional Perspective. Regional Science Policy and Practice. 7(4), 163-186

Steinführer, A. (2013): Demographischer Wandel und mehr: Daseinsvorsorge zwischen Anpassung und Gestaltung. fub Flächenmanagement und Bodenordnung. 75(5), 201-206

Steinführer, A. (2015): Bürger in der Verantwortung. Veränderte Akteursrollen in der Bereitstellung ländlicher Daseinsvorsorge. Raumforschung und Raumordnung. 73(1), 5-16

Steinführer, A.; Küpper, P.; Tautz, A. (2012): Gestaltung der Daseinsvorsorge in alternden und schrumpfenden Gemeinden – Anpassungs- und Bewältigungsstrategien im Harz. Braunschweig

Steinhäußer, R.; Siebert, R.; Steinführer, A.; Hellmich, M. (2015): National and regional land-use conflicts in Germany from the perspective of stakeholders. Land Use Policy 49, 183-194

Tamásy, C. (2013): Oldenburger Münsterland: Quo Vadis? Vortrag auf dem Deutschen Geographentag, Fachsitzung „Übernutzung von Räumen". Passau, 2.-8. Oktober 2013

Techen, A.-K.; Ries, E.; Steinführer, A. (2015): Evaluierung der Gewässerschutzberatung in Hessen im Kontext der EU-Wasserrahmenrichtlinie: Auswirkungen auf Wissen und Handeln von Landwirten. (= Thünen Report 33). Braunschweig

Topçu, C. (2015): Kleine Fluchten aus dem Alltag. Warum Idylle-Magazine wie LandLust erfolgreich sind. In: Herbert Quandt-Stiftung (Hrsg.): Landflucht 3.0. Welche Zukunft hat der ländliche Raum? Freiburg, Basel, Wien, S. 198-209

Tietz, H.-P.; Hübner, T. (Hrsg.) (2011): Zukunftsfähige Infrastruktur und Raumentwicklung. Handlungserfordernisse für Ver- und Entsorgungssysteme. Hannover

Tuitjer, G. (2016): Ländliche Lebensverhältnisse im Wandel 1952, 1972, 1993, 2012. Teil 6: Ländliche Arbeitsmärkte: Chancen für Frauen – Frauen als Chance. Thünen Report 32/6. Braunschweig (http://literatur.thuenen.de/digbib_extern/dn056886.pdf)

UN [United Nations Department of Economic and Social Affairs] (2015). World Urbanization Prospects. The 2014 Revision. New York. (https://esa.un.org/unpd/wup/Publications/Files/WUP2014-Report.pdf)

Zander, K.; Isermeyer, F.; Bürgelt, D.; Christoph-Schulz, I. B.; Salamon, P.; Weible, D. (2013): Erwartungen der Gesellschaft an die Landwirtschaft. Bericht für die Stiftung Westfälische Landwirtschaft. Braunschweig

Martin Stummbaum und Tobias Hempel

Wohnst Du noch auf dem Land oder lebst Du schon in der Stadt?
Ländliche Perspektiven des Aufwachsens in Zeiten des demografischen Wandels

1 Vom Wohnen auf dem Land zum Leben in der Stadt?

Wohnst Du noch oder lebst Du schon? Dieser in Deutschland bekannte Slogan eines schwedischen Möbelhauses unterscheidet zwischen Wohnen (als schlechtere Daseinsform) und Leben (als bessere Daseinsform). In Zeiten des demografischen Wandels sind diese Daseinsalternativen nicht nur von der Wohnungseinrichtung abhängig, sondern zunehmend auch vom Ort des Daseins. Dieses verheißt zumindest der (öffentliche) Prognose-Mainstream über die Zukunftsfolgen des demografischen Wandels in Deutschland: Ländliche Regionen sollen demnach schrumpfen, überaltern sowie sich entleeren und entvölkern. Junge und gut qualifizierte Menschen flüchten aus den ländlichen Gebieten und zurück bleiben alte und schlecht qualifizierte Landbewohner_innen, deren Daseinsvorsorge und Lebensbedingungen immer schwieriger und kostspieliger werden. Die Verstädterung wird in Deutschland im Zuge des demografischen Wandels weiter fortschreiten, denn urbane Räume bieten zukunftsvollere Perspektiven des Arbeitens, der Bildung und des Lebens. In diesen vorherrschenden Prognose-Szenarien sind ländliche Räume zukunftsdefizitär und ohne positive Perspektiven für das Aufwachsen von Kindern und Jugendlichen.

Während sich der Marketinggehalt der zur Daseinsfrage stilisierten Einrichtungsentscheidung spätestens beim bzw. nach dem Selbstaufbau der Möbel des besagten Möbelhauses offenbart, vermitteln die Prognosen des demografischen Wandels eine (vordergründig) fundierte Stimmigkeit der divergierenden Zukunftsperspektiven von urbanen und ländlichen Räumen für die nächsten Jahrzehnte und darüber hinaus.

> „Betrachtet man eine Bevölkerungsveränderung von plus/minus einem Prozent im Fünfjahreszeitraum von 2005 bis 2010 als Stabilität, so haben während dieser Zeitspanne etwa zwei Drittel der ländlichen Gemeinden und Kleinstädte, etwa die Hälfte aller Mittelstädte aber nur 32 Prozent aller Großstädte Bevölkerung verloren. Ein Bevölkerungswachstum von mehr als einem Prozent ließ sich in 35 von 80 Großstädten registrieren. Etwa 20 Prozent der deutschen Mittelstädte sind noch gewachsen, Von den Kleinstädten und ländlichen Gemeinden hingegen konnten lediglich 14 Prozent Ein-

wohner hinzugewinnen. Die Bevölkerung verlagert sich also tendenziell in städtische Zentren." (Kröhnert 2013, 14)

Die Analysen von Kröhnert (2013) belegen, dass ländliche Räume in Deutschland vom Bevölkerungsrückgang stärker betroffen sind. Sie zeigen aber auch, dass ländliche Räume in Deutschland nicht nur einen Rückgang von Bevölkerung zu verzeichnen haben, sondern ebenso eine Stagnation und eine Zunahme von Bevölkerung. Hempel (2017) fordert in diesem Zusammenhang eine Abkehr von einer bevölkerungsfokussierten Sicht, da sich die Zukunftsperspektivität ländlicher Räume komplexer gestaltet als dieses von der Bevölkerungszahl (pro Quadratkilometer) abgebildet werden kann. In einer vom der Bevölkerungsentwicklung dominierten Diskussion besteht die Gefahr einer Verkürzung von Zukunftsfragen auf Fragen des Bevölkerungswachstums. Urbane Räume mit einem hohen Bevölkerungszuzug gelten demzufolge als besonders zukunftsfähig und stellen die Zukunftsfähigkeit ländlicher Räume als Nicht-Urban grundsätzlich in Frage (vgl. Franzen et al. 2008). Die Vernachlässigung „eine[r] genuin ,ländlichen' Perspektive, die darauf fokussiert, wie sich das Leben in ländlichen Räumen im positiven Sinne vom Leben in urbanen Räumen unterscheiden kann," (Penke 2012, 20) befördert eine Verkennung von Leistungs- und Zukunftspotenzialen ländlicher Räume.

> „Zu Unrecht wird immer wieder die vermeintliche Rückständigkeit des ländlichen Raums gegenüber den Ballungsräumen hervorgehoben. Ländliche Räume sind in Deutschland nicht per se im wirtschaftlichen Niedergang begriffen, sondern repräsentieren eine breite Vielfalt an Situationen. Ihre Entwicklung hängt ab von den jeweiligen zur Verfügung stehenden ökonomischen, soziokulturellen und ökologischen Potenzialen sowie von der Ausrichtung und Effizienz der sie steuernden Governanceformen." (Plieninger et al. 2005, 27)

Rückläufige Bevölkerungsentwicklungen lassen sich in ländlichen Räumen demzufolge nicht (alleinig) dem demografischen Wandel zuschreiben, sondern lassen sich in Anlehnung an Plieninger et al. (2005) darstellen als ein Zusammenwirken spezifischer lokaler bzw. regionaler Bedingungen mit diversen Entwicklungen und getroffenen Entscheidungen. Exemplarisch für diese vielfältigen Entwicklungen und Entscheidungen, die die Bevölkerungsentwicklung ländlicher Räume (mit) bedingen, ist der (ungenügende) Ausbau der digitalen Infrastruktur in Deutschland. Das Bundesministerium für Verkehr und digitale Infrastruktur resümiert im fünften Praxisheft „Schnelles Internet in ländlichen Räumen im internationalen Vergleich" des Modellvorhabens zur Raumordnung:

> „Regionen, die nicht über eine stabile Wirtschaftsstruktur verfügen und außerhalb der Pendeldistanz städtischer Räume liegen, sind der Gefahr ausgesetzt, von der wirtschaftlichen Entwicklung mittelfristig abgehängt zu werden. Um diesen Abwärtstrend zu

stoppen und gleichzeitig die bestehenden Erreichbarkeitsdefizite ländlicher Räume zu verringern, werden große Hoffnungen in den Ausbau einer leistungsfähigen Breitbandinfrastruktur gesetzt. Sowohl für Bewohnerinnen und Bewohner als auch für Unternehmen ist der Zugang zu Breitbandinternet inzwischen ein entscheidender Faktor für die Wahl des Wohn- und Produktionsorts geworden. Auch die Gemeinden sind zur Bereitstellung öffentlicher Dienstleistungen darauf angewiesen. Darüber hinaus ergeben sich über digitale Anwendungen in den Bereichen E-Government, E-Learning, E-Health und Telearbeit gerade für ländliche Räume Chancen, Defizite gegenüber urbanen Räumen abzubauen. Allerdings sind es gerade die ländlichen Regionen in Deutschland, die nur mangelhaft mit leistungsfähigem Breitband versorgt werden.

[…] Deutschland hat sich vergleichsweise hohe Ziele für den flächendeckenden Breitbandausbau gesetzt. Die Zielvorgabe einer flächendeckenden Versorgung von mindestens 50 Mbit/s bis zum Jahr 2018 liegt sogar über den Zielen der Europäischen Union. Da der gegenwärtige Versorgungsgrad gerade in ländlichen Regionen noch deutlich hinter den Zielvorgaben liegt, werden diese ambitionierten Ziele möglicherweise nicht mehr erreicht. Dass ambitionierte Ziele nicht zwingend nötig sind, zeigt beispielsweise die Schweiz, die gänzlich auf die Formulierung von Ausbauzielen verzichtet und dennoch eine Spitzenposition bei der Versorgung mit leistungsfähigem Breitbandinternet einnimmt." (BMVI 2016, 7)

Der ungenügende Ausbau der digitalen Infrastruktur in ländlichen Räumen ist das Resultat politischer Entscheidungen und nimmt Einfluss auf die Bevölkerungsentwicklung und Zukunftsfähigkeit ländlicher Regionen. Eine digitale Infrastruktur, die „schnelles Internet" in urbanen und (auch) ländlichen Regionen deutschlandweit bereitstellt, hätte politisch beschleunigt werden können etwa in Adaption des Schweizer Solidarmodell zur Internetversorgung entlegener Gemeinden (vgl. BMVI 2016) sowie in Anlehnung an den 2010 in Finnland geschaffenen Rechtsanspruchs auf einen Breitbandinternetanschluss.

„Finland has become the first country in the world to make broadband a legal right for every citizen. […]

Speaking to the BBC, Finland's communication minister Suvi Linden explained the thinking behind the legislation: ‚We considered the role of the internet in Finns everyday life. Internet services are no longer just for entertainment. Finland has worked hard to develop an information society and a couple of years ago we realised not everyone had access.' […]

A poll conducted for the BBC World Service earlier this year found that almost four in five people around the world believed that access to the internet is a fundamental right." (British Broadcasting Corporation BBC 2010, o.S.)

Die deutschlandweite Bereitstellung einer innovationsförderlichen digitalen Infrastruktur ist eine Möglichkeit – gerade vor dem Hintergrund der fortschreitenden Digitalisierung von Arbeit – die Zukunftspotenziale von ländlichen Räumen nachhaltig zu (be)fördern. Die im Vergleich zu Städten vorherrschende Thematisierung und vor allem Problematisierung ländlicher Räume unter dem gesamtgesellschaftlichen Phänomen des demografischen Wandels birgt jedoch die Gefahr, dass diese und auch andere Zukunftsperspektiven ländlicher Räume nicht bzw. nur unzureichend und damit nicht konsequent beschritten werden (können).

> „Die […] vorhandenen Probleme des Strukturwandels [und der Modernisierung sowie Ökologie] werden [damit] auf demographische Entwicklungen reduziert […] [und] die wesentlich komplizierteren und auch gegenläufigen sozialen und ökonomischen Prozesse vernachlässigt." (Beetz 2007, 234)

Bosbach und Bingler (2011) sehen in der vorherrschenden Thematisierung und Problematisierung des demografischen Wandels eine Instrumentalisierung zur Ablenkung bzw. Verschleierung von politischen Fehlern und kritischen Interessen. Sie begründen dieses mit der verkürzten und einseitigen Interpretation sowie postfaktischen Kommunikation (bevölkerungs)statistischer Erhebungen.

> „Wenn es um die drohende ‚Schrumpfung und Überalterung' der Bevölkerung geht, stützt man sich in der öffentlichen Diskussion vor allem auf die Berechnungen des Statistischen Bundesamtes. Dabei wird jedoch allzu gerne unterstellt, dass es sich hierbei um regelrechte Prognosen handelt. Die Verfasser des Statistischen Bundesamtes selbst tun dies mitnichten und sprechen ihren Berechnungen lediglich Modellcharakter zu. Sie legen dabei bestimmte Annahmen zu Lebenserwartung, Geburtenzahl und Wanderungssalden zugrunde. Von diesen Annahmen gibt es mehrere Varianten, die dementsprechend auch zu sehr unterschiedlichen Ergebnissen führen. So wurden in der 12. koordinierten Bevölkerungsvorausberechnung von 2009 zwölf Modellrechnungen erstellt, die für das Jahr 2060 eine Bevölkerungszahl zwischen 61,8 und 76,9 Millionen Menschen ergeben. Es handelt sich also um eine Abweichung zwischen den Varianten von gut 15 Millionen, von Sicherheit also keine Spur. Vernünftige Zukunftsprognosen über einen Zeitraum von 30 oder gar 50 Jahren sind eben nicht möglich. Man ist lediglich dazu in der Lage, bestehende Trends fortzuschreiben. Dabei werden Strukturbrüche notwendigerweise ausgeklammert. So konnte 1950 niemand bei einer Schätzung für 2000 wissen, welche Auswirkungen etwa der Pillenknick oder der Zuzug ausländischer Arbeitnehmer und ihrer Familien, der Zuzug von Aussiedlern aus Osteuropa in den nächsten Jahrzehnten mit sich bringen sollte. Auch die veränderten Einstellungen zu Familie und Kindern – erst die geburtenstarken Jahrgänge, dann der Trend zu Kleinfamilie oder Single-Dasein – ahnte 1950 keiner. So werden auch zukünftige Strukturbrüche die heutigen langfristigen Vorhersagen zu Makulatur werden lassen." (Bosbach & Bingler 2011, o.S.)

Hempel (2017) schließt sich dieser Kritik an und ergänzt, dass die vorherrschende Thematisierung und Problematisierung der Zukunftsfähigkeit ländlicher Räume als Phänomen des demografischen Wandels sich in den Logiken von Förderprogrammen niederschlägt und sich damit die nachhaltige Realisierung von differenzierteren und lokal bzw. regional spezifischeren Zukunftsinitiativen erschweren kann. Hempel (2017) diskutiert dieses an den beiden nachfolgenden Modellvorhaben des Bundesministeriums für Ernährung und Landwirtschaft:

> „Mit dem Modelvorhaben LandZukunft wurden neue Wege in der ländlichen Entwicklung erprobt, mit denen auch andere Regionen dem demographischen Wandel trotzen und eine drohende Abwärtsspirale durchbrechen können. Unternehmerische Menschen standen dabei im Mittelpunkt des Modellvorhabens." (BMEL 2017a, o.S.)

> „Mit dem Modellvorhaben Land(auf)Schwung werden strukturschwache ländliche Regionen dabei unterstützt, mit dem demografischen Wandel vor Ort aktiv umzugehen, die regionale Wertschöpfung zu erhöhen und die Beschäftigung im ländlichen Raum zu sichern." (BMEL 2017b, o.S.)

Beide Modellbeschreibungen machen die Herausforderungen ländlicher Zukunftsfähigkeit am demografischen Wandel fest und agieren damit in einem unterkomplexen und verengten Begründungs- und Lösungskontext (vgl. Penke 2012). Hempel (2017) verortet deshalb die Zukunftsherausforderungen ländlicher Räume im Innovationsansatz der Grand Challenges zur zukunftsverantwortlichen Bewältigung ökologischer, ökonomischer und gesellschaftlicher Herausforderungen (vgl. Zimmermann 2016). In dieser weitergefassten Kontextuierung erschließen sich über den demografischen Wandel hinausreichende und für die Zukunftsfähigkeit ländlicher Räume grundlegende Gestaltungshorizonte auf globaler sowie europäischer und nationaler Ebene: Etwa hinsichtlich der Gesamtzunahme der Weltbevölkerung sowie einer angemesseneren bzw. nachhaltigeren Berücksichtigung und Inwertsetzung ländlicher Leistungen bzw. Ressourcen als Erholungs-, Landwirtschafts-, Nachhaltigkeits- und Naturraum (Meyer & Höflehner 2016).

2 Vom Leben und Wohnen in der Stadt

„Verlassenes Land – verlorenes Land, Keine Zukunft für die Kuhzunft, Polinnen als letzte Hoffnung, Lockruf der Leere" (Beetz 2007, 234f) mit diesen Überschriften thematisierte Spiegel-Online den Bevölkerungsrückgang in ländlichen Räumen und vermittelte plakativ, dass ein dortiges Leben defizitär und nicht zukunftsträchtig ist. So wenig zukunftsträchtig, dass für ländliche Räume eine passive Sanierung vorgeschlagen wird (vgl. Ragnitz 2011):

> „Selbst wenn sich einzelne Gemeinden noch gegen den Trend stemmen können – unweigerlich würden binnen 15 Jahren ganze Regionen im Innern und an den Rändern der Republik bis zu zwei Drittel ihrer Bewohner verlieren. Geldverschwendung, meint der Wissenschaftler [Ragnitz], wäre es daher, jetzt noch Unsummen in die Infrastruktur solcher Landstriche zu investieren, sinnvoll dagegen, ‚Anreize' zu schaffen, um auch

noch die dörfliche Restbevölkerung zum Fortzug in die Ballungsräume zu bewegen."
(Spiegel-Online 2006, o.S.)

Aus der tendenziellen Betrachtungsweise, dass ländliche Räume nicht den Vorstellungen urbanen Lebens entsprechen (vgl. Franzen et al. 2008), mag der Ansatz einer passiven Sanierung ländlicher Räume durchaus zielführend erscheinen. Allerdings blendet dieser Ansatz aus, dass die zugrundeliegenden Positiv-Vorstellungen
– nicht nur für Gering-, sondern auch für viele Durchschnittsverdiener – eher den
Charakter einer urbanen Vision als Realität haben. Boomende urbane Räume wie
in Berlin, Frankfurt, Hamburg und München stehen vielgestaltigen Problemen
gegenüber. Ein weiterer Anstieg der Bevölkerung würde zu einer eskalierenden
Verschärfung dieser urbanen Probleme führen wie ein Blick nach München ex-
emplifiziert:

> „Immer mehr Menschen ziehen nach München, trotz wachsender Fertigstellungszahlen
> kann die Nachfrage nach Wohnraum kaum gestillt werden. Das zwingt die Stadt zu un-
> konventionellen Ideen. OB Dieter Reiter (SPD) erklärt [...] seinen Plan [...]. Potenziale
> sieht er vor allem bei Supermärkten, Parkplätzen, Straßen und Schienen – er will sie mit
> neuen Quartieren überbauen.
>
> Es ist doch augenfällig, wie viele Supermärkte in Flachbauten wir in der Stadt haben.
> Nicht nur die Parkplätze dieser Märkte haben Potential, sondern eben auch die Märkte
> selbst', so Reiter. ‚Ich kann mir vorstellen, dass man da noch zwei Stockwerke draufsetzt
> und zum Beispiel für die Kassenkraft günstigen Wohnraum schafft.' [...]
>
> Reiter hat auch die Supermarkt-Parkplätze im Fokus, die man überbauen könnte. Als
> Pilotprojekt dient das Wohnhaus der städtischen Gewofag am Dantebad, wo derzeit
> 100 Wohnungen auf einem Parkplatz in einem Stelzenbau entstehen." (Westermann
> 2016, o.S.)

Diese Idee des Münchner Oberbürgermeisters ist allerdings nicht unkonventio-
nell, sondern entspricht einer gängigen Strategie der Schaffung von dringend be-
nötigtem Wohnraum mittels Nachverdichtung und weckt weniger Assoziationen
einer modernen Urbanität als einer Rückwärtsgewandtheit in vergangene Zeiten
als schlecht bezahltes Dienstpersonal im Souterrain unter bzw. in Schlafstatt neben oder in Hängeböden über ihren Arbeitsplätzen wohnen mussten. Während
der Urbanisierungstrend für gering- und durchschnittlich verdienende Haushalte zu einer Zunahme städtischer Belastungen und Benachteiligungsrisiken führt,
erschließt er für gehobene und wohlhabende Haushalte die Vorteile ländlichen
Lebens im städtischen Kontext. In diesen Urban Villages gelingt es

> „mit machtvoller Unterstützung von Politikern, Planern und Investoren [...], elemen-
> tare Funktionen und Charakteristika des suburbanen Lebens in die Städte zu transfe-
> rieren. In der Folge entstehen immer mehr Mittelschichtsinseln in den Städten, die sich
> gegen ihre Umgebung abgrenzen [...]. Damit muss man [...] die [...] Hoffnung relati-

vieren, dass die neuen Urbaniten die ‚natürlichen' Träger und Motoren der erwünschten offenen Stadtgesellschaft sind – eben weil ihnen unterstellt wird, dass sie aufgrund ihrer erklärten Lust an der Stadt über eine hohe soziale Toleranz und Integrationsfähigkeit verfügen und dem und den Anderen oder Fremden gegenüber besonders aufgeschlossen sind. Dies mag – aber auch nur vielleicht – noch für die Gruppe der so genannten jungen Kreativen gelten. Für die berufliche etablierten und bildungsbewußten urbanen Mittelschichten spricht die Empirie insbesondere ab dem Moment, in dem Kinder ins Spiel bzw. in die Schule kommen, eine ganz andere Sprache." (Frank 2014, 168f.)

Boomende Städte sind nach Frank (2014) deshalb nicht nur als Abkehr, sondern auch als Verlagerung ländlichen Lebens zu verstehen. Ländliches Leben in urbanen Räumen ist dabei auf zahlungskräftige Haushalte fokussiert und negiert das Gros der Haushalte mit durchschnittlichem und geringem Einkommen, deren urbane Lebens- und Zukunftschancen sich leicht auf ein Wohnen in nachverdichteten Stadtlagen und ein Arbeiten in schlecht bezahlten Beschäftigungen erschöpfen. Urbane Visionen etwa zum Ausbau von Lieferdiensten von Lebensmitteln in München wie sie von Ratzesberger (2017) mit ihrem Beitrag „Was ‚Amazon Fresh' für München bedeuten könnte" formuliert werden, versprechen für zahlungskräftige Haushalte ein freizeitorientiertes und eventmäßiges Einkaufen mit allen Sinnen am teuren Viktualienmarkt und eine Befreiung vom Lebensmitteleinkauf ohne Erlebnisqualität in Supermärkten (fast) rund um die Uhr:

„[D]ie Lieferdienste [von Lebensmitteln] [können] auch bei einem […] viel besprochenen Münchner Problem helfen: den Öffnungszeiten. Online nämlich ist nie geschlossen, auch geliefert wird nach 20 Uhr, Amazon zum Beispiel liefert von Montag bis Samstag, von acht Uhr morgens bis zwölf Uhr nachts, nur am Sonntag nicht. Vielleicht noch nicht." (Ratzesberger 2017, o.S.)

Unterthematisiert sind in dieser wie in vielen anderen urbanen Visionen die weitaus höher belasteten und weitaus weniger zukunftsvollen Lebens-perspektiven von nicht entsprechend zahlungskräftigen Stadtbewohner_innen wie etwa dem (fast) rund um die Uhr tätigen Lieferpersonal von Amazon Fresh und deren Kindern (vgl. Jurczok & Lauterbach 2014).

3 Aufwachsen auf dem Land

In Zeiten des demografischen Wandels werden die urbanen Perspektiven des Aufwachsens und der Zukunft von Kindern und Jugendlichen gemeinhin sehr positiv dargestellt – unter nicht entsprechenden Thematisierung vorgenannter und weiterer Negativfolgen des urbanen Booms. Im Vergleich hierzu vermitteln ländliche Räume in der vorherrschenden Thematisierungs- und Wahrnehmungsmixtur

zwischen rückwärtsgewandter Dorf-Natur-Idyllisierung und zukunftspessimisti-
schem Landflucht-No-Future-Szenario für Kinder und Jugendliche gemeinhin
weitaus schlechtere Perspektiven des Aufwachsens und der Zukunft (vgl. Michalzik 2013). In dieser mit dem demografischen Wandel transportierten Schwarz-
Weiß-Sicht ist das Risiko einer selbsterfüllenden Prophezeiung sehr groß, dass
ländliche Räume zu dem Defizitären und Negativen gemacht werden, welches
ihnen zugedacht wird (vgl. Rademacher 2013). In der Auflösung dieser – wie im
Vorangegangenen dargelegt – unterkomplexen Betrachtungsweise raumzugeord-
neter Zukunftschancen lassen sich für ländliche Räume differenzierte Optionen
der Gestaltung zukunftsvoller Perspektiven (eines Aufwachsen von Kindern und
Jugendlichen) erschließen. Das Thünen Institut (2017; o.S.) spricht von der Notwendigkeit „einer territorialen, auf die Gesamtschau ausgerichteten Perspektive".
Diese territoriale Betrachtungsweise erfasst ländliche Räume in ihrer spezifischen
Komplexität, darf sich allerdings nicht in deren Grenzen erschöpfen, sondern
muss ländliche Räume auch in einen gesellschaftlichen und politischen Gesamt-
kontext stellen. Barlösius und Spohr (2013) veranschaulichen diesen Gesamt-
kontext und dessen bundes- und landespolitische Wirkmächtigkeit auf ländliche
Räume anhand der

> „Abkehr von der […] [früher] konsensualen Interpretation des politischen Postulats
> der ‚Gleichwertigkeit der Lebensverhältnisse', das mittels einer weitgehenden Gleich-
> förmigkeit der infrastrukturellen Ausstattung und der Wirtschaftsstrukturen realisiert
> werden sollte, und zwar territorial überall gleich." (Barlösius & Spohr 2013, 245)

> „Vielmehr wurden Infrastrukturen durch ihre Ökonomisierung zu ungleichheitsrele-
> vanten Gütern und Ressourcen. […] [Die] nicht mehr sozialstrukturell und räumlich
> unabhängig Teilhabe- und Partizipationschancen garantieren, sondern stattdessen Ur-
> sache soziale Bevorzugung [urbaner Räume] und Benachteiligung [ländlicher Räume]
> geworden sind." (Barlösius & Spohr 2013, 248)

Die Perspektiven des Aufwachsens und der Zukunft von Kindern und Jugendlichen hängen also zuvorderst von einer Entknebelung der Diskussion um die Zu-
kunftsgestaltung ländlicher und auch urbaner Räume vom demografischen Wandel ab. In einer solchermaßen befreiten Diskussion lassen sich nicht nur ländliche
Gestaltungsräume für ein zukunftsvolles Aufwachsen von Kindern und Jugendlichen wieder bzw. neu erschließen, sondern auch (sozial)pädagogische Entwick-
lungsräume, die demografisiert und damit eingeschränkt wurden (Klundt 2008).
Kersten et al. (2012) sehen in einer solchermaßen offenen Diskussion die Möglichkeit und Notwendigkeit, im demografischen Wandel versteckte Konflikte
sichtbar, diskutierbar und damit Zukunftsherausforderungen demokratisch und
differenziert bewältigen zu können. Begründen lassen sich die von Kersten et al.
(2012) konstatierten Erfordernisse mit dem Prüfbericht der Organisation für wirtschaftliche Zusammenarbeit und Entwicklung zur deutschen Politik für ländliche

Räume. Hierin wird der deutschen Politik ein urbaner Bias, eine unzureichende Wahrnehmung und Koordination ländlicher Räume sowie eine erhebliche Unterfinanzierung entsprechender staatlicher Programme attestiert (OECD 2007). Eine differenzierte Bearbeitung der Zukunftsherausforderungen ländlicher Räume lässt sich bereits mit einem Blick auf aktuelle technologische Entwicklungen herbeiführen.

Innovationen wie etwa Flugwindkraftanlagen können ländliche Räume von der Natur verschandelnden sowie die Lebens- und Erholungsqualität belastenden Windkrafträdern wieder befreien und damit ländliche Räume in der Innen- und Außensicht aufwerten.

Innovationen wie Hyperloop-Transportsysteme und autonome Fahrzeuge können vorhandene und prognostizierte Mobilitätsschwierigkeiten ländlicher Räume nicht nur beseitigen, sondern auch einen Standortvorteil gegenüber urbanen Räumen verschaffen. Die fortschreitende Digitalisierung kann die Notwendigkeiten der Konzentration von Arbeitsplätzen in urbanen Räumen aufweichen und eine vernetzte und dezentrale Organisation von Arbeit unterstützen. Ländliche Räume können damit für individuelle Lebensentwürfe wie etwa zur Vereinbarkeit von Familie und Beruf, einer gesundheitsförderlichen Work-Life-Balance oder eines flexibilisierten Renteneintritts attraktive Orte des vernetzten dezentralen Arbeitens und bewussten Lebens generieren. Auch jenseits der fortschreitenden Digitalisierung der Arbeit können ländliche Räume vielversprechende Beschäftigungs- und Gestaltungspotenziale bereithalten wie etwa Klüver (2012) mit dem Ansatz der ländlichen Soziokultur und Hempel (2017) mit dem Modell der solidarischen Landwirtschaft aufzeigen.

Mögliche Unzulänglichkeiten tradierter Daseinsvorsorge im ländlichen Leistungskontext lassen sich etwa auf Nachfrageseite mittels des Ansatzes eines kommunalen bzw. regionalen Coachings (Stummbaum & Birgmeier 2009) und auf Angebotsseite mittels der Bottom-Up-Strategie der Raumpioniere kompensieren wie Faber und Oswalt (2013) anhand mehrerer innovativer Projekte illustrieren. In hybrider (Neu)Organisation lassen sich nicht nur spezifische Angebote ländlicher Daseinsvorsorge realisieren, sondern auch lokale Partizipations- und Engagementpotenziale generieren. Ländliche Räume können so für Kinder und Jugendliche lebensweltliche Erfahrungen der Bildung, Solidarität und Partizipation vermitteln (vgl. Stummbaum 2012).

Ein Best-Practice hierfür liefert der als startsocial Bundespreisträger 2013/2014 prämierte Auricher Verein Familie Gassenhauer. In der über vierjährigen Evaluation der Kinder- und Jugendtheaterprojekte dieses Vereins zeigt sich, dass die durchwegs ausgesprochen positiven Bildungseffekte, von Engagement- und Solidaritätsprozessen getragen sind, die in ihrer hohen Intensität und Dichte außerhalb ländlicher bzw. ländlich geprägter Räume wohl kaum zu generieren sein werden.

Stein et al. (2016) bestätigten diese anhand der Kinder- und Jugendtheaterprojekte der Familie Gassenhauer exemplifizierten „ländlichen" Bildungseffekte, relativieren diese jedoch in ihrer Bedeutung für die Zukunft ländlicher Räume, da diese bestenfalls kumulative Wissensdynamiken und keine innovationsrelevanten kombinatorischen Wissensdynamiken generieren können (vgl. Schubarth 2007).

Zwei aktuelle Entwicklungs- und Modellprojekte in der Region Ostfriesland weisen innovative Wege der Initiierung, Modellierung und Implementierung kombinatorischer Wissensdynamiken in ländlichen Räumen.

Im Entwicklungs- und Modellprojekt „Erfolgreich 2.0" haben sich die Wachstumsregion Ems-Achse e.V. und die Hochschule Emden/Leer im Rahmen von JOBSTARTER plus zusammengeschlossen. JOBSTARTER plus ist ein Förderprogramm des Bundesinstituts für Berufsbildung (BiBB) und zielt auf die Weiterentwicklung der dualen Berufsausbildung, um die Zukunftsfähigkeit kleinerer und mittlerer Unternehmen zu stärken. Über das und im Projektsetting kooperieren Akteure aus verschiedenen Bildungsbereichen sowie mit unterschiedlichen Zielgruppen und verfassten Zuständigkeiten und erzeugen so in der Region Ostfriesland kombinatorische Wissensdynamiken.

Im Modell- und Entwicklungsprojekt NEO-MINT zur nachhaltigen Entwicklung Ostfrieslands mit MINT kooperiert die Hochschule Emden/Leer in einem interdisziplinären Projektzuschnitt der beiden Fachbereiche „Soziale Arbeit und Gesundheit" und „Technik" ebenfalls mit Akteuren aus verschiedenen Bildungsbereichen und mit unterschiedlichen Zielgruppen und verfassten Zuständigkeiten. NEO-MINT wird vom Niedersächsischen Ministerium für Wissenschaft und Kultur (MWK) finanziert und zielt auf die regionale Förderung von Bildungs- und Gendergerechtigkeit sowie Inklusion in den zukunftsrelevanten **M**athematik**I**nformatik**N**aturwissenschaften**T**echnik-Studiengängen.

Im Rahmen der Veranstaltungsreihe MI(N)T MACHEN IN OSTFRIESLAND kooperieren die Hochschule Emden/Leer, die Stadtbücherei Emden, die Transferstelle Nordwest des Niedersächsischen Instituts für frühkindliche Bildung und Entwicklung sowie die Volkshochschule Emden mit Kindertagestätten und Grundschulen der Region Ostfrieslands und generieren innovative und zukunftsgerichtete Wissensdynamiken. Kick-off dieser Veranstaltungsreihe ist der im Rahmen von NEO-MINT realisierte Kurzfilm P wie Propeller, der eindrucksvoll die Zukunftspotenziale regional vernetzter Bildung in Ostfriesland zeigt (Chales de Beaulieu & Stummbaum 2016).

Fritsch et al. (2015) subsumieren diese Best Practices in einer neben Forschung und Lehre vor allem für Hochschulen in ländlichen Räumen dritten zukunftsrelevanten Aufgabenstellung des intra- und interregionalen Wissenstransfers. Aus den Erfahrungen mit der Service Learning Veranstaltungsreihe „Studieren für und mit den Menschen in Ostfriesland" lässt sich ableiten, dass diese Transferfunktion zur Beförderung kombinatorischer Wissensdynamiken in ländlichen Räumen idealiter zu einer Dialogfunktion weiterentwickelt wird (Nationales Forum für Engagement und Partizipation 2013). Trippl (2015) konzipiert diese dritte Aufgabenstellung als regionale Hochschulsettings und unterscheidet die vier Modelle der unternehmerischen Hochschule, der RIS-Hochschule, der Modus-2-Hochschule und der engagierten Hochschule. Kujath (2015) referiert in diesem Zusammenhang Erfolgsfaktoren und -geschichten ländlicher Hochschulregionen und konstatiert:

> „Die wissensgesellschaftlichen Erfolgsgeschichten in zahlreichen ländlichen Regionen und Zentren widerlegen die These, der zufolge geografische Randlangen, eine geringe Siedlungsdichte sowie demografische Schrumpfungstendenzen zwangsläufig wirtschaftlichen Niedergang, soziale und kulturelle Ausgrenzung bedeuten […]. Auch die […] These, wonach sich in den Zentren großer Stadtregionen die Wissensproduzenten und die auf sie bezogenen Infrastrukturen wie Hochschulen, Forschungseinrichtungen, Orte des Wissenstauschs usw. konzentrieren, während die Wissenswender in der industriellen Produktion außerhalb dieser Räume konzentriert sind, beschreibt nur einen Teil der wissensgesellschaftlichen Realität." (Kujath 2015, 39)

Die Perspektiven ländlicher Räume müssen nicht von Negativszenarien der Landflucht und des Niedergangs bestimmt sein, sondern können Kindern und Jugendlichen ein positives und zukunftsvolles Aufwachsen eröffnen, sofern aus dem breiten und vorangegangen exemplarisch skizzierten Spektrum differenzierter Gestaltungsoptionen spezifische Entwicklungen in ländlichen Räumen generiert werden. Das diese differenzierten Gestaltungswege spezifischer Entwicklungen in ländlichen Räumen noch zu wenig bzw. zu defensiv beschritten werden, liegt laut der OECD (2007) an einem urbanen Bias der Politik in Deutschland, in dessen Hintergrund sich eine verzerrte Wahrnehmung und unzureichende Koordination ländlicher Räume vollzieht. Diesen Bias aufzulösen würde nicht nur im Interesse angemessenerer und damit positiverer Perspektiven – des Aufwachsens und der Zukunft von Kindern und Jugendlichen – in ländlichen Räumen sein, sondern könnte auch die Perspektiven – des Aufwachsens und der Zukunft von Kindern und Jugendlichen – in urbanen Räumen von Negativfolgen eines boomenden Wachstums entlasten.

Literatur

BBC (2010): Technology. Finland makes broadband a ‚legal right‘ (http://www.bbc.com/news/10461048)

Barlösius, E.; Spohr, M. (2013): Rückzug „vom Lande". Die sozialräumliche Neuordnung der Infrastrukturen. In: Berger, P. A.; Keller, C.; Klärner, A.; Neef, R. (Hrsg.): Urbane Ungleichheiten. Neue Entwicklungen zwischen Zentrum und Peripherie. Wiesbaden. S. 233-251

Beetz, S. (Hrsg.) (2007): Die Zukunft der Infrastrukturen in ländlichen Räumen. Materialien der Interdisziplinären Arbeitsgruppe zur zukunftsorientierten Nutzung ländlicher Räume. LandInnovationen. Berlin

Bosbach, G.; Bingler, K. (2011): Die Demografie als Sündenbock: Wie Rechnungen ohne den Wirt gemacht werden. Bundeszentrale für politische Bildung. (http://www.bpb.de/internationales/europa/europa-kontrovers/38216/standpunkt-gerd-bosbach-klaus-bingler)

Bundesministerium für Ernährung und Landwirtschaft (2017a): LandZukunft. Bundesprogramm Ländliche Entwicklung (http://www.bmel.de/DE/Laendliche-Raeume/BULE/Wettbewerbe/LandZukunft/_texte/Dossier-LandZukunft.html)

Bundesministerium für Ernährung und Landwirtschaft (2017b): Land(auf)Schwung. (http://www.bmel.de/DE/Laendliche-Raeume/BULE/land-aufschwung/las_node.html; jsessionid)

Bundesministerium für Verkehr und digitale Infrastruktur (2016): Schnelles Internet in ländlichen Räumen im internationalen Vergleich. MORO Praxis. Berlin

Chales de Beaulieu, S.; Stummbaum, M. (2016): P wie Propeller. Trailer zum Kurzfilmprojekt (http://www.hs-emden-leer.de/forschung-transfer/projekte/neo-mint/aktivitaeten/070 62016-premiere-p-wie-propeller.html)

Faber, K.; Oswalt, P. (Hrsg.) (2013): Raumpioniere in ländlichen Regionen. Neue Wege der Daseinsvorsorge. Leipzig

Frank, S. (2014): Innere Suburbanisierung als Coping-Strategie: Die „neuen Mittelschichten" in der Stadt. In: Berger, P. A.; Keller, C.; Klärner, A.; Neef, R. (Hrsg.): Urbane Ungleichheiten. Neue Entwicklungen zwischen Zentrum und Peripherie. Wiesbaden. S. 157-172

Franzen, N.; Hahne, U., Hartz, A.; Kühne, O., Schafranski, F., Annette Spellerberg, Zeck, Holger (2008): Herausforderung Vielfalt – Ländliche Räume im Struktur- und Politikwandel. Hannover

Fritsch, M.; Pasternack, P.; Titze, M. (Hrsg.) (2015): Schrumpfende Regionen – dynamische Hochschulen. Hochschulstrategien im demografischen Wandel. Wiesbaden

Hempel, T. (2017): Möglichkeiten und Perspektiven der Solidarischen Landwirtschaft als innovatives Milieumodell. Potenziale ökosozialer Transformation für den ländlichen Raum. Master-Thesis. Emden

Jurczok, A.; Lauterbach, W. (2014): Schulwahl von Eltern: Zur Geografie von Bildungschancen in benachteiligten städtischen Bildungsräumen. In: Berger, P. A.; Keller, C.; Klärner, A.; Neef, R. (Hrsg.): Urbane Ungleichheiten. Neue Entwicklungen zwischen Zentrum und Peripherie. Wiesbaden. S. 135-156

Kersten, J.; Neu, C.; Vogel, B. (2012) Demografie und Demokratie. Zur Politisierung des Wohlfahrtsstaates. Hamburg

Klüver, D. (2012): Pampaparadiese. Soziokultur in ländlichen Räumen. In: Debiel, S.; Engel, A.; Hermann-Stietz, I.; Litges, G.; Penke, S.; Wagner, L.; (Hrsg.): Soziale Arbeit in ländlichen Räumen. Wiesbaden. S. 315-325

Klundt, M. (2008): Von der sozialen zur Generationengerechtigkeit. Polarisierte Lebenslagen und ihre Deutung in Wissenschaft, Politik und Medien. Wiesbaden

Kröhnert, S. (2013): Familien zwischen Land und Stadt. LandInForm – Magazin für ländliche Räume. 1, S. 14-15

Kujath, H. J. (2015): Wissensgesellschaftliche Raumdifferenzierung in Deutschland. In: Fritsch, M.; Pasternack, P.; Titze, M. (Hrsg.): Schrumpfende Regionen – dynamische Hochschulen. Hochschulstrategien im demografischen Wandel. Wiesbaden. S. 21-42

Meyer, J.; Höflehner, T. (2016): Nachhaltigkeit und Regionen – Die Renaissance ländlicher Räume? In: Zimmermann, F. M. (Hrsg.): Nachhaltigkeit wofür? Von Chancen und Herausforderungen für eine nachhaltige Zukunft. Berlin. S. 147-169

Michalzik, M. (2013): Sehnsuchtsort oder Abstellgleich. Was prägt das Image des ländlichen Raums? (http://www.wllv.de/fileadmin/dateien/aktuelles/2013/Forum_Laendl._ Raum/Dr._Michalzik_ Image_des_Laendlichen_Raums_29-10-13.pdf)

Nationales Forum für Engagement und Partizipation (Hrsg.) (2013): Service Learning in der Lehrerbildung. Berlin

OECD (2007): Prüfbericht zur Politik für ländliche Räume. Paris

Penke, S. (2012): Ländliche Räume und Strukturen mehr als eine „Restkategorie" mit Defiziten. In: Debiel, S.; Engel, A.; Hermann-Stietz, I.; Litges, G.; Penke, S.; Wagner, L. (Hrsg.): Soziale Arbeit in ländlichen Räumen. Wiesbaden. S. 17-27

Plieninger, T.; Bens, O., Hüttl, R. F. (2005): Naturräumlicher und sozioökonomischer Wandel, Innovationspotenziale und politische Steuerung am Beispiel des Landes Brandenburg. Materialien der Arbeitsgruppe Zukunftsorientierte Nutzung ländlicher Räume. LandInnovationen. Berlin

Rademacher, C. (2013): Deutsche Kommunen im Demographischen Wandel. Eine Evaluation lokaler bevölkerungspolitischer Maßnahmen. Wiesbaden

Ragnitz, J. (2011): Demografie und Raumentwicklung: Ghost Towns in Ostdeutschland. Wirtschaftsdienst. Vol. 91.2011, 4, S. 233-236

Ratzesberger, P. (2017): Was „Amazon Fresh" für München bedeuten könnte. (http://www. sueddeutsche.de/muenchen/lieferservice-die-neue-marktwirtschaft-1.343559 9-2)

Schubarth, W. (2007): Bildung im ländlichen Raum: Probleme und Perspektiven des demografischen Wandels. In: Beetz, S. (Hrsg.): Die Zukunft der Infrastrukturen in ländlichen Räumen. Materialien der Interdisziplinären Arbeitsgruppe. Zukunftsorientierte Nutzung ländlicher Räume. LandInnovationen. Berlin. S. 61-68

Spiegel-Online (2016): Sterbendes Land. Keine Zukunft für die Kuhzunft. (http://www. spiegel.de/ politik/deutschland/sterbendes-land-keine-zukunft-fuer-die-kuhzunft-a-40489 1.html)

Stein, A.; Wiegand, T. S.; Dehne, P.; Hülz, M.; Kühn, M.; Kujath, H. J.; Rühl, U.; Stahlkopf, E. (2016): Wissensgesellschaft als Herausforderung für ländlich-periphere Regionen. Beispiele aus Nordostdeutschland. Forschungsbericht der Akademie für Raumforschung und Landesplanung. Hannover

Stummbaum, M. (2012): Blended Help. Innovative Perspektiven einer sozialraumorientierten Sozialen Arbeit. Online-Journal Sozialraum.de. 1, S. 1-10

Stummbaum, M.; Birgmeier, B. (2009): Kommunales Coaching. Beratung als Hilfe für die Hilfen vor Ort. Blätter der Wohlfahrtspflege. 1, S. 30-32

Thünen Institut (2017): Forschung und Politikberatung. Die ländlichen Räume im Blick (https:// www.thuenen.de/de/lr/)

Trippl, M. (2015): Die Rolle von Hochschulen in der Regionalentwicklung. In: Fritsch, M.; Pasternack, P.; Titze, M. (Hrsg.): Schrumpfende Regionen – dynamische Hochschulen. Hochschulstrategien im demografischen Wandel. Wiesbaden. S. 43-58

Westermann, M. (2016): Neue Apartments auf Stelzen und über Tunnel. (https://www.tz.de/muenchen/stadt/dieter-reiter-bringt-spektakulaere-idee-apartments-spiel-6706485.html)

Zimmermann, F. M. (2016): Globalisierung und ökonomische Nachhaltigkeit – Schein oder Sein? In: Zimmermann, F. M. (Hrsg.): Nachhaltigkeit wofür? Von Chancen und Herausforderungen für eine nachhaltige Zukunft. Berlin. S. 85-112

Margit Stein, Lukas Scherak und Detlev Lindau-Bank

Jugendliches Leben auf dem Land –
Ergebnisse der Niedersächsischen Landjugendstudie

1 Einleitung: Stadtbias in der Jugendforschung

Die Befassung mit den Lebenslagen und der Lebenswelt Jugendlicher ist ein sozialwissenschaftlicher Dauerbrenner, der sich in einer Vielzahl von Studien niedergeschlagen hat (vgl. Stein/Stummbaum 2011). Im Mittelpunkt der Betrachtungen stehen dabei zum einen die *strukturellen Bedingungen jugendlichen Aufwachsens*, wie etwa die finanziellen und ökonomischen Situationen der Familien oder die Bildungseinbindung der Jugendlichen selbst mit einem besonderen Fokus auf die Übergänge im Bildungssystem, etwa in die Ausbildung und das Studium. Auf diese Strukturrahmungen konzentrieren sich eine Reihe großer Dauerberichterstattungen, wie sie durch die Bundesministerien finanziert werden. Zum anderen werden auch die *jugendlichen Selbstverortungen* in Haltungen, Einstellungen, Wertorientierungen, kulturellen Deutungsmuster und Zukunftsvisionen Jugendlicher in einer Reihe von Studien erfasst. Meist rückt dabei ein inhaltlicher Aspekt in den Vordergrund, wie etwa die religiösen Orientierungen oder die Einbindung in Vereine und soziale Gruppierungen. Studien, die deutschlandweit repräsentativ nicht nur ausgewählte Aspekte, sondern eine große Bandbreite jugendlichen Lebens erheben, sind etwa der DJI-Jugendsurvey (vgl. Gille et al. 2006), die Studie AID:A (Aufwachsen in Deutschland) des DJI (vgl. Deutsches Jugendinstitut 2010) oder die Shell-Jugendstudien (vgl. Shell Deutschland Holding 2010).

Der gesellschaftliche Blick auf die Jugend als auch die Jugendforschung sind insgesamt von einem hohen *Stadtbias* geprägt. Während in den meisten Studien im Jugendbereich neben der generellen deskriptiven Darstellung Differenzierungen etwa gemäß Alter, Geschlecht und zunehmend dem Migrationshintergrund vorgenommen werden, findet eine nur geringe regional-räumliche Differenzierung statt. Wenn, dann werden Unterschiede nach Ost-West oder nach Bundesland nachgezeichnet, jedoch nicht hinsichtlich Stadt-Land: Die

> „Belange der Kinder und Jugendlichen der ländlichen Räume [nimmt] lediglich eine untergeordnete Rolle [ein, da sich die] Diskussionen sowie die zugrundeliegenden Ergebnisse der Jugendforschung [...] zumeist auf die Situation und die Probleme der urban geprägten Jugend [konzentrieren]." (Dethloff 2010, S. 1)

Zudem befassen sich auch nur wenige Studien explizit mit den Jugendlichen in ländlichen Regionen. Diese Studien sind häufig bereits älter, wie etwa die Studien von Planck (1970) oder eher auf die Vermittlung von Handlungswissen fokussierend, wie etwa die Monographie „Jugendarbeit in ländlichen Regionen" (vgl. Faulde/Hoyer/Schäfer 2006). Zudem wurden auch im Sinne einer regelmäßigen Berichterstattung von Interessenverbänden Jugendstudien auf dem Land in Auftrag gegeben, etwa vom Hessischen Jugendring (vgl. May/Alisch 2008; May 2011), der Arbeitsgemeinschaft der Landjugend im Bayerischen Bauernverband (2013) oder der Landjugend e.V. (vgl. Stein 2013c; 2013d). Der vorliegende Beitrag stützt sich auf die Ergebnisse der Landjugendstudie 2010 der Niedersächsischen Landjugend e.V.

Warum sich der Stadtbias in der Jugendforschung so deutlich ausprägt, darüber kann nur auf Basis der *demographischen Entwicklung* gemutmaßt werden. Insgesamt nimmt innerhalb Deutschlands die Verstädterung stetig weiter zu und insbesondere junge Menschen vor und während der Phase der Familiengründung wandern weiterhin in die Städte ab (vgl. Landesbetrieb für Statistik und Kommunikationstechnologie Niedersachsen 2010). Somit ist in den Städten sowohl das Durchschnittsalter geringer als auf dem Land und der Anteil an Personen unter sechs Jahre bzw. unter 18 Jahren entsprechend höher, auch wenn auf dem Land insgesamt die Geburtenrate pro Frau noch höher liegt (vgl. Kröhnert 2013).

2 Der ländliche Raum in der Jugendforschung

Grund (2002) zeichnet in seiner Arbeit nach, welche unterschiedlichen wissenschaftlichen Darstellungen der Blick auf die ländliche Jugend in den letzten fünfzig Jahren eingenommen hat. Er macht hierbei drei große Wendungen mit insgesamt *vier Blickperspektiven auf ländliche Jugend* in der Darstellung anhand der Antipoden Stadt-Land aus. Die Sichtweisen wirken – wenn auch zu unterschiedlichen Zeiten unterschiedlich stark im Sinne einer zeitlichen Entwicklung – dennoch auch parallel bis heute. Zunehmend wird auch anerkannt, dass es den „Dorfjugendlichen" als solches in einheitlicher Weise nicht gibt. Es dominieren vier „Bilder", die folgendermaßen benannt werden:

- *„Bild einer defizitären oder benachteiligten Landjugend"* (Grund 2002, S. 14), die gegenüber der städtischen Jugend strukturell etwa bezüglich monetären und beruflichen Aspekten und kulturell etwa bezüglich Bildungschancen und kultureller Teilhabe marginalisiert ist. Herrenknecht (o.J.) spricht hierbei von einer zu einseitigen Fokussierung auf die negativen Aspekte.
- *„Bild einer „eigenständigen" Landjugend"* (Grund 2002, S. 31), die das Bild der Benachteiligung aufbricht und positive eigenständige Aspekte des Landlebens,

wie etwa der Möglichkeit der Aneignung freier Erprobungsräume in den Mittelpunkt rückt. In diesem Zusammenhang warnt Herrenknecht (o.J.) vor dem klischeehaften Bild einer ländlichen Idylle, welche eine Fülle an Erfahrungsmöglichkeiten in der Natur und im Dorf postuliere.

- *„Bild einer ländlichen Jugend zwischen Tradition und Moderne"* (Grund 2002, S. 41): Jugendliche entwickeln sich im Widerspruch zwischen traditionellen Rückbindungen (Tradition) und dorfübergreifenden Entwicklungen gesamtgesellschaftlicher Art (Globalisierung). Diese Entwicklungen werden von Herrenknecht (o.J., S. 16-18) mit den Schlagworten Regionalisierung, Zentralisierung, Mobilisierung, Motorisierung, Individualisierung, Vervielfältigung und Vereinzelung und Ent-ländlichung belegt.

- *„Bild einer pluralisierten Jugend im regionalen Dorf"* (Grund 2002, S. 57): Dieses Bild betont, dass die Jugendlichen ländlicher Lebenswelten nicht als homogene Generation aufzufassen sind. Sie leben insbesondere durch die Motorisierung und Anbindung in den sozialen Medien in mehreren Welten:

„Heute leben Landjugendliche durch die erhöhte Mobilität gleichsam in mehreren Welten, wohnen aber nur in einer. Ihr Lebensstil und ihre Lebensphilosophie sind ein Indiz dafür, dass es trotz weitreichender Globalisierungs- und Mediatisierungsprozesse nicht zu einer Angleichung oder Nivellierung der regional differenzierten Lebensbereiche gekommen ist. Es sind vielmehr gerade die Unterschiede, die sie für die Jugendlichen aus dörflichen Milieus in besonderer Weise attraktiv machen. Sie führen nämlich gleichzeitig eine teils städtische und teils ländliche Existenzweise. Ihr Lebensentwurf zielt sowohl auf Nähe als auch auf Weite ab, wobei das Verhältnis zwischen beiden immer wieder ausbalanciert werden muss." (Vogelgesang 2013, S. 35)

3 Stichprobe und Untersuchungsmethode

3.1 Beschreibung der Untersuchungsregion und der Stichprobe

Niedersachsen als Untersuchungsregion: Die Stichprobe ist insbesondere deshalb auch von hohem Interesse, da *Niedersachsen ein stark heterogen geprägtes Bundesland* ist. Von den rund acht Millionen Einwohnerinnen und Einwohnern leben etwa ein Drittel in Städten, ein weiteres Drittel in halbstädtisch geprägten Gebieten und etwa 35% (2.803.778) in ländlichen Regionen. Die Landwirtschaft spielt eine nach wie vor große Rolle, auch wenn dieser Sektor auch in Niedersachsen sinkt (vgl. Statistisches Bundesamt 2012; vgl. Landesbetrieb für Statistik und Kommunikationstechnologie Niedersachsen 2011). Die ländlichen Regionen in Niedersachsen sind ebenfalls stark heterogen geprägt mit eher marginalisierten ländlichen Regionen, wie etwa dem ostfriesischen Raum oder ländliche Regionen an den Binnengrenzen zu den Bundesländern Mecklenburg-Vorpommern oder

Sachsen-Anhalt, die ebenfalls von hoher Arbeitslosigkeit und Abwanderungsbewegungen geprägt sind. Zum anderen weißt Niedersachsen auch ländliche boomende Gebiete auf, die hoch agrarindustriell geprägt sind, wie etwa das Oldenburger Münsterland mit einer sehr jungen und auch stark migrantisch geprägten Bevölkerung, die nach wie vor häufig landwirtschaftlich geprägt ist.

Stichprobencharakteristika: Die Landjugend e.V. erhebt alle zehn Jahre die Lebenslagen und Lebenswirklichkeiten ihrer Mitglieder in den Bereichen Schule, Ausbildung, Zukunftsvorstellungen, Engagement- und Freizeitverhalten sowie Werte und politische Orientierungen. Die Landjugendstudie kann ein breites Bild jugendlichen Lebens im ländlichen Raum nachzeichnen, was dem oft vorherrschenden „Stadtbias" der Jugendforschung entgegenwirkt. Sie ist ähnlich wie die Shell-Jugendstudie als Trendanalyse jugendlichen Lebens auf dem Lande zu verstehen, da die Studie kontinuierlich seit den 1970er Jahren durchgeführt wird. Der Beitrag fußt auf den Ergebnissen und Befragungen der Mitglieder der Niedersächsischen Landjugend e.V. im Jahre 2010 (N=408). Diese Stichprobe ist nicht repräsentativ für Jugendliche auf dem Land in Deutschland insgesamt, kann jedoch erste Hinweise auf ländliche Lebenslagen und Lebenswelten bieten. Die Befragten sind durchschnittlich 20 Jahre und zehn Monate alt (Standardabweichung SD = 4 Jahre und 4 Monate); 47,8% sind Frauen und 52,2% Männer. Die Stichprobe weist *drei Besonderheiten* auf, die sie für die weitere Auswertung hochinteressant macht. Zum einen ist etwa *ein Drittel der Befragten in die Landwirtschaft eingebunden* und des Weiteren lebt etwa ein Drittel in Drei-Generationen-Familien: 35,5% der Familien der Jugendlichen bewirtschaften einen Hof; davon 21,8% im Haupterwerb und 13,7% im Nebenerwerb. Der Anteil der noch mit den Großeltern lebenden Befragten ist überproportional hoch. 69,5% der Jugendlichen leben mit beiden Elternteilen in einem Haushalt. 6,4% leben mit nur einem Elternteil zusammen, davon 2,8% beim Vater und 3,6% bei der Mutter. *30,4%* der Befragten leben in sogenannten *Dreigenerationenfamilien*, wo auch die Großeltern mit im Haushalt wohnen. Zum Zeitpunkt der Erhebung lebten in Deutschland nur 0,7% der Kinder und Jugendlichen mit ihren Großeltern in einem Haushalt zusammen (vgl. Stein 2012b; 2013a).Die Anzahl an Mehrgenerationenhaushalten, in welchen Eltern und Kinder zusammen leben, sinkt in Deutschland rapide (vgl. Frieters-Reermann 2013). Besonders stark hat die Anzahl an sogenannten Dreigenerationenhaushalten abgenommen, in welchen Kinder, Eltern und Großeltern unter einem Dach leben. Auch die *hohe Anzahl an Geschwistern* von durchschnittlich 1,64 (*SD* = 0,832) liegt über dem bundesdeutschen Durchschnitt von zeitgleich etwa 0,66 Geschwistern (Statistisches Bundesamt, 2006, S. 11). Die befragten Landjugendlichen wachsen also im Schnitt mit einem Geschwisterkind mehr auf.

3.2 Untersuchungsdesign und Fragebogenaufbau

Die *quantitative Fragebogenerhebung* wurde im Sommer 2009 durchgeführt. Hierbei wurde der Fragebogen an die Gruppen der Niedersächsischen Landjugend e.V. gesandt mit der Bitte, die Bögen auszugeben und wieder zurückzusenden. Die Ergebnisse der Befragung werden mit den repräsentativen Ergebnissen für Deutschland insgesamt (etwa Shell-Jugendstudie; DJI-Jugendsurvey, JIM Studie) auf Basis von SPSS Berechnungen verglichen. Der Fragebogen umfasst angelehnt an die Instrumentarien anderer repräsentativer Befragungen folgende Bereiche:

Teil A: Fragen zur Person (Alter, Geschlecht, Herkunft, Wohnsituation)
Teil B-D: Fragen zur Landjugend e.V. (wird hier nicht vorgestellt)
Teil E: Fragen zu gesellschaftlichen Themen (Politik, Werte, Religion)
Teil F: Fragen zur Schul- und Berufsbildung (Bildungseinbindung)
Teil G: Fragen zur Familie (Herkunftsfamilie, Partner, Familienwunsch)
Teil H: Fragen zur Freizeit (Engagement, Freizeit, Kultur, (Neue) Medien)
Teil I: Fragen zur Zukunft (Private und berufliche Perspektiven auf dem Land)

4 Ergebnisse und Interpretationen: Die Lebensverhältnisse und die Lebenswelt der Landjugend in Niedersachsen

4.1 Hohe Bildungseinbindung und hohe schulische Abschlüsse

Die Befragten sind überproportional gut ausgebildet. Ditton (2004) stellt dar, dass sich in den letzten fünfzig Jahren der Anteil an Gymnasiast/innen in ganz Deutschland erhöhte und die Bildungsbeteiligung stetig in allen Regionen wächst, dass jedoch regionalen Disparitäten insofern bestehen, als dass das Ausgangsniveau auf dem Land geringer ist und dieses somit immer noch nicht ganz aufholte: „Je größer der Wohnort ist, desto größer ist die Wahrscheinlichkeit für den Besuch einer weiterführenden Schule" (vgl. Eisenbürgen/Vogelgesang 2002, S. 31). Die meisten befinden sich noch im Qualifikationsprozess: Etwa ein Viertel (24,3%) hat noch keinen Schulausbildung; von den Schüler/innen besuchen 28,4% eine Ganztagsschule; 71,6% eine Halbtagsschule. Tabelle 20 stellt diejenigen, die noch in der Schulausbildung sind, anhand von Schultyp und Schulabschluss denjenigen gegenüber, die die Schule schon verlassen haben. Das Bildungsniveau der Mitglieder der Landjugend ist als hoch anzusehen. Fast die Hälfte derjenigen, die sich noch in der Schule befinden, besucht ein Gymnasium, zusätzlich etwa 10% besuchen ein Fachgymnasium oder eine Fachoberschule. Von denjenigen, die bereits über einen Schulabschluss verfügen, haben 33,9% das (Fach-)abitur erworben. Auch ein Vergleich der Schulabschlüsse der befragten Landjugendlichen mit den Schulabschlüssen, die 2008/09 in Deutschland erworben wurden, illustriert das hohe Bildungsniveau (vgl. Autorengruppe Bildungsberichterstattung 2010;

vgl. Landesbetrieb für Statistik und Kommunikationstechnologie Niedersachsen 2011).

Tab. 1: Schulabschlüsse deutschlandweit (15-20 Jahre) und niedersachsenweit (Abschlussjahrgänge) und der Landjugend (15-20 Jahre und insgesamt)

	Deutsch-land	Nieder-sachsen	*Shell Studie*	*Landjugend < 20*	*Landjugend insg.*
Ohne Abschluss	7,5%	6,0%	1%	0,3%	0,3%
Hauptschulabschluss	28,5%	16,5%	17%	2,6%	6,2%
Mittlere Reife	50,8%	48,9%	33%	31,7%	59,5%
Fachhochschulreife	13,5%	k. A.	49%	4,9%	11,4%
Allgemeine Hochschulreife	31,7%	28,6%		14,7%	22,5%

Man kann davon ausgehen, dass es primär besser (aus-)gebildete junge Menschen sind, die sich in der Landjugend engagieren. Dies ist konkordant mit den Ergebnissen zum jugendlichen Engagement, das vor allem dann hoch ist, wenn der oder die Jugendliche ein Gymnasium besucht. Dieses Ergebnis, dass die Jugendlichen in der Landjugend so gut ausgebildet sind, ist umso erstaunlicher, als sie primär aus Familien ohne gymnasiale Schulbildung stammen. Die Väter und die Mütter der Befragten verfügen zumeist über keinen oder einen einfachen Schulabschluss, was die hohe schulische Einbindung der Befragten illustriert.

Frappierend sind die weiten Wege, die häufig bis zur Schule und zur Ausbildung zurückgelegt werden müssen: 34,5% müssen zwischen 20 und 50 km zurücklegen; 7,4% mehr als 100 km. Fast die Hälfte ist deshalb auf ein Auto angewiesen, das zur Fahrt zur (Aus-)bildungseinrichtung genutzt wird (49,1%) – teilweise in Fahrgemeinschaft oder dadurch, dass die Eltern das Kind zur Schule oder der Ausbildungsstätte fahren; nur 22,5% nutzen öffentliche Verkehrsmittel und 6,0% gehen zu Fuß oder fahren Fahrrad. Diese strukturellen Entwicklungen der Regionalisierung bei gleichzeitigem starken Streben hin zu den Mittel- und Oberzentren im Bereich von Schule und Arbeit erzwingen eine größere Mobilität und auch damit einhergehend Motorisierung der ländlichen Bevölkerung.

4.2 Vielfältige Freizeit- und Mediennutzung und hohes Engagement

Auch im Hinblick auf die Freizeitgestaltung zeigt sich die Entwicklung, die Herrenknecht (vgl. o.J. 16-18) als Regionalisierung bei einem gleichzeitigen Fokus auf zentralisierte Oberzentren sowie damit einhergehend einer hohen Mobilisierung und Motorisierung beschreibt. Wie auch bei Lebensentwürfen insgesamt, kommt es auch im Freizeitbereich zu einer Individualisierung, Vervielfältigung und Vereinzelung und zu Prozessen der Segmentierung. Die genannten strukturellen Veränderungen gelten nicht nur die Schul- und Ausbildungssituation, sondern greifen auch zunehmend in den Freizeitbereich hinein: „Vor allem im Freizeitbereich wird das regionale Pendeln zur Lebensgewohnheit." (vgl. Herrenknecht o. J., S. 16).

Diese Entwicklungen manifestieren sich darin, dass die Befragten zum einen in der Freizeit auf ihr unmittelbares Umfeld fokussiert sind, etwa bei Treffen mit Freunden oder beim Einbringen in Vereinsstrukturen des Dorfes, wie den Schützenverein, der sehr häufig genannt wird oder die Landjugendgruppen. Des Weiteren, werden aber auch Orte im Freizeitbereich aufgesucht, die häufig sehr weit von dem Wohnort der jungen Menschen entfernt liegen. Im Durchschnitt legen sie an einem Werktag 13,47 km einfache Strecke zurück, um zu den Orten der Freizeitgestaltung zu gelangen, an den Wochenenden durchschnittlich 29,85 km einfach. Hierbei werden etwa für Musikveranstaltungen oder andere kulturelle Veranstaltungen die Mittel- und Oberzentren aufgesucht. Tabelle 2 illustriert die am häufigsten ausgeübten Freizeitbeschäftigungen in der Rangfolge der Wichtigkeit im Vergleich mit der Shell Studie. Es werden hier tendenziell mehr soziale Aktivitäten ausgeübt.

Tab. 2: Hauptsächliche Freizeitaktivitäten in Rangfolge der Wichtigkeit genannt bei der Landjugendstudie und der Shellstudie (Mehrfachnennungen waren möglich)

Freizeitaktivität	Landjugendstudie 2010	Shell-Studie 2010
Disko, Partys, Feten	67,1%	30%
Sich mit Leuten treffen	62,3%	59%
Fernsehen	54,5%	54%
Im Internet surfen	50,3%	59%
Musik hören	35,2%	56%
Training aktiv, Vereinssport	30,0%	29%
Freizeitsport	29,0%	28%
Bücher lesen	21,6%	27%
Projekt/Initiative/Verein	18,4%	7%
Familienunternehmungen	18,1%	20%
Shoppen	14,5%	16%
Kneipe/Café	12,6%	7%

Videos/DVD	11,0%	20%
Rumhängen	8,1%	14%
Zeitschrift/Magazine	8,1%	8%
Playstation/Nintendo/PC-Spiele	6,5%	21%
Kreatives/Künstlerisches	4,2%	12%
Jugendfreizeittreff/Jugendzentrum	2,3%	5%

Da die Entfernungen zu den Mittel- und Oberzentren hoch sind, verbringen die Jugendlichen einen zunehmenden Anteil der Freizeit im *Internet*. Auf die Nutzungshäufigkeiten und -modalitäten wurde deshalb ebenso wie auf den Bereich des sozialen Engagements ein besonderer Befragungsschwerpunkt gelegt. In der Shell-Jugendstudie 2010 zeigte sich ebenfalls, dass Landjugendliche eher das Netz für interaktive Vernetzungen mit ihrer sozialen Gemeinschaft nutzen, da regionale Distanzen schwieriger zu überwinden sind (vgl. Shell Deutschland Holding 2010).

Die jungen Menschen zwischen 14 und 29 Jahren auf dem Land nutzen das Netz an einem durchschnittlichen Tag 189 Minuten lang, dies entspricht über drei Stunden. Diejenigen zwischen zwölf und 19 nutzen es sogar 238 Minuten (fast vier Stunden) (vgl. Stein 2013b). Die Angaben zur Mediennutzung wurden etwa verglichen mit den repräsentativen Angaben der entsprechenden Altersspanne (12- bis 19-Jährige) der Befragten der JIM-Stichprobe (vgl. Medienpädagogischer Forschungsverbund Südwest 2011) die Werte für die angegeben.

Tab. 3: Gegenüberstellung der Internetaktivitäten der Landjugend und der JIM-Stichprobe in Minuten pro Tag (**: hoch signifikant höherer Werte)

Aktivitäten im Internet	Landjugend 2010 12-19 Jahre	JIM-Studie 2011 12-19 Jahre	Differentieller Unterschied: *T-Wert*
Arbeit/Studium	238 Minuten/Tag	134 Minuten/Tag	4,638
Kommunikation (Email, Chatten, Kontakte)	27,41 Minuten/Tag	Keine Angaben	/
Unterhaltung (Musik, Radio, Fernsehen)	89,70** Minuten/Tag	59 Minuten/Tag	2,795
Informationssuche (Recherchieren)	51,97** Minuten/Tag	32 Minuten/Tag	2,929
Kontakte knüpfen	29,99** Minuten/Tag	20 Minuten/Tag	2,684
Shopping	19,77 Minuten/Tag	Keine Angaben	/

Homebanking	4,94 Minuten/Tag	Keine Angaben	/
Sonstiges (Spiele etc.)	0,87 Minuten/Tag	Keine Angaben	/

Ein wesentlicher Teil der Freizeit junger Befragter der Landjugend wird dem *Engagement* gewidmet beziehungsweise in Vereinen und Gruppen zugebracht. Hierbei sind die Werte der befragten Landjugendlichen, die nach Gensicke (2010) zur Gruppe der hoch engagierten jungen Menschen zählen, nicht mit den Werten anderer Befragungen vergleichbar, da die Rekrutierung der Befragten ja bereits über die Vereins- und Gruppenstrukturen der Landjugendgruppen stattfand. Darüber hinaus sind 74,9% der Befragten noch in mindestens einer anderen Organisation, Gruppe oder einem Verein Mitglied.

Tab. 4: Mitgliedschaften der befragten Landjugendlichen

Mitgliedschaften	Landjugend
kirchliche Gruppe	23,2%
Heimat- und/oder Wanderverein	8,3%
politische Partei	11,9%
Bürgerinitiative	6,9%
Umweltgruppe	8,3%
Freiwillige Feuerwehr	41,4%
Technisches Hilfswerk THW	7,9%
Deutsches Rotes Kreuz DRK	10,9%
Genossenschaft	16,2%
regionale Arbeitskreise (z.B. Arbeitskreis Junge Landwirte)	6,5%
berufliche Vereinigung der Landwirtschaft	12,7%
Gewerkschaft	12,0%
Schützenverein	95,6%
Musikgruppe, Band	19,9%
Gesangsverein, Karnevalsverein	25,0%
Hobbyverein	30,0%
Sportverein	79,9%
Reitverein	30,5%
Sonstige Zugehörigkeit	28,1%

4.3 Pragmatische Wertorientierungen und Haltungen

Die Shell Jugendstudie spricht in ihrer Titelsetzung zunehmend von einer pragmatischen jungen Generation, die sich im demographischen Wandel und angesichts wirtschaftlich auseinanderklaffender Schichten zunehmend behaupten müsse. Gleichwohl konstatiert sie auch eine hohe optimistische Grundstimmung bei jungen Menschen. Angesichts gesellschaftlich und arbeitsmarkttechnisch schwieriger Zeiten und einem hohen Druck, der auf jungen Menschen lastet, rücken gesellschaftliche Ideale eher in die Ferne und es findet eine (Rück-)besinnung auf die soziale Nahgruppen statt. Von geringerer Bedeutung ist für die befragten Jugendlichen somit der Bereich des politischen Engagements, des Umweltbewusstseins oder -schutzes oder des Glaubens an Gott. Nur etwa 3,0% der befragten Landjugendmitgliedern ist der Glaube sehr wichtig, 20,1% schätzen ihn als wichtig ein, während ihn 48,5% als nicht so wichtig und 28,4% als unwichtig einstufen. Einer guten Partnerschaft, Treue und Beständigkeit, dem Familienleben innerhalb der Herkunftsfamilie, dem Freundeskreis und sozialen Kontakten allgemein wird hohe Bedeutsamkeit geschenkt. Neben diesen *Werten* des privaten Nahraums, wird auch im Zuge einer von Herrenknecht (o.J) postulierten Individualisierung einem eigenverantwortlich gestalteten Leben allgemein die höchste Bedeutsamkeit zugeordnet. Materiell-hedonistische Werte sind vor allem in der Lesart des Lebensgenusses von hoher Bedeutsamkeit, wobei ein hoher Lebensstandard oder im sozialen Bereich Durchsetzungsstärke oder Macht und Einfluss auf Entscheidungen für die befragten Landjugendlichen von geringerer Bedeutsamkeit sind. Der Bereich der Unterordnung und der Anpassung an bestehende Traditionen und Konformitäten sowie der Sekundärtugenden ist zweigeteilt, wobei die Sekundärtugenden wie Fleiß und Ordnung oder das Achten von Gesetzen als hoch bedeutsam angesehen werden, während Traditionen und das Festhalten an althergebrachten Bräuchen und Traditionen kritisch hinterfragt werden.

Bei der politischen Grundüberzeugung wurde zum einen nach dem Interesse an *Politik* allgemein gefragt und andererseits nach der politischen Haltung. Die meisten Landjugendlichen erachten es als weniger wichtig, sich selbst politisch einzubringen. Dies deckt sich mit den Erkenntnissen des Monitors Engagement (vgl. Gensicke 2010) und auch mit den Ergebnissen der Shell Jugendstudien, wonach Jugendliche von den Werten her weniger stark politisch orientiert sind, sondern eher familiär und auf den Freundeskreis. Junge Menschen sind entsprechend weniger stark an einer institutionalisierten Einbindung in politische Strukturen interessiert, sondern richten ihre Aufmerksamkeit eher auf den privaten Nahraum. 12,0% der Befragten geben an, dass sie sich überhaupt nicht um Politik kümmern würden; 29,3% überlassen die Politik nach Eigenaussage denjenigen, die mehr davon verstehen, und 46,0% nehmen einfach zur Kenntnis, was in der Politik geschieht, ohne sich selbst involvieren zu lassen. Nur 33,0% finden es wichtig, selbst Stellung zu beziehen; 1,9% arbeiten selbst in der Politik mit und 2,1% engagieren sich in Aktionsgruppen. Nur 9,5% sehen fast jeden Tag Sendungen, die mit Politik oder dem Weltgeschehen zu tun haben; 16,6% tun dies ziemlich oft, 58,3% gelegentlich und 15,6% nie.

Bedenklich stimmen in der Analyse die doch größeren Prozentzahlen an Befragten, die autokratischen und undemokratischen Meinungen zustimmen, wie etwa die 11,7%, die sich voll und ganz nach einer starken Hand im Staat sehnen, die 4,7%, die Gewalt als Mittel der Durchsetzung politischer Maximen voll und ganz rechtfertigen, oder die 18,2%, die für eine Einschränkung des Streikrechts plädieren. Ebenso ist bedenklich, dass etwa 3,8% glauben, dass eine Opposition nicht nötig sei oder dass 3,5% die Meinungsfreiheit in Frage stellen. Dennoch ist die Zustimmung zur Demokratie durch die Landjugendlichen als hoch zu werten. Die Prozentsätze, die das Recht als sehr wichtig, wichtig oder eher wichtig erscheint liegen für folgende bürgerliche Rechte jeweils bei:

Tab. 5: Wichtigkeit bestimmter Rechte der befragten Landjugendlichen

Wichtigkeit bestimmter Rechte: Demokratiefaktoren	*Landjugend*
Demonstrationsfreiheit	74,9%
Meinungsfreiheit	83,6%
Oppositionsrecht	69,3%;
Kompromissbereitschaft	65,9%
Wichtigkeit bestimmter Rechte: Autokratiefaktoren	
Sehnsucht nach einer starken Hand im Staat („Eine starke Hand müsste mal wieder Ordnung in unseren Staat bringen.")	11,7%
Gewalt als Mittel der Durchsetzung politischer Maximen („In jeder Gesellschaft gibt es Konflikte, die nur mit Gewalt ausgetragen werden können.")	4,7%
Einschränkung des Streikrechts bei Gefährdung der Ordnung („Der Bürger verliert das Recht zu Streiks und Demonstrationen, wenn er damit die öffentliche Ordnung gefährdet.")	18,2%

4.4 Optimistische Zukunftssicht und Zukunftswünsche

Trotz der medienwirksamen Schlagworte der Landflucht und der Überalterung ländlicher Regionen entwerfen die befragten jungen Menschen ein positives und optimistisches Zukunftsszenario vom Leben auf dem Land. Ein überdurchschnittlich hoher Prozentsatz an befragten Landjugendlichen sieht der eigenen privaten Zukunft zuversichtlich entgegen (62,4%). Nur 2,1% empfinden die persönliche Zukunft als düster, wobei 35,6% mit gemischten Gefühlen der Zukunft entgegensehen. Hinsichtlich einer regionalen Orientierung möchten 99,5% in den nächsten fünf Jahren am liebsten in der Region weiterleben, in der sie jetzt sind, davon 64,9% am liebsten sogar in dem gleichen Ort. 73,3% glauben, dass sie ihren Wunsch nach Wohnen in der Region realisieren können; 7,9% verneinen dies und 18,7% sind sich nicht sicher, ob es ihnen gelingen wird, den Wunsch vom ländlichen Leben umzusetzen. Ob es realisierbar ist, wird primär als abhängig sowohl von gesellschaftlichen Faktoren wie etwa Wohnraumförderprogrammen (44,2%) und wirtschaftlichen wie arbeitsmarktstrukturellen Einflussgrößen (54,2%) aber auch von familiären Faktoren wie der Partnerschaftssituation (57,8%) und persönlichen Einflussgrößen (63,3%) wie der individuellen Flexibilität gesehen. Insgesamt glauben die Befragten der Landjugend, dass der ländliche Raum zukünftig insbesondere von Familien mit Kindern (92,0%) sowie von älteren Menschen bewohnt werden wird (48,4%), weniger von kinderlosen Familien (8,0%) und Singles (7,8%). 99,5% wollen später in der ländlichen Region wohnen.

Die Befragten der Landjugend sehen ihrer persönlichen Zukunft mit 62,4% häufiger zuversichtlich entgegen als die Befragten der Shell-Jugendstudie 2010, die zu 59% eher zuversichtlich in die Zukunft blickten. 35,6% der Landjugendlichen sehen der Zukunft mit gemischten Gefühlen entgegen; ein ähnlich hoher Prozentsatz also wie die 35,0% der Shell-Studie 2010 und nur 2% im Vergleich zu 7% bei Shell 2010 zeichnen ein düsteres Bild der Zukunft (vgl. Shell Deutschland Holding 2010). Insgesamt sind die Befragten sehr stark familienorientiert: 77,3% möchten später selbst Kinder haben, 20,1% sind noch unentschlossen und nur 2,6% lehnen dies für sich explizit ab. Bei den Landjugendlichen wünschen sich 2,6% ein Kind, 77,3% zwei Kinder und 20,1% drei oder mehr Kinder. In der Shell-Studie 2010 wünschen sich 12% ein Kind, 71% zwei Kinder und 17% drei oder mehr Kinder (vgl. Shell Deutschland Holding 2010).

5 Fazit

Für alle folgenden Fragestellungen wurden auch basierend auf die Besonderheiten der Stichprobe differentielle Vergleiche zwischen denjenigen berechnet, welche in landwirtschaftliche Betriebe eingebunden sind und denen, die nicht in landwirtschaftlichen Betrieben aufgewachsen sind. Die gleichen Berechnungen wurden darüber hinaus für diejenigen gemacht, welche in Dreigenerationenfamilien aufwachsen im Vergleich mit jenen, welche in Kernfamilien leben. Hierbei zeigten sich weder im ersteren Falle noch im zweiten Falle in irgendeiner Weise statistisch signifikante Unterschiedlichkeiten.

Darüber hinaus wurden weitere genauere differentialdiagnostische Berechnungen vorgenommen, etwa eine Analyse zur unterschiedlichen Lebenswelt jüngerer und älterer Jugendlichen auf dem Land sowie zwischen weiblichen und männlichen Befragten. Diese differentiellen Darstellungen nach Alter und Geschlecht finden sich in der Publikation „Jugend in ländlichen Räumen – die Landjugendstudie 2010" (vgl. Stein 2013c). Ebenfalls wurde bereits in einem Beitrag eine vertiefte Analyse der Internetnutzungsmodalitäten dargelegt (vgl. Stein 2013b), da jungen Menschen ländlicher Räume hier große Unterschiede zu Jugendlichen insgesamt aufweisen. Demnach nutzen junge Menschen auf dem Land die Möglichkeiten des Internets sowohl quantitativ anders im Sinne einer höheren Frequentierung des Internets als auch qualitativ unterschiedlich, etwa eher zur Pflege sozialer Kontakte und zu Einkaufszwecken, um die großen Entfernungen zu Freunden und Bekannten und zu den Einkaufsmöglichkeiten der Mittel- und Oberzentren zu kompensieren.

Die ausschnittsweise Darstellung kann dabei immer nur hypothesengenerierenden Charakter haben und erste Hinweise auf weiterführende Untersuchungen liefern. Insbesondere sollte sich der Blick auf jungen Menschen mit Migrationshintergrund auf dem Land richten. Unterschiedlichkeitsberechnungen zwischen jungen Menschen unterschiedlicher ethnischer Herkunft wurden in der Landjugendstudie 2010 nicht berechnet, da in der Stichprobe nur 5% ($n = 19$) der Befragten Migrantinnen und Migranten sind. Hierbei wurde sogar auf die weiteste Definition von Migration zurückgegriffen, d.h. Migrant/innen der ersten, zweiten und dritten Generation betrachtet, also alle jene, welche mindestens einen im Ausland geborenen Großelternteil haben. Zwei Jugendliche gaben an, dass mindestens einer der Eltern oder Großeltern aus Italien oder Thailand stamme. Die anderen 17 Befragten mit Migrationshintergrund sind als sogenannte Aussiedlerinnen und Aussiedler entweder selbst oder ihre Eltern aus Lettland, Litauen, Polen oder Rumänien zugewandert. Insgesamt weisen zwar weniger Familien auf dem Land als in den Städten einen Migrationshintergrund auf, dennoch ist dieser auf dem Land mit immerhin etwa 15% doch relativ hoch und auch im Wachsen begriffen (im Vergleich: Großstädte: 32% und städtische Gebiete: 27%; Institut für Demoskopie Allensbach (IfD) Gesellschaft zum Studium der öffentlichen Meinung 2012). Niedersachsen ist mit einem Anteil von 15,8% Migrantinnen und Migranten an der Bevölkerung neben Schleswig-Holstein (12,6%) bezogen auf das Gebiet der „alten Bundesrepublik" das Bundesland mit den wenigsten Menschen mit Migrationshintergrund (vgl. Bundesamt für Migration und Flüchtlinge 2009; Stein 2012a). In der Jugendforschung manifestiert sich nicht nur ein Bias dahingehend, dass in erster Linie Jugendliche der Großstädte betrachtet werden, sondern ein zweifacher Bias, dass es in erster Linie einheimisch-deutsche Großstadtjugendliche sind. Weitergehende Forschung müsste also verstärkt den Bereich der auf dem Lande lebenden Migrantinnen und Migranten im Jugendbereich in den Blick nehmen (vergleiche auch den Beitrag von Janßen in dieser Publikation). Diesem Bias soll im Rahmen von Forschungsprojekten begegnet werden, in welchem ein differenzierterer Blick auf junge Menschen unterschiedlichster ethnischer Abstammung auf dem Land genommen wird. Hierbei werden in erster Linie die

Freundschaften zwischen Jugendlichen unterschiedlicher Herkunft sowie deren Freizeitverhalten beleuchtet (vgl. Stein 2012a).

Literatur

Autorengruppe Bildungsberichterstattung (2010): Bildung in Deutschland 2010. Ein indikatorengestützter Bericht mit einer Analyse zu Auswirkungen der demographischen Entwicklung auf das Bildungswesen. Bielefeld

Arbeitsgemeinschaft der Landjugend im Bayerischen Bauernverband (2013). Wir berichten vom Land. Land-Jugend-Report 2012. München

Kröhnert, S. (2013): Familien zwischen Land und Stadt. LandInForm – Magazin für ländliche Räume. 1, 14-15

Dethloff, M. (o.J.): Das Freizeitverhalten von 12- bis 15-Jährigen in ländlichen Räumen (Arbeitstitel). (http://www.galaer.uni-jena.de/galaermedia/_dokumente/Diss _Skizze_Dethloff_Homepage.pdf.)

Deutsches Jugendinstitut (2010). Aufwachsen in Deutschland. Potenziale und Herausforderungen. Wissenschaftliche DJI-Fachtagung mit Parlamentarischem Abend. München (http://www.dji.de/dasdji/home/PA2010/PA_2010_Folien.pdf.)

Ditton, H. (2004): Schule und sozial-regionale Ungleichheit. In: Helsper, W.; Böhme, J. (Hrsg.). Handbuch der Schulforschung. Opladen, S. 605-624

Eisenbürgen, I.; Vogelgesang, W. (2002): „Ich muss mein Leben selber meistern!" Jugend im Stadt-Land-Vergleich. Aus Politik und Zeitgeschichte. 5, 28-38

Faulde, J.; Hoyer, B.; Schäfer, E. (Hrsg.) (2006): Jugendarbeit in ländlichen Regionen. Entwicklungen, Konzepte und Perspektiven. Weinheim

Gensicke, T. (2010): Monitor Engagement. Freiwilliges Engagement in Deutschland 1999 – 2004 – 2009. Ergebnisse der repräsentativen Trenderhebung zu Ehrenamt, Freiwilligenarbeit und bürgerschaftlichem Engagement (http://www.bmfsfj/Redaktion BMFSFJ/Broschuren-stelle/Pdf-Anlagen/monitor-engagement-nr-2,property=pdf,bereich=bmfsfj,sprache=de,rwb= true.pdf)

Gille, M.; Sardei-Biermann, S.; Gaiser, W. & Rijke, J. de (Hrsg.) (2006): Jugendliche und junge Erwachsene in Deutschland. Lebensverhältnisse, Werte und gesellschaftliche Beteiligung 12- bis 29-Jähriger, Wiesbaden

Landesbetrieb für Statistik und Kommunikationstechnologie Niedersachsen (2010): Niedersachsen-Monitor – 2010. Hannover

Landesbetrieb für Statistik und Kommunikationstechnologie Niedersachsen (2011): Niedersachsen in Zahlen – 2011. Hannover

Grund, T. (2002): Ländliche Jugendwelten im Wandel – Jugendbilder in der Landjugendforschung und ihre Wirkungen auf die Landjugendarbeit in der Geschichte der Bundesrepublik Deutschland. Norderstedt

Herrenknecht, A. (o. J.): Land-Kindheit im Wandel – Sozial-räumliche Veränderungen im Lebensalltag von Kindern und Jugendlichen auf dem Lande. Baustein C 5.1, Veröffentlichung im Rahmen der Beteiligungsbausteine des Deutschen Kinderhilfswerks e. V. (http://www.kinderpolitik.de/beteiligungsbausteine /pdfs/c5_1.pdf)

May, M. (2011): Jugendliche in der Provinz. Ihre Sozialräume, Probleme und Interessen als Herausforderung der Sozialen Arbeit. Opladen

May, M.; Alisch, M. (Hrsg.). (2008): Praxisforschung im Sozialraum. Fallstudien in ländlichen und urbanen sozialen Räumen. Opladen

Medienpädagogischer Forschungsverbund Südwest (Hrsg.) (2011): JIM 2011. Jugend, Information, (Multi-) Media. Basisstudie zum Medienumgang 12- bis 19-Jähriger in Deutschland. Stuttgart

Shell Deutschland Holding (Hrsg.). (2010): Jugend 2010. Eine pragmatische Generation behauptet sich, Frankfurt a. M.

Statistisches Bundesamt (2012): Auszug aus dem Gemeindeverzeichnis – Statistisches Bundesamt Wiesbaden 2012. Stadt-Land-Gliederung nach Fläche und Bevölkerung. Wiesbaden (http://www. destatis.de)

Stein, M. & Stummbaum, M. (2011): Kindheit und Jugend im Fokus aktueller Studien. Bad Heilbrunn

Stein, M. (2012a): Jugend und Migration: Förderung interkultureller Kommunikation, Interkulturalität und Konfliktfähigkeit. Deutsche Jugend. Zeitschrift für Jugendarbeit. 60, 511-518

Vogelgesang, W. (2013): Warum ziehen Jugendliche weg? LandInForm – Magazin für ländliche Räume. 3, 34-35

Stein, M. (2012b): Wirksamkeit und Effekte intergenerativer Lernprojekte in Schulen: Erste Ergebnisse des Programms „Begegnung der Generationen". Bildung und Erziehung B&E. 65, 275-292

Stein, M. (2013a): Familie und Familienentwicklung in Zahlen. In: Boos-Nünning, U.; Stein, M. (Hrsg.): Familie als Ort von Erziehung, Bildung und Sozialisation. Münster, S. 17-58

Stein, M. (2013b): Internetnutzung junger Menschen auf dem Land – ein differentieller Vergleich gemäß sozialräumlicher Parameter. Zeitschrift für Soziologie der Erziehung und Sozialisation ZSE. 33, 417-433

Stein, M. (2013c): Jugend in ländlichen Räumen: Die Landjugendstudie 2010. Bad Heilbrunn

Stein, M. (2013d): Lebenslagen und Lebenswelten Jugendlicher in ländlichen Räumen – erste Ergebnisse der Landjugendstudie 2010. Deutsche Jugend. Zeitschrift für Jugendarbeit. 61, 75-83

Stummbaum, M. & Stein, M. (2012): Strategien der Interessensvertretung in Jugendarbeit und Jugendpolitik. In: Lindner, W. (Hrsg.): Political (Re-)Turn? Jugendarbeit und Jugendpolitik. Wiesbaden, S. 227-240

Andreas Keil, Charlotte Röhner und Nur Seyfi

Wie beurteilen Erwachsene die Lebensbedingungen von Kindern in ländlichen Räumen?
Ausgewählte Ergebnisse der Langzeitstudie „Ländliche Lebensverhältnisse im Wandel 1952, 1972, 1993 und 2012" des Bundesministeriums für Ernährung und Landwirtschaft

1 Zugänge zur Lebenswelt von Kindern in ländlichen Regionen

Es liegen nur wenige Studien zum Aufwachsen in ländlichen Räumen vor (vgl. Blinkert 1997, Herrenknecht o. J., Hüttenmoser 1996, Lange 2001), diese Fragestellungen sind in der Kindheitsforschung ein weitgehend vernachlässigtes Forschungsfeld. Insbesondere Fragen zum Wandel von Kindheit im dörflichen Raum stellen ein Desiderat der sozialwissenschaftlichen Kindheitsforschung dar (Lange 2001), da diese mit ihren Forschungsperspektiven auf die Transformation von Kindheit im Zusammenhang mit gesellschaftlichen Wandlungs- und Modernisierungsprozessen vor allem auf Untersuchungen zur Stadtkindheit ausgerichtet ist (vgl. z.B. Zinnecker 2001 zu „Stadtkids"). So wurden die vorliegenden Befunde der Kindheitsforschung zur Verinselung, Mediatisierung, Individualisierung und Institutionalisierung von Kindheit in städtischen Zusammenhängen und nicht in ländlichen Räumen erschlossen (Zeiher/Zeiher 1994, du Bois-Reymond et al. 1994, Zeiher/Schroeder 2008, Baader et al. 2015). So lässt sich ein Bogen der stadträumlichen Kindheitsforschung von der sehr frühen und berühmten Pionierstudie von Muchow (1935) zur Exploration und Aneignung städtischer Räume bis hin zur jüngeren und neuesten Forschung zu den Räumen von Kindern in städtischen Regionen (Blinkert et al. 2015) spannen.

Dagegen konnte im Rahmen der Langzeitstudie „Ländliche Lebensverhältnisse im Wandel 1952, 1972, 1993 und 2012" des Bundesministeriums für Ernährung und Landwirtschaft in einer Teilstudie systematisch Kindheit im ländlichen Raum untersucht und zum Gegenstand einer multidimensionalen Studie gemacht werden. In den vorherigen Studien zu dörflichen Lebensverhältnissen (1952, 1972, 1993, s. Becker 1997) wurde die Gruppe der Kinder nicht als eigenständige Gruppe untersucht, insofern wird mit der 2015 vorgelegten Teilstudie ein relevantes Forschungsdesiderat geschlossen. Hierbei wurden mehrere Untersuchungsschwerpunkte verfolgt: Zum einen wurde die aktuelle Kindheit aus der Perspektive der Kinder (Heinzel 2010) erfasst und ist insofern eine Forschung mit Kindern über ihre Kindheit (Bock 2010). Zum anderen wurde die Perspektive der Erwachsenen erhoben, indem diese nach einer Beurteilung der Lebenssituation von Kindern im ländlichen Raum befragt wurden. Und es wurde der Wandel von Kindheit erhoben, indem über Interviews mit Vertretern unterschiedlicher Generationen autochthoner Familien in ausgewählten Untersuchungsdörfern die Rekonstruktion vergangener Kindheiten gelang. Somit war diese Landkindheitsstudie mehrperspektivisch und multimethodisch ausgerichtet und sie war zudem interdisziplinar angelegt, indem aus sozialgeographischer und kindheitstheoretischer Perspektive die Raumwahrnehmung und das Raumnutzungsverhalten von Kindern in ländlichen Regionen analysiert wurden. Dementsprechend wurde ein Mix unterschiedlicher qualitativer und quantitativer Methoden der empirischen Sozialforschung zur Erfassung und Bewertung von Entwicklungstendenzen von Kindheiten im ländlichen Raum angewandt. Das Kinderleben im ländlichen Raum wurde auf der Grundlage von Untersuchungsindikatoren der sozialstrukturellen Kindheitsforschung (Hurrelmann/Andresen 2007, 2010, 2013) erfasst und mögliche Muster von Kindheit wurden generiert. Alle Ergebnisse dieser Studie zur Kindheit im ländlichen Raum wurden abschließend in einem Projektbericht erfasst (Keil/Röhner/Seyfi et al. 2015) und sind als Teilstudie der Längsschnittstudie „Ländliche Lebensverhältnisse im Wandel 1952, 1972, 1993 und 2012" online abrufbar (http://literatur.ti.bund.de/digbib_extern/dn055820.pdf). Auf der Grundlage dieses Projektberichts fokussieren wir uns im Folgenden auf die Darstellung der Ergebnisse unserer quantitativen Einwohner_innenbefragung zu Kindheit in ländlichen Räumen, die mit Erwachsenen in den 14 Untersuchungsdörfern der Gesamtstudie im Rahmen einer umfassenden Befragung zu unterschiedlichen Dimensionen des Lebens im ländlichen Raum durchgeführt wurde. Am Ende werden wir diese Ergebnisse der Erwachsenenbefragung in die Gesamtbefundlage unserer Teilstudie zum Wandel von Kindheit im ländlichen Raum einordnen.

2 Wie beurteilen Erwachsene die Lebenssituation von Kindern in ländlichen Räumen?

Wie Erwachsene die Lebenssituation der in ihrem Haushalt lebenden Kinder unter 14 Jahren einschätzen wurde im Rahmen der Einwohner_innenbefragung in den 14 Untersuchungsdörfern in 816 Haushalten bei n = 3177 Einwohner_innen erhoben. Die Fragen bezogen sich auf die Anzahl der Kinder in den Familien, die Betreuungssituation, das Freizeitverhalten der Kinder, die Nutzung von Natur-

und Spielflächen, die Mobilität im Zugang zu Kindergarten, Schule und Freizeitangeboten, Gefahrenpotentiale im Dorfraum sowie insgesamt auf die Sichtbarkeit von Kindern in den Dörfern. Mit dieser Fokussierung der Fragen sollte erfasst und untersucht werden, ob die Institutionalisierung und Familialisierung von Kindheit, wie sie als übergeordnete Entwicklungstendenz von Kindheit in der Kindheitsforschung diagnostiziert sind (Zeiher & Schroeder 2008, Bühler-Niederberger 2011, Baader et al. 2015), sich auch für Kinder in ländlichen Räumen zeigen und wie die Erwachsenen ausgewählte Faktoren des Aufwachsens beurteilen. Es sollten also relevante Faktoren des Lebens von Kindern in ländlichen Räumen erhoben werden.

Übergeordnet ist für die Untersuchung festzuhalten, dass in den 14 Untersuchungsdörfern analog zum bundesweiten Trend Haushalte mit einem Kind oder zwei Kindern überwiegen.

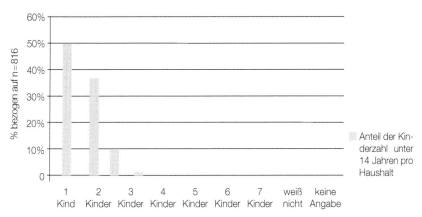

Abb. 1: Anteile der Haushalte mit einem oder mehr Kindern in allen Untersuchungsdörfern
Quelle: Daten der Einwohnerbefragung April/Mai 2013, s. Keil/Röhner/Seyfi et al. 2015, S. 96

2.1 Mobilität im Zugang zu Schule und Kindergarten

Da sich die Untersuchung auf die Kinder im Alter von 6 bis 13 Jahren bezog, wurde die Frage, wie Kinder zur Schule (oder zum Kindergarten) kommen, nur an die Haushalte mit Kindern in diesem Alter gerichtet. Unter den in diesen Haushalten erfassten 822 Kindern ab 6 Jahren befinden sich auch noch 66 Kindergartenkinder. Abbildung 2 zeigt die Anteile der Transportmodi der Kinder zur Schule oder in den Kindergarten:

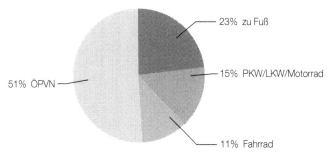

Abb. 2: Mobilitätsmodus (in %, n=822)
Quelle: Daten der Einwohnerbefragung April/Mai 2013, s. Keil/Röhner/Seyfi et al. 2015, S. 99

Während über 65% aller Kinder für den Schulweg/Kindergartenweg den ÖPNV nutzen oder mit dem PKW/Motorrad gebracht werden, nutzen nur knapp 35% das Fahrrad oder gehen zu Fuß. Diese hohen Anteile des ÖPNV und des privaten motorisierten Verkehrs sind ein deutlicher Hinweis darauf, dass viele Kinder im ländlichen Raum für ihren Weg zur Schule/zum Kindergarten weite Strecken zurücklegen müssen.

2.2 Betreuung von Kindern am Nachmittag

Die folgende Abbildung zeigt wie sich die Nutzung von unterschiedlichen Betreuungsformen in den Untersuchungsdörfern verteilt:

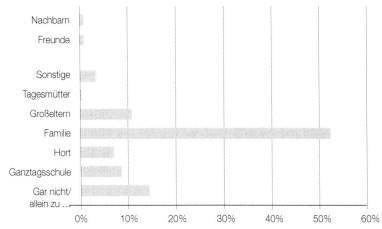

Abb. 3: Anteil der Betreuungsformen in den Untersuchungsdörfern am Nachmittag
Quelle: Daten der Einwohnerbefragung April/Mai 2013, s. Keil/Röhner/Seyfi et al. 2015, S. 101

Es fällt auf, dass die Nachmittagsbetreuung am häufigsten von der Familie und den Großeltern geleistet wird, dagegen werden fast 15% der Kinder nachmittags nicht betreut und halten sich alleine zu Hause auf. Ob betreut oder nicht, diese große Anzahl der Kinder hält sich nachmittags im ländlichen Raum in dem ihm bekannten sozialen Umfeld auf. Dagegen werden nur 19% der Kinder im ländlichen Raum Nachmittag institutionell betreut. Bei einer Differenzierung der Antworten auf diese Fragestellung in westdeutschen und ostdeutschen Untersuchungsdörfern fällt allerdings auf, dass die institutionelle Nachmittagsbetreuung mit über 26% in den ostdeutschen Dörfern deutlich höher liegt als in den westdeutschen Dörfern, was mit der Tradition der Betreuungsmöglichkeiten in der ehemaligen DDR zu begründen ist.

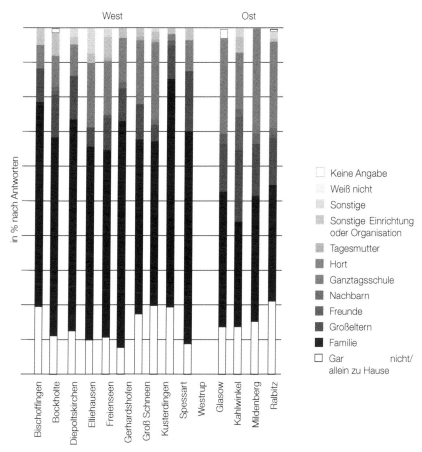

Abb. 4: Betreuungsformen in den einzelnen Untersuchungsdörfern am Nachmittag
Quelle: Daten der Einwohnerbefragung April/Mai 2013, s. Keil/Röhner/Seyfi et al. 2015, S. 102

In westdeutschen Untersuchungsdörfern wird im Vergleich zu den ostdeutschen die Krippenerziehung mehrheitlich abgelehnt:

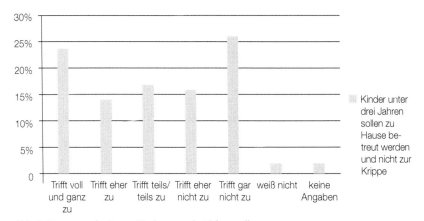

Abb. 5: Bewertung des Items: Kinder unter drei Jahren sollen …
Quelle: Daten der Einwohnerbefragung April/Mai 2013, s. Keil/Röhner/Seyfi et al. 2015, S. 116

Abbildung 5 mit den Antworten aus allen 14 Untersuchungsdörfern zeigt zunächst ein sehr symmetrisches Bild: Jeweils 25% sind der Ansicht, dass diese Aussage voll und ganz zutrifft bzw. überhaupt nicht zutrifft. Und etwa 16% antworten mit teils/teils oder mit eher ja bzw. eher nein. Bei Betrachtung der Antworten aus den west- und ostdeutschen Dörfern fallen deutliche Unterschiede auf. Dann wird deutlich wiedergegeben, dass in westdeutschen Untersuchungsdörfern eindeutig die familiale Betreuung bevorzugt wird. Das Meinungsbild in Ostdeutschland ist bei diesem Item ebenfalls ganz eindeutig: Hier wird diese Aussage mit nahezu vollständiger Ablehnung beantwortet. Diese Bewertung institutioneller Kleinkindbetreuung findet sich in gleicher Weise in der Teilstudie zu „Ländliche Arbeitsmärkte: Chancen für Frauen – Frauen als Chance", die zeigt, dass in westdeutschen Dörfern 38% der Befragten Krippenbetreuung ablehnen im Vergleich mit ostdeutschen Orten, in denen 20% die Krippe ablehnen (vgl. Tuitjer 2015). Insgesamt korrespondiert diese Beurteilung institutionalisierter Betreuung mit dem Zuverdienermodell von Familie, bei dem die Frauen in Teilzeit tätig sind, um für die Betreuung der Kinder zur Verfügung zu stehen. Welche Schlussfolgerungen dazu für das Kindheitsmodell gezogen werden können, wird weiter unten dargestellt.

2.3 Freizeitverhalten der Kinder

Eine große Anzahl von Kindern nimmt nach Auskunft der Erwachsenen an Freizeitaktivitäten in Vereinen und anderen Organisationen außerhalb der Schule teil

(81,5% ja, 18% nein, die verbleibenden 0,5% gaben keine Auskunft). Allerdings zeigt sich bei dieser Frage ein deutlicher Unterschied zwischen westdeutschen und ostdeutschen Dörfern. Mit Ausnahme eines Untersuchungsdorfs (Kahlwinkel, s. Abb. 6) liegen die institutionalisierten außerschulischen Freizeitaktivitäten in den ostdeutschen Dörfern deutlich unter dem Durchschnitt. Damit kann die These einer kinderkulturellen Marginalisierung in den ostdeutschen Dörfern untermauert werden.

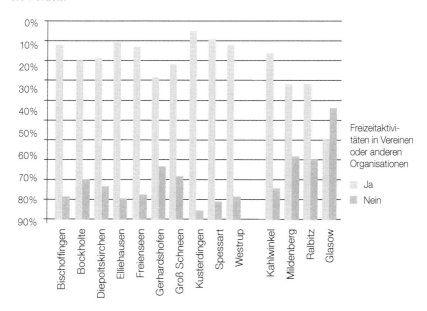

Abb. 6: Teilnahme an institutionalisierten Freizeitaktivitäten in Prozent
Quelle: Daten der Einwohnerbefragung April/Mai 2013, s. Keil/Röhner/Seyfi et al. 2015, S. 103

2.4 Angebote der außerschulischen Freizeit

Die Frage, an welchen Freizeitangeboten ein Kind regelmäßig teilnimmt zeigt eine eindeutige Verteilung (s. Abb. 7, es wurde keine Codeliste vorgelegt, Mehrfachnennungen waren möglich). Der Besuch des Sportvereins scheint bei den meisten Kindern am beliebtesten zu sein (> 50%), danach folgt mit 16,48% die Musikschule/-gruppe. Mit fünf bis sechs Prozent wird Ballett/Tanz/Theater und der Reitverein als Freizeitgestaltung genannt. Traditionelle Freizeitangebote werden weniger besucht, addiert man aber die Nennungen für Schützenverein, Jugendfeuerwehr und Kirchengruppen, dann werden diese Angebote von über 10%

der Kinder genutzt, so dass nach wie vor ein Bewusstsein für traditionell-dörfliche Aktivitäten bei Kindern besteht.

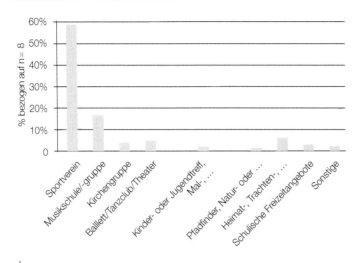

1

Abb. 7: Nutzungsanteile der Freizeitangebote durch Kinder im ländlichen Raum in Deutschland.
Quelle: Daten der Einwohnerbefragung April/Mai 2013, s. Keil/Röhner/Seyfi et al. 2015, S. 104

Zum Vergleich dieser Daten aus unserer Erwachsenenbefragung im ländlichen Raum mit anderen Ergebnissen zur Freizeitnutzungen durch Kinder wurde die World Vision Kinderstudie (Hurrelmann/Andresen 2013), bei der insgesamt 2.535 Kinder im Alter von 6 bis 11 Jahren befragt wurden, herangezogen. Hier wird bei der Frage nach einer Mitgliedschaft in einem Verein, der Teilnahme an einer festen Gruppe oder der Nutzung eines sonstigen Angebots folgende Verteilung erhoben:

---

1 * inklusive Mitgliedschaft in der Jugendfeuerwehr

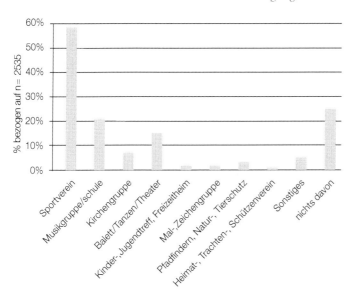

Abb. 8: Nutzungsanteile der Freizeitangebote durch Kinder in Deutschland.
Quelle: Darstellung verändert nach Daten der World Vision Kinderstudie, Andresen/Hurrelmann 2013, S. 152, Darstellung in Keil/Röhner/Seyfi et al. 2015, S. 105

Ähnlich stark ausgeprägt ist die Mitgliedschaft in einem Sportverein im ländlichen Raum Deutschlands (58,53%) wie in Gesamtdeutschland (57%). Wie zu erwarten war liegt die Zugehörigkeit zu Heimat-, Trachten- und Schützenvereinen inklusive der Mitgliedschaft in der Jugendfeuerwehr mit fast 6% deutlich höher als in Gesamtdeutschland (1%). Dagegen werden die anderen institutionellen kinderkulturellen Angebote von den Kindern im ländlichen Raum weniger wahrgenommen, denn hier sind sie entweder räumlich nicht erreichbar oder sie werden nicht angeboten. In der World Vision Kinderstudie werden diese Befunde zudem nach der sozialen Schichtzugehörigkeit der Eltern bewertet, mit dem Ergebnis, dass die Mitgliedschaft in Vereinen vom sozialen Status abhängt (Hurrelmann/Andresen 2013). Unsere Daten bezüglich der Vereinsmitgliedschaften im ländlichen Raum Deutschlands zeigen, dass nicht nur die Schichtzugehörigkeit, sondern auch der Raum, in dem man aufwächst, für die Teilhabechancen an kinderkulturellen Angeboten relevant ist. Dies dokumentiert auch die folgende Abbildung, mit der die Ergebnisse zu der Frage nach dem Transport zu den besuchten kinderkulturellen Angeboten erfasst wurden.

2.5 Transport zu kinderkulturellen Angeboten

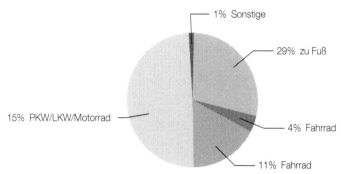

Abb. 9: Anteile der Mobilitätsarten zu den Freizeitaktivitäten.
Quelle: Daten der Einwohnerbefragung April/Mai 2013, s. Keil/Röhner/Seyfi et al. 2015, S. 106

Ähnlich wie beim Transport zur Schule dominiert der motorisierte Verkehr beim Transport zu den institutionalisierten Freizeitangeboten der Kinder. Allerdings ist es hier der motorisierte Individualverkehr und kaum der ÖPNV, der zu diesem Zweck genutzt werden kann. Denn in vielen ländlichen Gebieten existiert der ÖPNV wegen fehlender Auslastung fast nur noch im Schulbusverkehr. Somit ist die Abhängigkeit vom privaten motorisierten Transport für die Nutzung kinderkultureller Freizeitaktivitäten eindeutig ein Nachteil für Kinder im ländlichen Raum.

2.6 Drinnen oder Draußen?

Nach diesen Auskünften der Erwachsenen über die außerschulische Freizeit, die von Kindern im ländlichen Raum in institutionalisierten Einrichtungen verbracht wird, wurden die Erwachsenen über die frei zur Verfügung stehende Zeit befragt, über die Kinder außerhalb der Schule und sonstiger Verpflichtungen verfügen können. Zunächst wurde erfragt, ob sich die Kinder in dieser freien Zeit eher drinnen oder draußen aufhalten:

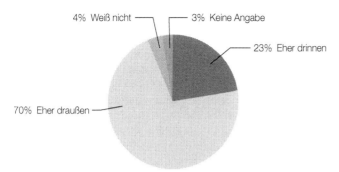

Abb. 10: Anteile der drinnen und draußen verbrachten Zeit der Kinder.
Quelle: Daten der Einwohnerbefragung April/Mai 2013, s. Keil/Röhner/Seyfi et al. 2015, S. 107

Nach Einschätzung der Befragten verbringen Kinder zwischen sechs und dreizehn Jahren im ländlichen Raum Deutschlands 70% ihrer frei zur Verfügung stehenden Zeit draußen. Demnach halten sich etwa 23% der Kinder drinnen auf, 4% der Befragten Erwachsenen wussten dies nicht zu beantworten und 3% gaben ausdrücklich keine Antwort. Bei der Auswertung der Antworten brachte vor allem ein Vergleich der Alterskohorten der 6- bis 9-Jährigen mit den 10- bis 13-Jährigen eindeutige Unterschiede hervor:

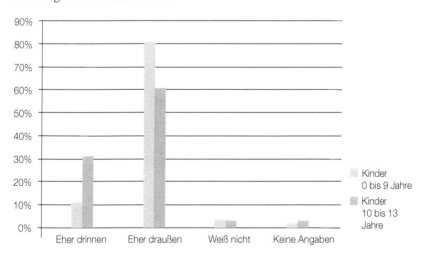

Abb. 11: Drinnen und draußen verbrachte Zeit nach Alterskohorten.
Quelle: Daten der Einwohnerbefragung April/Mai 2013, s. Keil/Röhner/Seyfi et al. 2015, S. 108

Hier zeigt sich, dass die Älteren weniger Zeit draußen verbringen, dass sich also ihre Zeit drinnen erhöht. Anzunehmen ist, dass die älteren Kinder auch deshalb häufiger drinnen sind, weil bei ihnen ein gesteigerter Konsum von Medien existiert. Fallstudien zum Medienverhalten von Kindern im ländlichen Raum im Rahmen unserer Teiluntersuchung haben gezeigt, dass für fast alle 12- und 13-jährigen Kinder ein Internetzugang in der eigenen Wohnung vorhanden ist. Dieser Zugang wird von älteren Kindern auch deshalb häufiger genutzt, da sie hiermit Aufgaben für die Schule erledigen können. Somit sind die Nutzung von Medien, aber auch die zunehmende Zeit für nachmittägliches häusliches Arbeiten an Schulaufgaben als Ursache für das Drinnen sein von älteren Kindern anzunehmen.

2.7 Häufige Freizeitaktivitäten

Welche Aktivitäten führen Kinder im ländlichen Raum in ihrer frei zur Verfügung stehenden Zeit nach den Antworten der der Erwachsenen aus?

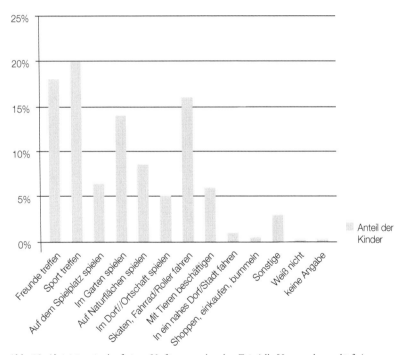

Abb. 12: Aktivitäten in der frei zur Verfügung stehenden Zeit (alle Untersuchungsdörfer).
Quelle: Daten der Einwohnerbefragung April/Mai 2013, s. Keil/Röhner/Seyfi et al. 2015, S. 110

Am häufigsten wird das Sport treiben genannt, doch auch das Treffen mit Freunden und das Fahren mit Fahrzeugen haben hohe Anteile. Dann folgen „Spielen im eigenen Garten" (14%) und „Spielen auf Naturflächen" mit einem Anteil von

8,5%. Diese Antworten werden durch die folgende Frage weiter spezifiziert, mit der nach den Räumen gefragt wurde, in denen die Kinder ohne Aufsicht frei spielen dürfen.

2.8 Spielflächennutzung aus Sicht der Erwachsenen

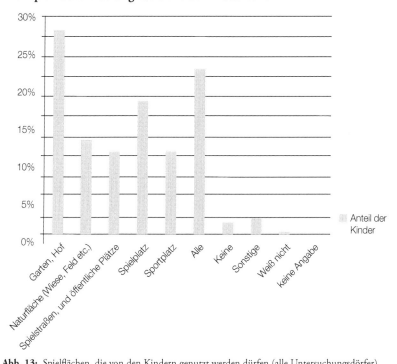

Abb. 13: Spielflächen, die von den Kindern genutzt werden dürfen (alle Untersuchungsdörfer).
Quelle: Daten der Einwohnerbefragung April/Mai 2013, s. Keil/Röhner/Seyfi et al. 2015, S. 111

Mit 27% wird der eigene Garten bzw. der Hof von den Erwachsenen am häufigsten als Ort benannt, an dem die Kinder ohne Aufsicht spielen dürfen. In Dorfprofilen zu den Ausstattungen der Untersuchungsdörfer zeigte sich, dass insbesondere in den westdeutschen Untersuchungsdörfern die Hausgärten durch umfassende Spielgeräteausstattung für Kinder zu privaten Spielplätzen umgestaltet wurden. Die öffentlichen Spielplätze werden von 18% der Erwachsenen als unbeaufsichtigte Spielorte genannt. Zudem ist hervorzuheben, dass 21% der Kinder ab 6 Jahren alle Spielräume in der Umgebung der Wohnung ohne Aufsicht nutzen dürfen.

2.9 Bewertungsfragen zur Kindheit

Die Erwachsenenbefragung umfasste auch einen Bewertungsteil, mit dem Erwachsene, in deren Haushalten auch Kinder von 6 bis 13 Jahren lebten, nach einer Einschätzung der Freizeitpotentiale für Kinder in den Untersuchungsdörfern befragt wurden. Hierzu wurde ihnen jeweils eine fünfstufige Skala vorgelegt (1= trifft voll und ganz zu, 2= trifft eher zu, 3= trifft teils/teils zu, 4= trifft weniger zu, 5 = trifft gar nicht zu, sowie die Möglichkeiten „weiß nicht" und „keine Angabe").

2.9.1 Verfügbarkeit der Kinder über freie Zeit

Die den Erwachsenen vorgelegte Aussage „Wochentags haben Kinder kaum freie Zeit" wurde von ihnen folgendermaßen bewertet:

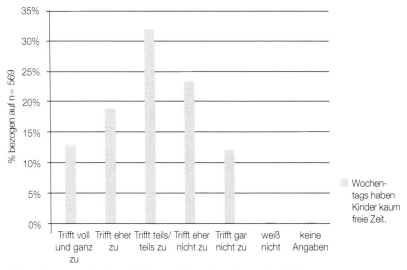

Abb. 14: Bewertung des Items „Wochentags haben Kinder kaum freie Zeit".
Quelle: Daten der Einwohnerbefragung April/Mai 2013, s. Keil/Röhner/Seyfi et al. 2015, S. 114

In dem Anteil für die Bewertungsstufe „trifft teils/teils zu" (über 30%) zeigt sich, dass überwiegend keine eindeutige Bewertung vorgenommen wurde. Bei einer nach Dörfern differenzierten Auswertung wird deutlich, dass die Erwachsenen in einzelnen westdeutschen Dörfern, in denen die institutionelle Nachmittagsbetreuung besonders ausgebaut ist, diese Aussage als „voll und ganz zutreffend" (knapp 30%) bewerteten.

2.9.2 Verfügbarkeit von Naturflächen

Eine weitere Bewertungsfrage war auf die Einschätzung zum Vorhandensein von Naturflächen im Dorfraum, die von Kindern genutzt werden können, ausgerichtet:

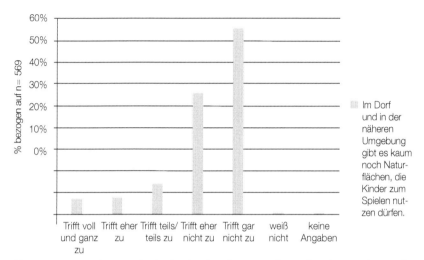

Abb. 15: Bewertung des Items „Im Dorf und in der näheren Umgebung gibt es kaum noch Naturflächen, die Kinder zum Spielen nutzen dürfen".
Quelle: Daten der Einwohnerbefragung April/Mai 2013, s. Keil/Röhner/Seyfi et al. 2015, S. 117

Eine große Mehrheit der befragten Erwachsenen betonen mit ihren Einschätzungen, dass in den Dörfern genügend Naturflächen vorhanden sind, die von Kindern zum Spielen genutzt werde. Allerdings dokumentieren vorherige Antworten, dass diese Flächen nicht zu den bevorzugten Spielorten der Kinder gehören (s. Abb. 12) und dass Erwachsene das kindliche Spiel in Gärten und auf Spielplätzen bevorzugen (s. Abb. 13).

2.9.3 Mediennutzung

Die Mediennutzung von Kindern beurteilen die befragten Erwachsenen wie folgt:

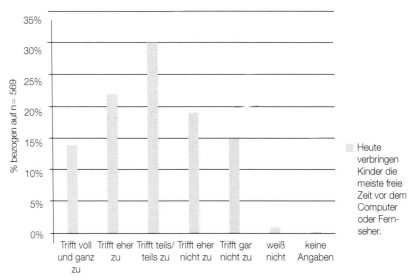

Abb. 16: Bewertung des Items „Heute verbringen Kinder die meiste freie Zeit vor dem Computer oder Fernseher".

Quelle: Daten der Einwohnerbefragung April/Mai 2013, s. Keil/Röhner/Seyfi et al. 2015, S. 118

Auch hier dokumentiert der hohe Anteil für die Bewertungsstufe „trifft teils/teils zu" (30%), dass überwiegend keine eindeutige Bewertung vorgenommen wurde. Ausführliche Auswertungen zum Onlineverhaltens von Kindern im ländlichen Raum sind in einem gesonderten Kapitel in der Gesamtdarstellung der Teilstudie „Kindheit im Wandel" (vgl. Keil/Röhner/Seyfi et al. 2015) erfasst.

2.9.4 Gefahren für Kinder im Dorfraum

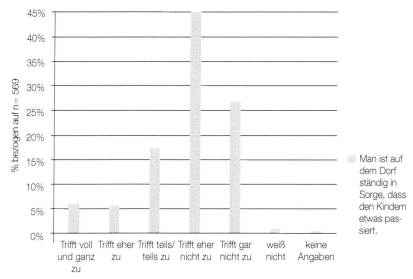

Abb. 17: Bewertung des Items „Man ist auf dem Dorf ständig in Sorge, dass den Kindern etwas passiert."

Quelle: Daten der Einwohnerbefragung April/Mai 2013, s. Keil/Röhner/Seyfi et al. 2015, S. 119

Zudem wurde die Beurteilung der Gefahrensituationen im Dorfraum durch Erwachsene erfragt. Denn diese Einschätzung durch Eltern ist mitentscheidend für deren Gewährung von Freiräumen für unkontrolliertes Kinderspiel, z.B. ob Kindern der Zugang zu Natur- und Spielflächen im öffentlichen Raum erlaubt wird (Hüttenmoser 1996, Blinkert et al. 2015).

Hier zeigt sich, dass für die meisten Erwachsenen die Sorge um die Sicherheit der Kinder in den Dörfern nicht sehr ausgeprägt ist und dass weitgehend ein Sicherheitsgefühl besteht. Qualitative Erhebungen in den Dörfern dokumentierten, dass Sorge vor allem vor Verkehrsunfällen besteht.

2.9.5 Sichtbarkeit von Kindern im Dorfraum

Nach dem Befund von Herrenknecht (o. J.) hat sich in der Entwicklung zum regionalen Dorf eine Enträumlichung von Kindheit vollzogen, die wir mit der Beurteilung des Items „Kinder sind aus dem Dorfbild verschwunden" überprüfen wollten. Die folgende Abbildung zeigt, dass die Sichtbarkeit von Kindern in den Untersuchungsdörfern sehr unterschiedlich bewertet wird. Die These „Kinder sind aus dem Dorfbild verschwunden" bewerteten die Befragten der Einwohnerbefragung wie folgt:

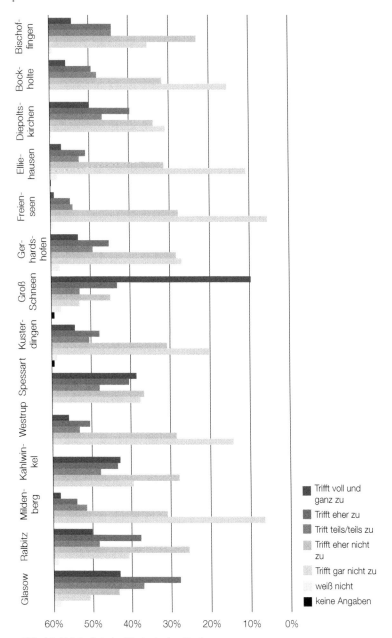

Abb. 18: Sichtbarkeit der Kinder in den Dörfern.
Quelle: Daten der Einwohnerbefragung April/Mai 2013, s. Keil/Röhner/Seyfi et al. 2015, S. 120

Die Sichtbarkeit der Kinder in Dörfern wird zum einen durch die Anzahl der Kinder im Dorf und zum anderen durch die bauliche Dorfstruktur beeinflusst. Beispielsweise werden in Ralbitz Kinder als sichtbar wahrgenommen, da das Dorf einen geschlossenen Dorfcharakter besitzt und dort eine hohe Zahl von Kindern leben. In Glasow dagegen sind die wenigen Kinder tatsächlich aus dem Dorfbild weitgehend verschwunden.

In der Bilanz zu den Bewertungsfragen zu Kindheiten im ländlichen Raum zeigt sich, dass die Erwachsenen die Bedingungen für Kinder positiv bewerten. Sie heben hervor, dass Kinder im ländlichen Raum genügend naturgeprägte Flächen haben, dass ihnen ausreichend freie Zeit zur Verfügung steht und dass zudem keine großen Gefahren für Kinder gesehen werden. Zur kindlichen Freizeit befragt, dokumentieren die Antworten der Erwachsenen die These der ‚Draußenkindheit‘. Die Erwachsenen sagen aber auch mehrheitlich, dass sie die kindliche Nutzung von Privatgärten bevorzugen, offenbar im Sinne einer „behüteten Kindheit", denn in (Natur-)Räumen ohne Aufsicht dürfen Kinder nicht so oft spielen. Zudem wird deutlich, dass für Kinder ab dem elften Lebensjahr die schulische und private Nutzung von Online-Medien ansteigt, so dass auch im ländlichen Raum Kinder mit zunehmendem Alter immer seltener draußen spielen.

Die Kindheit in den untersuchten ostdeutschen Dörfern ist durch eine hohe institutionelle Nachmittagsbetreuung geprägt. Dagegen sind in den beteiligten westdeutschen Dörfern die Familien von größter Bedeutung für die Nachmittagsbetreuung. Ein weiterer Unterschied zwischen ost- und westdeutschen Dörfern ist bei der Ausstattung mit kinderkulturellen Freizeitangeboten zu konstatieren, diese sind in ostdeutschen Dörfern nicht so zahlreich vertreten wie in westdeutschen Dörfern. Hier wird insbesondere noch ein traditionell-dörfliches Angebote stark nachgefragt (Sport- und Schützenvereine etc.).

Die Mobilität der Kinder im ländlichen Raum ist in vielen Fällen durch einen motorisierten Transport zu weit entfernten Schulen geprägt. Während hierfür meist noch der ÖPNV genutzt werden kann, müssen die Kinder für die Teilhabe an institutionellen Nachmittagsangeboten im regionalen Raum häufig mit privaten Autos gefahren werden, da der ÖPNV außerhalb des Schulbusverkehrs nicht mehr angemessen ausgebaut ist. Letztlich passen die Kinder und ihre Familien ihre Mobilität pragmatisch den Bedürfnissen der unterschiedlichen Räume der Kindheit an und nutzen alle passenden Fortbewegungsmöglichkeiten, wobei das Auto von größter Bedeutung ist.

Die zuvor dargestellten Ergebnisse der Erwachsenenbefragung decken sich weitgehend mit den im Rahmen der umfassenden Studie mit Kindern erhobenen Befunden zu den Räumen der Kinder (vgl. Keil/Röhner/Seyfi et al. 2015), die hier nicht dargestellt werden konnten. Auch die befragten Kinder beurteilen ihre Lebenssituation sehr positiv. Von ihnen werden insbesondere der Zugang zur Natur, der Umgang mit Haus- und Nutztieren, ein eigenes Haus und ein eigener Garten als Gründe für diese positive Bewertung hervorgehoben. Zwar werden auch neue Medien von ihnen genutzt und ebenso wie von Stadtkindern positiv bewertet, doch das Draußenspielen hat insbesondere bei kleineren Kindern eine höhere Bedeutung. Insgesamt lässt sich aus den erhobenen Befunden zur Bewertung der Kindheit im ländlichen Raum ableiten, dass eine „gelingende, gute Kindheit" vorliegt. Allerdings dürfen mangelhafte soziale und kulturelle Bildungs- und Teilhabemöglichkeiten in peripheren, demographisch stark schrumpfenden Dörfern nicht übersehen werden, da sie problematische Ausschlussprozesse von Kindern und Jugendlichen nach sich ziehen. Und nicht nur in diesen Dörfern wird von Eltern das Fehlen von kinderkulturellen Freizeitangeboten beklagt. So ist insbesondere in westdeutschen Dörfern das Muster einer lang behüteten Kindheit (Bühler-Niederberger 2011) ausgeprägt, das über das Zuverdienermodell von Frauen verwirklicht wird. Diese gehen einer beruflichen Halbtagstätigkeit nach, um nachmittags die Kinder betreuen zu können und um beispielsweise auch das Fehlen von kinderkulturellen Angeboten in den Dörfern zu kompensieren.

Mit dieser Landkindheitsstudie wurde für jedes Untersuchungsdorf ein spezifisches Kinderdorfprofil (Keil, Röhner, Seyfi et al. 2015) erstellt. Damit wird deutlich, dass heute kein einheitliches Kindheitsmuster für den ländlichen Raum mehr existiert. Zu erklären ist diese festgestellte Vielfalt der Kindheitsmuster mit mehreren gleichzeitig wirksamen Kontextfaktoren (kulturell, sozial, geographisch, politisch-historisch etc.), die in den Dörfern jeweils unterschiedlich ausgeprägt sind und die die spezifische Kindheit in den Dörfern beeinflussen. Diese mit der Studie erfassten spezifischen Kindheiten liegen zwischen den Mustern einer modernisiert individualisierten, teilmodernisierten und einer marginalisiert-dörflichen Kindheit und können räumlich wiederum eher lokal- oder regionaldörflich geprägt sein. Eine solche Vielfalt von Erscheinungs- und Gestaltungsformen von Kindheit im ländlichen Raum ist das Ergebnis einer postmodernen Entwicklung, die ebenso wie in den Städten durch starke Individualisierungstendenzen geprägt ist.

Literatur

Baader, M. S.; Eßer, F.; Schröer, W. (Hrsg.) (2015): Kindheiten in der Moderne. Eine Geschichte der Sorge. Frankfurt; New York

Becker, H. (1997): Dörfer heute – Ländliche Lebensverhältnisse im Wandel 1952, 1972, 1993/95. Bonn

Blinkert, B. (1993): Aktionsräume von Kindern in der Stadt. Eine Untersuchung im Auftrag der Stadt Freiburg. Unter Mitarbeit von P. Höfflin M. Lallinger M. Messmer und A. Hank. Pfaffenweiler

Blinkert, B. (1997): Aktionsräume von Kinder auf dem Land. Pfaffenweiler

Blinkert, B.; Höfflin, P.; Schmider, A.; Spiegel, J. (2015): Raum für Kinderspiel. Eine Studie im Auftrag des Deutschen Kinderhilfswerks über Aktionsräume von Kindern in Ludwigsburg, Offenburg, Pforzheim, Schwäbisch Hall und Sindelfingen. Berlin

Bock, K. (2010): Kinderalltag – Kinderwelten. Rekonstruktive Analysen von Gruppendiskussionen mit Kindern. Opladen; Farmington Hills

Bühler-Niederberger, D. (2011): Lebensphase Kindheit. München

du Bois-Reymond, M.; Büchner, P.; Krüger, H.H. (1994): Modernisierungstendenzen im heutigen Kinderleben: Ergebnisse und Ausblick. In: du Bois-Reymond, M.; Büchner, P.; Krüger H.H.; Ecarius, J.; Fuhs, B. (Hrsg.): Kinderleben. Modernisierung von Kindheit im interkulturellen Vergleich. Opladen

Fuhs, B. (1997): Von der pädagogischen Provinz zur erziehungswissenschaftlichen Peripherie. Zum Wandel ländlicher Bildungs-Räume. In: Ecarius, J.; Löw, M. (Hrsg.): Raumbildung Bildungsräume. Über die Verräumlichung sozialer Prozesse. Wiesbaden, S. 167-196

Gebhard, U. (2013): Kind und Natur. Die Bedeutung der Natur für die psychische Entwicklung, 4. Aufl. Wiesbaden

Heinzel, F. (2010): Zugänge zur kindlichen Perspektive – Methoden der Kindheitsforschung. In: Friebertshäuser, B.; Langer, A.; Prengel, A. (Hrsg.): Handbuch qualitative Methoden in der Erziehungswissenschaft, 3. vollst. überarb. Aufl. (Neuausgabe). Weinheim, S. 707-722

Herrenknecht, A. (o. J.): Land-Kindheit im Wandel. Sozialräumliche Veränderungen im Lebensalltag von Kindern und Jugendlichen auf dem Lande. Veröffentlichung im Rahmen der Beteiligungsbausteine des Deutschen Kinderhilfswerkes e.V.

Hurrelmann, K.; Andresen, S. (Hrsg.) (2007): Kinder in Deutschland 2007. 1. World Vision Kinderstudie. Frankfurt am Main

Hurrelmann, K.; Andresen, S. (Hrsg.) (2010): Kinder in Deutschland 2010. 2. World Vision Kinderstudie. Frankfurt am Main

Hurrelmann, K.; Andresen, S. (Hrsg.) (2013): „Wie gerecht ist unsere Welt" Kinder in Deutschland 2013. 3. World Vision Kinderstudie

Hüttenmoser, M. (1996): Kein schöner Land. Ein Vergleich städtischer und ländlicher Wohnumgebungen und ihre Bedeutung für den Alltag und die Entwicklung der Kinder. undKinder. 16, 1-29

Keil, A.; Röhner, C.; Seyfi, N.; Jeske, I.; Godau, M.; Padberg, S.; Müller, J.; Schraven, M. (2015): Ländliche Lebensverhältnisse im Wandel 1952, 1972, 1993, 2012. Kindheit im Wandel. Braunschweig: Johann Heinrich von Thünen-Institut (http://literatur.ti.bund.de/digbib_extern/dn055820.pdf)

Lange, A. (2001): Landkindheiten. Aktuelle und historische Diskurse um das Aufwachsen in ländlichen Räumen. In: Behnken,I.; Zinnecker, J. (Hrsg.): Kinder. Kindheit. Lebensgeschichte. Ein Handbuch. Seelze- Velber, S. 962-979

Muchow, M.; Muchow, H. H. (1935/1979): Der Lebensraum des Großstadtkindes. Hamburg; Bensheim

Tuitjer, G. (2015): Teilprojektbericht: Ländliche Arbeitsmärkte: Chancen für Frauen – Frauen als Chance. In BMEL (Hrsg.): Ländliche Lebensverhältnisse im Wandel 1952, 1972, 1993 und 2012. Berlin

Zeiher H.; Schroeder S. (Hrsg.) (2008): Schulzeiten, Lernzeiten, Lebenszeiten. Pädagogische Konsequenzen und zeitpolitische Perspektiven schulischer Zeitordnungen. Weinheim; München

Zeiher H. J.; Zeiher, H. (1994): Orte und Zeiten der Kinder. Soziales Leben im Alltag von Großstadtkindern. Weinheim

Zinnecker, J. (2001): Stadtkids. Kinderleben zwischen Straße und Schule. Weinheim; München

Andrea Moser und Tobias Mettenberger

Alltagswelten und Zukunftsvorstellungen Jugendlicher – Befunde aus zwei empirischen Studien in ländlichen Regionen Deutschlands

1 Einleitung

Der demografische Wandel ist in den aktuellen politischen und wissenschaftlichen Debatten allgegenwärtig. Ein wesentliches Merkmal sind Wanderungsbewegungen zwischen sozial und ökonomisch unterschiedlich strukturierten Regionen. Dabei wird Jugendlichen als zentralen Akteuren eine entscheidende Rolle zugewiesen; dies betrifft auch einen Teil der ländlichen Räume und ihre Entwicklung. Die Hintergründe der Abwanderung von Jugendlichen und ihrer Entscheidungen zu gehen oder zu bleiben untersuchten entsprechend eine Vielzahl von Studien (Dienel 2005, Speck/Schubarth, 2009, Sturzbecher et al. 2007, Sturzbecher et al. 2012). Vor allem in ostdeutschen ländlichen Räumen wurden in Bezug auf die Abwanderung Jugendlicher Szenarien von „Dörfern ohne Jugend" (Schubarth 2009, 12f) beschrieben. Unterschiede und Lücken in den regionalen Angeboten an Ausbildungsmöglichkeiten legen es vielfach nahe, den Wohnort zu verlassen. Insbesondere die Entscheidung für ein (Fach-)Hochschulstudium ist zumeist mit einer zumindest temporären Abwanderung verbunden.

Die komplexen Überlegungen um das Gehen oder Bleiben stellen für Jugendliche einen langfristigen Entscheidungsprozess voller Wendungen dar (Beetz 2009), in dem eine Vielzahl von individuellen Aspekten der (Aus-)Bildungs-, Berufs- und Lebensvorstellungen von Heranwachsenden eine Rolle spielen. Die Sichtweise von Jugendlichen auf ihre Region, ihre Wahrnehmung der Lebensverhältnisse vor Ort sowie der regionalen Möglichkeiten und Perspektiven können wesentliche Einflussgrößen in diesem Prozess sein. Dabei verbinden sich zentrale Bereiche des Alltagslebens von Jugendlichen mit ihren Zukunftsplänen und -vorstellungen und so auch mit ihrer künftigen räumlichen Orientierung.

Auf diesen Zusammenhang weisen die Ergebnisse aus zwei empirischen Untersuchungen hin, die im folgenden Beitrag ausgeführt und diskutiert werden. Das Forschungsprojekt „Jugend in ländlichen Räumen zwischen Bleiben und Abwandern" (Becker/Moser 2013) setzte 2009 mit dem Versuch an, vor dem Hintergrund des demografischen Wandels, zentrale Momente des Jugendlebens im Kontext differenzierter Lebensverhältnisse in ländlichen Räumen mit den Fragestellungen der öffentlichen Debatte über Abwanderung zu verbinden. Die qualitativ angelegte empirische Studie „Jugendliche Zukunftsorientierungen in ländlichen Mittelstädten" (Mettenberger 2015) befasste sich mit der Frage, welche Rolle der alltägliche nahräumliche Kontext für die Zukunftsplanung von Hauptschülern spielt, die kurz vor ihrem Abschluss sind. Neben den Werthaltungen und Ausbildungszielen standen dabei insbesondere die individuellen Standortentscheidungen und die Abwägungen des Abwanderns oder Vor-Ort-Bleibens im Vordergrund.

Der Beitrag beleuchtet zentrale Alltagsbereiche von Jugendlichen in ländlichen Räumen: ihre Freizeitgestaltung und die große Bedeutung von Freundschaften. Individuelle Sichtweisen auf die Lebensverhältnisse und die Entwicklungsoptionen in ihrem Umfeld – u.a. hinsichtlich der wirtschaftlichen Lage, der Berufs- und Ausbildungsmöglichkeiten sowie der regionalen Freizeitmöglichkeiten – werden zu den Standortzufriedenheiten der Befragten in Bezug gesetzt. So werden ihre Überlegungen bezüglich des Gehens oder Bleibens im Zusammenhang mit den jeweiligen Orientierungen, Zukunftsvorstellungen und Plänen für die berufliche Entwicklung erörtert. Mit den beiden zugrunde gelegten empirischen Forschungsprojekten werden zugleich zwei verschiedene räumliche Ebenen dargestellt: Während die erste Studie breiter, auf das regionale Umfeld der Jugendlichen angelegt war, betrachtete die zweite Untersuchung primär die alltagsweltlich relevante nahräumliche Umgebung der Heranwachsenden, die sich zumeist mit dem Einzugsbereich der jeweiligen Hauptschulen deckte.

Zunächst folgt ein kurzer Überblick über die aus soziologischer Perspektive zentralen Dimensionen der individuellen Entwicklung in der Lebensphase Jugend sowie über die beiden Forschungsprojekte. Daran schließen die Ausführungen zu den Alltagsbereichen an, die bei den Standortüberlegungen der Befragten eine wesentliche Rolle spielen: Freizeitmöglichkeiten, Freundschaften sowie Optionen für die weitere Ausbildung und die berufliche Laufbahn. Auf dieser Grundlage werden die Überlegungen über die Frage zu gehen oder zu bleiben der Jugendlichen dargelegt. Abschließend verweisen Schlussfolgerungen und ein Ausblick auf Handlungsansätze und offene Fragen.

2 Jugend als Phase des Übergangs

Aus soziologischer Perspektive ist Jugend vor allem eine Phase des Übergangs, eine:

> „(…) Zeit des Wachsens, Werdens und Sich-Entwickelns, die einerseits mit Freiräumen und Räumen zum Experimentieren verbunden und andererseits von Anforderungen und Aufgaben begleitet ist." (Liebsch 2012, 15).

Die damit verbundenen Entwicklungen beziehen sich sowohl auf die schulische und berufliche Laufbahn als auch auf die Persönlichkeitsentwicklung der Heranwachsenden. Das Ausprobieren neuer Verhaltensmuster ist in dieser Lebensphase sehr ausgeprägt, häufig auch gekennzeichnet von schnellen und abrupten Wechseln. Viele Entscheidungen werden getroffen, die zumindest teilweise oder für bestimmte Bereiche den weiteren Lebensweg prägen, z. B. durch die Ausbildungs- und Berufswahl. Klaus Hurrelmann beschreibt in diesem Zusammenhang vier unterschiedliche Herausforderungen bzw. Entwicklungsaufgaben, mit denen sich Jugendliche konfrontiert sehen (2004, 27-34) (vgl. die folgende Abbildung 1).

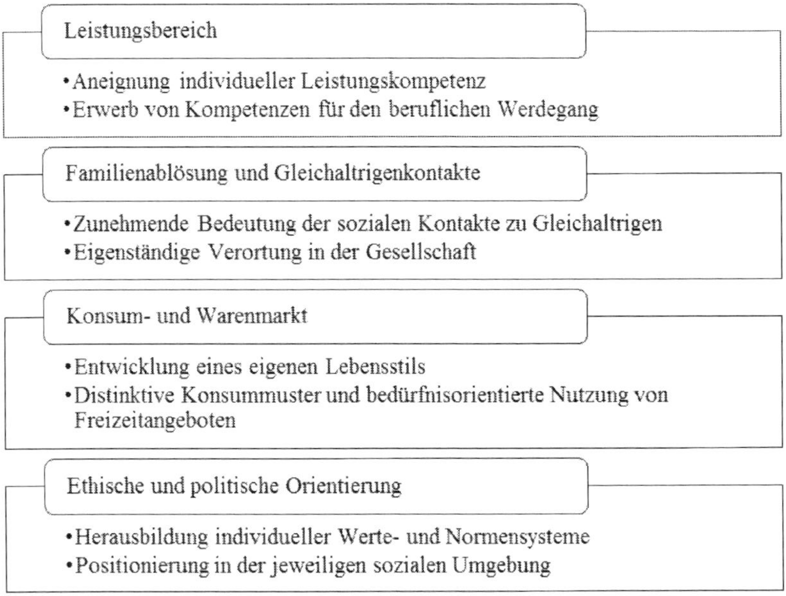

Leistungsbereich

- Aneignung individueller Leistungskompetenz
- Erwerb von Kompetenzen für den beruflichen Werdegang

Familienablösung und Gleichaltrigenkontakte

- Zunehmende Bedeutung der sozialen Kontakte zu Gleichaltrigen
- Eigenständige Verortung in der Gesellschaft

Konsum- und Warenmarkt

- Entwicklung eines eigenen Lebensstils
- Distinktive Konsummuster und bedürfnisorientierte Nutzung von Freizeitangeboten

Ethische und politische Orientierung

- Herausbildung individueller Werte- und Normensysteme
- Positionierung in der jeweiligen sozialen Umgebung

Abb. 1: Entwicklungsaufgaben im Übergang (Eigene Darstellung nach Hurrelmann 2004)

Diese Prozesse individueller Entwicklung sind in unterschiedliche gesellschaftliche Kontexte eingebunden (Bronfenbrenner 1979; Elliott et al. 2006). Elternhaus und Familie, die Peer Group und das schulische Umfeld haben dabei eine besondere Bedeutung. Ebenso lässt sich danach fragen, welche Rolle die räumliche Dimension eigentlich in diesem Zusammenhang spielt. Inwiefern beeinflusst beispielsweise das nahräumliche Umfeld die Entwicklungspfade und Zukunftsorientierungen der Jugendlichen? Welche Rolle hat diesbezüglich die regionale Umgebung? Zum Einfluss der alltäglichen Wohnumgebung auf die Praktiken, Wahrnehmungen und Entwicklungsmöglichkeiten der dort lebenden Individuen liefert ein breiter Literaturstrang zu so genannten Quartiers-, Gebiets- oder Nachbarschaftseffekten Anknüpfungspunkte. Dabei wird zumeist zwischen drei Dimensionen kontextueller Einbindungen unterschieden (Farwick 2001; Häußermann/Kronauer 2009):

- In seiner physisch-infrastrukturellen Dimension ermöglicht oder verwehrt ein Gebiet die Nutzung von Plätzen und Einrichtungen, etwa in den Bereichen der Freizeit und Nahversorgung, aber auch bei der Ausbildung oder beruflichen Laufbahn.
- In seiner sozialen Dimension kann das Prinzip der räumlichen Nähe dazu führen, dass ein gemeinsamer Standort zum Generator sozialer Kontakte zwischen dort anzutreffenden Personen wird: Die räumlichen Verhältnisse tragen dazu bei, dass es in manchen Fällen einfacher und in anderen schwieriger ist, Kontakte zu bestimmten Personengruppen zu knüpfen und aufrecht zu erhalten.
- In ihrer symbolischen Dimension können Gebiete sowohl mit individuellen als auch mit kollektiven symbolischen Bedeutungen aufgeladen sein: Diese strukturieren die Wahrnehmung der gebauten und sozialen Umwelt und können somit Prozesse der Selbst-Positionierung und Selbst-Abgrenzung von Subjekten beeinflussen.

Ähnliche Überlegungen betreffen nicht nur den Blick auf das nähere Wohnumfeld, sondern auch die Einflüsse der weiteren, regionalen Umgebung. Die Auseinandersetzungen um „Peripherisierung" verfolgen u.a. die These, dass die Lebensbedingungen in wirtschaftlich schwachen, entlegenen und dünn besiedelten ländlichen Räumen die Teilhabechancen und Handlungsspielräume der Menschen vor Ort weitreichend einschränken (Neu 2006, 8).

Deutlich wird, dass (nah-)räumliche Kontexte in vielfältiger Hinsicht eine Rolle dabei spielen können, wie Jugendliche ihren Alltag erleben und daraus ihre Pläne und Orientierungen für die berufliche und private Zukunft entwickeln. So ist davon auszugehen, dass Erfahrungen und Eindrücke aus der näheren Umgebung die Jugendlichen in ihren Überlegungen dazu beeinflussen, welches Lebensmodell und welche Wohnform sie sich wünschen, welche Bereiche der Lebensgestaltung ihnen wichtig sind, welchen Ausbildungsweg und Beruf sie anstreben und wie sie sich selbst in der (lokalen) Gesellschaft positionieren. Diese Aspekte können wiederum in die individuellen Bleibe- bzw. Wegzugsüberlegungen einfließen.

3 Datengrundlagen und Untersuchungsfragen

Das Forschungsprojekt „Jugend in ländlichen Räumen zwischen Bleiben und Abwandern" (Becker, Moser, 2013) verfolgte die These, dass unterschiedliche Lebensverhältnisse und Strukturen ländlicher Regionen die Lebenssituationen von Jugendlichen beeinflussen und deren Chancen und Probleme prägen. Kern der Untersuchung bildete eine standardisierte Online-Befragung. Insgesamt haben 2.662 Jugendliche im Alter von 14 bis 18 Jahren an allgemeinbildenden Schulen sowie an Berufsschulen[1] an der Befragung teilgenommen (Studie 1, siehe Tabelle) und wurden mit einem standardisierten Fragebogen zu ihrem Leben, ihren Plänen und ihrer Wahrnehmung der regionalen Möglichkeiten und Schwierigkeiten befragt.[2] Den Unterschieden zwischen ländlichen Räumen begegnete die Untersuchung mit der Auswahl von je drei ost- und westdeutschen ländlichen Untersuchungsregionen. Die Ergebnisse zeigten nicht immer in die erwartete Richtung, wie dargelegt werden wird.

Die zweite diesem Beitrag zugrunde liegende Studie trägt den Titel „Jugendliche Zukunftsorientierungen in ländlichen Mittelstädten" (Mettenberger, 2015). Das Dissertationsprojekt (Studie 2, siehe Tabelle) ging der Frage nach, inwiefern der alltägliche nahräumliche Kontext eine Rolle in den Zukunftsorientierungen Heranwachsender spielt. Die Teilnehmer standen kurz vor dem Erwerb ihres „einfachen Hauptschulabschlusses" und somit in einer Phase des Übergangs in weitere schulische oder außerschulische Ausbildungsabschnitte. In qualitativen Interviews wurden 39 männliche Jugendliche im Alter von 14 bis 16 Jahren befragt. Darüber hinaus wurden mit den einzelnen Teilnehmern ego-zentrierte Netzwerkanalysen durchgeführt und mithilfe von Stundenplänen die individuellen Aktivitäten und Aktionsräume für den Zeitraum einer „gewöhnlichen" Woche rekonstruiert. Während so genannter Go Alongs (Kusenbach, 2003) zeigten die Jugendlichen in kleinen Gruppen „ihre Stadt", erzählten und reflektierten dabei in einem informellen Rahmen über ihren Alltag und ihre Zukunftspläne. Durchgeführt wurde diese Studie in drei ländlich gelegenen nordrhein-westfälischen Mittelstädten, die durch eine stabile wirtschaftliche Situation und eine im Landesvergleich niedrige Arbeitslosenquote geprägt waren.

---

1 Die Ergebnisse der Befragung an den Berufsschulen werden in diesem Beitrag nicht dargestellt.
2 Leitfadengestützte Experteninterviews ergänzten die standardisierte online-Befragung und vertieften den Blick in die Untersuchungsregionen. Mit sogenannten Validierungsrunden zur Vorstellung und Diskussion der Ergebnisse in den Regionen konnte die Sicht der Menschen vor Ort als Korrektiv zusätzlich eingefangen werden.

Tabelle 1: Die beiden Studien im Überblick (Eigene Darstellung)

	Studie 1	Studie 2
Veröffentlichung	Becker, Moser, 2013	Mettenberger, 2015
Titel	Jugend in ländlichen Räumen zwischen Bleiben und Abwandern	Jugendliche Zukunftsorientierungen in ländlichen Mittelstädten
Erhebungszeitraum	2009	Frühjahr 2012 bis Sommer 2013
Erhebungsmethode	standardisierte online-Befragung an allgemeinbildenden sowie	Leitfadeninterviews, egozentrierte Netzwerkanalysen, Zeitbudgetpläne,
	Berufsschulen	Go Alongs
Altersgruppe	14 bis 18 Jahre	14 bis 16 Jahre
Befragungssample	2.662 Jugendliche gesamt,	39 Jugendliche
	1.698 Befragte an allgemeinbildenden Schulen	Männliche Hauptschüler der Klassenstufe 9
	847 Befragte an Berufsschulen	
Untersuchungsregion/en	Friedland (Mecklenburg-Vorpommern)	Mittelstädte in Nordrhein-Westfalen
	Krummhörn (Niedersachsen)	Coesfeld
	Grimma (Sachsen)	Borken
	Furth (Bayern)	Olpe
	Königsee (Thüringen)	
	Meßkirch (Baden-Württemberg)	

Im Folgenden werden Befunde aus dem empirischen Material beider Studien zu den Alltagsbereichen Freizeit und Freundschaften dargestellt, die für die Orientierungen der befragten Jugendlichen eine wesentliche Rolle spielen.

4 Zentrale Alltagsbereiche des Jugendlebens: Freizeitgestaltung und Wahrnehmung der Möglichkeiten

Was machen die befragten Jugendlichen in ihrer Freizeit? Die Antworten auf diese klassische Frage der Jugendforschung (Thole 2012, 737) zeigten in beiden Studien ein breites Spektrum verschiedener Aktivitäten. Auch für Jugendliche in ländlichen Räumen deuteten die vielfältigen, individuell unterschiedlichen Freizeitbeschäftigungen somit ein „nicht entweder oder', sondern eine ‚Parallelisierung'" (Tully 2008, 184) des Jugendlebens an. Deutlich wurden die vielfältigen Interessenslagen der Befragten und deren Einfluss auf die Zufriedenheit mit den vor Ort gegebenen Möglichkeiten.

In der quantitative Befragung (im Folgenden mit Studie 1 bezeichnet) zeigte sich eine große Bandbreite von Freizeitaktivitäten der Jugendlichen, die ein Bild vom „bunten Alltag" Jugendlicher entstehen ließ. An erster Stelle stand „mit Freunden treffen".[3] Nicht nur das berühmte Bushäuschen diente als Treffpunkt. In den Untersuchungsregionen berichteten die Jugendlichen wie auch die befragten Experten von selbst errichteten und -organisierten Treffpunkten wie Bauwagen, alten Garten-oder Hühnerhäuschen. In allen Untersuchungsregionen der quantitativen Studie unterhielten die Kirche oder die Gemeinde Jugendräume und offen Jugendtreffs; aber nur in drei der Untersuchungsregionen haben bis zu 26% der befragten Jugendlichen den Besuch dort als Freizeitaktivität angegeben. Viele Jugendlichen hatten die Möglichkeiten, sich mit ihren Freunden zu Hause zu treffen und dort z.B. Computer zu spielen oder Musik zu hören (Ergebnis Expertengespräche und Validierungsrunden).

Sport zählte auch in den ländlichen Untersuchungsregionen zu den beliebtesten Aktivitäten, und folgte in der Liste der jugendlichen Freizeitbeschäftigungen an zweiter Stelle bei den befragten Jungen (61% zu 39% bei den Mädchen) auf gleicher Höhe mit „im Internet surfen/chatten (Jungen 61%, Mädchen 60%). Die technische Ausstattung und der Zugang dazu stellte kaum ein Problem für die Jugendlichen in den ländlichen Untersuchungsregionen dar und genügte ihren Ansprüchen. Auch bei den Vereinsaktivitäten dominierten die Sportvereine, weitere Aktivitäten in Vereinen oder anderen Organisationen kamen weniger vor. Auch „Musik hören", „Abends weggehen" und „Fernsehen/DVDS ansehen" nannten die befragten Jugendlichen. Die befragten Mädchen gingen außerdem auch gerne shoppen.

Das beschriebene „mit Freunden treffen" ist weitgehend unabhängig von der Infrastrukturausstattung. Andere Freizeitaktivitäten brauchen allerdings die entsprechenden örtlichen Voraussetzungen wie Sporthallen und -plätze, Vereine, Knei-

---

3 Auch in der Shell-Studie (Leven et al., 2010) wird „mit Freunden treffen" als wichtigste Freizeitaktivität gezeigt.

pen, Kino, Diskos, Jugendclubs/Jugendtreffs usw., die nicht nur attraktiv, sondern auch zugänglich und erreichbar sein müssen. Solche infrastrukturellen Voraussetzungen der Freizeitgestaltung sind nicht in allen Untersuchungsregionen in gleicher Weise vorhanden und differenzieren auch in den Untersuchungsregionen räumlich. Unterschiede zwischen den Aktivitäten der befragten Jugendlichen traten an den sich unterscheidenden, regionalen Angebotsstrukturen und Traditionen hervor. So waren das vergleichsweise viele der befragten Jugendlichen in den allgemeinbildenden Schulen in Meßkirch (Baden-Württemberg) in Kultur- und Musikvereinen hervor, was auf eine solche regionale Besonderheit schließen lässt. In ihrer Wahrnehmung dieser örtlichen bzw. regionalen Voraussetzungen als Gelegenheitsstrukturen der Freizeitgestaltung legten die befragten Jugendlichen der Studie 1 nicht allein die beschriebenen objektiven Kriterien zugrunde, sondern sie folgten auch, vielleicht sogar ausschließlich, subjektiven Vorlieben, eigenen Vorstellungen und Wünschen, dem individuellen Lebensstil und/oder dem der eigenen Clique.[4] Entsprechend weit fielen die Antworten auf die Frage nach der Zufriedenheit mit den verschiedenen Freizeitangeboten auseinander und wiesen vor allem auf die unterschiedlichen Interessen hin.

Insgesamt vermittelten die befragten Jugendlichen in der Studie 1 eine positive Sicht auf die Freizeitmöglichkeiten an ihren Wohnorten. Dies steht im Gegensatz zu einem in der Literatur verbreiteten Argument, gemäß dem das jeweilige engere Wohnumfeld für Jugendliche in ländlichen Räumen, durch ein Spannungsverhältnis aus einem „(...) ebenso breit gestreuten Bedarf an altersgerechten Freizeitgestaltung wie Jugendliche in der Stadt aber deutlich weniger Möglichkeiten diesen zu decken" (Arbeiterwohlfahrt 2001, 78) eine besondere Rolle spielt. Ein solches Spannungsverhältnis zwischen den Ansprüchen an das Wohnumfeld und den örtlichen Gegebenheiten konnte in den Ergebnissen der Studie 1 nicht gefunden werden. Statt einer mehr oder minder durchgängigen Kritik der Jugendlichen an den Lebensverhältnissen vor Ort waren zwischen der Hälfte der Befragten in Mecklenburg-Vorpommern, Niedersachsen und knapp Dreiviertel in Bayern mit den Lebensbedingungen an ihren Wohnorten überwiegend oder völlig zufrieden und weitere 17% bis 30% mittelmäßig zufrieden. Das Antwortverhalten differenzierte kaum nach dem Geschlecht der Jugendlichen. Nur ein Anteil von knapp 5% der befragten Jugendlichen war mit ihrem Leben unzufrieden, unabhängig davon, in welcher der untersuchten ländlichen Region sie lebten. Im Vergleich mit der Shell-Jugendstudie von 2010 waren die befragten Jugendlichen in den spezifisch ländlichen Räumen ebenso zufrieden, vor allem der Anteil an Jugendlichen mit hoher Unzufriedenheit war ähnlich gering (Gensicke 2010, 190f.). Auch in den drei nordrhein-westfälischen Mittelstädten der Studie 2 zeigten sich die meisten der befragten Jugendlichen mit dem Leben an sich und den Freizeit-

---

4 Zur Diskussion des Begriffs Gelegenheitsstrukturen (Fischer 2001, 407ff.)

möglichkeiten in ihren Regionen überaus zufrieden. Aus ihrer Sicht bestünden dort gute Möglichkeiten, um den für sie bedeutsamen Aktivitäten nachzugehen. Der 16-jährige Stefan[5] beispielsweise lebt in Coesfeld und möchte auch in Zukunft dort wohnen bleiben. Er beschreibt seine Stadt wie folgt:

> „Joh, also Coefeld is schon 'ne ziemlich große Kleinstadt, würd ich mal so sagen. Ja wir haben schöne Landschaften oder auch viel Land an manchen Orten, oder was heißt Orten, Gegenden. Ja, ne wir haben 'ne Stadt, 'ne etwas kleinere, nicht so groß wie Borken oder so, die Nachbarstädte, haben Freizeitangebote, Schwimmbad, Skatebahn und so, Stellwerk [örtlicher Jugendtreff, Anmerkung der Autoren], Bahnhof haben wir auch (…). Desto mehr man aus Coesfeld rauskommt, ist mehr so Landschaft, Waldgebiet, viel Felder, Land, Bauern und halt, ist nicht so, so, wie andere Städte, so mit Autos zugehauft. (…). Wir haben viele Vereine, in Coesfeld, öhm, das ist eigentlich positiv an Coesfeld. (…) Also, wir haben so viele Cafés hier, (…), wir haben 'ne Disko, wir haben eigentlich alles, was man so braucht, halt. Wir haben Kino, wir haben Schwimmbad, wir haben Skaterbahn, wir haben halt 'n Jugendtreff, ich weiß nicht, was man noch mehr braucht." (Stefan, 16, Coesfeld)

Damit benennt Stefan eine Reihe von Angeboten und Aspekten, die auch für die Freizeitgestaltung vieler weiterer Befragter wichtig waren. Wie das Zitat andeutet, sind Möglichkeiten zu Sport und Bewegung den Jugendlichen dabei besonders wichtig. So gab es in allen drei Untersuchungsstädten Schüler, die sich in ihren Interviews selbst als Skater darstellten und ihren Erzählungen zufolge einen großen Teil ihrer Freizeit auf dem Skateboard oder den Inlinern verbrachten. Insgesamt am beliebtesten und verbreitetsten war eindeutig der Fußball. Ob im Verein oder spontan mit Freunden – viele der Jugendlichen spielten ausgiebig und regelmäßig. Die dazu vorhandenen Infrastrukturen wurden von den Befragten durchweg positiv bewertet und zu einem wichtigen Aspekt der subjektiv wahrgenommenen Standortzufriedenheit in Verbindung gesetzt: einem ausreichenden Angebot an Platz und bespielbarem Gelände, ob auf dem Gelände des örtlichen Clubs, dem Bolzplatz oder im Garten des elterlichen Wohnhauses. Dies führt dazu, dass die meisten Schüler nicht darauf angewiesen waren, sich für andere Nutzungen vorgesehene Orte anzueignen und umzudefinieren, wie dies in der sozialwissenschaftlichen Literatur vielfach beschrieben wird (Deinet 2011; Kilb 2007).

Grundsätzlich sahen die Jugendlichen in der Studie 2 die mit der ländlichen Lage ihrer Regionen verbundenen Freiräume und auch die Naturnähe als wesentliche Standortvorteile, wie auch Stefans Zitat zeigt. Das eigene Wohnumfeld wurde dabei mit Erfahrungen und Vorstellungen vom Alltagsleben in den Großstädten gegenübergestellt. Letzteres assoziierten viele Befragte mit Enge, Hektik und Lärm. Gleichwohl unternahmen viele der Schüler gerne Ausflüge in die nahen Großstädte des Ruhrgebiets, mit ihren Familien oder auch selbständig mit ihren

---

5 Die genannten Vornamen der in dieser Studie befragten Jugendlichen sind Pseudonyme.

Freunden. Auch in der Studie 1 führten die Befragten diese Unterschiede aus und bewerteten das Leben auf dem Land vor allem mit Blick auf die eigene Freiheit, den Raum und Platz, den sie nutzen können, im Vergleich zur Stadt als sehr gut. In der Studie 2 zeigten die Freizeitgestaltung der Schüler und ihre Wahrnehmungen der Angebote vor Ort innerhalb der drei untersuchten Mittelstädte der Studie 2 ganz verschiedene jugendliche Alltagswelten und Anforderungen an das Wohnumfeld. Bei den meisten der befragten 14- bis 16-Jährigen, wie zum Beispiel auch dem oben zitierten Stefan, lässt sich ein eher kindlicher, behüteter Lebensstil feststellen. Sie verbrachten große Teile ihrer Nachmittage bei sich oder bei Freunden zuhause oder auf dem Fußballplatz. Abends ausgehen, Alkohol trinken oder auch Beziehungen zu Mädchen spielten noch keine große Rolle. Das von den Normen der Erwachsenen abweichende Verhalten anderer Jugendlicher beäugten sie skeptisch. Bei anderen Jugendlichen war der Alltag aber bereits durch für die Adoleszenz typische Aktivitäten und Verhaltensweisen geprägt: Sie „hängen" mit ihrer Clique „ab", sind stolz auf ihrer Beziehungen zu Mädchen, gehen auch abends in der Stadt aus und konsumieren Alkohol. Manche Befragte besuchten regelmäßig speziell für Jugendliche eingerichtete Infrastrukturen, wie die Jugendhäuser oder Skaterparks, andere mieden diese Orte und grenzten sich explizit von deren Nutzern ab. Für manchen Schüler spielten Verkehrsverbindungen in die umliegenden größeren Städte eine wichtige Rolle. Andere hingegen verbrachten ihre Freizeit am liebsten in ihrem näheren Wohnumfeld. Viele Teilnehmer waren in Musik- oder Sportvereinen aktiv, einige aber auch in informellen Zusammenhängen, beispielsweise als „Mentoren" für jüngere Aktive auf dem Skaterplatz. Doch nicht allen Befragten boten ihre Regionen zufriedenstellende Freizeitbedingungen. Einige von ihnen vermissten attraktive Angebote, insbesondere mit Blick auf die Einkaufsmöglichkeiten. Bei Manchen führte dies dazu, dass sie sich, wenngleich noch in unkonkreter Form, vorstellen konnten, in Zukunft in einer größeren Stadt zu leben.

Die Breite und Vielfalt der Freizeitinteressen, wie sie in beiden Studien klar zum Ausdruck kommen, sind Indizien dafür, dass auch in ländlichen Räumen ganz unterschiedliche jugendliche Lebensstile und Persönlichkeiten anzutreffen sind. Die Ergebnisse zeigen deutlich: Die Jugendlichen in den Untersuchungsregionen machten das, was im Rahmen der Möglichkeiten ihren Interessen entsprach. Insgesamt ließ sich aber eine verbreitete grundsätzliche Zufriedenheit beobachten, die dazu beitrug, dass viele der in beiden Studien befragten Jugendliche auch weiterhin an ihren Wohnorten leben möchten. Neben den Freizeitmöglichkeiten wirkten aber vor allem die vor Ort bestehenden Freundschaften als Bindung an die Region.

5 Zentrale Alltagsbereiche des Jugendlebens: Soziale Beziehungen als Bindung an die Region

Mit Freunden etwas zu machen und die Freizeit gemeinsam zu verbringen, war in der Studie 1 so gut wie allen befragten Jugendlichen ziemlich oder sehr wichtig. Diese Beziehungen sind „zentral für den Jugendalltag" (Tully 2008, 180), in der Schule und darüber hinaus. Wie gestalten die befragten Jugendlichen ihre Freundschaften und wo finden sie ihre Freunde und Freundinnen? Die Bedeutung des Nahraums zeigen die Ergebnisse zu Freundschaften am Wohnort: Drei Viertel der befragten Jugendlichen hatten hier eine beste Freundin/besten Freund. Nur in der Untersuchungsregion in Mecklenburg-Vorpommern, die durch viele kleine Wohnorte geprägt ist, war der Anteil mit rund 60 % niedriger. Als zentrale Organisation hat die Schule einen großen Einfluss auf das Leben Jugendlicher (Helsper/Böhme 2012). Die Schule ist auch der Ort an dem Jugendliche ihre Freunde und Freundinnen treffen und gemeinsame Zeit verbringen, sie ist der wichtigste Ort für das Treffen von Peers (Tully 2008, 180). Dies umso mehr, da sich in allen Untersuchungsregionen Ganztagsangebote etabliert haben und sich die in der Schule verbrachte Zeit der Jugendlichen verlängert hat. Auf einen erweiterten Sozialraum deuteten die Antworten auf die Frage nach Freundschaften in einer Großstadt, im Ausland und im Internet: Ein Großteil der Teilnehmer hatte Freunde in der Großstadt; Freundschaften im Internet sind ebenso verbreitet: Mehr als die Hälfte der befragten Jugendlichen benannte Freunde im Internet. Dies zeigte, dass sie ausgehend von ihrem direkten Nahbereich bis in die Regionen hinein und darüber hinaus Freundschaften aufgebaut und einen „höchst eigenen Sozialraum" (Becker/Moser 2013, 32) für sich entwickelt haben.

Auch die in der Studie 2 interviewten nordrhein-westfälischen Jugendlichen berichteten von freundschaftlichen Kontakten über die Grenzen des eigenen Wohnorts hinaus. Deutlich wurde aber ein stärkerer nahräumlicher Fokus der Netzwerke, die sich in großen Teilen auf den Einzugsbereich der besuchten Schulen erstreckten. Generell waren auch hier fast allen Befragten Freundschaften zu Gleichaltrigen überaus wichtig. Wenn sie davon erzählten, was ihnen in ihrem Wohnumfeld besonders gut gefällt, schilderten viele Jugendliche, dass sie dort ihre Freunde um sich herum wissen und mit ihnen gemeinsam die Freizeit verbringen können. Diese Kontaktmöglichkeiten waren auch ein wesentlicher, vielleicht sogar der wichtigste, Grund dafür, dass die meisten befragten Jugendlichen auch weiterhin an ihren Wohnorten bleiben wollten. So auch Tim und Jörg:

> „Seit ich halt zwei Jahre alt bin, wohne ich in Gemen (einem Ortsteil im Borkener Stadtgebiet, Anmerkung der Autoren) und da fühle ich mich auch total wohl mit meinen ganzen Freunden, die ich schon seit ich ganz- seit ich so klein war, kenne. Also ich fühle mich hier total wohl, also hier würde ich auch gerne bleiben." (Tim, 15, Borken)

„Also eigentlich wollt ich ja weg von Coesfeld. Aber das Dumme ist, ich kenn hier auch seit meiner Geburt halt kenn ich auch welche, und ich glaub das würd mir noch voll schwer fallen." (Jörg, 14, Coesfeld)

Beide Interviewpartner betonten, dass sie die ihnen wichtigen Freunde schon seit langer Zeit kennen. Dies war typisch für befragten Jugendlichen, wie auch die Ergebnisse der mit jedem von ihnen durchgeführten ego-zentrierten Netzwerkanalysen zeigen. So hatten die Jugendlichen zwar einen großen Teil der für sie wichtigen Freunde in den vorhergehenden Jahren an der Hauptschule kennengelernt. Gleichwohl jedoch gab es ebenso Kontakte aus der Kindergarten- und Grundschulzeit, die weiterhin gepflegt wurden und für die Befragten große Bedeutung hatten. Dies scheint in den überschaubaren sozialen und räumlichen Strukturen der ausgewählten Mittelstädte einfacher möglich, als etwa in Großstädten und Ballungsräumen. Auch gemeinsame Aktivitäten in Sport-, Musik- oder Schützenvereinen trugen dazu bei, dass Kontakte unabhängig vom Besuch derselben Schule gepflegt werden konnten.

In den Vereinen kamen die Befragten nicht nur mit Gleichaltrigen, sondern auch mit älteren Jugendlichen und mit Erwachsenen in Kontakt. Diese Beziehungen hatten für manche von ihnen große Bedeutung und wurden unter anderem zum Austausch über Ausbildungs- und Berufsmöglichkeiten genutzt. Neben jenen Kontakten aus dem Freizeitbereich waren für manche Teilnehmer auch deren Lehrer wichtige Ratgeber und Ansprechpartner bei Zukunftsfragen. Aus den Erzählungen der Schüler wurde deutlich, dass sie sich über ihre engeren sozialen Netzwerke hinaus auch auf einer abstrakteren Ebene zu den Menschen vor Ort zugehörig und dadurch, auch langfristig, mit ihrem Wohnumfeld verbunden fühlten:

„Es is schön, Leute sind relativ nett hier, man versteht sich, man, man kennt Viele hier, und auch die, sag' ich mal älteren Leute hier bleiben auch hier oder ziehen jetzt auch nur etwas, paar Kilometer, weiter, oder so, also man bleibt dann schon hier eingebunden." (Kevin, 14, Borken)

Auch wenn die anderen Menschen in ihrem lokalen Umfeld von den meisten Jugendlichen überaus positiv beschrieben wurden, kamen in manchen Interviews Konflikte, soziale Distanz und symbolische Grenzziehungen zum Ausdruck. So legten etwa Befragte dar, dass sie sich mit strengeren Erwachsenen oder auch manch anderen Jugendlichen nicht gut verstehen. Ein Teilnehmer schilderte, dass er sich als Spätaussiedler an seinem Wohnort nur teilweise zuhause fühlt. Darüber hinaus grenzten sich die Schüler in vielen Gesprächen deutlich von den Bewohnern bestimmter Wohnlagen und den diesen zugeschriebenen Verhaltensweisen ab, insbesondere mit Blick auf sozio-ökonomisch schwache und auch migrantische Gruppen. Diese symbolischen Grenzziehungen scheinen manche der

Jugendlichen in ihrer eigenen Positionierung, ein Teil der ‚gewöhnlichen‘ und ‚anständigen‘ Bevölkerung vor Ort zu sein, zu bestärken.

Ihre Beziehung zu den Eltern bewerteten die befragten Jugendlichen in beiden Studien durchweg gut. Auch in den ländlichen Räumen hat sich ein gutes und entspanntes Verhältnis zu den Eltern zum Normalfall entwickelt (Leven et al. 2010, 66). In der Studie 2 sahen daher viele von ihnen kein Problem darin, noch eine Weile im Elternhaus zu wohnen.

Neben allen Unterschieden der Interessen von Jugendlichen, die „so vielfältig sind, wie die Jugendlichen selbst" (Bredow 2012, 100), verbindet der hohe Stellenwert von sozialen Beziehungen und Freundschaften die befragten Jugendlichen in beiden Studien. Dieser Stellenwert findet sich auch in den Zukunftsplänen als leitender Aspekt wieder.

6 Sicht auf die Regionen: Arbeitsperspektiven und Ausbildungsmöglichkeiten in- und außerhalb

Aus beiden Studien geht ein grundsätzlich positives Bild der befragten Jugendlichen von der wirtschaftlichen Situation in ihren Regionen hervor. Regionale Unterschiede gab es aber bei den Einschätzungen der persönlichen Arbeitsmarktchancen.

Schaut man auf die Ergebnisse der Studie 1, bewerteten um die 60 % der befragten Jugendlichen in den Untersuchungsregionen in Bayern und Baden-Württemberg die wirtschaftliche Situation ihrer Region als gut bis sehr gut, in Sachsen und Niedersachsen waren es immerhin 45 bzw. knapp die Hälfte. Dabei machte sich eine fehlende Passgenauigkeit zu den für die Auswahl der Untersuchungsregionen genutzten Indikatoren bemerkbar. Die niedersächsische Untersuchungsregion war aufgrund der wirtschaftlichen Situation und der Bevölkerungsentwicklung als strukturschwache Region mit schrumpfender Bevölkerung ausgewählt worden. Teilweise traten die Unterschiede in der Bewertung an der Linie zwischen ost- und westdeutschen Zuschreibungen auf. So war z.B. in Mecklenburg-Vorpommern der Anteil der befragten Jugendlichen, die die wirtschaftliche Situation als sehr bzw. eher schlecht eingestuft haben, mit 29% am höchsten. Dies kann auch damit zusammenhängen, dass hier die wirtschaftliche Situation stärker Bestandteil der öffentlichen Diskussion und Wahrnehmung war. Dagegen lag in der bayerischen Untersuchungsregion Furth der Anteil bei 5%.

Das Urteil zur wirtschaftlichen Situation konnten die befragten Jugendlichen nicht unmittelbar aus ihren Erfahrungen ableiten. Dagegen war die Einschätzung zu ihren Möglichkeiten am Arbeitsmarkt näher an ihrem eigenen Leben. Das Statement „Ich bin mir sicher, dass ich in meiner Region Arbeit finde" schätzten alle Befragten ein und verbanden dies anscheinend mit den weiteren Bedingungen: Der Anteil der teils/teils-Einschätzungen lag zwischen 26 und 35%. Hier wurde auch eine Unsicherheit bei der Bewertung deutlich. Sich sicher eine Arbeit zu finden, war nur in Furth (Bayern) der Großteil der befragten Jugendlichen. In diesem konkreten Punkt zeigten sich zwischen den Untersuchungsregionen Unterschiede der Wahrnehmungen und Sichtweisen; dies war nicht immer so deutlich der Fall. Stärker ausgeprägt waren Unterschiede nach dem Geschlecht: Aus der Sicht der befragten Mädchen stellte sich die Perspektive auf einen Arbeitsplatz in der Region wesentlich schlechter dar. Keinen Arbeitsplatz finden zu können schätzten zwischen 52 (Thüringen) und 34% (Bayern) der befragten Mädchen ein.

In ihren Einschätzungen zur Arbeitsplatzperspektive in ihren Regionen stimmten die befragten Jugendlichen mit den befragten Experten überein. In allen Untersuchungsregionen beklagten die befragten Experten Vor-Ort die hohe bis sichere Abwanderungswahrscheinlichkeit der Jugendlichen mit höheren Schulabschlüssen, vor allem der jungen Frauen, weil (qualifizierte) Arbeitsplätze fehlten bzw. bereits die Ausbildungsmöglichkeiten nicht mit den Wünschen und Vorstellungen, besonders im Hinblick auf ein Studium, der Jugendlichen übereinstimmten. Mit Blick auf diese Ergebnisse in Bezug auf die Perspektive einen Arbeitsplatz zu finden und das eigene Leben erfolgreich zu gestalten, liegt es bereit sehr nahe, dass sich viele der befragten Jugendliche dazu entscheiden werden, für einen Arbeitsplatz die Region zu verlassen.

Im Gegensatz dazu wurde die Studie 2 ausschließlich in ökonomisch prosperierenden Regionen durchgeführt. Befragt wurden männliche Hauptschüler im Alter von 14 bis 16 Jahren, die deutlich häufiger eine betriebliche Ausbildung als ein Studium vor Augen hatten. Diese spezifischen Ausgangsbedingungen mögen dazu beigetragen haben, dass die Ergebnisse bezüglich der Ausbildungsperspektiven von jenen der quantitativen Studie abwichen und die meisten Teilnehmer (zunächst) weiterhin in ihren Regionen verbleiben wollten.

So sind die Pläne der Befragten für die Zeit nach ihrem Hauptschulabschluss in den meisten Fällen pragmatisch geprägt. Dies beginnt damit, dass sich die Schüler an erreichbaren Berufsbildern und Ausbildungsgängen orientieren, umfasst aber auch Überlegungen bezüglich des Ausbildungsortes und damit in Zusammenhang stehender etwaiger Ortswechsel. So erzählten einige Jugendliche in ihren Interviews, dass sie dazu bereit wären, an andere Orte umzuziehen, wenn sie dort einen besseren Ausbildungs- oder Arbeitsplatz finden würden. So auch Bastian aus Borken:

> „Also ähm ich würde mich wohl ich fänds schön wenn ich hier in Borken bleiben könnte, aber wenn das jetzt irgendwie durch äh durch was auch immer ich danach machen will nicht gehen würde, dann wär's halt so. Aber ich fänd's schön, hier in Borken zu bleiben." (Bastian, 15, Borken)

Diese Orientierungen stehen in Zusammenhang damit, dass die allermeisten Jugendlichen, wie bereits dargelegt, trotz gelegentlich geäußerten Wünschen nach einer eigenen Wohnung, damit planten, zunächst noch im elterlichen Haushalt zu bleiben. Auch darin kommt der pragmatische Charakter der meisten Zukunftsorientierungen zum Ausdruck. Dies verdeutlicht die folgende Erzählung Kevins:

> „Ich hatte mir vorgestellt, dass ich nach der zehnten Klasse, beziehungsweise nach der neunten Klasse abgehe, nach Bierbaum [Borkener Textilunternehmen, Anmerkung der Autoren] als Textilmaschinenführer, und das ist ja bei mir ziemlich in der Nähe, und von daher wär's ja doof, wenn ich dann irgendwie woanders mich hinziehen würde, und dann bleib ich doch lieber bei meinen Eltern, da hab ich ja meine eigene Wohnung dann, und dann ist das soweit in Ordnung." (Kevin, 14, Borken)

Wie dargelegt, sind die Ausbildungsbedingungen in den Untersuchungsstädten der zweiten Studie verglichen mit jenen in vielen anderen Teilen Deutschlands vergleichsweise günstig: Die Regionen sind durch eine geringe Arbeitslosigkeit und prosperierende Betriebe geprägt. Inwieweit setzen sich aber die befragten Jugendlichen mit der Ausbildungssituation vor Ort auseinander? Welche Möglichkeiten sehen sie dabei für ihre eigene Zukunft?

Zum Zeitpunkt der Interviews hatte sich ein großer Teil der Jugendlichen noch nicht vertieft mit der Planung des Übergangs aus der Schule heraus auseinandergesetzt. Pragmatische und aus der Situation heraus getroffene Entscheidungen prägen die diesbezüglichen Orientierungsmuster. Viele Befragte hatten noch kein klares Bild von den Ausbildungsmöglichkeiten vor Ort. Gleichwohl brachten einige Jugendliche differenzierte Sichtweisen auf die lokalen Optionen zum Ausdruck. Dabei wurden die eigenen Regionen mit guten Zukunftsperspektiven in Verbindung gebracht. Die Begründungen dieser Einschätzungen divergierten jedoch. So argumentierte beispielsweise ein Coesfelder Schüler, dass es an seinem ländlich gelegenen Wohnort eine größere Zahl an Handwerksbetrieben als in anderen Städten und somit insbesondere für Hauptschüler gute Beschäftigungsmöglichkeiten gäbe

Auch wenn viele der Jugendlichen sich nicht im Detail mit den Ausbildungsangeboten vor Ort auseinandersetzten, hatte ein Teil von ihnen den Eindruck, dass sich ihnen dort bessere Chancen als in vielen anderen Regionen eröffneten. Dies trug dazu bei, dass sich die Zukunftsorientierungen der meisten in Studie 2 befragten Schüler räumlich auf das nähere Wohnumfeld konzentrierten.

7 Vorstellungen und Pläne für die Zukunft: Überlegungen zu gehen und zu bleiben

Die im Rahmen der Studie 1 gestellten Fragen nach den Zukunftsvorstellungen und Plänen der Befragten spiegelten eine positive Grundeinstellung im Sinne eigener Gestaltungsmöglichkeiten wieder. Die in dieser Untersuchung bei den Jugendlichen ermittelten Lebensziele lassen ihr hohes Maß an Selbstbewusstsein und Selbstbestimmtheit sowie ihre starke Bildungsorientierung erkennen. An erster Stelle mit höchster genereller Bedeutung lagen die beiden Lebensziele „mich selbst verwirklichen" und „eine gute Bildung erlangen". „Karriere machen" war für Dreiviertel der Jugendlichen in allen Untersuchungsregionen ziemlich bzw. sehr wichtig. Eine größere Bedeutung als der eigenen Karriere gaben die Befragten dem Ziel „etwas mit Freunden machen" (91%). Dieses Ziel verbindet sich mit ihrer aktuell wichtigsten Freizeitaktivität und der hohen Bedeutung von Freundschaften (siehe oben). Wenn sich aber mit Abschluss der Schule die weiteren Zukunftspläne nur in einer entfernten Region verwirklichen lassen? Welche Bedeutung haben dann so wichtige Haltefaktoren wie Freundschaften und Familie?

Die Jugendlichen sind gefordert, ihre Werte auszuloten und zu bestimmen. In der Befragung. Konfrontiert mit dem Statement „Freunde sind wichtiger als Erfolg im Beruf", entschieden sie klar für die Freundschaft (zwischen einem Drittel und der Hälfte stimmten zu), gleichzeitig waren sich viele der befragten Jugendlichen diesbezüglich aber nicht eindeutig sicher. Damit ist die anhaltende Bedeutung der Freundschaften für die räumliche Zukunftsentscheidung nicht eindeutig – zumal die Entscheidung über einen Wegzug häufig nicht allein, sondern von Gruppen getroffen wird. Die Familie in räumlicher Nähe zu haben spielte für die befragten Jugendlichen auch in ihren Zukunftsvorstellungen eine wichtige Rolle: Familiäre Bindungen und Beziehungen haben für die Befragten neben dem Bestreben, in die Welt hinaus zu gehen („Freiheit erleben" war für 79% der befragten Jugendlichen ein wichtiges Lebensziel), Bestand.

Ob ihre Pläne und Vorstellungen für die Zukunft an ihrem jetzigen Wohnort verwirklicht werden können, sahen die befragten Jugendlichen sehr differenziert. Insgesamt glaubten bis zu 44%, dass sie ihre Zukunftsvorstellungen nicht in ihrem Wohnumfeld umsetzen können. In fünf Untersuchungsregionen waren sich zwischen 27 und 37% einig darüber, dass dies mit ziemlicher Sicherheit in der jeweiligen Region gelingen kann. In Bayern lag der Anteil bei 43%, wobei hier die Ergebnisse zwischen Jungen und Mädchen stark auseinander fielen. Waren sich 51% der Jungen darüber sicher, schätzten nur 22% der Mädchen ihre Verwirklichung als sicher ein. In Mecklenburg-Vorpommern waren die Anteile entgegengesetzt verteilt: Hier meinten 41% der befragten Jugendlichen, ihre Pläne nicht in der Region verwirklichen zu können; hierüber waren sich Jungen und Mädchen einig (43 zu 39%). Für die Regionen bedeuten diese Ergebnisse grundlegende

Anforderungen, die Möglichkeiten und Chancen so zu gestalten, dass sie zu den jugendlichen Vorstellungen und Plänen passen.

Stadt oder Land – welchem Raum trauten die befragten Jugendlichen, die Umsetzung ihrer Lebensziele am ehesten zu? Die Ergebnisse auf diese Frage zeigen: Bei den Zielen mit einer beruflichen Ausrichtung (hohe Bildung, Karriere, Selbstverwirklichung) lag die Großstadt vor dem Dorf. Möglichkeiten dazu, ‚Freiheit zu erleben‘, ‚meine Ruhe zu haben‘ und ‚in einer sicheren Umwelt leben‘, wurden hingegen eindeutig eher auf dem Land gesehen.

Die Zukunftspläne und -vorstellungen der Jugendlichen werden aber wiederum von den Orientierungen für das eigene Leben, den Ausbildungs- und Berufsplänen und Vorstellungen über mögliche Lebensstile und ihre Verwirklichung bestimmt. In ihren Überlegungen suchen die Jugendlichen jene regionalen Bedingungen, die am ehesten zu ihren Plänen und Wünschen für die Zukunft passen. Das bedeutet auch, dass die Bedingungen an ihrem Wohnort und ihrer Region vor dem Hintergrund der eigenen Anforderungen geprüft werden.

In der Studie 1 stellte in allen Untersuchungsregionen Weggehen für den meist größeren Teil der befragten Jugendlichen eine Zukunftsperspektive dar, wobei sich regionale Unterschiede deutlich zeigten. Zwischen 45 und 74% der Jugendlichen gaben an, über einen Wegzug nachzudenken. Keine Option war regionale Wanderung für 15 bis 22% der Befragten in fünf der ländlichen Untersuchungsregionen. In Bayern sahen das die befragten Jugendlichen ganz anders. Dort dachten mehr als ein Drittel der Befragten nicht darüber nach, wegzuziehen. Die Anteile der Befragten (zwischen 18 und 25%), die sich über Wegzugsüberlegungen noch nicht im Klaren sind und mit „weiß nicht" geantwortet haben, verweisen auf eine Unsicherheit der Jugendlichen. Nur in Mecklenburg-Vorpommern war der Anteil dieser Gruppe mit 10% kleiner. Für ihr zukünftiges Leben gaben die befragten Jugendlichen teilweise an, wieder an ihren Wohnort bzw. in ihre Region zurückkehren zu wollen: zwischen 16 und 25% der Befragten in fünf der sechs Untersuchungsregionen bezogen ihre Pläne zur regionalen Wanderung auf die Ausbildungszeit. Die Unterschiede zwischen den befragten Jungen und Mädchen traten hier sehr stark auf. Durchgehend lagen die Anteile der befragten Mädchen deutlich höher. Im Rahmen der Validierungsrunden vor Ort sorgten sich die regionalen Experten und politisch Verantwortlichen vor allem um die befragten Mädchen und um die Jugendlichen mit Abitur, für die ein Studium naheliegt, und für deren Wiederkommen sie aufgrund fehlender höher qualifizierter Arbeitsplätze keine Chance sahen (siehe oben).

Ausbildungs- und Berufsmöglichkeiten und Arbeitsplätze waren auch in der Studie 2 zentrale Faktoren in den Überlegungen, wegzuziehen, für die Zukunftsperspektive vor Ort oder eben in anderen Regionen. Mit Blick auf die in ihr fokussierten, aus prosperierenden Mittelstädten stammenden männlichen Hauptschüler liefern ihre Ergebnissen aber ein in manchen Aspekten abweichendes Bild: Die

Freunde vor Ort, aber auch die dortigen Freizeitmöglichkeiten und attraktiven Lebensbedingungen hatten offenbar einen starken Einfluss darauf, dass die meisten Befragten gerne weiter in ihrem lokalen Umfeld bleiben wollten. Überlegungen zu den Ausbildungsmöglichkeiten spielten dabei ebenso eine Rolle, waren jedoch in vielen Fällen noch sehr unkonkret und stark pragmatisch geprägt, sodass sich die Jugendlichen erst einmal lokal orientierten, eine Standortveränderung aber nicht grundsätzlich ausschlossen. Die Orientierungen der Jugendlichen bezüglich ihrer zukünftigen Wohn- und Arbeitsorte scheinen somit nur bedingt durch eine ökonomische Rationalität und Chancenoptimierung sowie durch ein Bestreben nach beruflicher Selbstverwirklichung geprägt. Mit dem Grundwissen, dass es in den jeweiligen Regionen grundsätzlich adäquate Ausbildungsangebote gibt und dass ein Ortswechsel mit größeren Veränderungen und Anstrengungen verbunden wäre, wurde überwiegend zunächst der näher liegende und einfachere Weg anvisiert.

Blickt man auf ihre Zukunftsvorstellungen und deren Entwicklung, zeigt sich, dass die Jugendlichen, die bei ihren Standortentscheidungen zentrale Frage des „Gehens" oder „Bleibens" zu einem gewissen Grade unabhängig von den objektiv gegebenen Ausbildungs- und Beschäftigungsmöglichkeiten für sich beantworten. So erscheint es beispielsweise plausibel, dass sowohl in wirtschaftlich prosperierenden als auch in schrumpfenden Regionen ähnliche Gesichtspunkte, wie Freundschaften und Freizeitwünsche, aber auch Gewohnheiten und Bequemlichkeiten, als zentrale Faktoren dafür ausschlaggebend sind, dass manche Schüler in der Studie 2 ihre Zukunftsorientierungen stark auf das Bleiben ausgerichtet haben.

8 Zusammenfassung und Handlungsansätze

In den Untersuchungsregionen eröffneten die Einblicke in die Alltagswelten der Befragten ein Bild vom „bunten Alltag Jugendlicher" (Leven et al. 2010, 81). Die Befunde aus beiden Studien weisen darauf hin, dass in ganz unterschiedlichen ländlichen Regionen wesentliche Merkmale des Jugendlebens sehr ähnlich sind. Neben regionalen und lokalen Gelegenheitsstrukturen in den Bereichen Freizeit und Beruf/Ausbildung sind es insbesondere auch Freundschaften und soziale Kontakte vor Ort, welche die Zukunftsorientierungen und -vorstellungen prägen. Dass sich die Lebensverhältnisse für Heranwachsende in ländlichen Räumen durch die verbreiteten Wegzugsüberlegungen bzw. den tatsächlichen Verlust von Jugendlichen bereits verschlechtert haben, hat sich in den Ergebnissen im Hinblick auf die hohe Zufriedenheit[6] der Jugendlichen nicht niedergeschlagen. Ins-

---

6 Hohe Zufriedenheiten mit den Lebensbedingungen lassen sich in Anlehnung an die Literatur interpretieren als „mit den aktuellen Gegebenheiten einverstanden zu sein, an ihnen nichts auszusetzen

besondere in Studie 2 kam deutlich zum Ausdruck, dass die in prosperierenden Mittelstädten aufwachsenden Hauptschüler in ihrem sozialen Umfeld keinesfalls eine „Abwanderungskultur" (Wiest/Leibert 2013), sondern überwiegende langfristige Bindungen an das nähere Wohnumfeld erleben.

Vor dem Hintergrund der eigenen Zukunftspläne und Lebensziele findet der Abwägungsprozess zwischen den Chancen und Möglichkeiten in der eigenen und in anderen Regionen statt, wie die diesem Beitrag zugrunde liegenden Studien zeigen. Jugendliche machen ihre Entscheidungen, ob sie mittelfristig an ihrem Wohnort verbleiben möchten, nicht alleine von den dortigen Ausbildungs- und Arbeitsmöglichkeiten abhängig. Vielmehr spielen dabei eine Reihe ganz unterschiedlicher Aspekte eine Rolle, wie Freizeitangebote, Umweltqualitäten und insbesondere die am Ort wohnhaften Freunde. Hieraus ergeben sich eine Reihe von Implikationen für die Jugendpolitik und Jugendsozialarbeit.

So machten die Ergebnisse deutlich, dass die meisten der befragten Schüler ihrer Bildung und Ausbildung große Bedeutung zuschrieben und gerne beruflich erfolgreich sein wollten. Bezüglich der damit verbundenen Standortentscheidungen zeigten sich viele von ihnen pragmatisch und zu einem Umzug bereit, falls dieser die eigenen Möglichkeiten verbessert. Solche verbreiteten Einstellungen bieten Eltern, Lehrern und Jugendarbeitern Anknüpfungspunkte, um die Heranwachsenden in ihrer Motivation und der Gestaltung ihres eigenen Lebens zu unterstützen.

Bei den in Studie 2 befragten Jugendlichen kurz vor dem Hauptschulabschluss hatte ein großer Anteil (noch) keine besonders genauen Vorstellungen vom weiteren Ausbildungsweg entwickelt. Auch über die Ausbildungsangeboten und Beschäftigungsmöglichkeiten in der Region bestanden vielfach nur ungenaue und teilweise unzutreffende Vorstellungen. Oftmals wählten die Heranwachsenden offenbar vergleichsweise einfach zu realisierende und nahe liegende Optionen, vielfach basierend auf Empfehlungen und Vermittlungsangeboten der Eltern. Folglich ist es wichtig, die Schüler und auch ihre Eltern umfassend und nachvollziehbar darüber zu informieren, welche Optionen für den weiteren Werdegang in der näheren Umgebung bestehen und für welche beruflichen Ziele und Laufbahnen der Umzug an einen anderen Standort ratsam ist. Schließlich besteht in vielen ländlichen Regionen ein großer und teilweise nur schwer zu deckender Bedarf an Auszubildenden für ganz unterschiedliche Branchen.

Wie gezeigt, sind es aber auch Faktoren jenseits von Ausbildung und Beruf, die einen Einfluss darauf haben, auf welche Orte und Regionen die Zukunftsorientierungen der Jugendlichen gerichtet sind. Hier sind es vor allem die sozialen Beziehungen, aufgrund derer sich viele Befragte mit ihren Wohnorten verbunden fühlen. Die Unterstützung von Vereinen, Initiativen und temporären Jugendpro-

---

zu haben" (Sturm 2010, 7).

jekten kann dazu beitragen, diese soziale Kohäsion zu fördern und die Jugendlichen noch stärker lokal zu verankern.

Auch wenn es aus Perspektive der regional verantwortlichen Akteure, insbesondere in von starkem Bevölkerungsrückgang betroffenen Gegenden, durchaus nachvollziehbar ist, dass sie möglichst viele Heranwachsende bei sich vor Ort halten möchten, sind derartige Strategien auch kritisch zu beleuchten. Schließlich sollte es primär darum gehen, den einzelnen Jugendlichen bestmögliche Chancen zur Verwirklichung ihrer Wünsche und Ziele zu bieten. Dies mag in manchen Fällen in der angestammten Wohnumgebung am besten möglich zu sein. In anderen aber können wahrscheinlich andere Regionen und große Städte passendere Optionen bieten. Dies sollte den Schülern möglichst realistisch und umfassend vermittelt werden. In Anbetracht der in diesem Beitrag dargestellten Heterogenität an Zukunftsorientierungen und Lebensentwürfen sollte es darum gehen, die Jugendlichen auf der Suche nach den individuell geeigneten Standorten zu unterstützen. Dabei sollte auch nicht ausgeblendet werden, dass Abwanderung nicht auf Dauer sein muss, und manch ein Heranwachsender nach erfolgreich abgeschlossener Ausbildung in seine Herkunftsregion zurückkehren könnte.

Literatur

Arbeiterwohlfahrt (AWO) Kreisverband Westerwald (2001): Jung sein im Westerwald. Lebens- und Freizeitsituation junger Menschen im Westerwaldkreis. Eine Studie der Arbeiterwohlfahrt Westerwald e. V. in Zusammenarbeit mit der Universität Koblenz-Landau, Koblenz

Bankenverband deutscher Banken (2009): Jugendstudie 2009. Ergebnisse repräsentativer Meinungsumfragen im Auftrag des Bundesverbandes deutscher Banken

Becker, H.; Moser, A. (2013): Jugend in ländlichen Räumen zwischen Bleiben und Abwandern: Lebenssituation und Zukunftspläne von Jugendlichen in sechs Regionen in Deutschland. Braunschweig. Johann Heinrich von Thünen-Institut

Beetz, S. (2009): Analysen zum Entscheidungsprozess Jugendlicher zwischen „Gehen und Bleiben". Die Relevanz kollektiver Orientierungen bei Migrationsentscheidungen ostdeutscher Jugendlicher. In: Schubarth, W.; Speck, K. (Hrsg.) (2009): Regionale Abwanderung Jugendlicher. Theoretische Analysen, empirische Befunde und politische Gegenstrategien. Weinheim und München, S. 135-151

Bredow, B. (2012): Freizeit, Medien, Sport. In: Sturzbecher, D.; Kleeberg-Niepage, A.; Hoffmann, L. (Hrsg.): Aufschwung Ost? Lebenssituationen und Werteorientierungen ostdeutscher Jugendlicher. Wiesbaden

Bronfenbrenner, U. (1979): The Ecology of Human Development. Cambridge MA.

Deinet, U. (2011): „Aneignung" und „Raum" – zentrale Begriffe des sozialräumlichen Konzepts. In: ders. (Hrsg.) (2011): Sozialräumliche Jugendarbeit. Grundlagen, Methoden und Praxiskonzepte. 3. überarbeitete Auflage. Wiesbaden, S. 27-58

Dienel, C. (Hrsg.) (2005): Abwanderung, Geburtrückgang und regionale Entwicklung. Ursachen und Folgen des Bevölkerungsrückgangs in Ostdeutschland. Wiesbaden

Elliott, D.; Menard, S.; Rankin, B.; Elliott, A.; Wilson, W.; Huizinga, D. (2006): Good kids from bad neighborhoods: Successful development in social context. Cambridge MA.

Farwick, A. (2001): Segregierte Armut in der Stadt. Opladen

Fischer, C. (2001): „Das gehört irgendwie zu mir." Mobilisierung von Jugendlichen aus den neuen Bundesländern zum Engagement in einem Umweltverband. Eine Fallstudie am Beispiel der BUNDjugend. Diss. TU Chemnitz

Gensicke, T.. (2010): Wertorientierungen, Befinden und Problembewältigung. In: Shell Deutschland (Hrsg.): Jugend 2010. Eine pragmatische Generation behauptet sich. Frankfurt am Main, S. 187-242

Goebel, J.; Habich, R.; Krause, P. (2010): Ost-West-Angleichung von Einkommen und Zufriedenheit im Lebenszyklus. In: Krause, P.; Ostner, I. (Hrsg.): Leben in Ost- und Westdeutschland. Eine sozialwissenschaftliche Bilanz der deutschen Einheit 1990-2010. Frankfurt am Main, S. 463-491

Häußermann, H.; Kronauer, M. (2009): Räumliche Segregation und innerstädtisches Ghetto. In: Stichweh, R.; Windolf, P. (Hrsg.) (2009): Inklusion und Exklusion. Analysen zur Sozialstruktur und sozialen Ungleichheit. Wiesbaden, S. 157-173

Helsper, W.; Böhme, J. (2012): Jugend und Schule. In: Krüger, H.-H. et al. (Hrsg.) (2012): Handbuch Kindheits- und Jugendforschung. 2. aktualisierte und erweiterte Auflage. Wiesbaden, S. 619-659

IPOS (2003): Jugendlichen und junge Erwachsene in Deutschland. Ergebnisse einer repräsentativen Bevölkerungsumfrage. Mannheim

Kilb, R. (2007): Kinder und Jugendliche in der Stadt. In: Baum, D. (Hrsg.) (2007): Die Stadt in der sozialen Arbeit: ein Handbuch für soziale und planende Berufe. Wiesbaden, S. 262-275

Kusenbach, M. (2003): Street Phenomenology: The Go-Along as Ethnographic Research Tool. In: Ethnography. 4(3), 455–485

Leven, I., Quenzel, G.; Hurrelmann, K. (2010): Familie, Schule, Freizeit: Kontinuität im Wandel. In: Shell Deutschland (Hrsg.): Jugend 2010. Eine pragmatische Generation behauptet sich. Frankfurt am Main. S. 53-128

Liebsch, K. (2012): „Jugend ist nur ein Wort": Soziologie einer Lebensphase und einer sozialen Gruppe. In: Liebsch, K. (Hrsg.): Jugendsoziologie. Über Adoleszente, Teenager und neue Generationen. München, S. 11-28

Mettenberger, T. (2015): Jugendliche Zukunftsorientierungen in ländlichen Mittelstädten. Zur Rolle des alltäglichen (sozial-)räumlichen Kontexts beim Übergang von der Hauptschule in den weiteren Ausbildungsweg, Diss. HU Berlin

Neu, C. (2006): Territoriale Ungleichheit – eine Erkundung. Aus Politik und Zeitgeschichte 37, 8-15

Noll, H.-H.; Weick S. (2010): Subjektives Wohlbefinden in Ost- und Westdeutschland: Empirische Befunde und politische Implikationen. In: Krause, P.; Ostner, I. (Hrsg.): Leben in Ost- und Westdeutschland. Eine sozialwissenschaftliche Bilanz der deutschen Einheit 1990-200, Frankfurt am Main, S. 727-749

Planck, U. (1970): Landjugend im sozialen Wandel. Ergebnisse einer Trenduntersuchung über die Lebenslage der westdeutschen Landjugend. München

Sardei-Biermann, S. (2006): Soziale Nahwelt und Lebensverhältnisse in subjektiver Einschätzung. In: Gille, M.; Sardei-Biermann, S.; Gaiser, W.; de Rijke, J.: Jugendliche und junge Erwachsene in Deutschland. Lebensverhältnisse, Werte und gesellschaftliche Beteiligung 12- bis 29-Jähriger, Schriften des Deutschen Jugendinstituts: Jugendsurvey 3. Wiesbaden, S. 87-130

Schubarth, W.; Speck, K. (Hrsg.) (2009): Regionale Abwanderung Jugendlicher. Theoretische Analysen, empirische Befunde und politische Gegenstrategien. Weinheim und München

Sturm, G. (2010): Landleben – Landlust? Wie Menschen in Kleinstädten und Landgemeinden über ihr Lebensumfeld urteilen. Bundesinstitut für Bau-, Stadt und Raumforschung, BBSR-Berichte Kompakt. 10

Sturzbecher, D.; Holtmann, D. (2007): Werte, Familie, Politik, Gewalt – was bewegt die Jugend?: Aktuelle Ergebnisse einer Befragung. Berlin

Sturzbecher, D.; Kleeberg-Niepage, A., Hoffmann, L. (2012) (Hrsg.): Aufschwung Ost? Lebenssituation und Wertorientierungen ostdeutscher Jugendlicher. Wiesbaden

Thole, Werner (2012): Jugend: Freizeit, Medien und Kultur. In: Krüger, H.-H., Grunert, K. (Hrsg.) (2012): Handbuch Kindheits- und Jugendforschung. 2. aktualisierte und erweiterte Auflage. Wiesbaden, S. 619-659

Tully, C. J. (2008): Jungsein in der mobilen Gesellschaft. Zum Projekt Jugend als Einbettung zum Beginn des neuen Jahrtausends. In: Bingel, G.; Nordmann, A.; Münchmeier, R. (Hrsg.): Die Gesellschaft und ihre Jugend. Strukturbedingungen jugendlicher Lebenslagen, Opladen u. Farmington Hills, S. 171-188

Wiest, K.; Leibert, T. (2013): Wanderungsmuster junger Frauen im ländlichen Sachsen-Anhalt – Implikationen für zielgruppenorientierte Regionalentwicklungsstrategien. Raumforschung und Raumordnung 71, S. 455-469

Markus Wochnik

Bleibestrategien von Jugendlichen im ländlichen Raum

1 Einleitung

Die Abwanderung von Jugendlichen aus dem ländlichen Raum ist ein relativ gut und schon häufig untersuchtes gesellschaftliches Phänomen, das vor allem immer wieder vor dem Hintergrund der demographischen Entwicklung untersucht und diskutiert wird (Schubarth/Speck 2009). Die Beweggründe und Strategien von Jugendlichen, die sich entscheiden im ländlichen Raum zu verbleiben sind dagegen weitgehend unerforscht. Warum ist es aber hilfreich Kenntnis über diese Bleibestrategien zu haben?

Grundsätzlich gilt die Annahme, dass Menschen die Bestrebung besitzen, eine möglichst erfolgreiche Biografie zu konstruieren. In der öffentlichen Debatte um ländliche Räume und die demografische Entwicklung wird allerdings häufig der Eindruck vermittelt, dass die Jugendlichen, die in ihren ländlichen Heimatregionen verbleiben, zu den Verlierern bzw. den Rückständigen in Bezug auf das gesellschaftliche Vorankommen gehören würden und die jeweiligen Regionen keine Zukunftsperspektiven hätten. Speck und Schuberth (2009) fassen die Beiträge aus dieser Debatte wie folgt zusammen:

> „Mit dem Blick auf die Dagebliebenen der ländlichen Regionen wird ferner begrifflich und inhaltlich insbesondere ein niedriges Bildungs- und Kulturniveau, eine Männlichkeitsdominanz, eine geringe Selbstaktivierung, eine Abhängigkeit von staatlichen Sozialleistungen und eine Demokratiegefährdung hervorgehoben (z.B. Intoleranz und Rechtsextremismus)." (Speck/Schubarth 2009, 15)

Wie kann aber die Konstruktion einer erfolgreichen Biografie überhaupt gelingen, wenn sich die Jugendlichen solchen öffentlich vertretenen Sichtweisen gegenüber sehen?

Jugendliche im ländlichen Raum sind nicht nur aufgrund dieser öffentlichen Wahrnehmung erschwerten Bedingungen ausgesetzt. Erschwert sind die Bedingungen auch deswegen, weil die Jugendlichen im ländlichen Raum – im Gegensatz zu denen im städtischen – andere Rahmenbedingungen in Bezug auf (berufliche) Entwicklungsmöglichkeiten und institutionelle Infrastruktur vorfinden (Wochnik 2014). Für den Versuch einer systematischen Erfassung und Beschreibung der Zusammenhänge ist es deshalb zuerst notwendig eine Grundlage für die Beschreibung der ablaufenden Prozesse bei der Biografiekonstruktion – insbesondere an der ersten Schwelle[1] – zu erarbeiten. Hierzu ist es notwendig sich neben der Biografie auch mit dem Habitus-Feld-Konzept nach Bourdieu und Migrationstheorien auseinanderzusetzen, denn die Entscheidung von Gehen oder Bleiben ist eine Migrationsentscheidung.

Geht man bei der Betrachtung von den gängigen Migrationstheorien (Kalter 2008) aus, so müssten die meisten Jugendlichen aus dem ländlichen Raum eigentlich abwandern – viele tun dies auch. Trotzdem lassen sich eine ganze Reihe von Jugendlichen finden, die in ihren heimatlichen ländlichen Regionen verbleiben, nicht weil sie etwas müssen, sondern weil sie es wollen, also den ganz entschiedenen Wunsch haben, in der heimatlichen Region zu bleiben. Dies führt zu der Frage, wie diese Jugendlichen es bewerkstelligen diesen Verbleib nicht nur zu realisieren, sondern eben auch eine erfolgreiche Biografie zu konstruieren und warum sie eben nicht die Verlierer sind, als die sie gerne dargestellt werden. Entscheiden hierbei sind die zur Anwendung kommenden Bleibestrategien. Bleibestrategien sind sozusagen das Ergebnis der Lern- und Bildungsprozesse, welche diese Jugendlichen unter den Bedingungen und in den Strukturen des ländlichen Raums durchlaufen.

Wie genau diese Bleibestrategien entwickelt werden und welche Ausprägungen sie besitzen soll im Folgenden dargestellt werden. Im Anschluss an die theoretischen Grundlegungen der Bleibestrategien (Abschnitt 2) werden Ergebnisse aus einer biografischen Studie zu Bleibestrategien (Wochnik 2014) zusammenfassend dargestellt (Abschnitt 3).

2 Theoretische Grundlegungen von Bleibestrategien

Der Übergang von der Schule in die berufliche Ausbildung, sei es in einem anerkannten Ausbildungsberuf oder in einer universitären Ausbildung[2], ist neben der eigentlichen Berufswahl dadurch gekennzeichnet, dass die Jugendlichen eben auch eine Migrationsentscheidung treffen müssen. Der Entscheidungsspielraum ist maßgeblich von den beruflichen Vorstellungen der Jugendlichen und den korrespondierenden Möglichkeiten des jeweiligen ländlichen Raums gekennzeichnet. In diesem Gesamtkomplex aus Berufswahl und Migrationsentscheidung werden die Bleibestrategien entwickelt und finden ihre Anwendung.

---

1 In diesem Beitrag soll es allein um die Betrachtung der ersten Schwelle, also den Übergang von der Schule in eine (berufliche) Ausbildung gehen. Der Übergang an der zweiten Schwelle wird hier nicht einbezogen.

2 Neben anerkannten Ausbildungsberufen und universitärer Ausbildung gibt es noch eine ganze Reihe anderer Möglichkeiten der beruflichen Bildung, dies vor allem im Bereich der Sozial- und Gesundheitsberufe.

2.1 Berufswahl, Migrationsentscheidungen und Habitus

Um die komplexe Gemengelage unterschiedlicher Prozesse theoretisch fassbar zu machen, müssen unterschiedliche Konzepte herangezogen werden. Neben Betrachtung der Berufswahlprozesse, sind auch Migrationstheorien und das Konzept des Habitus nach Bourdieu (u.a. 1983, 2004) von Bedeutung. Erst bei der Betrachtung dieser zusammen, wird eine für das Individuum bestimmende Bleibestrategie erklärungsfähig.

> „Jede Migrationsentscheidung besitzt ihre eigene Dynamik, sie ist nicht nur Ergebnis rationalen Abwägens, sondern biographischer Konzepte. Schlüssigkeit und vielleicht Beständigkeit erhält sie erst durch Verknüpfung widersprüchlicher Anforderungen. Mobilität ist deshalb als ein biographisch und sozial eingebetteter Vorgang zu verstehen, nicht als isolierte Entscheidung. Individuen entscheiden selbst unter ähnlichen regionalen Bedingungen anders, weil sie über unterschiedliche Ressourcen und habituelle Prägung verfügen." (Beetz 2009, 140)

Beetz stellt hier also fest, dass es sich bei dieser Entscheidung nicht allein um eine rein rationale handelt. Auch Dienel (2005) weist darauf hin, dass Migrationsprozesse allein durch rationale Entscheidungsmuster nicht vollständig erklärt werden können. Richtet man den Blick verstärkt auf das Individuum wird schnell deutlich, dass die häufig auf einem Rational Choice Ansatz beruhenden Migrationstheorien nur sehr bedingt dazu herangezogen werden können, die stattfindenden Prozesse zu beschreiben.

Die angesprochene soziale Einbettung, die auf Ressourcenzugang und „habituelle Prägung" zurückgeht, lässt sich mit Hilfe des Habitus-Feld-Konzepts nach Bourdieu erschließen. Demnach ist der Habitus das Ergebnis der Sozialisation eines jeden Individuums und führt zu darauf begründeten Handlungsmustern. Dabei gilt – auch in Bezug auf die Bleibestrategien – zu beachten, dass die auf dem Habitus gegründeten Handlungen und Verhaltensweisen keineswegs (immer) geplant oder überlegt sind (Krais/Gebauer 2008). Vielmehr helfen sie den Akteuren die Verortung im jeweiligen sozialen Gefüge vorzunehmen und an dieses angepasste praktische Strategien zu entwickeln, um sich darin zu bewegen (Bremer/Teiwes-Kügler 2010). Dies können Strategien sein, um im sozialen Gefüge zu bestehen oder aber es zu verlassen. Die Bleibestrategien der Jugendlichen können also als praktische Strategien verstanden werden, die es ermöglichen sich im sozialen Gefüge der ländlichen Region zu verorten. Diese können sich auf die unterschiedlichsten Bezugsgruppen, wie Familie, Freunde, institutionalisierte Verbänden und Vereine oder andere Institutionen beziehen. Je nachdem, mit welchen Ressourcen, oder im Sinne von Bourdieu, mit welchem Kapital die Jugendlichen ausgestattet sind, werden sie unterschiedliche Bleibestrategien entwickeln. Nach Bremer und Teiwes-Kügler (2010) geht es demnach um Fragen, die

„Arbeits- und Berufsauffassung, den Geschmack, die angestrebten Bildungswege, das Geschlechterverhältnis und das Zusammenleben mit anderen betreffen." (ebd., 253)

Dadurch wird auch deutlich, dass die Migrationsentscheidung mit der Berufswahl eng verknüpft ist. Sowohl die Arbeits- und Berufsauffassung als auch die angestrebten Bildungswege erfordern eine Positionierung der Jugendlichen und bestimmen maßgeblich die Entscheidung in Bezug auf das Bleiben oder Gehen. Werden diese Aspekte in ihrer Gesamtheit betrachtet und auf das soziale Feld bezogen, in dem sie sich bewegen, werden wieder die habitusabhängigen Ressourcen wichtig.

„In der Praxis, d.h innerhalb eines jeweils besonderen Feldes sind inkorporierte (Einstellungen) wie objektivierte Merkmale der Akteure (ökonomische und kulturelle Güter) nicht alle gemeinsam und gleichzeitig effizient. Vielmehr legt die spezifische Logik jeden Feldes jeweils fest, was auf diesem Markt *Kurs hat*. Was in dem Spiel relevant und *effizient* ist, was *in Beziehung auf dieses Feld* als spezifisches Kapital und daher als Erklärungsfaktor der Formen von Praxis fungiert." (Bourdieu 2008, 194, Hervorhebungen im Org.)

Berufswahlprozesse und Migrationsentscheidungen werden also in ihren Bewältigungsstrategien dadurch bestimmt, welchen Habitus die Jugendlichen jeweils ausbilden und wie gut sie ihre dadurch gesammelten Kapitalsorten einsetzen können. Bleibestrategien sind also maßgeblich durch die Biografie der Jugendlichen bestimmt.

2.2 Biografie und Bleibestrategien

Wie schon oben angedeutet geht es dem Menschen darum, eine möglichst erfolgreiche Biografie zu gestalten. Wie dieser Erfolg vom Individuum bemessen wird ist sehr unterschiedlich. Die mit der Berufswahl zusammenhängende Migrationsentscheidung des Bleibens hat für die Jugendlichen einen entscheidenden Einfluss auf die Ausgestaltung dieses biografischen Erfolgs, da der Verbleib meist gewollt ist[3] und so als positiv bewertet wird.

Der Übergang an der ersten Schwelle ist nur eines von biografischen bedeutsamen Ereignissen und gehört zu den normativen, d.h. es ist durch gesellschaftliche Vorgaben bestimmt (Filipp/Ferring 2002). Nicht-normative biografische Ereignisse sind im Gegensatz dazu solche, die von nur wenigen aus der gleichen Altersgruppe durchlaufen werden. Die Bleibestrategien werden dann biografisch sichtbar, wenn es an der ersten Schwelle zu der Frage nach Gehen oder Bleiben kommt. Wie werden die bisherigen Erfahrungen aus dem Lebenslauf verarbeitet und wie

---

3 Es können nach Kalisch (2012) vier unterschiedliche Ausprägungen bei der Migrationsentscheidung auftreten: Die zufriedenen/unzufriedenen Sesshaftem und die zufriedenen/unzufriedenen Mobilen.

organisieren sich die Jugendlichen ihre soziale Umwelt, in der diese Entscheidung dann verortet wird? Soziales Handeln wird sozusagen durch die Biografie im Prozess bestimmt (Fischer-Rosenthal/Rosenthal 1997). Mit Rückgriff auf das Habitus-Konzept bieten sich so Erklärungszusammenhänge, wenn z.b. männliche Jugendliche häufig eine Ausbildung im Beruf wählen, der schon vom Vater bzw. Großvater ausgeübt wurde. Mit Hilfe der Biografie lässt sich außerdem nachzeichnen, welche Kapitalsorten die Jugendlichen wie ansammeln und auch einsetzen. In die biografische Konstruktion der Jugendlichen ergeben sich in der Auseinandersetzung mit der Welt bestimmte Muster, die sich z.b. auf die individuelle Wahrnehmung des Unterschieds zwischen Land und Stadt zeigen. Daran schließt sich die Frage an, wie diese Wahrnehmung Einfluss auf die Migrationsentscheidung nimmt und somit auch die Bleibestrategien mitbestimmen. Da die Biografie maßgeblich die Bildung der eigenen Identität beeinflusst, scheint dieser Betrachtungsansatz, in all seiner Ausrichtungsbreite (Beruf, Werte, Identität, Motivation) entscheidend für die Identifikation der Bleibestrategiefaktoren.

Zusammenfassen lassen sich entlang der Biografie bzw. bei der Erkundung wie die Jugendlichen ihre Biografie konstruieren die Aushandlungsprozesse zwischen Individuum und Gesellschaft nachzeichnen, um Hinweise auf die angewendeten Strategien zu identifizieren.

> „Durch die Anforderungen, zwischen verschiedenen Institutionen und Netzwerken durch eigene Handlung tragfähige Verbindungen und Koordinationsmuster herzustellen, erwerben die Individuen in unterschiedlich ausgeprägtem Maße die Kompetenz zur Reflexion und Innovation ihres Lebenslaufs im Spannungsfeld von Biographie, Lebensentwürfen und sozialen Handlungskontexten." (Heinz 2000, 166)

Bleibestrategien manifestieren sich also in der Biografie bzw. in der Biografiekonstruktion durch ähnliche oder gleiche Handlungsmuster, die in ähnlichen oder gleichen Situationen angewendet werden. Selbst wenn diese meist nicht bewusst zur Anwendung kommen, kann von einer erkennbaren Strategie gesprochen werden.

3 Typische Bleibestrategien und Fallbeispiele

Bei der vorgestellten Studie handelt es sich um eine Biografieanalyse, die für insgesamt 15 Jugendlichen durchgeführt wurde (Wochnik 2014). Bei dieser Analyse konnten insgesamt drei typische Bleibestrategien[4] identifiziert werden: der

---

4 Eine umfangreichere Analyse würde aller Voraussicht nach noch zur Identifikation anderer Typen von Bleibestrategien führen. Im für die Studie vorliegenden Material ließen sich jedoch allein die hier angeführten rekonstruieren.

Heimatverbundene, der Zögerliche und der (rationale) Planer[5]. Die Zuordnung zu einem dieser Typen darf allerdings nicht als für ein Individuum feststehend betrachtet werden. Es kann durchaus sein, dass die Jugendlichen ihre Strategien anpassen, je nachdem welche Erfahrungen sie machen und welche Erfolge oder Misserfolge sie mit der Anwendung ihrer Strategien verzeichnen können. Die angewendeten Bleibestrategien lassen sich anhand von insgesamt acht Kategorien erfassen, die sich aus der theoretischen Grundlegung entlang der Biografie ableiten lassen. Die ersten vier lassen sich dabei unter die Dimension *gesellschaftliche Orientierungsmuster* zusammenfassen, die anderen vier unter die Dimension *Selbst- und Wirklichkeitskonstruktion*. Anhand der Ausrichtung[6] in Bezug auf diese beiden Dimensionen werden die Typen unterschieden.

3.1 Die Dimension „gesellschaftliche Orientierungsmuster"

In der Kategorie *Schullaufbahn und -erfolg* werden die biografischen Ereignisse erfasst, die sich direkt mit den Erfahrungen in der Schulzeit befassen, dazu zählen neben faktischem Schulerfolg auch die subjektiven Einschätzungen der Jugendlichen in Bezug auf Schule. Unter diese Kategorie fallen ebenfalls Beziehungen zwischen Schülern und Lehrern, die für den biografischen Verlauf bedeutsam sein können. Besondere Relevanz erhält diese Kategorie, wenn gezielt eine für den gewünschten Ausbildungsberuf notwendige Schullaufbahn eingeschlagen wird.

Die Kategorie *Wunschberuf und Bewertung von Berufen* analysiert die Aspekte der Biografie, welche sich auf die Entwicklung von Wunschberufen und die persönlichen wie gesellschaftlichen Bewertungen von Berufen beziehen. Kann ein gewünschter Beruf nicht gelernt werden, entwickeln die Jugendlichen neue berufliche Perspektiven, die sich fast immer auf direkte biografische Ereignisse zurückführen lassen.

Damit im Zusammenhang steht auch die *berufliche und betriebliche Karriere(planung)*. Dabei stehen mit der beruflichen Karriereplanung nicht nur die berufliche Weiterentwicklung im Fokus, sondern auch die Entwicklungsmöglichkeiten innerhalb von bestimmten Betrieben. Neben Berufswünschen lassen sich auch Betriebswünsche finden, d.h. die Jugendlichen wollen die Ausbildung (nur) in einem bestimmten Betrieb absolvieren. Daneben sind in dieser Kategorie auch die Beziehungen innerhalb des Betriebs (Kollegen, Ausbilder, Chef) relevant, da

---

5 Der Begriff „rational" steht hier deshalb in Klammern, weil es auch Planer gibt, die weniger nach rationalen denn nach emotionalen Gesichtspunkten vorgehen.

6 Die Ausrichtung bewegt sich dabei zwischen den beiden Polen „Offenheit" und „Geschlossenheit" bzw. „Anpassung" und „Selbstverwirklichung". Passt sich ein Jugendlicher z.B. in Bezug auf die gesellschaftlichen Orientierungsmuster eher an, entwickelt er andere Strategien als jene, die sich durch Offenheit auszeichnen und ihre Möglichkeiten innerhalb dieser Orientierungsmuster auszuloten versuchen.

sie Rückschlüsse auf Wertevorstellungen, Persönlichkeitsmerkmale und -entwicklung zulassen.

Die vierte Kategorie dieser Dimension lässt sich mit *monetären Begründungszusammenhängen* benennen und richtet sich neben der Bezahlung in der Ausbildung bzw. im Beruf auch auf die Finanzierungsmöglichkeiten für Bildungsverläufe (Weiterbildung, anschließende universitäre Ausbildung).

3.2 Die Dimension „Selbst- und Wirklichkeitskonstruktion"

Die in den biografischen Interviews formulierten *Dorf- und Stadtbilder* der Jugendlichen lassen in vielen Fällen den Bleibewunsch gut erkennen, da der ländliche Raum als sehr positiv, der städtische als eher negativ bewertet wird. Neben der Bewertung von (Lebens-)Räumen, kann über diese Kategorie auch die Verortung in der Milieustruktur der jeweiligen Region vorgenommen werden.

Hieraus leitet sich die Frage ab, wie die Jugendlichen die *Konstruktion von Heimat*[7] *und Selbstbild* durchlaufen. Hier stehen zusätzlich zu der Entwicklung persönlicher Perspektiven auch die Vorstellungen von beruflichen Möglichkeiten in der ländlichen Region eine maßgebliche Rolle. Das Hauptaugenmerk liegt im Bezug der eigenen Person zum Konstrukt Heimat. Werden tradierte Lebensformen und Wissensbestände reproduziert (hohe Identifikation mit dem ländlichen Raum) oder entwickelt sich beim Jugendlichen eher eine Art der Abgrenzung? In beiden Fällen ist das Selbstbild stark von der Heimat beeinflusst, bei den Jugendlichen, die bleiben, lässt sich verstärkt die erste Variante in der Biografie identifizieren.

Diese Identifikation kann mitunter noch verstärkt werden, wenn wichtige Bezugspersonen (Familie, Freunde, Partner) eine ähnlich starke Identifikation entwickelt haben und wird in der Kategorie *Partnerschaft, Familie, Verwurzelung* zusammengefasst. Auch hier wird Einfluss auf die Entwicklung persönlicher Vorstellungen und beruflicher Perspektiven ausgeübt.

Die Ausgestaltung all dieser Beziehungen und Abhängigkeiten führt zu einer bestimmten Ausstattung mit handlungsrelevanten Ressourcen, die sich in Bezug auf die Bleibestrategien gerade in der *Verwertung sozialen und kulturellen Kapitals* manifestieren. Dabei steht nicht nur das Vorhandensein der jeweiligen Kapitalrollen im Mittelpunkt, sondern auch die Frage danach, wie diese Kapitalsorten eingesetzt werden. Da soziale Felder nach ihren eigenen Regeln (Bourdieu 2008) funktionieren, ist es für den Einsatz von Kapital von entscheidender Bedeutung, dass die Regeln bekannt sind und der entsprechende Einsatz von Kapital von den Jugendlichen eingeschätzt werden kann.

---

7 Es war ursprünglich nicht vorgesehen den Begriff Heimat zu verwenden. Da er aber von fast allen Jugendlichen in den Interviews benutzt wurde, greife ich auf diesen Begriff zurück. In der theoretischen Konzeption ist er als „symbolische Ortbezogenheit" (Treinen 1965 a, 1965b) zu verstehen (Wochnik 2014).

3.3 Die drei typischen Bleibestrategien

Aus den Positionierungen innerhalb der skizzierten Kategorien lassen sich die Jugendlichen einem der oben genannten Fälle zuordnen. Die typische Ausprägung zu den beiden Dimensionen lassen sich wie folgt darstellen.

Tab. 1: Ausrichtung der Vergleichsdimensionen und ihre Kombinationen (nach Wochnik 2014, 117)

Ausrichtung	geschlossen	offen
Anpassung	Typ A	Typ B
Selbstverwirklichung	Typ C	Typ D

In dieser Idealausrichtung lassen sich „der Heimatbezogene" (Typ A) und „der Zögerliche" (Typ B) einordnen. Typ C und D sind in dieser Ausrichtung nicht vorgekommen. Der (rationale) Planer, der in Bezug auf die Dimension Selbst- und Wirklichkeitskonstruktion ausgeprägte Tendenzen der Selbstverwirklichung zeigt, weist sowohl offene als auch geschlossene Ausrichtungen in Bezug auf die gesellschaftlichen Orientierungsmuster und wäre zwischen Idealtyp C und D einzuordnen.

Von den fünfzehn interviewten Jugendlichen (vgl. Tabelle 2) lassen sich die meisten „Heimatbezogene" zuordnen, insgesamt vier, drei sind dem Typus des (rationalen) Planers und zwei dem Zögerlichen zuzuordnen. Der Rest sind Kontrastfälle, die nicht mehr in ihrer heimatlichen Region wohnen. Auffällig ist bei allen Fällen jedoch, dass der Bezug zur Heimat zwar auf sehr unterschiedliche Weise konstruiert wird, aber immer wichtig zu sein scheint. Die angewendeten Strategien, um den Verbleib zu ermöglichen, sind aber sehr unterschiedlich.

Tab. 2: Übersicht über die befragten Jugendlichen (nach Wochnik 2014, 104)

Name	Alter	Schulabschluss	Ausbildung (Lehrjahr)
Thomas[8]	23	Realschule	Konstruktionsmechaniker (4)
Christian	20	Realschule	Konstruktionsmechaniker (4)
Sebastian	22	Fachhochschulreife	Tischler (3)
Benjamin	19	Realschule	Kfz-Mechatroniker (3)
Frank	19	Realschule	Industriemechaniker (4)
Jens	23	Hauptschule	Feinwerkmechaniker (4)

---

8 Bei der Verwendung von Zitaten aus den Interviews werden der Vorname und der Absatz im Originaltranskript angegeben, alle Namen sind geändert.

Michael	23	Realschule	Elektroniker (n.a.*)
Kai	30	Realschule	Mechatroniker (3)
Sonja	18	Realschule	Sozialassistenz (x)
Mirko	18	Realschule	Sozialassistenz (x)
Robert	19	Fachhochschulreife	Tischler (3)
Jan	19	Hauptschule	Maurer (3)
Sarah	21	Realschule	Hochbaufacharbeiterin (n.a.)
Marie	19	Realschule	Hochbaufacharbeiterin (n.a.)
Linda	19	Hauptschule	Elektronikerin (n.a.)

(n.a.: nicht angegeben, x: rein schulische Ausbildung)

3.3.1 Der Heimatbezogene

Herausragende Merkmale der Jugendlichen, die diesem Typus zugeordnet werden können, sind die besonders starke Bindung zu ihrer Heimatregion und die Unterordnung anderer Lebensbereiche hinter den Wunsch zu bleiben oder andere Vorgaben, die ihnen gemacht werden. Die ländliche Heimatregion führt zu einer besonders positiven Sicht auf den Wohnort, der Orientierungsfunktion in vielen Lebensbereichen (Beruf, Freizeit, Zukunftsperspektiven) übernimmt.

> „Und ja, ich bin eigentlich froh, dass ich auf einem so kleinen Dorf groß geworden bin. Da kennt jeder jeden. Und ja, da gibt es auch einen Faschingsverein. Da bin ich schon, seit ich drei bin, weil das macht mir auch total Spaß. Und obwohl wir nur so ein kleines Dorf sind, verstehen sich die Leute eigentlich ganz gut." (Sonja, 9)

Mit der starken Heimatbindung kommt es quasi zwangläufig dazu, dass in der Dimension Selbst- und Wirklichkeitskonstruktion eher zu Anpassungsprozessen kommt, denn zu Selbstverwirklichungstendenzen. Das bedeutet nicht, dass eine Selbstverwirklichung ganz aufgegeben wird, sie wird vielmehr dem Verbleib angepasst. Kommt es z.B. zu Schwierigkeiten dabei einen Ausbildungsplatz im gewünschten Beruf zu finden, wird der Ausbildungsberuf angepasst, die Option für die Ausbildung wegzuziehen aber relativ schnell verworfen. Ein Weggehen wird eher als die letzte aller Möglichkeiten verstanden, die möglicherweise auch nur temporären Charakter hätte.

> „Also wie gesagt, jetzt irgendwo großstadtmäßig, das wäre nur ein Punkt wirklich, sagen wir mal, eine Ausweichmöglichkeit. Was dann allerdings nicht von Dauer sein sollte." (Sebastian, 588)

Diese Anpassung von Lebensläufen wird von den Jugendlichen in aller Regel mit Rückgriff auf biografische Erlebnisse vorgenommen, es wird in der Biografie nach Berufsbezügen gesucht, um neue berufliche Perspektiven zu entwickeln. Dabei kann der Einsatz von sozialem oder kulturellem Kapital eine besondere Bedeutung haben. Da durch die enge Bindung an die Heimat auch die Bezugspersonen in der Region entscheidend sind, findet eine (Neu)Orientierung oft an Freunden oder nahen Verwandten statt. Auf diese Weise ist es möglich erneut ein stimmiges biografisches Gesamtkonzept zu entwerfen. Diese Anpassung kann aber aufgrund seiner Schwierigkeit auch zu Problemen führen. Gerade, wenn der Wunschberuf wegen des Wunsches in der Heimat zu bleiben, aufgegeben wird, kann es zu Anpassungsschwierigkeiten kommen.

Die Unterordnungstendenzen können sich aber auch allgemeiner gestalten, so z.B. wenn nicht dem eigenen Berufswunsch, sondern dem der Eltern gefolgt wird. Hier ergibt sich ein erhöhtes Potential eines Ausbildungsabbruchs.

> „Also meine Mutter wollte unbedingt, dass ich direkt Geld verdiene und halt eine Ausbildung anfange; was ich eigentlich selber nicht wollte. Aber ich habe halt, weil sie das nun gewollt hat, habe ich mich halt beworben und habe eine Ausbildung zur medizinischen Fachangestellten angefangen. Hat mir aber überhaupt keinen Spaß gemacht. Ich habe mich in die Arbeit gequält. […] Dann wollte meine Mutter, dass ich unbedingt aufs Büro gehe. Dann habe ich hier an der Schule meine Ausbildung zur Fremdsprachensekretärin gemacht, auch abgeschlossen. Hat mir aber auch keinen Spaß gemacht, weil, ich wollte ja eigentlich schon immer Erzieherin werden. Aber das hat halt keiner akzeptiert. Und da ich noch keine 18 war, musste ich mich halt dem fügen." (Sonja, 22)

Die Anpassung an gesellschaftliche Orientierungsmuster und an Vorgaben von außen, prägen Sonjas Leben bis zu ihrer Volljährigkeit, erst mit diesem Ereignis sieht sie sich selbst in der Lage, ihren eigentlichen Berufswunsch auch umzusetzen und sich von elterlichen Vorgaben zu lösen. Die oft enge Bindung führt aber in anderen Fällen auch zu einem Gefühl des Unterstützt-Seins und führt dann beim Typus des Heimatverbundenen zu einer verstärkten Übernahme entsprechender Wertevorstellungen, auffällig dabei ist ein häufig sehr „klassisches" Verständnis in Hinblick auf die Geschlechterverhältnisse.

In seinen Bleibestrategien verlässt sich der Heimatbezogene insbesondere auf die Verwertung von sozialem und kulturellem Kapitel in verschiedenen Varianten, sein Ziel ist die soziale Integration in die vorhandenen regionalen Strukturen.

3.3.2 Der Zögerliche

Beim Versuch das strategische Vorgehen des Zögerlichen zu beschreiben besteht deswegen eine große Schwierigkeit, da für diesen Typus bezeichnend ist, dass er versucht Entscheidungen aus dem Weg zu gehen oder sie durch vorherige Handlungen in eine bestimmte Richtung zu lenken. Falls überhaupt kann von einer Art Vermeidungsstrategie gesprochen werden. Bei beiden Jugendlichen, die diesem Typus zuzuordnen sind, wird deutlich, dass sie vor der Auseinandersetzung mit der Frage des Gehens oder Bleibens ihr Leben so eingerichtet haben, dass sie gute

Gründe hatte, zumindest vorerst in der ländlichen Region zu bleiben, in der sie gerade wohnen. Verfolgt werden – gerade an der ersten Schwelle – die Wege, die mit wenig Widerständen und Problemen verbunden sind.

> „Und das waren aber noch zwei, drei Wochen bis Ausbildungsanfang. Hab ich gesagt, nee, ich mach vielleicht doch weiter Schule eventuell. Sagt der, wie gesagt, jetzt ist ein Platz frei, wenn Du möchtest. Dann habe ich gesagt, ja gut. Bin hoch, Vertrag unterschrieben und dann stand es fest mit dem 01.08., Konstruktionsmechaniker." (Christian, 97)

Mit dieser Entscheidung ist gleichzeitig auch für die erste Schwelle die Migrationsentscheidung gefallen – eher beiläufig. Wirklich festlegen lassen wollen sich die Jugendlichen in Bezug auf diese Frage auch nicht. Kommt dieses Thema zu Sprache, nennen sie Gründe, die für das Bleiben und für das Gehen sprechen, ziehen sich anschließend aber darauf zurück, dass sie selbst nicht diejenigen sind, die das entscheiden können, weil es von äußeren Umständen abhängen würde.

> „Also ich kann bleiben, bei der Firma, das steht fest, ja. Es ist die Frage, wo? In der Produktion, in meinem Berufsfeld, oder woanders, ich will eigentlich in meinem Berufsfeld bleiben; ist logisch. Weil es mir halt am meisten Spaß macht. Und jetzt bin ich halt am überlegen, entweder, mein Vater hat gesagt, in J-Stadt suchen sie einen Mechaniker fürs Ausland noch. Das heißt, dann wäre ich geringe Zeit hier, in Deutschland, die meiste Zeit im Ausland. Das heißt, ich wäre auch nicht mehr so oft hier, wo ich dann auch nach G-Stadt ziehen kann, sage ich mal, aber sonst wohin nach F-Stadt-Umkreis. Oder ich bleibe auch wirklich hier, zunächst, verdiene mein Geld und mache das dann." (Frank, 42)

Frank geht noch an anderen Stellen im Gespräch darauf ein, dass er eigentlich wegziehen möchte, es aber dann doch nicht tut, weil unterschiedliche Faktoren dagegen spricht, meist sind es finanzielle Gründe. Immer wieder vermitteln diese Jugendlichen den Eindruck, dass sie sich in vielen Fragen noch nicht für sich positioniert haben und die vielleicht auch nicht wollen, weil es zu potentiellen Unsicherheiten führen könnte. So schwanken sie in der Ausrichtung in Bezug auf beide Vergleichsdimensionen immer wieder, neigen aber grundsätzlich zu einer gewissen Offenheit für viele Möglichkeiten. Gerade bei diesem Typus scheint die Frage interessant, wie sie sich in Zukunft (strategisch) verhalten werden. Bei beiden Jugendlichen zeigen sich deutliche Tendenzen, dass dieser Strategietypus des Zögerlichen – zumindest mittelfristig – aufgegeben wird.

Die Bleibestrategien des Zögerlichen bestehen vor allem in der Auseinandersetzung und der Orientierung an institutionellen bzw. gesellschaftlichen Ordnungsstrukturen, ihre Zielrichtung ist der (Wieder-)Anschluss an soziale Gefüge.

3.3.3 Der (rationale) Planer

Bei diesem Typus kann grundsätzlich am ehesten von erkennbaren Strategien im klassischen Verständnis gesprochen werden. Die Jugendlichen, die diesem Typus zugeordnet werden können zeichnen sich durch ein hohes Maß an Planung in Bezug auf ihre Lebensgestaltung aus. Dies bezieht sich nicht allein auf die Planung der beruflichen Entwicklung, sondern zieht sich durch alle Lebensbereiche. Unterschiede tauchen in der Ausrichtung dieser Pläne und in der Verwendung unterschiedlicher Ressourcen auf. Robert, der in seinen Planungen sehr rational vorgeht, verzichtet relativ bewusst darauf das vorhandenen familiäre kulturelle Kapital einzusetzen, auch wenn er weiß, dass es ihm helfen könnte, stattdessen möchte er es aus „eigener Kraft" schaffen, auch gegen Widerstände, die auftauchen können.

> „Weil sie sagten, sie sind der Ansicht, man bildet nur einen aus jeder Familie aus. Was ich nicht verstehe, es ist doch einmal unabhängig von den Familien, wie viel man daraus ausbildet. Wenn es halt mehrere gibt, die da was drauf haben, oder nicht, und dann dementsprechend das auszuwählen. Aber gut. Ich habe mein Praktikum da gemacht. Ich habe mein FOS-Jahr da verbracht. Sie kannten mich. Sie wussten, was ich kann. Sie wissen, dass sie mich, dass sie sich drauf verlassen konnten. Und ich denke auch, dementsprechend haben sie mich gewählt. Also, ich habe nur eine Bewerbung geschrieben. Und die hat gereicht." (Robert, 62)

An den Stellen, an denen Robert sein Vorgehen auf einer rationalen Ebene beschreibt, sind die beiden Jugendlichen, die diesem Typus ebenfalls zugeordnet werden können, eher durch emotional bestimmte Planung zu charakterisieren. Sie setzen – im Gegensatz zu Robert – auch ihr soziales Kapital ein, um ihre Pläne umsetzen zu können. Im Fall von Michael sind die Planungen auch nicht auf ein so konkretes Ziel gerichtet, wie bei Robert, der seine berufliche Laufbahn quasi durchgeplant zu haben scheint. Michael geht es eher darum, das Richtige für ihn zu finden, sodass er sich auch Zeit lässt, einen geeigneten Beruf zu finden. Er versucht verschiedenen Berufsbereiche aus, bevor er sich dafür entscheidet Elektroniker zu werden.

Auffällig bei allen drei Jugendlichen ist das hohe Maß der Einbindung in die Strukturen der Heimatregion (insbesondere Vereinsarbeit). Bei allen drei ist ein hohes Maß an Heimatbindung vorhanden, das zeigt sich z.B. wenn Robert nach seiner Ausbildung ein Studium an einer möglichst nahegelegenen Fachhochschule plant und erzählt, wie es gelingen kann, dass er trotzdem im Elternhaus wohnen bleibt. Ein Umzug in die Stadt kommt für ihn überhaupt nicht in Frage. Bei Mirko ist der Heimatbezug weniger ausgeprägt und er kann sich unter gewissen Umständen vorstellen in eine etwas entferntere Stadt zu ziehen, zu weit darf sie aber nicht entfernt sein.

Strategisch verlässt sich, wie es der Name schon verrät, auf intensive Planung des eigenen Lebenslauf, die oft bestimmt wird durch Selbstbezogenheit oder Selbstwirksamkeit mit dem Ziel eine bestimmte Lebensvorstellung auch umsetzen zu könne.

4 Fazit

Es wird in der biografischen Studie deutlich, dass die Jugendlichen um die schwierige Situation in den ländlichen Regionen wissen. In nahezu allen Gesprächen wird thematisiert, dass grundsätzlich viele Jugendlichen die ländlichen Regionen verlassen.

> „Ja, die meisten sind jetzt, äh, aus Berufs wegen, äh, nach K-Stadt zum Beispiel gegangen. Also wirklich die meisten. Äh, so 60, 70 Prozent. Der Rest, die sind schon in H-Dorf. Machen auch alle am Arbeiten, alle Ausbildungen oder sonst was. Viele machen auch noch Schule, studieren und ein paar sind auch ganz weit weggegangen, äh, wegen Ausbildung, Arbeiten und sonst nicht was, weil die hier eben nichts gefunden haben." (Christian, 83)

Dies verweist auf die anfangs beschriebenen Schwierigkeiten, denen sich diese Jugendlichen gegenüber sehen. Es stellt sich als eine Herausforderung dar, eine erfolgreiche Biografie im ländlichen Raum zu entwickeln, wenn man beobachtet, dass die meisten Jugendlichen weggehen. Dennoch lässt kein Jugendlicher erkennen, dass er die Entscheidung im ländlichen Raum zu bleiben bereuen würde. Es wird im Gegensatz mehrfach von unterschiedlichen Jugendlichen betont, dass sie froh sind „auf dem Dorf" zu wohnen und sich – zumindest momentan – nichts anderes vorstellen können.

Diese erkennbare Verharrungstendenz kann als entscheidende biografische Leistung betrachtet werden, die von den Jugendlichen viel biografisches Vermögen abverlangt. Diese Leistung wird in der öffentlichen Wahrnehmung der Jugendlichen in den ländlichen Räumen aber nicht thematisiert.

Gerade weil die Biografie in Bezug auf die Berufswahl und die Migrationsentscheidung eine so herausragende Rolle spielt, sollte ihr auch weiterhin besondere Aufmerksamkeit in der Schule und in der Jugend(sozial)arbeit geschenkt werden bzw. noch stärker in den Fokus gerückt werden.

Die Kenntnisse über die sich daraus ergebenden Bleibestrategien können dabei helfen auch bei individueller Berufsorientierung und -beratung jeweils passende Vorgehensweisen zu entwickeln sowie die Jugendlichen dabei unterstützen eine für sie erfolgreiche Biografie zu entwerfen.

Auch wenn für diese Studie nur Jugendliche in ländlichen Regionen Hessens befragt wurden, lassen sich die meisten Erkenntnisse auf andere Regionen übertragen, weil die Frage der Heimatverbundenheit nicht an einer spezifischen Region festgemacht werden kann. Es ist somit davon auszugehen, dass die hier kurz beschriebenen Strategietypen auch in anderen Regionen zu finden sind.

Literatur

Beetz, S. (2009): Analysen zum Entscheidungsprozess Jugendlicher zwischen „Gehen und Bleiben". In: Schubarth, W.; Speck, K.: Regionale Abwanderung Jugendlicher. Weinheim, S. 135-151

Bourdieu, P. (1983): Ökonomisches Kapital, kulturelles Kapital, soziales Kapital. In: Kreckel, R. (Hrsg): Soziale Ungleichheiten. Göttingen, S. 183-198

Bourdieu, P. (2004): Praktische Vernunft. Zur Theorie des Handelns. Frankfurt am Main

Bourdieu, P. (2008): Die feinen Unterschiede. Kritik der gesellschaftlichen Urteilskraft. Frankfurt am Main

Bremer, H.; Teiwes-Kügler, C. (2010): Typenbildung in der Habitus- und Milieuforschung. In: Ecarius, J.; Schäffer, B. (Hrsg.): Typenbildung und Theoriegenerierung. Opladen, S. 251-276

Dienel, C. (Hrsg.) (2005) Abwanderung, Geburtenrückgang und regionale Entwicklung. Wiesbaden

Filipp, S.-H.; Ferring, D. (2002): Die Transformation des Selbst in der Auseinandersetzung mit kritischen Lebensereignissen. In: Jüttemann, G.; Thomae, H. (Hrsg.): Persönlichkeit und Entwicklung. Weinheim, S. 191-228

Fischer-Rosenthal, W; Rosenthal, G. (1997): Warum Biographieanalysen und wie man sie macht. Zeitschrift für Soziologie der Erziehung und Sozialisation. 17(4), 405-427

Kalisch, C. (2012): Der Übergang in die Berufsausbildung und Berufstätigkeit. Die berufsbildende Schule. 64, 224-228

Kalter, F. (Hrsg) (2008): Migration und Integration. Wiesbaden

Krais, B.; Gebauer, G. (2008): Habitus. Bielefeld

Heinz, W. (2000): Selbstsozialisation im Lebenslauf. Umrisse einer Theorie biographischen Handelns. In: Hoerning, E. M.: Biographische Sozialisation. Stuttgart

Schubarth, W.; Speck, K. (Hrsg.) (2009): Regionale Abwanderung Jugendlicher. Weinheim

Speck, K.; Schubarth, W. (2009): Regionale Abwanderung Jugendlicher als Teil des demografischen Wandels – eine ostdeutsche oder gesamtdeutsche Herausforderung? In: Schubarth, W; Speck, K. (Hrsg): Regionale Abwanderung Jugendlicher. Weinheim, S. 11-40

Treinen, H. (1965a): Symbolische Ortsbezogenheit: eine soziologische Untersuchung zum Heimatproblem: 1. Teil. Kölner Zeitschrift für Soziologie und Sozialpsychologie. 17(1), 73-97

Treinen, H. (1965b): Symbolische Ortsbezogenheit: eine soziologische Untersuchung zum Heimatproblem: 2. Teil. Kölner Zeitschrift für Soziologie und Sozialpsychologie. 17(2), 254-297

Wochnik, M. (2014): Aufbruch in dieselbe Welt. Bleibestrategien von Jugendlichen im ländlichen Raum. Marburg

Svenja Lenz und Margit Stein

Familienbilder von Kindern im Stadt-Land-Vergleich – Befunde aus einer qualitativen Studie

1 Familiäre Strukturen und Profile im Stadt-Land-Vergleich

Der vorliegende Beitrag widmet sich der Frage, welche Gemeinsamkeiten und welche Unterschiede im Stadt-Land-Vergleich hinsichtlich der Familienbilder von Kindern bestehen. Dieser Fragestellung wird auf Basis einer qualitativen Studie nachgegangen, bei der Kinder in der späten Kindheit zwischen sechs und zwölf Jahren mit Hilfe der Struktur-Lege-Technik flankiert von einem bildgestützten qualitativen Interview vertiefend zu ihren Familienbildern und ihrer eigenen familiären Situation befragt wurden. Die Studie fand sowohl in einer sehr ländlich geprägten Gegend statt als auch in einer mittelgroßen Stadt. Die Studie stützt sich auf zwei Annahmen: Familienbilder von Kindern und Jugendlichen sind zum Einen in entscheidendem Maße durch das selbst erlebte Familienleben und die dort erfahrenen Interaktionsmuster und Rollenverhaltensweisen geprägt. Neben der eigenen Familie wirken aber auch zum anderen die im weiteren Lebensumfeld wie etwa dem Stadtteil oder der Dorfgemeinschaft vorfindlichen familiären Strukturen und Lebensformen auf die Vorstellungen, die sich Kinder von Familien machen.

Im Rahmen des Beitrags werden zunächst auf Basis der amtlichen Statistik die Strukturen und Profile betrachtet, die das Familienleben in Großstädten sowie städtischen Kreisen einerseits und verdichteten sowie dünn besiedelten ländlichen Kreisen andererseits auszeichnen. Danach wird ein Blick auf die Rolle der Familie sowie des Lebensraums geworfen, die Kindheit und Jugend prägen, wozu auch das städtische oder ländliche Wohnumfeld gehört.

Insgesamt lebt etwa ein Drittel der Familien in ländlich geprägten Gemeinden von unter 10.000 Einwohner/innen; ein weiteres Drittel in Gemeinden zwischen 10.000 und 50.000 Einwohner/innen und etwa ein weiteres Drittel in Großstadtgemeinden von über 100.000 Einwohner/innen (Tab. 1).

Tab. 1: Prozente an Familien je nach Gemeindegrößenklasse (nach Statistisches Bundesamt 2017, 121)

Gemeindegrößenklasse	Prozentsatz aller dort lebender Familien
unter 5.000	14,9%
5.000 – 10.000	11,7%
10.000 – 20.000	15,1%
20.000 – 50.000	18,9%
50.000 – 100.000	8,8%
100.000 – 200.000	6,3%
200.000 – 500.000	8,0%
über 500.000	16,4%

Gegenwärtig unterscheiden sich die Familienstrukturen zwischen eher städtisch und ländlich geprägten Regionen noch dahingehend, dass Kinder auf dem Land häufiger bei verheirateten, zusammenlebenden Eltern und mit mehr Geschwistern aufwachsen. Zudem haben weniger Familien einen Migrationshintergrund und leben öfters im eigenen Haus (Tab. 2). Jedoch gleichen sich die Familienkonstellationen zwischen Stadt und Land zeitlich zunehmend an (Tab. 3), da „eine Vielzahl junger Frauen aufgrund der besseren Arbeitsplatzangebote in die Metropolen gezogen ist und damit der Bevölkerungsanteil potenzieller Mütter in den Städten entsprechend hoch ist." (Landesbetrieb für Statistik und Kommunikationstechnologie Niedersachsen 2010, 8). Diese in den Tabellen für das Bundesgebiet dargestellten Strukturen und Entwicklungen zeigen sich auch beim Blick auf die Statistik Niedersachsens, wo die im Rahmen des Beitrag beschriebene Untersuchung durchgeführt wurde (vgl. etwa Landesamt für Statistik Niedersachsen 2017).

Tab. 2: Familienprofile in Deutschland (nach Haumann 2013, 16 auf Basis von Institut für Demoskopie Allensbach (IfD) Gesellschaft zum Studium der öffentlichen Meinung 2012)

	Großstädte	Andere Städte	Ländliche Regionen
Struktur der Elternbeziehung			
Klassische Kernfamilien mit verheirateten Eltern	76%	82%	84%
Ein-Eltern-Familien	22%	18%	13%
Kinderanzahl pro Familie			
1 Kind	46%	41%	37%
2 Kinder	37%	43%	44%
3 und mehr Kinder	17%	16%	19%
Migrationshintergrund	32%	27%	15%
Eigenes Haus	23%	46%	62%

Tab. 3: Entwicklung der Kinderzahlen und Geburten in Deutschland (nach Kröhnert 2013, 14/15 auf Basis von Bundesinstitut für Bau-, Stadt- und Raumplanung 2012)

	Großstädte	Städtische Kreise	Verdichtete ländliche Kreise	Dünn besiedelte ländliche Kreise
Geburtenrate je Frau…				
Westdeutschland 2000	1,30	1,44	1,50	1,55
Westdeutschland 2010	1,35	1,38	1,45	1,42
Ostdeutschland 2000	1,20	1,21	1,23	1,23
Ostdeutschland 2010	1,39	1,52	1,48	1,48
Prozentsatz an Altersgruppen				
2000: unter sechs	5,3%	k.A.	k.A.	k.A.
2010: unter sechs	5,3%	5,0%	4,9%	4,7%
2000: sechs bis 18	k.A.	13,6%	14,0%	14,2%
2010: sechs bis 18	k.A.	12,3%	11,7%	11,1%

2 Die Wichtigkeit von Familie und regionalräumlicher Zugehörigkeit als Bezugsgrößen in Kindheit und Jugend

Familie kann strukturell und funktional gefasst werden als „eine Lebensform, die mindestens ein Kind und ein Elternteil umfasst und einen dauerhaften und im Inneren durch Solidarität und persönliche Verbundenheit charakterisierten Zusammenhang aufweist" (Peuckert 2007, 36). Meist werden *strukturell* die klassische Kernfamilie, die Ein-Eltern-Familie, die Stieffamilie, die Regenbogenfamilie und die Adoptivfamilie sowie die Mehrgenerationenfamilie unterschieden (Stein 2013). Entgegen eher traditioneller Definitionen, die sich auf verwandtschaftliche Verhältnisse der Familienmitglieder stützen, definieren andere Autor/innen Familie unabhängig von biologischen Banden *funktional* als „Netz von gelebten Beziehungen" mit dem Fokus auf das „spezifische wechselseitige Kooperations- und Solidaritätsverhältnis" (Vorheyer 2005, 24), welches der Entwicklung junger Menschen und auch deren Bild von Familie wesentlich prägt.

Neben weiteren Faktoren wie Freundeskreis/peer-group und Institutionen wie etwa der Schule spielt auch die physische Umwelt als regionalräumlicher Lebensraum eine große Rolle in Kindheit und Jugend (Steinhübl 2005, 240). Verschiedene Forschungen konnten Effekte nachweisen, die beweisen, dass „es für die individuelle Entwicklung und Sozialisation einen Unterschied macht, ob Kinder in einem grünen Villenviertel am Stadtrand [oder] in einem Hochhausapartment einer tristen Trabantenstadt" (Steinhübl 2005, 240) aufwachsen. Der Lebensraum und die damit verbundenen Ressourcen und Risiken beeinflussen vor allem jüngere Kinder, die „vielfach in ihrem Raumverhalten von den Eltern abhängig [sind] und […] dadurch in der Regel einen viel geringeren räumlichen Aktionsradius" aufweisen (Steinhübl 2005, 243).

Häufig wird in der Mediendarstellung davon ausgegangen, dass auf dem Land Familien noch intakter seien und Kinder unbeschwerter in Kernfamilien bei verheirateten Eltern oder gar erweiterten Kernfamilien zusammen mit Großeltern, Onkeln, Tanten, Cousins und Cousinen aufwachsen könnten. Dementgegen seien Städte von einer starken familiären Verinselung und einem Rückgang verbindlicher familiärer Strukturen geprägt. Zudem würden von Kindern aus dem städtischen Raum häufiger Lebensformen wie die Ein-Eltern-Familie sowie die Stief- oder Regenbogenfamilie auch als familiäre Wirklichkeit erlebt, da „Städte […] schon immer auch der Zufluchtsort für Menschen" [waren], die in den dörflichen Gemeinschaften zu Außenseitern geworden waren" (Schneider 2011, 83), etwa durch die von ihnen gelebten Beziehungs- und Familienformen. Kinder, die in der Stadt groß werden, werden somit in der Regel häufiger mit einer stärkeren Vielfalt an Familienprofilen konfrontiert, was hypothetisch zu einer höheren Diversität deren Familienbilder führen könnte.

Ziel vorliegender Studie ist es deshalb, der Frage nachzugehen, welche Gemeinsamkeiten und welche Unterschiede tatsächlich im Stadt-Land-Vergleich hinsichtlich der Familienbilder von Kindern in der späten Kindheit von sechs bis zwölf Jahren bestehen.

3 Familienbilder von Kindern im Stadt-Land-Vergleich

3.1 Stichprobe und Untersuchungsmethode

Untersuchungsorte der *Stichprobe* waren zwei Grundschulen in Niedersachsen: die eine ist in einem sozial eher schwächer aufgestellten Stadtteil einer Stadt gelegen, in unmittelbarer Nähe zu einer Stadt mit über 500.000 Einwohner/innen liegt. Die andere Schule ist sehr ländlich geprägt und hat einen ländlich strukturierten Einzugsbereich. An beiden Schulen wurden jeweils acht Schüler/innen intensiv befragt, insgesamt jeweils ein Mädchen und ein Junge aus jeder Klassenstufe eins bis vier. Unter den befragten Kindern der städtischen Schule hatte die Hälfte der Kinder einen türkischen bzw. bulgarischen Migrationshintergrund.

Als Messinstrument für die Datenerhebung wurde das *leitfadengestützte Interview* gewählt, welches mit Hilfe der Struktur-Lege-Technik bildgestützt durchgeführt wurde. Dadurch wurde gewährleistet, dass alle theoretisch relevanten Aspekte während der Befragung angesprochen werden, jedoch ohne den Raum für eigene, individuelle Ideen der befragten Kinder zu versperren; ein „eher offene[...] [r], erkundende[...][r] Zugang zu [den] Informationen" (Aeppli et al. 2010, 176) wurde so ermöglicht. Alle 16 Interviews wurden mithilfe eines Aufnahmegerätes festgehalten und anschließend transkribiert. Die Ergebnisse der Struktur-Lege-Technik wurden fotografiert.

Abb. 1: Die 18 dargebotenen Bilder der Struktur-Lege-Technik

Die Struktur-Lege-Technik ermöglicht die Externalisierung von Wissensstrukturen, indem die „für den Inhaltsbereich relevanten Konzepte und der zwischen ihnen bestehenden Relationen" (Martschinke 2001, 189) analysiert werden. Hierzu werden mit dem Themenkomplex möglicherweise im Zusammenhang stehende Bereiche bildlich dargeboten.

Im ersten Schritt wurden in einem halbstandardisierten Interview die Hauptkonzepte des Themenkomplexes geklärt – hier die jeweilige Arbeitsdefinition für den Begriff „Familie" für jedes Kind. Im zweiten Schritt wurde der nun bereits angeschnittene Wissensbereich grafisch strukturiert. Hierzu wurden den Kindern 18 verschiedene Bilder von Personenkonstellationen vorgelegt, welche die Kinder jeweils in die Kategorie „Familie" oder „Keine Familie" ordnen sollten (Abb. 1). Im dritten Schritt wurden die Kinder gebeten, ihre Wahl der Zuordnung zu begründen, ohne gezielte Fragen über jedes einzelne Bild zu stellen. In dieser Phase konnten die Kinder ihre eigenen Überlegungen häufig noch einmal ordnen und vor sich selbst erklären. Diese Technik wurde durch Fragen flankiert, in welchem die Kinder hauptsächlich demographische Angaben zu sich selbst machen sollten.

Die erhobenen Daten wurden zu ihrer Auswertung, wie nach Mayring beschrieben, deduktiv kategorisiert. Das deduktiv erstellte Kategorienmuster stützt sich auf die Arbeit Peuckerts (2007) zu unterschiedlichen Familienstrukturen.

Tab. 4: Kategorien der Zuordnung der Familienbilder nach dem Interview und der Struktur-Lege Technik

Kategorie	Definition	Ankerbeispiele
K1: Kernfamilie	„Unter der „modernen Kernfamilie" […] wird die auf der Ehe gründende Gemeinschaft der Eltern mit ihren leiblichen Kindern verstanden" (Peuckert 2007, 36).	„Das sind Menschen die miteinander verwandt sind und zusammen wohnen. Also zum Beispiel Mutter und Vater und ihre Kinder" (S2.7, Z. 8-9).
K2: Ein-Eltern Familien	„Unter allein Erziehenden werden […] Mütter und Väter verstanden, die ohne Ehe- oder LebenspartnerIn mit ihren minderjährigen Kindern […] leben" (Peuckert 2007, 42).	„Meine Mama wohnt auch woanders aber sie […] gehört zu meiner Familie. […] Manchmal wohnt man dann halt nur noch mit einem […] zusammen" (S1.3, Z. 33-35).
K3: Regenbogenfamilien	Regenbogenfamilien bezeichnen gleichgeschlechtliche Partnerschaften in denen die beiden PartnerInnen mit ihren Kindern aufwachsen, unabhängig ob diese leibliche oder adoptierte Kinder sind (vgl. Peuckert 2007, 42).	„Manche haben auch zwei Mamas oder zwei Papas und wohnen dann nur mit denen zusammen, das ist ja kein Problem" (S1.5, Z. 13-15).

Kategorie	Definition	Ankerbeispiele
K4: Stieffamilien	„Mit dem Begriff Stieffamilie werden eine Vielzahl heterogener Familientypen bezeichnet [...]: Zu den beiden leiblichen Elternteilen tritt mindestens ein sozialer Elternteil hinzu oder ein verstorbener Elternteil wird durch einen sozialen ersetzt" (Peuckert 2007, 44).	„Bei manchen Familien wohnt der Papa nämlich in einer neuen Familie und [...] das ist aber noch dein Papa und seine Familie ist dann mit deiner Familie zusammen" (S1.4, Z. 24-25).
K5: Adoptiv- familien	„Durch die Adoption erlangt das Kind die rechtliche Stellung eines ehelichen Kindes der annehmenden Eltern" (Peuckert 2007, 45).	„Das heißt, dass die Eltern das Kind nicht selbst bekommen haben sondern dass die sich das [...] geholt haben, zum Beispiel aus dem Heim. Und dann sind die jetzt auch eine Familie" (S2.8, Z. 46-47).
K6: Mehrgener- ationen- familien	Mehrgenerationenfamilien bezeichnen Familien in denen ein konstanter, sozialer Kontakt gepflegt wird. Dieser kann aufgrund der Wohnsituation im selben Haus als selbem Wohnsitz stattfinden, jedoch auch räumlich getrennt (vgl. Peuckert 2007, 46).	„Oma und Opa gehören genauso dazu wie Mama und Papa, wir machen ja auch ganz oft was zusammen" (S2.7, Z. 39-40).

4 Ergebnisse und Interpretationen: Familienbilder von Kindern im Stadt-Land-Vergleich

Zunächst werden die Angaben aller Kinder gemeinsam betrachtet, unabhängig vom Wohnort. Danach folgt ein differentieller Vergleich anhand der regional-räumlichen Zuordnung der Kinder.

Mit 16 Zuordnungen (100%) in der Kategorie „Familie" ist die Kernfamilie die am häufigsten als Familie zugeordnete Personenkonstellation. Mit 14 Zuordnungen folgt dahinter die Adoptivfamilie (87,5%), danach mit zwölf Zuordnungen die Ein-Eltern Familie (75%). Stief- und Regenbogenfamilien sowie Mehrgenerationenfamilien werden gleich häufig der Kategorie „Familie" zugeordnet, alle drei erhielten jeweils elf Mal diese Zuordnung (68,75%). Von 16 befragten Kindern benannten lediglich sechs Kinder (37,5%) ein Geschwisterpaar als Familie, womit diese Personenkonstellation noch hinter die Werte der Haustiere fallen, welche sieben Kinder als Familie bezeichnen (43,75%). Die Darstellung verschiedener, gleichaltriger Kinder (beispielsweise als Freunde, Geschwister, Cousins und Cousinen zu interpretieren) wurde nur von einem Kind (6,25%) zur Kategorie „Familie" zugeordnet. Die Darstellung eines Kuscheltieres mit einem Kind wurde von allen Kindern als Familienform abgelehnt.

Betrachtet man die Familienzuordnungen nach dem Lebensumfeld der Kinder werden von den Kindern auf dem Land nur die Mehrgenerationenfamilie häufiger als Familienform benannt. Kinder in der Stadt ordnen auch häufig die Konstellation der Ein-Eltern Familie, der Regenbogenfamilie und der Stief- und Adoptivfamilie dem Konstrukt „Familie" zu. Abbildung 2 bietet zunächst einen Überblick über die Zuordnungen, die dann nachfolgend genauer interpretiert werden sollen.

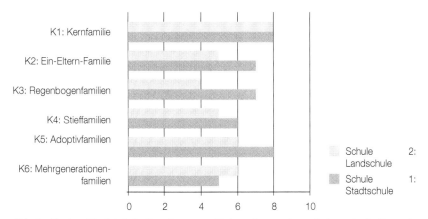

Abb. 2: Absolute Häufigkeit der Zuordnung verschiedener Personenkonstellationen in die Kategorie „Familie", abgegrenzt in Stadt- und Landkinder I.

Von den acht der befragten Kinder der ländlichen Schule sortierten fünf Kinder (62,5%) die Ein-Eltern Familien in die Kategorie „Familie" ein; bei der städtischen Schule waren es sieben Kinder (87,5%). Eine ebenso große Differenz zeigte sich bei der Einordnung der Adoptivfamilien – hier gaben sechs Kinder (75%) der ländlichen Schule an, eine solche Personenkonstellation für eine Familie zu halten, während an der städtischen Schule alle Kinder (100%) eine Familie in den gezeigten Personen sahen. Noch deutlichere Differenzen zeigten sich bei der Einordnung der Regenbogenfamilien. An der ländlichen Schule wurden diese von vier Untersuchungsteilnehmern (50%) als Familie gesehen, an der städtischen Schule hingegen von sieben Kindern (87,5%). Generell zeigte sich während der Durchführung der Struktur-Lege Technik, dass die Kinder der städtischen Schule durchgängig mehr der dargebotenen Bilder in die Kategorie „Familie" einordneten.

Die Ausnahme bildeten die Kategorien Mehrgenerationenfamilien, Geschwister und Freunde/Wahlfamilie. Diese Kategorien wurden von den Kindern der ländlichen Region öfter als Familie eingeordnet.

Die Gründe für die divergierenden Familienbilder der Stadt- und der Landkinder können vielfältig sein. Zum einen treffen in einem dicht bebauten Stadtteil sehr viel mehr Menschen aufeinander, als in einem von Grünflächen geprägten ländlichen Bereich. Als logische Konsequenz kommen die Bewohner/innen und somit auch bereits Kinder im Grundschulalter mit einer größeren Vielzahl an unterschiedlichen Lebensstilen in Berührung, die gemäß Schneider (2011, 83) auch offener und ostentativer ausgelebt und gezeigt werden.

Bei der Einordnung der Regenbogenfamilie muss jedoch zudem in Bezug auf die Landkinder eingeschränkt werden, dass zwei von ihnen (12,5%) die Darstellung der männlichen Regenbogenfamilie in die Kategorie „Familie" einordneten, aufgrund der Annahme, dass das Bild Sohn, Vater und Großvater darstelle, wie sich im begleitenden Interview zeigte. Diese Einordnungen wurden somit nicht zu dieser Kategorie, sondern zu den Mehrgenerationenfamilien hinzugerechnet. Dennoch zeigen diese Abweichungen ebenfalls ein klares Bild von den Einstellungen der jeweiligen Kinder. Während unter den städtischen Kindern keines war, das die Beziehung der beiden Männer in Frage stellte („Manche haben auch zwei Mamas oder zwei Papas, das ist ja kein Problem" (S1.5, Z. 13-14)) war diese für zwei Kinder des ländlichen Raumes nicht so wahrscheinlich wie ein Mehrgenerationenverhältnis („Bei diesem Bild hier habe ich zuerst gedacht, hmm, ich weiß ja nicht so ganz, aber dann dachte ich der hier hat ja etwas gräulichere Haare und dass das deshalb vielleicht einfach der Opa sein kann und dann ist das ja kein Problem" (S2.8, Z.36-38)). Diese Einordnung zeigt, dass, wie bereits statuiert, die Stadtkinder vielfältigere Familienformen kennen und für selbstverständlicher hinnehmen als die Landkinder. Ebenfalls auffällig war an dieser Stelle, dass solche „Verwechslungen" nicht bei Betrachtung der weiblichen Regenbogenfamilie auftraten. Diese Tatsache untermauert, dass Regenbogenfamilien in den meisten Fällen weiblich sind (vgl. Bergold/Buschner 2015, 18) und somit auch schon bereits für die Kinder, die allgemein mit dieser Familienform in Berührung kommen, vertrauter sind. Darüber hinaus wiesen einige Kinder in diesem Bereich bereits sachstrukturell geprägtes Wissen vor, welches ihre Meinungen zu den jeweiligen Regenbogenfamilien beeinflusste (z.B. „Das geht, weil Frauen Kinder kriegen können. Dann kann das die Tochter sein" (S2.4, Z. 25)).

Besonders während der Durchführung der Struktur-Lege Technik war des Weiteren auffällig, dass die Kinder Bilder, die Kinder mit Haustieren zeigten, öfter in die Kategorie Familie einordneten (insgesamt 62,5%) als sie dies mit Bildern von Gleichaltrigen/Geschwistern taten (insgesamt 37,5%). Jeweils fünf Kinder aus beiden Regionen ordneten die Haustiere dem Bereich „Familie" zu. Im Interview betonten jedoch die Kinder auf dem Land dennoch oftmals, dass ihre Haustiere nicht zur Familie gehören würden, während dies in der Stadt meist schon der Fall war. Vor allem die Kinder der Stadt wiesen ihren Haustieren den Status eines Familienmitgliedes zu (sechs Kinder=75%), während dies auf dem

Land nur ein Kind (12,5%) tat. Erklärungsmöglichkeiten ergaben sich hierfür aus dem Gespräch mit den jeweiligen Kindern. Demnach werden die Tiere, die in der ländlichen Region mit der Familie zusammen leben, teilweise noch immer eher als Nutz- anstatt als Haustiere gesehen. Hunde erfüllen beispielsweise Hütefunktionen („Der [Hund] ist immer draußen auf dem Hof" (S2.2 Z. 44-45)). Auch die Anzahl der Tiere scheint hier eine Rolle zu spielen. Während die Kinder aus dem städtischen Lebensraum angaben, ein oder zwei Haustiere zu haben denen sie sehr nahe stehen, gaben die Kinder aus der ländlichen Region häufiger an mehrere Tiere, vor allem Hunde und Katzen, zu haben und teilweise nicht einmal die Namen aller Tiere zu kennen („Wir haben drei Katzen, einmal Kille, das ist die Kleinste, dann Pelle, das ist die Dickste (lacht) und bei der Dritten weiß ich den Namen gar nicht [...] Und einen Hund haben wir noch, da weiß ich aber auch nicht wie alt der ist (.) Ich habe auch gerade vergessen wie der heißt" (S2.2 Z.39-44)). Ebenfalls auffällig war, dass auf dem Land Tiere schneller und häufiger ersetzt zu werden scheinen als in der Stadt, sodass nur selten eine individuelle starke Bindung zu dem jeweiligen Tier entsteht. Die Einordnung von einem Haustier in die Kategorie der Familie scheint überdies unabhängig davon zu sein, ob das Kind selbst ein Haustier besitzt. Auch diese Erkenntnis war überraschend, da davon ausgegangen werden sollte, dass Kinder die selbst ein Haustier besitzen, Haustiere generell eher zur Familie dazu zählen.

Eine weitere Besonderheit zeigte sich bei der Zuordnung der Bilder, die auch die Großeltern mit abbildeten. Bei der Durchführung der Struktur-Lege Technik ordneten sechs Kinder der Stadtschule (75%) und fünf Kinder der Landschule (62,5%) Abbildungen von Großeltern und ihren Enkelkindern in die Kategorie der Familie ein. Wie bereits erwähnt werden hier auch die Darstellungen der eigentlich als Regenbogenfamilie angedachten Personenkonstellation mit eingerechnet, wenn sie stattdessen als Mehrgenerationenfamilie gesehen wurden.

Die Kategorie der entfernteren Verwandten spielte für die meisten Kinder jedoch kaum eine Rolle. Kinder ordneten die Bilder, die größere Gruppen von Personen unterschiedlichster Generationen darstellten, kaum in die Kategorie „Familie" ein. Auffällig war hierbei, dass kaum eines der Kinder das während der Struktur-Lege-Technik dargebotene Bild der Stieffamilie stattdessen für eine Zusammensetzung von Tanten, Onkeln und Cousinen gehalten hat. Dies wäre ebenfalls eine logische Interpretation gewesen, kam jedoch für kaum ein Kind in Frage.

Literatur

Aeppli, J.; Gasser, L.; Gutzwiller, E.; Tettenborn, A. (2010): Empirisches wissenschaftliches Arbeiten. Ein Studienbuch für die Bildungswissenschaften. Bad Heilbrunn

Bergold, P.; Buschner, A. (2015): Zwei Mamas oder zwei Papas. Aufwachsen in Regenbogenfamilien. In: Wissen für Lehrer: FamilienLeben. Seelze. Nr. 205, S. 18-19

Bundesinstitut für Bau-, Stadt- und Raumforschung (2012). INKAR 2012. Berlin

Haumann, W. (2013). Lebenswelten und -wünsche. In: LandInForm – Magazin für ländliche Räume. 1 (2013), S. 16-17

Institut für Demoskopie Allensbach (IfD) Gesellschaft zum Studium der öffentlichen Meinung (2012): Allensbacher Markt- und Werbeträgeranalyse (AWA). Allensbach

Kröhnert, S. (2013): Familien zwischen Land und Stadt. In: LandInForm – Magazin für ländliche Räume. 1 (2013), S. 14-15

Landesamt für Statistik Niedersachsen (2017): Bevölkerung nach Alter, Geschlecht und Familienstand 2015. A I 3 – j / 2015. Hannover

Landesbetrieb für Statistik und Kommunikationstechnologie Niedersachsen (2010): Niedersachsen-Monitor – 2010. Hannover

Martschinke, S. (2011): Aufbau mentaler Modelle durch bildliche Darstellungen. Eine experimentelle Studie über die Bedeutung der Merkmalsdimension Elaboriertheit und Strukturiertheit im Sachunterricht der Grundschule. Münster

Peuckert, R. (2007): Zur aktuellen Lage der Familie. In: Ecarius, J. (Hrsg.): Handbuch Familie. Wiesbaden, S. 36-56

Schneider, N. F. (2011): Zur Zukunft der Familie in Europa: Vielfalt und Konvergenz. In: Bertram, H.; Ehlert, N. (2011): Familie, Bindungen und Fürsorge. Familiärer Wandel in einer vielfältigen Moderne. Regensburg, S. 251-266

Statistisches Bundesamt (Destatis) (2017): Kinderlosigkeit, Geburten und Familien. Ergebnisse des Mikrozensus 2016. Ausgabe 2017. Wiesbaden.

Stein, M. (2013): Familie und Familienentwicklung in Zahlen. In: Boos-Nünning, U.; Stein, M. (Hrsg.): Familie als Ort von Erziehung, Bildung und Sozialisation. Münster, S. 17-58

Steinhübl, D. (2005): Sag mir wo du wohnst... Risiken und Ressourcen unterschiedlicher Räume für Kinder. In: Alt, C. (2005): Kinderleben – Aufwachsen zwischen Familie, Freunden und Institutionen. Band 1: Aufwachsen in Familien. Wiesbaden, S. 239-276

Vorheyer, C. (2005): Wer gehört zur Familie? Strukturelle Charakteristika der familialen Netzwerke von Kindern. In: Alt, C. (2005): Kinderleben – Aufwachsen zwischen Familie, Freunden und Institutionen. Band 1: Aufwachsen in Familien. Wiesbaden, S. 23-44

Jugend auf dem Land:
Ausgewählte Bereiche und Themen

1 Wirtschaft und wirtschaftliche Teilhabe von Jugendlichen in ländlichen Räumen

Thomas Schneider

Herausforderung demographischer Wandel – Nachwuchssicherung durch Ausbildung

1 Überblick

Dieser Beitrag handelt über die aktuelle Problematik speziell in den struktur-schwächeren Landkreisen der neuen Bundesländer und der dort ansässigen Unternehmen im Hinblick auf die Besetzung offener Positionen und im Speziellen vakanter Ausbildungsplätze.

Die demographische Entwicklung in Verbindung mit der guten wirtschaftlichen Entwicklung und Auftragslage der Unternehmen stellt die Arbeitgeber vor große Herausforderungen, besonders im Bereich der qualifizierten Fachkräfte herrscht ein latenter Mangel.

Es werden unternehmensübergreifende sowie spezielle Maßnahmen einzelner Unternehmen dargestellt, Ausbildungsplätze adäquat zu besetzen und beispielhaft erläutert.

2 Die wirtschaftliche Lage – wachsende Fachkräfteengpässe gefährden Wohlstand und Arbeitsplätze

Fachkräftesicherung wird zunehmend zu einem entscheidenden Faktor wirt-schaftlichen Erfolgs von Unternehmen und ganzen Regionen. Im Oktober 2014 waren erstmals in der Geschichte Deutschlands mehr als 43 Millionen Menschen erwerbstätig, wie das statistische Bundesamt in Wiesbaden[1] mitteilte. Somit liegt

---

1 Destatis Statistisches Bundesamt; Pressemitteilung Nr. 442 vom 01.12.2015 (https://www.destatis.de/DE/PresseService/Presse/Pressemitteilungen/2015/12/PD15_442_132.html;jsessionid=AB8A3A09F2593258BE0AF2153210FA70.cae3)

die Erwerbstätigenquote bei 77,5 Prozent. Auch der Ifo Beschäftigungsbarometer kletterte auf den höchsten Stand seit fast drei Jahren[2].

Insgesamt könnten bis 2035 rund vier Millionen Arbeitskräfte fehlen, bereits 2020 wird die Lücke bei 1,7 Millionen liegen (vgl. Prognos 2013). Der Wohlstand in Deutschland wir dadurch massiv gefährdet, denn es drohen Wertschöpfungsverluste in Milliardenhöhe und Risiken für den Wirtschaftsstandort.

Aktuelle Modellrechnungen des Bundesinstituts für Berufsbildung (BIBB) und des Instituts für Arbeitsmarkt- und Berufsforschung (IAB) machen jedoch deutlich, dass gerade in der mittleren Qualifikationsebene – bei klassischen Berufen des dualen Ausbildungssystems – mit erheblich stärkeren Engpässen zu rechnen ist als im akademischen Bereich.

Aufgrund der demografischen Entwicklung im Segment der beruflich Qualifizierten werden zwischen 2012 und 2030 11,5 Millionen Erwerbspersonen aus dem Arbeitsmarkt ausscheiden. Gleichzeitig rücken aber nur 7 Millionen Personen nach (vgl. Zilka 2012).

Diese Zahlen belegen, dass die Debatte um den Fachkräftemangel zukünftig differenzierter und verstärkt mit dem Blick auf das Segment der beruflich Qualifizierten geführt werden muss. Denn gerade die Herausbildung einer exzellenten Facharbeiterschaft gehört zu Deutschlands zentralen Standortvorteilen, die im globalen Wettbewerb nicht leichtfertig aufs Spiel gesetzt werden sollte. Dennoch darf in der Diskussion um die Nachwuchskräfte der Zukunft die berufliche und die akademische Bildung nicht gegeneinander ausgespielt werden. Unternehmen benötigen unterschiedliche Qualifikationen und sind auf Absolventen beider Bildungsbereiche angewiesen.

2.1 Fakt ist, man kann auf keinen Jugendlichen verzichten

Das System der dualen Berufsausbildung in Betrieb und Berufsschule ist die tragende Säule der Fachkräftesicherung in Deutschland. Wegen des Mangels an Ausbildungsbewerbern in vielen Berufen schlägt ein breites Bündnis von Experten Alarm. Seit sieben Jahren in Folge gibt es mehr unbesetzte Ausbildungsstellen als unversorgte Bewerber. Zugleich gibt es wachsenden Andrang an den Hochschulen. Zählte man zum Beispiel 1993 noch 279.000 Studienanfänger pro Jahr, so sind es seit 2011 nun jährlich gut eine halbe Million. Inzwischen werden schon mehr Erstsemester begrüßt als Lehrlinge eingestellt (vgl. Osel 2015).

Die Zahl der unbesetzten Lehrstellen, die der Bundesagentur für Arbeit gemeldet sind, steigt seit Jahren an, von 17.255 im Jahr 2009 auf zuletzt 37.101 im Jahr

---

2 Stand: Januar 2015; Das ifo Beschäftigungsbarometer basiert auf ca. 9.500 monatlichen Meldungen von Unternehmen des Verarbeitenden Gewerbes, des Bauhauptgewerbes, des Groß- und Einzelhandels und des Dienstleistungssektors. Die Unternehmen werden gebeten ihre Beschäftigtenplanungen für die nächsten drei Monate mitzuteilen.

2014 (vgl. Berufsbildungsbericht 2015). In Deutschland gibt es 328 offiziell anerkannte Ausbildungsberufe.

2.2 Veränderungen auf dem Ausbildungsmarkt

Der Berufsbildungsbericht zeigt, dass sich der Ausbildungsmarkt verändert: 2013 wurden weniger Ausbildungsverträge abgeschlossen als im Vorjahr. Zugleich stieg die Zahl unbesetzter betrieblicher Ausbildungsplätze auf einen Höchststand. Eine zentrale Herausforderung stellen die zunehmenden Matchingprobleme am Ausbildungsmarkt dar (vgl. Berufsbildungsbericht 2015).

Aus Sicht der Vertreter der Arbeitgeber im BIBB-Hauptausschuss ist die Situation auf dem Ausbildungsstellenmarkt grundsätzlich positiv. Die duale Ausbildung stellt ein zentrales Instrument der Fachkräftesicherung dar. Nur wenn ausreichend Nachwuchskräfte ausgebildet werden, kann die wirtschaftliche Wettbewerbsfähigkeit der Unternehmen in der Zukunft gesichert werden. Der deutliche Anstieg unbesetzter Ausbildungsplätze bei der Bundesagentur für Arbeit der vergangenen Jahre von 20.700 (2011) auf 33.500 (2013) zeigt, dass den Betrieben zunehmend die geeinten Bewerber ausgehen. Auch laut BIBB-Qualifizierungspanel konnten 2013 etwa 43 Prozent der befragten Betriebe ihre angebotenen Ausbildungsstellen teilweise oder vollständig nicht besetzen – 2012 waren dies noch 37 Prozent, in 2011 35 Prozent. Die gleichzeitig gestiegene Zahl unversorgter Bewerber von 11.600 (2011) auf 21.000 (2013) macht die Herausforderung deutlich, Jugendliche und Betriebe besser zusammenzubringen (vgl. Berufsbildungsbericht 2015). Insgesamt verzeichnet der Ausbildungsmarkt im Jahr 2013 zum sechsten Mal in Folge mehr unbesetzte Lehrstellen als unversorgte Bewerber.

2.3 Die Anzahl derjenigen, die eine Ausbildung beginnen sinkt, die der Studienanfänger steigt

Im Jahr 2013 haben sich im Gegenzug mehr als 500.000 Erstsemester eingeschrieben. Damit bewegt sich die Zahl der Studienanfänger sogar knapp über dem Niveau der dualen Berufsausbildung, denn hier wurden zum Bilanzstichtag am 30. September rund 48.2000 Ausbildungsverträge von Industrie, Handel, Handwerk und freien Berufen gezählt. Dies sind 4,1 Prozent weniger als im Vorjahr, wobei die Zahl der betrieblich gemeldeten Ausbildungsstellen nahezu konstant geblieben ist (vgl. BAVC 2013).

Im Sommer 2007 begannen in Deutschland 624.000 junge Menschen eine berufliche Ausbildung, 361.000 schrieben sich für ein Studium ein. Das war über Jahre die gewohnte Größenordnung; fast doppelt so viele Auszubildende wie Studenten. Somit hat sich in einer knappen Dekade die deutsche Bildungslandschaft grundlegend verändert (vgl. Fischer 2015).

Vor diesem Hintergrund mehren sich die Stimmen, die von einer übermäßigen Akademisierung der Gesellschaft und einer Verdrängung der dualen Berufsausbildung warnen. Berufsorientierung ist das große Thema in vielen Schulen. Wir leiden an Überakademisierung. DIHK Chef Eric Schwietzer fordert eine Verknappung der Studienplätze (vgl. Greife 2015).

2.4 Die Wünsche der Auszubildenden

Viele Schüler haben Probleme bei der Berufswahl und suchen Rat bei den Eltern, wobei diese oft damit überfordert sind. Wie die Studie „Schule, und dann?" des Allensbach Instituts zeigt, wünschen sich die Schüler im Beruf selbst zu verwirklichen, gut bezahlt zu werden und einen sicheren Arbeitsplatz zu haben. Einen Beruf zu finden, der ihnen Spaß bereitet, ist Jungen und Mädchen gleich wichtig. Nur gut die Hälfte der Schüler in Deutschland (56 Prozent) fühlt sich ausreichend über ihre beruflichen Möglichkeiten informiert. Von denen, die Informationsdefizite beklagen, geben 54 Prozent an, nicht zu wissen, welche Berufe gute Zukunftsaussichten bieten.

Schüler legen Wert auf praxisnahe Informationen; Praktika und Gespräche mit Berufstätigen aus dem angestrebten Berufsfeld wurden von der überwiegenden Mehrheit (75 bzw. 63 Prozent) als die hilfreichsten Informationsquellen angegeben. Mehr als die Hälfte empfand zudem Informationstage und -angeboten von Unternehmen als hilfreich (53 bzw. 52 Prozent) (vgl. Allensbach 2014).

3 Der demographische Wandel

Prognosen sind überall schwierig, auf dem Arbeitsmarkt aber besonders. Dennoch ist der demographische Wandel in einigen Teilen Deutschlands derzeit im vollen Gange und er macht vor den Werkstoren nicht Halt.

Dabei weist die Bevölkerungsentwicklung große regionale Unterschiede auf. Besonders in den neuen Bundesländern verlieren die Gemeinden Einwohner. Hier schrumpfen im Durchschnitt 90 Prozent der Kommunen (vgl. BAuA 2015). Von diesem Schrumpfen werden alle Unternehmen in der einen oder anderen Form betroffen sein.

3.1 Die demographische Entwicklung in Ostdeutschland

Der Osten ist dem Westen in der demographischen Entwicklung etwa zehn Jahre voraus – dem Osten droht die Entvölkerung, zwar wachsen die Großstädte, für dünner besiedelte Regionen sieht es aber finster aus. Bis 2060 verlieren die neuen Länder 40 Prozent der Arbeitskräfte (vgl. Destatis 2015). Besonders in der Zeit nach dem Jahr 2030 wird der Bevölkerungsschwund deutlich.

Die demografischen Effekte sind viel drastischer als in Westdeutschland und viel gravierender auf dem Land als in der Stadt – manchen Regionen droht die Entvölkerung. Dabei ist das Problem nicht der Bevölkerungsschwund per se (2,5 Millionen Menschenhaben Ostdeutschland sein 1990 verlassen), sondern die Alterszusammensetzung derer, die geblieben sind. Es sind disproportional gut ausgebildete, jüngere Menschen abgewandert, zudem noch überproportional Frauen (ebenda).

So wird etwa die Einwohnerzahl Sachsen-Anhalts von heute gut 2,2 Millionen schon bis zum Ende des kommenden Jahrzehnts auf rund 1,9 Millionen schrumpfen. Im Jahr 2060 werden womöglich nicht einmal mehr 1,5 Millionen Menschen dort leben – das wäre ein Rückgang um mehr als ein Drittel.

Zusammen werden die fünf östlichen Flächenländer den Berechnungen zufolge von derzeit 12,5 Millionen bis 2060 auf 9,2 Millionen Einwohner schrumpfen. Das ist ein Rückgang um 26 Prozent.

Die Hauptstadt Berlin könnte bis 2050 eine Größe von 3,9 Millionen Einwohnern erreichen, eine halbe Million oder fast 15 Prozent mehr als zurzeit.

Hauptgrund der Schrumpfung in den Flächenländern ist der demographische Wandel, also der Umstand, dass Jahr für Jahr weniger Kinder geboren werden als Alte sterben. Für ländliche Regionen kommt aber noch erschwerend hinzu, dass ein steigender Anteil der Menschen vom Land in die Städte strebt.

Die größten Sorgen bereiten Bevölkerungsforschern die starke Schrumpfung im Osten, weil sich dort ein Prozess der Auszehrung selbst zu verstärken droht: Wo es kaum interessante Arbeitsplätze gibt, ziehen junge Menschen weg – und umso schwerer wird es für die örtliche Wirtschaft. Hiervon sind ebenfalls die kommunalen Einrichtungen, die örtliche Infrastruktur bis hin zu den kommunalen Finanzen betroffen. Davor hat jüngst das Bundesinstitut für Bau-, Stadt- und Raumplanung gewarnt (vgl. BBSR 2015).

Laut einer Studie des Bundesinstituts für Bevölkerungsforschung Wiesbaden ist der Frauenschwund in den neuen Ländern beispiellos in Europa. Denn in Scharen haben vor allem junge Leute in den 90er-Jahren und in einer zweiten Welle um die Jahrtausendwende die fünf neuen Bundesländer verlassen. Bevölkerungsforscher sprechen mittlerweile von einer halbierten Generation (vgl. Kühntopf/ Stedtfeld 2012).

3.1.1 Kleinere Gemeinden verlieren stark an Einwohnern

Berechnungen zufolge wird die Einwohnerzahl in Deutschland bis 2015 leicht auf 78,2 Millionen Menschen sinken und das Altern der Bevölkerung weiter fortschreiten. Die regionalen Unterschiede sind dabei aber groß. Einer immer größer werdenden Gruppe von schrumpfenden Kommunen steht eine kleiner werdende Gruppe wachsender Städte gegenüber.

Die Metropolen haben eine enorme Sogwirkung. Wissens- und wertschöpfungsintensive Branchen sind dort konzentriert und haben Vorteile im Wettbewerb um Fachkräfte, die strukturschwachen Regionen laufen Gefahr, wirtschaftlich weiter zurückzufallen. Vor allem die kleineren Gemeinden im ländlichen Raum sehen sich laut der Studie mit einer Negativspirale konfrontiert, denn das Ziel der Zuwanderung aus dem In- und Ausland sind oft prosperierende Metropolen und ihr Umland, während viele Mittel- und Kleinstädte kaum noch eine Perspektive haben. So stieg die Bevölkerung in den Großstädten von 2008 bis 2013 um 2,8 Prozent, während sie in mittelgroßen und Kleinstädten zurückging, im Osten sogar deutlicher als in Westdeutschland (vgl. Schwaldt 2015).

Ein hohes Minus weißen Mittelstädte in den ehemaligen industriellen Zentren Ostdeutschlands auf. Die drei am stärksten schrumpfenden Kommunen Hoyerswerda (Sachsen), Bitterfeld-Wolfen (Sachsen-Anhalt) und Eisenhüttenstadt (Brandenburg) verloren in nur fünf Jahren zwischen 2008 und 2013 ein Zehntel ihrer Bevölkerung (ebenda).

Sehr mobil scheint vor allem die Bevölkerungsgruppe der 18- bis 30-Jährigen zu sein. Sie ziehen für die Ausbildung und Karriere vornehmlich aus den Kleinstädten und Landgemeinden in die großen Zentren und Universitätsstädte. Im Gegensatz zu früheren Zeiten kehren sie nach einer abgeschlossenen Ausbildung deutlich seltener in ihre Heimatorte zurück (ebenda).

Dies hat natürlich auch Auswirkungen auf die Industrie und die Arbeitgeber der Regionen. So sein die Besetzung offener Stellen für 80 Prozent der ostdeutschen Firmen eine große Herausforderung. Auch die Abwanderung von Fachkräften fürchten demnach tendenziell mehr Unternehmen im Osten als im Westen (vgl. Bießenecker/Schäfer 2010).

Die Wirtschaft leidet schon jetzt unter einem Mangel an gut ausgebildeten Nachwuchskräften (vgl. Grünheid 2015). Nachfolgende Abbildung 1 zeigt die bisherige Veränderung der Bevölkerung Deutschlands über fünf Jahre (2008 bis 2013):

3.1.2 Beispiel Sachsen-Anhalt- Abwanderung bremst das Wachstum

In den 90er Jahren hat Sachsen-Anhalt gegenüber dem Westen wirtschaftlich enorm zugelegt. Allerdings verzeichnet derzeit kein anderes Bundesland so starke Abwanderung wie Sachsen-Anhalt. Dies hat ebenfalls zur Folge, dass der demographische Wandel sich schneller vollzieht als anderswo.

Die Alterung der Gesellschaft und die Abwanderung junger Menschen wirken sich massiv auf den dortigen Arbeitsmarkt aus. Zwischen 2009 und 2014 ist die Zahl der Beschäftigten unter 25 Jahren um ein Drittel auf knapp 60.000 zurückgegangen. Bundesweit ging der Anteil der Jüngeren nur um vier Prozent zurück. Das geht aus einer Studie hervor, welche die Bundesagentur für Arbeit in Halle zum „Internationalen Tag der Jugend" erarbeitet hat (vgl. Bratzke 2015 sowie vgl. Stoffregen 2015).

Stark rückläufig ist auch die Zahl der Auszubildenden, sie sank zwischen 2009 und 2014 um mehr als 36 Prozent von rund 42.800 auf 27.200. Bundesweit ging die Zahl nur um zehn Prozent zurück.

Wachsen und Schrumpfen von Städten und Gemeinden 2008 bis 2013 im bundesweiten Vergleich

Relative, Im bundesweiten Trend gamessann Entwicklung im Durchschnitt won 6 Indikatoren

■ wachsend in Relation zum Bundesmittel

■ tendenziell wachsend in Relation zum Bundesmittel

▨ Reine eindeutige Entwicklungsrichtung

▨ tendenziell schrumpfend in Relation zum Bundesmittel

▨ schrumpfend in Relation zum Bundesmittel

Betrachtete Entwicklungsindikatoren:
- Bevölkerungsentwicklung 2008-2013
- durchschnnillches Wandarungssaldo dar Janre 2009-2013
- Enlwicklung der Erwerbsfähigen 2008-2013
- Beschäftigtenentwicklung 2008-2013
- Entwicklung der Arbeitslosenquote 200-2013
- Entwicklung Gewerbesteuer2007/8-2012/13

Klassifizierung nach der Häufigkeit von Entwicklungsindikatoren im untersten (<20% aller Werte) und obersten (>20% aller Werte) Quintil
- wachsend 3-6 Indukatoren um untersten Quinil
- tendernziell wachsend 1-2 Indikatoren im obersten Quinil
- keine eindeutigeEntwicklungsrichtung. keine Indikatoren im untersten oder obersten Quintil
- tendenziell schrumpfend 1-2 Indikatoren im untersten Quinlil
- schrumpelnd 3-6 Indlhaioran im untersten Quinlil

Daienbasis. Laufende Raumbeobachtung des BBSR
Geometrische Grundlage BKG Einheitsgemeinden und
Gemeindeverbände 31.12 2013
Bearbeitung A. Milbert

Abb. 1: Wachsen und Schrumpfen von Städten und Gemeinden 2008 bis 2013 im bundesweiten Vergleich. Quelle: http://www.bbsr.bund.de/BBSR/DE/ Raumbeobachtung/Raumabgren-zungen/Wachs_Schrumpf_gem/Karte-Wachs-Schr.gif;jsessionid=53A454D19C27A1CE2D F63C7445D58554.live2053?__blob=poster&v=7

Die Landesregierung von Sachsen-Anhalt geht davon aus, dass künftig etwa 3.000 Ausbildungsplätze pro Jahr nicht mehr besetzt werden können. Ursache hierfür sind rückläufige Schülerzahlen. Auf 11.000 freie Lehrstellen werden bald nur noch 8.000 Schulabgänger ohne Abitur kommen.

Angesichts der Tatsache, dass es immer schwieriger wird, Fachkräfte zu finden, müssten junge Leute in der Region gehalten werden – sie müssen hier eine Entwicklungschance und eine sichere berufliche Perspektive erhalten.

Hierzu sollen Gymnasialschüler künftig mit Angeboten zur Berufsorientierung schneller herausfinden, ob sie studieren oder eine Ausbildung machen sollten. (vgl. Stoffregen 2015, II).

4 Maßnahmen zur Besetzung von Ausbildungsplätzen

Laut IAB gab es 2013 in Deutschland rund 4,9 Millionen Neueinstellungen. Im Osten waren dabei der Studie nach 37 Prozent der Neueinstellungen und im Westen 34 Prozent mit Problemen verbunden.

Diese Probleme traten nicht nur bei Positionen für Spezialisten und im Top-Management auf, sondern über alle Beschäftigungsgruppen hinweg. Um diese Probleme zu minimieren, werden Mittelständler bei ihrem Kampf um geeignete Auszubildende immer kreativer: Wir werden immer kreativer, erklärt Lutz Göbel, Präsident der Familienunternehmer. Die Ideen reichten von Gutscheinen für Fitnessstudios über die Kostenerstattung für die Monatskarte im öffentlichen Nahverkehr bis hin zu Schnupperkursen in der Chefetage, Diensthandy, Prämienzahlungen bis hin zur Werkswohnung oder zum Mietzuschuss. Immer mehr Arbeitgeber loben Prämien aus, wenn Mitarbeiter neue Mitarbeiter und Auszubildende werben (vgl. FAZ 2014 sowie Wagner 2015).

Auch zeichnet die IHK Firmen mit Gütesiegel aus, welche Kriterien erfüllen, um eine gute Ausbildung im Betrieb zu gewährleisten. Diese Auszeichnung stehe für Qualität und diene der Jugend als Signal für eine hochwertige Ausbildung. Diese Auszeichnung für die gute Ausbildung im Betrieb „Top-Ausbildungsbetrieb" erhielt beispielsweise im Dezember 2014 unter anderem das Unternehmen Solvay von der IHK Halle/Dessau in Sachsen-Anhalt (vgl. MZ 2014).

Auch aus der Politik gibt es verschiedenste Bestrebungen, den Unternehmen bei der Besetzung von Ausbildungsplätzen zu helfen. Brandenburgs Wirtschaftsminister Gerber plant beispielsweise verpflichtende Unterrichtstage einzuführen, in denen die Schüler Unternehmen und Berufsbilder kennenlernen können. Ziel der Initiative ist es unter anderem, dass die Schüler mit einer besseren Berufsbildung ihren Karriereweg in der Heimat machen und Brandenburg nicht den Rücken kehren. Auch warb der Wittenberger Landrat Torsten Uhe (Brandenburg) dafür, Oberstufenzentren zu erhalten, damit junge Leute eine heimatnahe Berufsausbildung absolvieren können.

4.1 Beispiele aus den Unternehmen Ostdeutschlands

Gerade Unternehmen im ländlichen Bereich Ostdeutschlands engagieren sich, um Nachwuchs zu sichern. Nachfolgend sind einige Beispiele und Maßnahmen einzelner Regionen aber auch Unternehmen aufgeführt, wie diese versuchen, sich bei der Suche von Auszubildenden zu positionieren.

4.1.1 Messen und Aktionstage

In vielen Regionen finden Aktionstage statt, am Beispiel des Raumes Apolda präsentieren sich am Tag der offenen Betriebe Unternehmen um Schülern Einblicke in die Produktion und Dienstleistungen zu geben.

Auch finden zentrierte Aktionen wie Messen statt. Bei der Ausbildungsmesse im Ständehaus in Merseburg mit dem Titel „Perspektive 2015" wurde unter anderem das sogenannte Speed-Dating angeboten. Dabei haben Bewerber und Ausbildungsbetrieb zirka zehn Minuten lang Gelegenheit sich auszutauschen und entscheidende Details zu klären. Oft werden dabei auch gleich Bewerbungsmappen durchgesehen.

Die Teilnahme an den „Girl´s Days – Mädchen-Zukunftstage" und „Boys´Days – Jungen-Zukunftstage" leisten nicht nur hinsichtlich der Lebens- und Berufsplanung für die jungen Menschen einen wichtigen Beitrag, sie dienen ebenfalls den Unternehmen die Bekanntheit unter den potentiellen Bewerbern zu erhöhen sowie sich als Arbeitgeber vorzustellen. (Der Girls – Boys Day sind parallel stattfindende Aktionstage zur Berufsorientierung speziell für Mädchen oder Jungen. Hierbei lernen die Jugendliche Berufe kennen, in denen ihr Geschlecht jeweils noch unterrepräsentiert ist).

4.1.2 Unternehmensbeispiele

In der PCK Raffinerie in Schwedt an der Oder/Brandenburg steht ein gewaltiger Generationswechsel an. Hierauf bereitet sich das Unternehmen unter anderem mit der regelmäßig stattfindenden „Nacht der Ausbildung" vor. Auch bietet die Raffinerie einer Arbeitsgemeinschaft zusammen mit anderen Unternehmen spannende Experimente für Schüler der Klassenstufen 7 bis 10. So sollen Einblicke in die Chemieberufe gegeben werden. Das Unternehmen hat ebenfalls Kooperationen mit lokalen Schulen abgeschlossen. Die Raffinerie sichert darin die fachliche Unterstützung im Seminarkurs Chemie, Betriebspraktika für Schüler, Betriebsbesichtigungen und Vorträge, Unterstützung bei Arbeitsgemeinschaften und mathematisch-naturwissenschaftliche Exkursionen zu. Bestandteil sind auch die PCK-Bürgervorlesungen, die Schule und Unternehmen gemeinsam vorbereiten. Bei der langen Nacht der Ausbildung mit Musik und Partyzelt zeigen junge Mitarbeiter Schülern, wie die Lehre in der Raffinerie funktioniert. Bei der jüngsten und damit siebten Nacht der Ausbildung kamen über 600 Besucherinnen und

Besucher. Gegenwärtig erlernen 78 Azubis in der Raffinerie ihren Beruf, in 2015 wurden 19 eingestellt.

Auch finden Infotage zur Ausbildung im nünchritzer Wacker Chemie-Werks in Sachsen statt. Hierzu gibt es Führungen durch das Werk, die jeweils 45 Minuten dauern und zu mehreren Berufen informieren. Daneben gibt es Infostände, die Fragen rund um die Ausbildung beantworten. Knapp 300 Besucher zählte die Wacker Chemie AG hierbei im Herbst 2015 (vgl. Sächs. Zeitung Riesa 2015).

Im Greizer Chemiewerk in Ost-Thüringen finden Einführungsveranstaltungen mit dem Namen „Check In" für neue Auszubildende des Akzo Nobel Konzerns statt. Für den Arbeitgeber ist die Ausbildung strategisch wichtig und daher fester Bestandteil des Talent-Managements.

Auch nahm das Unternehmen an der Ausbildungsbörse Gera sowie dem Berufsorientierungsmarkt in Reichenbach und dem Wirtschaftstag mit Ausbildungsbörse in Greiz teil (vgl. Ostthüringer Zeitung 2015).

Der Chemiepark Leuna mit der Infra-Leuna GmbH benötigt ebenfalls dringend Nachwuchs, da die neue Möglichkeit der Rente mit 63 die Ausbildungs- und Nachfolgeplanung etwas aufwirbelt. Hierfür veranstaltete das Unternehmen eine Aktion mit Lounge-Charakter zum Austausch und zur Vorstellung der angebotenen Lehrberufe.

Das Unternehmen Aeropharm öffnet zusammen mit anderen Unternehmen des Landkreises Rudolstadt regelmäßig die Pforten um am „Tag der Berufe" den Beruf des Chemielaboranten vorzustellen.

Bei BASF in Schwarzheide an der Lausitz wird regelmäßig im Juli und August eine Summerschool durchgeführt, bei der Acht- und Neuntklässler sich über das Unternehmen und die Ausbildungsangebote informieren können und Einblicke in die Chemieproduktion erhalten. Auch bietet das Unternehmen Exkulsivpraktika für Schüler der fünf Mintregio-Partnerschulen. Das Förderprogramm umfasst neben Spezial-Praktika auch berufsorientierte Exkursionen mit denen die Schüler Einblicke in Berufe erhalten. Hierdurch seien die Schulen ebenfalls besser in der Lage, sich stärker bei Jugend forscht einzubringen. Das Unternehmen stellte für das Ausbildungsjahr 2015 33 neue Lehrlinge ein.

5 Perspektive geben

In einer sich ständig ändernden Welt ist es vor allem für junge Menschen wichtig, Stabilität und Halt zu bekommen. All die vorgenannten Maßnahmen sollen dazu beitragen, jungen Menschen eine gute Zukunftsperspektive zu geben und die Leistungsfähigkeit des Industriestandortes Deutschland langfristig zu sichern – Ausbildung ist eine Investition in die Zukunft.

Literatur

Allensbach (2014): Schule, und dann? Herausforderungen bei der Berufsorientierung von Schülern in Deutschland. Eine Studie des Instituts für Demoskopie Allensbach im Auftrag der Vodafone Stiftung Deutschland, November 2014

BAuA (2015): Demografischer Wandel und regionale Betroffenheit – Die Arbeitsplatzsituation aus Sicht der Beschäftigten, Bundesanstalt für Arbeitsschutz und Arbeitsmedizin (BAuA), Faktenblatt 13

BAVC (2013): Ausbildungsmarkt, Talente und Potenziale richtig nutzen. BAVC-Informationsbrief. Wiesbaden

BBSR (2015): Bundesinstitut für Bau-, Stadt- und Raumforschung im Bundesamt für Bauwesen und Raumordnung. Forschung im Blick

Berufsbildungsbericht 2015 (2015): Bundesministerium für Bildung und Forschung (BMBF)

Bießenecker, S.; Schäfer, K. (2010): Deutschland 2020 – Fachkräftemangel bringt Beschäftigungsverluste, PricewaterhouseCoopers AG Wirtschaftsprüfungsgesellschaft (http://www.presseportal.de/pm/8664/1729589)

Bratzke, P. (2015): Gehen dem Agenturbezirk Halle die jungen Beschäftigten aus – Demografischer Wandel beinhaltet aber auch Chancen, Pressemitteilung der Agentur für Arbeit Halle. Presse Info (https://www.arbeitsagentur.de/web/content/DE/dienststellen/rdsat/halle/Agentur/Presse/Presseinformationen/Detail/index.htm?dfContentId=L6019022DSTBAI772016)

Destatis (2015): 13. koordinierte Bevölkerungsvorausberechnung. Bevölkerung Deutschlands bis 2060. Statistisches Bundesamt. Wiesbaden

FAZ (2014): Kopfgeld für die neuen Kollegen. Frankfurter Allgemeine Zeitung, 30

Fischer, K.; Härder, M. (2015): Das falsche Versprechen. Wirtschaftswoche, 28

Greive M.; Vitzthum, T. (2015): Wir leiden an Überakademisierung. Die Welt, 4

Grünheid, E. (2015): Regionale Aspekte des demografischen Wandels. Bundesinstitut für Bevölkerungsforschung. Wiesbaden

Kühntopf, S.; Stedtfeld, S. (2012): Wenige junge Frauen im ländlichen Raum: Ursachen und Folgen der selektiven Abwanderung in Ostdeutschland. Abschlussbericht. Bundesinstitut für Bevölkerungsforschung

MZ (2014): Solvay ist in Top-Liste der Ausbilder. Mitteldeutschen Zeitung, 9

Osel, J. (2015): Die Lehrlings-Lücke. Süddeutsche Zeitung, 6

Ostthüringer Zeitung (2015): Vier neue Auszubildende im Greizer Chemiewerk begrüßt, 16

Prognos (2013): Studie Arbeitslandschaft 2035 – Alternativszenarien und Reformmonitor im Auftrag der vbw – Vereinigung der Bayerischen Wirtschaft e. V.

Sächsische Zeitung Riesa (2015): Info-Tag zur Ausbildung bei Wacker, 6

Schwaldt, N. (2015): Pulsierende Metropolen, verödete Dörfer. Die Welt, 9

Stoffregen, M. (2015a): Sachen-Anhalts Firmen verlieren die Jugendlichen. Magdeburger Volksstimme, 6

Stoffregen, M. (2015 b): Regierung will Nachwuchslücke schließen. Magdeburger Volksstimme, 6

Wagner, B. (2015): Mit allen Tricks – Mittelständler werden immer kreativer bei ihrem Kampf um geeignete Auszubildende. Handelsblatt, 21

Zika, G. (2012): didacta-Bildungsmesse. Forum Ausbildung und Qualifikation. Beruf und Qualifikation im Jahr 2025 – Ergebnisse einer BIBB/IAB-Modellrechnung. Hannover

Lukas Scherak, Margit Stein und Detlev Lindau-Bank

Regionale Strategien zur Attraktivitätssteigerungen ländlicher Regionen bei Jugendlichen – das Beispiel des Landkreises Vechta

1 Ausgangslage

1.1 Gesellschaftlich-demographische Entwicklungen in ländlichen Räumen Deutschlands

Insgesamt zeigt sich gemäß der Daten des United Nations World Population Programmes UN/WPP (2012) dass bis zum Jahre 2050 bezogen auf ganz Deutschland ein eindeutiger Bevölkerungsrückgang zu verzeichnen sein wird, welcher im Jahr 2010 seinen Anfang fand. Die Bevölkerung in Deutschland wird nach der Prognose der Vereinten Nationen bis zum Jahr 2050 um circa 9% (von 82.302.000 auf 74.781.000) zurückgehen. Bei der städtischen Bevölkerung ist jedoch ein Zuwachs zu erkennen. Das Bundesinstitut für Bau-, Stadt- und Raumforschung (2012) weist für Deutschland 80 Großstädte, 609 Mittelstädte, 2550 Kleinstädte und 1310 ländliche Gemeinden und Gemeindeverbände aus. Bei einem Rückblick auf die fünf Jahre von 2005 bis 2010 manifestiert sich der Bevölkerungsrückgang insbesondere in den ländlichen und kleinstädtischen Gebieten:

„Betrachtet man eine Bevölkerungsveränderung von plus/minus einem Prozent im Fünfjahreszeitraum von 2005 bis 2010 als Stabilität, so haben während dieser Zeitspanne etwa zwei Drittel der ländlichen Gemeinden und Kleinstädte, etwa die Hälfte aller Mittelstädte aber nur 32 Prozent aller Großstädte Bevölkerung verloren. Ein Bevölkerungswachstum von mehr als einem Prozent ließ sich in 35 von 80 Großstädten registrieren. Etwa 20 Prozent der deutschen Mittelstädte sind noch gewachsen, Von den Kleinstädten und ländlichen Gemeinden hingegen konnten lediglich 14 Prozent Einwohner hinzugewinnen. Die Bevölkerung verlagert sich also tendenziell in städtische Zentren." (Kröhnert 2013, 14)

Das World Population Programme der Vereinten Nationen bietet Vorausberechnungen bis zum Jahr 2050: Während im Jahr 1950 in Deutschland 46.558.000 Personen in städtischen Gebieten lebten, werden dort im Jahr 2050 voraussichtlich 61.186.000 Personen wohnen. Das heißt die städtische Bevölkerung wird voraussichtlich um etwa 24% ansteigen. Die ländliche Bevölkerung zeigt hingegen einen Rückgang.

Tab. 1: Bevölkerung in Deutschland nach strukturräumlichen Gesichtspunkten (nach Statistisches Bundesamt 2012)

	insgesamt	*Ostdeutschland*	*Westdeutschland*
Städtisch	35,00%	37,83%	40,91%
Halbstädtisch	42,00%	30,51%	39,30%
Ländlich	23,00%	31,66%	19,79%

Dennoch kann man bezogen auf Deutschland nicht a priori davon ausgehen, dass es in den ländlichen Gebieten keinerlei Bevölkerungswachstum geben wird. Hinsichtlich eines regionalräumlichen Vergleichs zeigt sich eine starke regionale Differenzierung der Wachstumsraten – auch in ländlichen Regionen. Während man noch in der Bevölkerungsstatistik in den 1970er Jahren häufig davon ausging, dass sich die ländlichen Räume bis zum Jahr 2000 stark ausdünnen würden und Phänomene der Landflucht, wie sie aus anderen europäischen Staaten bekannt sind, auch in Deutschland stattfinden werden, muss diese Haltung mittlerweile revidiert werden (Becker 2011). Becker geht davon aus, dass es neben ländlichen Regionen in Deutschland, die weiterhin stark von Abwanderungsbewegungen betroffen sind, auch immer Wachstumsregionen gibt, die eine hohe Zuwanderung verzeichnen, so dass Becker (2011, 35) von einem „Nebeneinander von Schrumpfung und Wachstum" spricht: „Abwanderungen aus ländlichen Räumen haben phasenweise die Entwicklung in ländlichen Räume immer begleitet [und sind] derzeit vor allem ein Phänomen in ostdeutschen ländlichen Räumen mit prototypischen Charakterzügen auch für andere ländliche Räume" (Becker 2011, 30). Oftmals werden, wenn überhaupt regionalräumliche Differenzierungen in Projekten vorgenommen werden, a priori ländliche Regionen prinzipiell als problematische Regionen hinsichtlich Arbeitslosigkeit sowie generellen Lebenschancen angesehen. Projekte und Maßnahmen fokussieren zumeist auf strukturschwache ländliche Gebiete, während ländliche strukturstarke Gebiete oftmals nur mangelhaft berücksichtigt werden. Dies gilt sowohl für die gesellschaftspolitischen Maßnahmen als auch die wissenschaftliche Betrachtung.
Im Rahmen des Beitrags wird beispielhaft eine regionale Strategie einer strukturstarken, hoch agrarisch geprägten Region vorgestellt, um zu einer Attraktivitätssteigerung bei Jugendlichen zu gelangen.

1.2 Zur demographischen Entwicklung im Landkreis Vechta

Der zu erwartende demographische Entwicklung in der Bundesrepublik wird im Landkreis Vechta bundesweit einzigartig mit einer gemeinsamen Strategie der kreisangehörigen Städte und Gemeinden begegnet, die als sozialpolitische Herausforderung und Chance zugleich gesehen wird.

Die Herausforderung besteht darin, dass viele der bundesweit als effektiv prognostizierten und umgesetzten Maßnahmen keineswegs so wirksam wie erwartet waren und möglicherweise den Besonderheiten des Landkreises Vechta als ländliche Region einerseits und agrarindustrielle Wirtschaftsregion andererseits nicht gerecht werden.

Während in der Bundesrepublik 1964, dem geburtenstärksten Jahr, noch 1.357.304 Kinder geboren wurden, erreichte die Geburtenzahl 2011 einen historischen Tiefstand von 662.712 Geburten. Von den 662.712 geborenen Kindern haben 1/3 einen Migrationshintergrund.

Entgegen der Annahme, dass die Geburten durch Betreuungs- und Elterngeld gefördert würden, ist nun festzustellen, dass die angesprochen Familienförderungsmaßnahmen nicht den gewünschten Erfolg mit sich bringen. 1964 wurde das Kindergeld erst ab dem 2. Kind gewährt. Heute bekommt eine Familie bereits für das 1. Kind 184 € und dennoch geht die Geburtenrate stark zurück. Das Elterngeld als Lohnersatzleistung richtet sich eher an bildungsnahe und akademische Familien. In sogenannten gutverdienenden Familien sollten Mütter animiert werden, schneller als bisher in den Beruf zurückzukehren, weshalb das frühere bis zu 24 Monate gezahlte Erziehungsgeld abgeschafft und so die vergütete Elternzeit verkürzt wurde. Und tatsächlich kehrten die „Elterngeld-Mütter" nach der einjährigen Babypause früher und häufiger in den Erwerbsberuf zurück; gleichzeitig bekamen sie seltener als die übrigen Frauen innerhalb von fünf Jahren nach der Geburt eines Kindes ein weiteres. Das Elterngeld ist daher keine Maßnahme, um den Geburtenrückgang zu stoppen, weil eher die „Ein-Kind-Familie" gefördert wird. Familien mit mehreren Kindern sind darauf angewiesen, dass ein Elternteil zu Hause bleiben kann. Darüber hinaus legt das Elterngeld die ökonomisch sinnvolle Überlegung nahe, zunächst ein möglichst hohes Einkommen zu erzielen und dann erst ein Kind zu bekommen und das Elterngeld, das einkommensabhängig berechnet wird, zu beantragen. Dadurch verschieben Eltern die Familiengründung auf einen möglichst späten Zeitpunkt. Väter und Mütter kinderreicher Familien entscheiden sich aber in der Regel möglichst früh für Kinder (Fuchs 2014, 336ff.).

Um dem Geburtenrückgang entgegenzuwirken müsse eine Mutter durchschnittlich 2,5 Kinder bekommen. Die Herausforderung besteht also darin, geeignete Maßnahmen zu identifizieren, um Strukturen zu schaffen, welche die Familienfreundlichkeit von Kommunen erhöhen – auch im ländlichen Bereich.

Aufgrund landkreisspezifischer Besonderheiten lässt sich laut Kösters (2012) feststellen, dass der demographische Wandel im Landkreis Vechta erst später einsetzen wird als in anderen Regionen. Die Chance der Strategie des Landkreises Vechta besteht also darin, von anderen Regionen zu lernen.

Nach den Ausführungen von Kösters (2012) verfügt der Landkreis Vechta über drei Besonderheiten:

1. Im Gegensatz zu anderen ländlichen Regionen wächst der Landkreis Vechta.
2. Das Durchschnittsalter der Bevölkerung beträgt derzeit 39 Jahre, während bundesweit ein Altersdurchschnitt von 45 Jahren gelte. Auch 2030 wird das durchschnittliche Alter im Landkreis Vechta (45 Jahre) deutlich unter dem Bundesdurchschnitt (50 Jahre) liegen.
3. Im Landkreis Vechta gibt es ein großes Potential an jungen Erwachsenen.

Die Frage des Landkreises Vechta bezüglich der Gestaltung des demographischen Wandels ist also nicht „ob" sondern „wie".

Im Zuge eines im Kreishaus durchgeführten Workshops im Jahr 2012 sind vier Handlungsfelder für den Landkreis Vechta erarbeitet worden:

1. Familienfreundlichkeit
2. Gesundheit
3. Bildung
4. Willkommenskultur

Zurzeit ist unter der Familienfreundlichkeit die Vereinbarkeit von Arbeit und Betreuung der Kinder zu verstehen. Dies wird sich jedoch im Laufe der Jahre in die Vereinbarkeit von Arbeit und Pflege ändern. Daher soll zunächst ein Klima der Familienfreundlichkeit geschaffen werden. Auf die vorhandenen Familienstrukturen zur Kinderbetreuung kann wegen der räumlichen Distanz nicht mehr zurückgegriffen werden, so dass man die Verlässlichkeit in Unterstützungsmöglichkeiten fördern muss. Zur Fachkräftegewinnung könne man in Stellenausschreibungen die vorhandenen Betreuungsmöglichkeiten erwähnen. Nur durch die aktive Zuwanderung sei die Differenz zwischen Abgang und Geburten ausgleichbar.

Die von den Teilnehmer/innen des Workshops entwickelten Leitziele zur Familienfreundlichkeit im Landkreis Vechta bis 2030 sind:

1. Der demographische Wandel wird auf allen Ebenen gelebt und unterstützt.
2. Betreuung generationsübergreifend an 365 Tagen.
3. Förderung von Familienstrukturen/Generationsverantwortung.

Als Jahresziele 2013 zur Familienfreundlichkeit im Landkreis Vechta wurden festgehalten:

1. Demographiepakt übergeordnet für alle Themenfelder auf kommunalpolitischer Ebene.
2. Einrichtung einer Koordinierungsstelle für alle Familien- und Seniorenbüros.
3. Erarbeitung eines Förderprogramms für generationsübergreifendes Wohnen.

Das letzte Jahresziel sei zudem bedeutsam, da bis heute nur 3% aller Wohnungen für ältere Menschen geeignet seien. Hinsichtlich des Handlungsfeldes Gesundheit wird darauf hingewiesen, dass es immer mehr kranke und pflegebedürftige Menschen gibt und hierfür das Engagement des Menschen oder der Maschine erforderlich ist, um diesem demographischen Wandel zu begegnen. Generell muss das Gesundheitssystem zu einem Gesundheitsförderungssystem umgewandelt werden, da die Multimorbiditätsprognose für 2050 eine aktive Vorbeugung der stark ansteigenden Morbidität herausfordert.

Die von den Teilnehmer/innen des Workshops entwickelten Leitziele zur Gesundheit im Landkreis Vechta bis 2030 sind:

1. Sicherstellung einer ausreichenden ärztlichen Versorgung.
2. Ausschuss „Soziales und Gesundheit" bilden und Sicherstellung einer ausreichenden gesundheitlichen Förderung jeden Alters.
3. Stärkung der häuslichen Pflege.

Die von den Teilnehmer/innen des Workshops entwickelten Leitziele zur Bildung im Landkreis Vechta bis 2030 sind:

1. Frühe individuelle Förderung von Kindern ist gesichert.
2. Schulische und außerschulische Bildung für junge Menschen.
3. Lebenslanges Lernen ist Standard.

Die von den Teilnehmer/innen des Workshops entwickelten Leitziele zur Willkommenskultur im Landkreis Vechta bis 2030 sind:

1. Der Landkreis Vechta hat ein positives Image und ist attraktiv.
2. Jeder identifiziert sich mit dem Landkreis Vechta (und fühlt sich hier wohl). Es sind Strukturen für eine funktionierende Integration vorhanden.
3. Im Landkreis Vechta sind genügend Fachkräfte vorhanden.

Generell besteht für den Landkreis Vechta, der wirtschaftlich stark wächst, ein hoher Bedarf an Fachkräften. Ein großes Ziel ist es deshalb, Jugendlichen und jungen Menschen zu einem Verbleiben in dieser ländlichen Region zu bewegen beziehungsweise junge Fachkräfte zum Zuzug zu bewegen. Um hierfür geeignete Strategien zu entwickeln, wurde 2013 der EU teilfinanzierte „Regionale Jugendbericht" erstellt. Nach Kösters (2012) sind die folgenden vier Zielgruppen zur Befriedigung des Fachkräftebedarfs unentbehrlich:

• Frauen,
• Ältere Menschen,
• Zugewanderte und Zuwanderer,
• Jugendliche ohne Schulabschluss und
• Menschen mit Behinderung.

Die Projektstudie diente der Vorbereitung einer systematischen regionalen Jugendberichterstattung mit dem Schwerpunkt Fachkräftegewinnung. Dies steht im engen Zusammenhang mit dem Ziel der EFRE-Förderrichtlinie und den entsprechenden Aktivitäten des Landkreises zum Thema „Regionale Wettbewerbsfähigkeit und Beschäftigung".

2 Eckpfeiler der vorzubereitenden regionalen Jugendstudie

Die Regionale Jugendberichterstattung leistet einen wichtigen Teilbeitrag zur Weiterentwicklung der Zukunftsfähigkeit des Landkreises Vechta und trägt zur Fundierung sozial- und wirtschaftspolitischer Entscheidungen bei; hierbei steht die regionale Wettbewerbsfähigkeit und Beschäftigung im Vordergrund. Dabei geht es im Besonderen um die Passung von Fachkräftebedarf und Fachkräfteerhebung von in der Region ansässigen KMU einerseits und potentiellen Zukunftsvorstellungen, Interessen, Motiven und Kompetenzen von Jugendlichen und jungen Erwachsenen andererseits. Dadurch soll eine erhöhte und zielgenauere Ausschöpfung des Fachkräftepotentials in der Region gewährleistet werden. Die Projektstudie sollte Hinweise für das nachfolgende Forschungsprojekt geben, indem eine regionale Datengrundlage für ein zielgenaueres Programm-Monitoring und für die Steuerung der Maßnahmen gegen einen drohenden Fachkräftemangel geschaffen wird. Die betriebliche Wettbewerbsfähigkeit von KMU soll durch die Entwicklung von spezifischen und betriebsbezogenen Weiterbildungskonzepten gefördert werden, um die Aus- und Weiterbildungsinfrastruktur im LK Vechta zu verbessern. Dabei sollen verstärkt die Bereiche des E-Learning, die digitale Integration und eine E-Kultur im Fokus stehen.

2.1 Bestandsanalyse/Status quo Erhebung

Der Regionale Jugendbericht thematisierte erstens die Frage, wie der Landkreis aus Sicht seiner jungen Bewohnerinnen und Bewohner zwischen 12 und 24 Jahren, welche die Entwicklung in den nächsten Jahrzehnten gestalten werden, wahrgenommen wird, insbesondere hinsichtlich seiner Attraktivität für die eigene private und berufliche Zukunft.

2.2 Bedarfsanalyse/Gestaltungsanalyse

Die Regionale Jugendstudie thematisierte zweitens, wie der Landkreis aus Sicht der jungen Bewohnerinnen und Bewohner gestaltet und gesteuert werden muss, um den auf Zukunft gerichteten beruflichen Bedürfnislagen der Jugendlichen vor Ort gerecht zu werden und die für die „Boomregion" Vechta dringend benötigten Fachkräfte an den Landkreis zu binden und sie in ihrer Berufsorientierung zu fördern. Auf der Grundlage dieser Erkenntnisse sollte ein Kriterienkatalog für zukünftige politische und wirtschaftliche Entscheidungen entwickelt werden.

2.3 Herausforderung Fachkräfteentwicklung

Der Nachteil repräsentativer bundesweiter Jugendstudien ist, dass sie die spezifischen Lagen und Herausforderungen Jugendlicher und junger Erwachsener in ländlichen Regionen vielfach verkennen (Stadt-Bias) und diese nur unzureichend abbilden können. In diesem Sinn leistet das hier vorgestellte Forschungsvorhaben sowohl einen anwendungsorientiert-politischen Beitrag als auch einen wissenschaftlichen Beitrag zur Entwicklung passgenauer Erhebungsinsrrumente und grundlegender Analysen im Sinne anwendungsorientierter Forschung für die ländliche Jugendberichterstattung.

Bildung eines Beirats: Zur Förderung der Kooperation und Abstimmung von Landkreis Vechta und Universität Vechta wurde ein Beirat gebildet.

3 Projektumsetzung

3.1 Darstellung des Forschungsvorhabens der Projektstudie

Die projektierte „Regionale Jugendberichterstattung" für den Landkreis Vechta ist ein innovatives Forschungsvorhaben, das drei Intentionen verfolgte:

1. Aufbau einer repräsentativen, regelmäßigen, wissenschaftlich fundierten und sozialpolitisch relevanten **Jugendberichterstattung** zur Lage der Jugendlichen und jungen Erwachsenen im Landkreis Vechta
2. Erhebung relevanter Daten zur **Fachkräftegewinnung** durch die schwerpunktmäßige Erhebung von Daten zur beruflichen Zukunftsplanung und Bleibeorientierung Jugendlicher und junger Erwachsener sowie der Arbeitskräftemobilität im Landkreis Vechta.
3. Aufbau einer **Längsschnittstudie** um ein realistisches Bild über die Wirkungen und Zusammenhänge von demografischen Daten, Einstellung Jugendlicher und junger Erwachsener sowie deren tatsächlichen Berufsentscheidungen zu erhalten.

Im Rahmen der Projektstudie wurden Experteninterviews mit den Mitgliedern des Beirats, Vertreter/innen der Industrie- und Handelskammern, Berufsschullehrerinnen und -lehrern, Vertreter/innen von KMU und größeren ortsansässigen Unternehmen und mit Jugendlichen und jungen Erwachsenen im Alter von 15-24 Jahren durchgeführt. Ziel war es die Ergebnisse der Experteninterviews zur Entwicklung eines quantitativen Erhebungsinstrumentes zu nutzen.

Auf der Basis der Daten, die vorwiegend aus den Experteninterviews mit Jugendlichen hervorgingen, wurden Items zur Beschreibung der objektiven Lebenslagen und der subjektiven Lebensstile der 12- bis 24-Jährigen formuliert. Damit für die kommunalen Planungen und Vorhaben in den Bereichen Wirtschafts-, Bildungs-, Familien-, Jugend- und Arbeitsmarktpolitik relevante Daten erhoben werden können, war die Expertenbefragung von Vertreter/innen aus den oben genannten Bereichen essentiell.

Dabei gingen die Autor/innen davon aus, dass die regionalen Besonderheiten so bedeutsam sind, dass allein eine Orientierung an nationalen Jugendstudien oder Studien zum Fachkräftemangel nicht ausreichend sind, sondern dass diese Ergebnisse nur als Grundlage für ein regionsspezifisches Erhebungsdesign dienen können. Darum wurde im Zuge der beantragten Projektstudie eine ausführliche Literaturrecherche durchgeführt, mit dem Ziel ein für den Landkreis Vechta relevantes quantitatives Erhebungsinstrument zu entwickeln und gleichzeitig die nationalen Tendenzen zu berücksichtigen.

3.2 Vorgehensweise

Zur Umsetzung der Projektstudie wurden fünf Arbeitspakete vorgeschlagen, die im Wesentlichen die Aufarbeitung des Forschungsstandes, die Durchführung einer Delphi-Studie sowie die Entwicklung eines Befragungsdesigns für die regionale Jugendberichterstattung im Landkreis Vechta beinhaltet.

Dazu wurden insgesamt 24 semi-strukturierte Interviews durchgeführt. Die inhaltliche Strukturierung ergibt sich aus der Auswertung der nationalen Jugendstudien sowie der Vorarbeiten der Autor/innen. Dabei wurden grundsätzlich zwei Interviewleitfäden formuliert. Zum einen ein Leitfaden für die Jugendlichen und jungen Erwachsenen mit dem Fokus auf die Erhebung von Lebenslagen und Einschätzungen sowie Berufsvorstellungen. Zum anderen wurde ein Leitfaden für Vertreter/innen gesellschaftlich und regional relevanter Gruppen erarbeitet. Beide Leitfäden wurden an die jeweiligen Voraussetzungen und Expertisen der Befragten angepasst. Folgende Befragtengruppen wurden interviewt:

Jugendliche und junge Erwachsene:
3 Personen im Alter von 15-18 Jahren: „Schüler/innen"
5 Personen im Alter von 19-21 Jahren: „Berufsschüler/innen und Auszubildende"
5 Personen im Alter von 22-24 Jahren: „Berufsanfänger/innen"

Vertreter/innen relevanter Gruppen:
2 Vertreter/innen von regionalen KMU
2 Vertreter/innen von regionalen Großunternehmen
1 Vertreter/innen von Handelskammern
2 Berufsschullehrer/innen

1 Vertreter/innen des Landkreises (Wirtschaftsförderung; Jugendamt)
1 Vertreter/innen außerschulischer Bildungseinrichtungen
2 Vertreter/innen sozialer Einrichtungen

Die Teilnehmerinnen und Teilnehmer der Projektstudie wurden aus den Netzwerken der Antragssteller/innen rekrutiert und sollten gleichzeitig auch für die Mitarbeit im Beirat für die „Studie zur regionalen Jugendberichterstattung" gewonnen werden. Es wurden spezifische Problemlagen bei Jugendlichen mit Migrationshintergrund und jungen Müttern sowie das Thema Inklusion berücksichtigt.

Zu Projektbeginn wurde eine Literaturrecherche durchgeführt und erste Gespräche geführt mit Expert/innen der Arbeitsagentur, dem Landkreis sowie sozialen Trägern. Die Ergebnisse wurden im Projektteam diskutiert und erste Hypothesen über aktuelle Fragestellungen im Landkreis generiert. Dadurch kamen bei der Kernfragestellung „Aufbau einer Jugendberichterstattung" zum einem das Thema „Jugendliche mit Migrationshintergrund" und zum anderen das Thema „junge Mütter" hinzu.

In der Literatur und zahlreichen empirischen Studien wird darauf hingewiesen, dass Jugendliche echte Partizipation erleben wollen, damit sie sich engagieren. Ein vom Landkreis organisierter Zukunfts-Workshop für Jugendliche konnte kurze Zeit vor Projektstart mangels Beteiligung nicht durchgeführt werden.

Die Themenbereiche soziales Engagement und Wahrnehmung der (sozialen) Umwelt der Jugendlichen wurde ebenfalls besonders berücksichtigt. Für die Kernfragestellung „Fachkräftegewinnung" sind diese beiden Punkte ebenfalls relevant, denn Jugendliche der sogenannten Generation Y möchten sich mehr im Unternehmen einbringen und selbstständig agieren können.

Für die Entwicklung der *Delphi-Studie* wurden zunächst vom Projektteam Fragen für die verschiedenen Zielgruppen gesammelt und in mehreren Iterationsschritten drei Fragebögen für Jugendliche, Lehrkräfte und Institutionen erstellt.

In der ersten Beiratssitzung bekamen die Mitglieder des Beirats ausführlich die Gelegenheit, ihr Feedback zu den Fragen sowie den geplanten Interviews zu geben. Empfohlen wurden darüber hinaus Interviews mit sozialen Trägern, da relativ viele Jugendliche dort mit unterschiedlichen Hilfeanliegen vorstellig werden.

Der Beirat bestand aus 17 Mitgliedern, die in Abstimmung mit dem Landkreis ausgewählt und eingeladen wurden. Die Mitglieder kamen aus Großunternehmen (3), KMU (3), Bildungsinstitutionen (3), Jugendliche (2), Soziale Träger (2), Zivilgesellschaft (1), Finanzwirtschaft (1) und IHK (1). Als Gäste waren zwei Vertreter des Landkreises aus der Wirtschaftsförderung sowie dem Jugendamt dabei.

Um zusätzlich zu den Interviews mit Jugendlichen eine breitere Datenbasis zu bekommen, wurde ein Konzept für *Zukunftswerkstätten in Schulen* entwickelt, die im Rahmen einer Doppelstunde stattfinden können. Hierbei wurden gegenwärtige Einstellungen und Problemlagen sowie die Zukunftsvorstellungen der Jugendlichen auf Karten abgefragt und gemeinsam diskutiert. Ein erster Durchlauf in einer Schule in Vechta war erfolgreich und fand bei den Schüler/innen sehr positive Resonanz. Da sie sich noch wenig Gedanken über ihre beruflichen Vorstellungen in der Region gemacht hatten, fanden sie es sehr spannend, diese miteinander zu teilen.

4 Darstellung ausgewählter Ergebnisse

Hauptergebnis der Studie ist ein vertiefter Einblick in die Problemlagen von Jugendlichen in der Region, woraus sich ein anderer Zugang zur Lösung des Problems Fachkräftemangel ergeben kann. Dies wurde möglich durch eine kontinuierliche Rückkoppelung der Erkenntnisse und Interpretationen aus den Interviews mit Jugendlichen, Unternehmen und Expert/innen an die Beteiligten im Forschungsprojekt sowie durch die Diskussionen im Beirat.

4.1 Regionale Herausforderungen sind bekannt

Durch die Rückkoppelung der Erkenntnisse aus den Interviews in die Gruppendiskussionen des Beirats wurde auch die Wahrnehmung des Problems „Fachkräftemangel in der Region" verändert. Das Problem entsteht weniger exogen (mangelnder Zuzug von Fachkräften) als durch verschiedene Faktoren in der Region. Dadurch kamen stärker regionale Lösungsansätze in den Blick.

Schüler/innen und Auszubildende, die einen Migrationshintergrund haben bzw. früh Eltern geworden sind und damit nicht einer „Normal"-Biographie entsprechen, haben besondere Schwierigkeiten beim Übergang in das Berufsleben.

Vielen Jugendlichen fällt der Übergang von Schule in Ausbildung und Beruf schwer. Manchmal werden Entscheidungen für unpassende Lehrstellen getroffen, die dann in einem Abbruch der Ausbildung münden. Aber auch schon einfache Defizite in Berufsschule oder der Praxis können – wenn nicht entsprechende Ansprechpartner oder Unterstützung im Unternehmen vorhanden ist – im Laufe der Zeit zu erheblichen Problemen in der Ausbildung führen und den gesamten Ausbildungserfolg in Frage stellen. Dies ist soweit nicht neu und auch wenig überraschend.

4.2 Regionale Lösungsansätze sind weniger bekannt

Interessanter dagegen war die Erkenntnis, dass einige Unternehmen und Institutionen der Region bereits wegweisende Modelle entwickelt haben, um Jugendlichen die Wahl des richtigen Ausbildungsplatzes zu erleichtern. Dort hat sich die Einsicht durchgesetzt, dass sich bei entsprechender Förderung wertvolle Mitarbeiter entwickeln und qualifizieren lassen, auch wenn deren Eingangsqualifikationen nicht dem normalerweise gewünschten Standard entsprechen.

So haben zwei große Unternehmen im Landkreis durch gezielte Ansprache von Sonderschüler/innen, ein längeres Kennenlernen durch Praktika und anschließende intensive Begleitung während der Ausbildung sehr gute Erfahrungen bei der Entwicklung von Mitarbeitern gemacht. Diese Mitarbeiter werden z.B. als Maschinenführer im Kollegenkreis als kompetent und zuverlässig geschätzt. Aber auch Handwerksbetriebe haben sehr gute Erfahrungen gemacht, wenn sie den praktischen oder sozialen Fähigkeiten bzw. dem Potential der Jugendlichen bei der Einstellung mehr Beachtung gegeben haben als eventuell vorhandenen schlechten Schulnoten.

Zur Verdeutlichung zwei Beispiele aus den Interviews:

- eine Sonderschülerin hatte über eine Fördermaßnahme eine Ausbildung als Maler- und Lackiererin begonnen. Von den Kollegen bekam sie im ersten Lehrjahr die Rückmeldung, dass sie handwerklich schon alles könne, was die anderen in drei Jahren lernen. Ihr Chef schätzte ihre hohen praktischen Fertigkeiten genauso wie ihre Zuverlässigkeit und Umsichtigkeit. Da sie einen Führerschein besitzt, vertraute er ihr nach kurzer Zeit auch Fahrzeuge, Material bzw. bei Bedarf den Transport von Kollegen an. Förderunterricht für die Berufsschule bekommt sie nicht, weil statt der erforderlichen drei Schüler nur zwei zusammen kommen.

- in einem Autohaus war ein Schüler ohne Abschluss einer weiterführenden Schule in Ausbildung genommen worden, der dort wegen Mobbing Probleme hatte. Der Geschäftsführer ist vom Engagement und den sozialen Kompetenzen dieses Auszubildenden sehr angetan. Auch viele Kunden haben sich bei ihm sehr positiv über die guten Umgangsformen des jungen Mannes geäußert. Da es auch fachlich in den „schlechten" Schulfächern keine Probleme gibt, stellt sich die Einstellung des Jugendlichen für den Betrieb als voller Gewinn dar.

Um den Jugendlichen einen erfolgreichen Abschluss ihrer Ausbildung zu ermöglichen hat sich in großen und kleinen Unternehmen bewährt, eine/n feste/n Ansprechpartner/in während der Ausbildung zur Verfügung zu stellen. Dieser sollte im regelmäßigen Kontakt mit den Jugendlichen sowohl auf der fachlichen Ebene als auch in einem persönlich guten Kontakt stehen. Ein gegenseitiges Verständnis über rein fachliche Themen hinaus fördert (Selbst-)Vertrauen und Zusammenhalt im Unternehmen. Große Unternehmen bieten ihren Jugendlichen zu Beginn der Ausbildungszeit dann beispielsweise eine Woche Kennen-Lernen, Selbst-Erfahrung und Team-Training außerhalb des Unternehmens an. Kleine Unternehmen können hier aber auch durch einfache Maßnahmen ihre Wertschätzung zeigen: eine eigener Spind oder persönliche Werkzeugkisten können leicht umgesetzt werden.

Über den jeweiligen Betrieb hinaus bieten sich gerade durch überbetriebliche Zusammenarbeit hervorragende Möglichkeiten der Förderung von Jugendlichen an.

Dies sowohl innerhalb derselben Branche als auch gezielt in der Zusammenarbeit verschiedener Branchen.

Für die Zusammenarbeit innerhalb einer Branche hat das von der EU geförderte Projekt „El Mechanico" herausragende Ergebnisse in der Region gezeigt. Auszubildende des KFZ-Gewerbes bekamen das freiwillige Zusatzangebot, in einem Club zusammenzukommen und fachliche Unterstützung in Theorie und Praxis zu erhalten. Darüber hinaus gab es Angebote wie gemeinsame Freizeitangebote, Exkursionen zu Messen und Herstellern oder Verkehrssicherheitstrainings. Damit wurde insgesamt die Ausbildung aufgewertet, was sich auch in deutlich verbesserten Prüfungsergebnissen und verringerten Durchfallquoten wiederspiegelt. Das Konzept hat sich bewährt. Möglichkeiten für eine Übertragung auf andere Branchen werden von der Handwerkskammer eruiert.

Für eine erfolgreiche Zusammenarbeit über Branchen hinweg steht das Beispiel eines Großunternehmens der Region, das seine Auszubildenden im 2. Lehrjahr für mehrere Wochen in einem Sozialunternehmen der Region mitarbeiten lässt. Diese Erfahrung einer anderen Organisationskultur wird intensiv mit den Jugendlichen reflektiert und fördert nachhaltig deren Sozialkompetenzen. Besonders leistungsfähige Auszubildende bekommen von diesem und anderen Unternehmen die Möglichkeit angeboten, eine Zeit lang im Ausland bei Tochter- oder Partnerunternehmen mitzuarbeiten.

Um die richtungsweisenden Ansätze vieler Unternehmen der Region auch für andere zugänglich zu machen, wurden 120 Unternehmen des Landkreises angeschrieben und um ihre Rückmeldung zu ihren Programmen und Maßnahmen zur Gewinnung und Förderung von Fachkräften befragt. Die Strategien wurden in einer Publikation aufbereitet und der Wirtschaftsförderung des Landkreises zugänglich gemacht.

4.3 Jugendliche wollen Verantwortung

Die Machbarkeitsstudie lässt auch erkennen, dass es auch wichtig ist, den Jugendlichen Verantwortung zu übertragen und Möglichkeiten anzubieten, an Herausforderungen zu wachsen. Gerne engagieren sich die Jugendlichen dann bei Bedarf auch weit über das geforderte Maß hinaus. Diese sogenannte „Generation Y" braucht gleichzeitig Sicherheit und Herausforderung bzw. Struktur und Freiräume. Sie wollen durchaus Karriere machen, die aber nicht unbedingt hierarchisch ausfallen muss. Persönliche und berufliche Entwicklung sollen in einer individuellen Lebensplanung in Balance sein. Zu starke Normierung bzw. fehlende Freiräume für eigene Bedürfnisse und Interessen werden von den Jugendlichen mit feinen Antennen wahrgenommen. Finden Sie ein „echtes" Interesse an ihrer Person vor und bekommen die entsprechenden Möglichkeiten zur Entwicklung angeboten, dann finden auch Unternehmen in unattraktiven Branchen genügend Bewerber. Das spricht sich unter den Jugendlichen herum und so werden die besonders engagierten Unternehmen schon vor Schaltung der offiziellen Ausbildungsplatz-Angebote mit Bewerbungen überschwemmt.

Sicherlich ist es für Großunternehmen aus finanzieller und personeller Sicht leichter ihren Auszubildenden entsprechende (Betreuungs-)Angebote zu machen. Da aber auch kleine und mittlere Unternehmen bzw. Handwerksbetriebe solche Angebote erfolgreich auf die Beine gestellt haben, ist die grundlegende Frage aber die der Unternehmenskultur: welche Rolle haben Auszubildende im Unternehmen und welchen Rahmen sollen sie für ihre Entwicklung angeboten bekommen?

Mit der richtigen Einstellung kann im Laufe der Zeit aus jedem Auszubildenden ein wertvoller und geschätzter Mitarbeiter heranwachsen. Mehrere große und kleine Unternehmen der Region sind bekannt für ihre erfolgreiche Ausbildungsarbeit und kommunizieren auch offen darüber. Die den Jugendlichen entgegenbrachte Wertschätzung führt häufig zu überdurchschnittlichem Engagement. Dennoch nutzen in der Region nur relativ wenige Unternehmen die vielfältigen Instrumente zur Gewinnung und Förderung von Auszubildenden.

4.4 Regionale Potentiale ausschöpfen

Als insgesamt sehr problematisch wird die zunehmende Streichung von Mitteln und Personal gesehen. Auch sind viele Ausbildungsgänge in den letzten Jahren überarbeitet worden und haben jetzt andere Lehr- und Lernzyklen. Teilweise wurde die Ausbildungsdauer verkürzt.

Da viele Jugendlichen ohnehin Schwierigkeiten mit den vermittelten Ausbildungsinhalten und dem Schulstoff haben, ergibt sich in den Berufsschulen zusammen mit dem fehlenden Lehrpersonal eine teilweise katastrophale Gesamtsituation. Die Ergebnisse in den Abschlussprüfungen sind dann so schlecht, dass man nach Auskunft einer Prüferin die Kandidaten auch per Zufallsprinzip von der Straße hätte auswählen können. Die Berufsschulen gehen daher jetzt proaktiv in Ausbilderkreisen auf die Unternehmen zu, um wieder mehr Qualität in die Ausbildung zu bekommen.

Viele Jugendliche sind zeitlich und inhaltlich durch Schule oder Ausbildung stark eingespannt. Gelegentlich führt dies zu dauerhaftem Stress. Exemplarisch dafür zwei Beispiele aus den Interviews:

- eine Auszubildende berichtete von einer kontinuierlichen 6-Tage-Woche in einem Ausbildungsberuf, der ohnehin zu den sehr gering vergüteten Branchen zählt. Hier hatten im neuen Ausbildungsjahr im Vergleich zu ihrem Jahrgang dann auch zwei Drittel weniger eine Ausbildung begonnen. Vor ihrer Ausbildung hatte sie bereits nach Aufgabe ihrer ersten Ausbildung zehn Monate als Praktikantin im selben Unternehmen gearbeitet, wodurch sie praktisch ab dem dritten Lehrjahr als voll ausgebildete Arbeitskraft eingesetzt wurde.
- eine alleinerziehende Mutter hatte im laufenden Jahr 2013 bis Mitte Oktober nur zwei Urlaubstage genehmigt bekommen mit Hinweis auf ihre berufstätigen

Kollegen. Ohne massive Unterstützung ihrer Familie könnte sie diese Ausbildungssituation nicht aufrechterhalten.

Die Jugendlichen fühlen sich in Schule und Ausbildung oft stark unter Druck gesetzt. Da sie durch die zeitliche Mehrbelastung wenig Zeit für soziale Aktivitäten wie z.b. Engagement im Verein haben, gibt es hier auch Defizite in der Entwicklung sozialer Kompetenzen. Dies wird von der Schule über die Berufsschule bis hin zu den Ausbildungsbetrieben wahrgenommen. In der Abschlusssitzung des Beirats wurden von zwei Mitgliedern des Beirats zwei Förderkonzepte vorgestellt: zum einen ein Angebot von mehrtägigen kostenlosen Sozialtrainings für Schüler/innen und Auszubildende und zum anderen ein Mentorensystem für Ausbildungsplatzsuchende mit Migrationshintergrund.

Das Problem fehlender sozialer Kompetenzen kann gut von den Familienunternehmen der Region angegangen werden. Eine familiäre und faire Kultur im Umgang miteinander fördert das Selbstvertrauen der Jugendlichen und reduziert die Zahl der Ausbildungsabbrecher/innen. Da aber auch in vielen Familienunternehmen die Nachfolger fehlen bzw. die Unternehmen sich mehr und mehr am Markt orientieren müssen, nimmt die familiengeprägte Kultur und deren Fördermöglichkeiten ab.

Jugendliche mit Migrationshintergrund haben durch das bekenntnisorientierte Schulsystem Nachteile in der Integration. Auch später bei der Ausbildungsplatzsuche gibt es deutliche Nachteile. Die 3. Generation fühlt sich anders als ihre Eltern und Großeltern gegenwärtig im Landkreis nicht integriert. Hier sollte in Unternehmen mehr Diversity-Mangement betrieben werden. Um mehr Offenheit zu erzeugen, wurde die Idee im Beirat vorgetragen, mehr Jugendliche für Praktika in andere Unternehmen oder auch ins Ausland zu schicken, um eigene kulturelle Differenzerfahrungen zu erleben. Als positives Beispiel für mehr kulturelle Vielfalt wurde die Zusammenarbeit der drei Gymnasien in Vechta erwähnt, die dadurch ihren Schüler/innen ein großes und sehr attraktives Angebot an Leistungsfächern machen können.

Angeregt wurde eine stärkere Vernetzung von Schulen, Berufsschulen und Unternehmen. Auch die Eltern sollten angesprochen werden, da das informelle Lernen zu Hause für die Jugendlichen wichtig ist. Die Jugendlichen sollen ihr eigenes Veränderungspotential erkennen und die Veränderungsprozesse selbst mehr mitgestalten. Ziel ist eine stärkere soziale Integration und die Entwicklung einer Kultur von Toleranz und Offenheit. Davon profitieren Unternehmen und die Region, wenn sie am Weltmarkt agieren.

Ein erstes einfaches Hemmnis auf dem Weg zu mehr Offenheit liegt in der teilweise eingeschränkten Mobilität: für Jugendliche ohne eigenes Fahrzeug ist es schwierig zu den Berufsschulen und zurück zu kommen. Der Landkreis sollte besonders zur Förderung der Mobilität der Jugend Maßnahmen ergreifen. Das neue

ÖPNV-Angebot „ moobil+" mit flexiblen Fahrtrouten in der Zeit von 7-19 Uhr wird mit Spannung erwartet. Auch in den Interviews mit Schüler/innen spielten die Mobilitätshemmnisse in der Region öfters eine negative Rolle.

Insgesamt ist das Niveau für Ausbildungsvergütungen sowie Löhne und Gehälter in der Region eher unterdurchschnittlich. Aus Sicht der Unternehmen wird argumentiert, dass durch die niedrigeren Lebenshaltungskosten für Mitarbeiter und Auszubildende zusammen genommen ein überdurchschnittlicher Lebensstandard in der Region möglich ist.

Dieses Konstrukt muss an mehreren Stellen hinterfragt werden: so sind beispielsweise Mietwohnungen vergleichsweise teuer und für Singles (die überwiegende Lebensform junger Erwachsener) oft unerschwinglich. Insgesamt gibt es zu wenige Miet-Immobilien auf dem freien Markt. Nur über Beziehungen bzw. Makler sind Wohnungen für neue Mitarbeiter/innen zu finden. Große Unternehmen behelfen sich, in dem sie selber Wohnungen anmieten und ihren neuen Mitarbeitern in der Anfangszeit zur Verfügung stellen. Hier wird eine flexiblere und langfristige Siedlungsplanung gewünscht, die sich weniger am Eigenheimbau orientiert.

4.5 Imagewandel für Jugendliche sichtbar machen

Das Image des Landkreises ist durch verschiedene Ereignisse negativ geprägt und erleichtert nicht den Zuzug von Menschen außerhalb der Region. Mit der seit Sommer 2013 geführten Diskussion über schlecht bezahlte Niedriglohnarbeit hat sich das Image als „Güllehauptstadt" zusätzlich verschlechtert. Auch Themen wie Antibiotikaeinsatz oder Gewässerschutz laufen immer wieder durch die deutsche Presse. Dies macht es für große und kleine Unternehmen schwierig, neue Mitarbeiter zu gewinnen. Der Landkreis wird das Problem mit externer Hilfe angehen und eine Imageanalyse durchführen. Inwieweit Jugendliche und junge Erwachsene angemessen angesprochen und als Zukunftsgeneration Teil einer solchen Imagekampagne, die nicht an der Oberfläche bleiben soll, werden können zeigen schon einige wenige Ergebnisse unserer Machbarkeitsstudie.

Danach sollen gezielter positive Aspekte wie z.B. große Musikveranstaltungen heraus gestellt und nach außen kommuniziert werden. Auch das „Anders-Sein" in der Region, das möglicherweise tiefe kulturelle Wurzeln hat, sollte als Potenzial genauer untersucht und entsprechend genutzt werden.

In den Gruppendiskussionen wurde die Möglichkeit geboten, in symbolhafter Form die Kultur des Landkreises Vechta darzustellen. Mehrfach in verschiedenen Varianten wurde die Auffassung geteilt, dass man im Landkreis eine starke Orientierung nach innen mit eigenen kulturellen Wertvorstellungen hat. Bei genauerem Hinsehen sind diese auch durchaus sehr vielfältig, wobei es eine geringe Durchlässigkeit für Ortsfremde gibt. Dies ist teilweise auch schon für Einwohner des Landkreises beim Umzug vom Nordkreis in den Südkreis spürbar. Insgesamt wurde eine große Bandbreite deutlich:

- sehr alte lokale Traditionen (Stoppelmarkt) treffen auf hochmoderne, am Weltmarkt agierende Unternehmen.
- dem ökonomischen Boom gegenüber stehen große Probleme bei der sozialen Integration von Schüler/innen mit eingeschränktem Leistungsvermögen in Ausbildung und Beruf.
- die ökologischen Kapazitäten der Region sind vielerorts erschöpft (Umkippen des Dümmer, Versorgungsengpässe bei Wasser in Quantität und Qualität), dennoch wird die Intensiv-Landwirtschaft weiter ausgebaut.
- durch die tiefe Verwurzelung im katholischen Glauben und die Region gibt es relativ wenig Offenheit für Menschen mit anderem regionalen oder kulturellen Hintergrund (die 3. Generation von Menschen mit Migrationshintergrund fühlt sich nicht integriert)

4.6 Willkommenskultur in der Region Oldenburger Münsterland – Erste Effekte

Um Neuankömmlingen den Start und das Einfinden in der Region zu erleichtern soll eine Kultur der Offenheit entwickelt und eine „Willkommenskultur" stärker gepflegt werden. Dazu sollen auch frühzeitig in Schulen soziale Kompetenzen gestärkt werden. Nach Meinung einiger Unternehmen am besten schon in der Grundschule oder im Kindergarten. Durch die Bekenntnis-Grundschulen besteht nur wenig Kontakt zu Kindern mit anderem Glauben bzw. Kultur. Dafür ist an den staatlichen Grundschulen der Anteil überproportional. Dem Sport kommt daher im Landkreis eine wichtige Funktion zu. Das Thema `Integration´ wird vom Landkreis an geeigneten Stellen weiter bewegt.

An die Integrationsbeauftragte des Landkreises wurden Kontakte zu Akteur/innen und Konzepte zu Integrationsförderung (Training für soziale Kompetenzen, Ausbildungsplatzlotsen mit eigenem Migrationshintergrund) aus dem Pilotprojekt heraus vermittelt.

Neben der Integration von Migrant/innen kommt der Förderung junger Mütter und Familien eine besondere Bedeutung zu. Circa ein Drittel von ihnen sucht Hilfe bei sozialen Trägern aus verschiedenen Gründen. Für alleinerziehende Mütter ist die Situation besonders schwierig, da sie nicht der allgemeinen Norm einer „Normalbiographie" entsprechen. In den stark von traditionellen Werten geprägten Vorstellungen von Familie und Ehe haben junge unverheiratete Mütter – insbesondere wenn sie alleinerziehend sind – einen schweren Stand. Sie müssen sich auf einem Arbeitsmarkt behaupten, der wenig Rücksicht auf die Belange von Kindern, Müttern und Familien nimmt. Es gibt kaum Angebote für junge Mütter, ihre Ausbildung in Teilzeit zu absolvieren können. Gegenwärtig bieten das, nach Auskunft von zuständigen Akteur/innen für familienfreundliche Unternehmen, nur zwei Unternehmen in der Region an.

Auch Alleinerziehende bzw. Familien, bei denen nicht ein Elternteil für die Betreuung der Kinder zur Verfügung steht, sehen sich erheblichen Problemen durch inflexible Betreuungsstrukturen ausgesetzt. Es gibt zu wenig Angebote für Kleinkinderbetreuung, wenn in Wechselschicht gearbeitet wird. Mitarbeiter würden wegen inflexibler Angebote, dann ein Jahr in der Frühschicht arbeiten und das nächste Jahr in der Spätschicht, weil es keine passenden Angebote zur Kinderbetreuung im Vorschulalter gibt. Aber auch die Nachmittagsbetreuung in Schulen deckt nicht die Bedarfe von Mitarbeitern, die Vollzeit arbeiten möchten. Ein Großunternehmen berichtete, dass es über 50 Arbeitszeitmodelle für Mitarbeiter in Teilzeit habe. Für die Vereinbarkeit von Familie und Beruf wird hier mehr Flexibilität bei den betreuenden Institutionen gewünscht. Mit hohem Zeit- und Energieaufwand engagieren sich einige Unternehmen in Diskussionen mit den jeweiligen Betreuungsinstitutionen vor Ort. Gewünscht wird eine stärkere Förderung von Tagesmüttern, weil diese besonders flexibel sind.

Von Seiten der sozialen Institutionen wurde eine stärkere Vernetzung der verschiedenen Institutionen angeregt. Damit soll ein institutionelles Übergangsmanagement ermöglicht werden, das anders als der gegenwärtig individuelle Ansatz eine effektivere Zusammenarbeit ermöglicht.

In der Abschlussdiskussion des Beirats wurde dies ausführlich diskutiert. Gut wäre eine Definition von Zielen: Wie will man die Jugendlichen in Schule und Ausbildung fördern?

Anschließend sollte dann definiert werden, womit das erreicht werden kann. Damit sollte man dann von der kurzfristigen `Von-Projekt-zu-Projekt´-Kultur wegkommen. Beispielsweise läuft zurzeit die Förderung der Schulsozialarbeit durch das Land aus und die Anschluss-Finanzierung ist nicht geklärt. Eine Kommission ähnlich dem Beirat mit Vertretern von Unternehmen, Schulen, Kommunen und sozialen Trägern sollte dann entscheiden, was vordringliche Projekte sind und diese dann langfristig verfolgen.

Beispielsweise liegen schon seit längerem Pläne in der Schublade, eine Produktionsschule in der Region aufzubauen. Diese würde sowohl bei der Betreuung schwieriger Einzelfälle sehr hilfreich sein als auch die Orientierung von Schüler/innen und Jugendlichen erleichtern, die noch nicht so genau wissen, was für sie der richtige Berufsweg ist. Das Konzept der Produktionsschulen hat sich in Deutschland vielerorts sehr bewährt. Angesichts der boomenden Region Vechta sicherlich eine lohnenswerte Investition, die viel Zeit in der beruflichen (Um-) Orientierung von Jugendlichen spart.

Eine andere Möglichkeit zur Förderung der Berufsorientierung von Jugendlichen besteht durch eine Ausweitung der Praktikumskultur in Schulen. Schwer vermittelbare Jugendliche sollen stärker in ihren Potentialen gefördert werden. Dafür bedarf es auch einer stärkeren Transparenz der Arbeit von Integrationshelfern und Berufseinstiegsbegleitern in Schulen und Betrieben.

Für Betriebe sollte die Stelle eines Vernetzungsvermittlers geschaffen werden. Dieser Ausbildungsspezialist unterstützt dann insbesondere KMU in der spezifischen Förderung ihrer Auszubildenden.

Es sollte eine Studie erstellt werden mit den Projekten im Landkreis und ihrer regionalen Wirkung: Welche gibt es, wofür sind sie notwendig, wie werden sie finanziert? Damit soll ein Überblick geschaffen werden um besser steuern zu können. Insbesondere der Schulsozialarbeit kommt angesichts der schon bekannten und den zu erwartenden Aufgaben eine große Bedeutung zu. Die Unterstützung der Jugendlichen sollte möglichst früh, niedrigschwellig und lokal vor Ort erfolgen.

5 Transfer der Ergebnisse und Ausblick

Durch die Pilotstudie konnte zum ersten Mal ein erster Einblick in die spezifische Situation Jugendlicher in der Region Vechta gewonnen werden. Zusammen mit den Diskussionen im Beirat wurde daraus ein differenziertes Bild des Problems Fachkräftemangel in der Region entwickelt.

Die Ergebnisse der Interviews mit Jugendlichen fanden bereits Einfluss in die Diskussion der Problemlagen und möglicher Lösungsansätze von Unternehmen, der Kommune und in regionalen Netzwerken. Es konnten erste Ansätze zur Förderung der Bleibeorientierung der Jugendlichen herausgearbeitet werden.

Aus den Interviewleitfäden mit überwiegend offenen Fragen wurde für die Hauptstudie ein Online-Fragebogen entwickelt. Dieser kann dann in Zusammenarbeit mit einem Institut für flächendeckende Befragungen im Landkreis aber auch in anderen ländlichen Kommunen eingesetzt werden.

Die Vernetzung der Akteur/innen im Landkreis konnte deutlich verbessert werden. Die Vertreter im Beirat begrüßten den Austausch und die gemeinsame Diskussion, da man in dieser Zusammensetzung noch nicht zusammen gesprochen hatte. Daher wurde beschlossen, den Beirat unter dem Dach des RCE OM/Regional Center of Expertise Oldenburger Münsterland fortzuführen.

Durch die Zusammenführung vieler Perspektiven wurde insbesondere deutlich, dass eine stärkere Integration verschiedener Institutionen notwendig ist. Die Notwendigkeit gemeinsamen Handelns wurde allen Akteur/innen deutlich, da es vielfältige Abhängigkeiten der Probleme und beteiligten Akteur/innen gibt, die langfristig bearbeitet werden müssen.

Der beim Pilotprojekt gewählte Ansatz wurde bei einem Regionaltag eines anderen Landkreises vorgestellt und mit großem Interesse aufgenommen.

Es gibt mehrere Anfragen von Universitäten und Instituten, die Ergebnisse der Pilotstudie auf wissenschaftlichen Konferenzen vorzustellen und zu diskutieren.

Von Seiten der beteiligten Institutionen und Unternehmen sowie der Jugendlichen wurde deutlich gemacht, dass man sich bewusst ist, dass Änderungen der Ausbildungskultur einige Zeit brauchen wird. Daher sind die Jugendlichen bereit im Rahmen der Längsschnittstudie in den kommenden Jahren an Interviews teilzunehmen. Die Mitglieder des Beirats fanden die Zusammenarbeit sehr produktiv und haben in der Abschlusssitzung für eine Fortführung des Beirats plädiert. Gerne würden sie ein genaueres Bild der Projekte und Steuerungsmöglichkeiten im Landkreis gewinnen um daraus eine nachhaltige Förder-Strategie zu entwickeln.

Literatur

Becker, H. (2011): Einfluss demographischer und ökonomischer Rahmenbedingungen auf die Entwicklung ländlicher Räume. Vortrag bei der ARL-LAG Baden-Württemberg. Bad Wimpfen am 07. April 2011

Bundesinstitut für Bau-, Stadt- und Raumforschung (2012): INKAR 2012. Berlin

Fuchs, S. (2014): Gesellschaft ohne Kinder. Woran die neue Familienpolitik scheitert. Wiesbaden

Kösters, W. (2012): Strategisch Zukunft steuern! Den demographischen Wandel als Chance im Wettbewerb ergreifen. Präsentation im Kreistag des Landkreises Vechta am 12.07.2012

Kröhnert, S. (2013): Familien zwischen Land und Stadt. LandInForm – Magazin für ländliche Räume. 1, 14-15

Statistisches Bundesamt (2012): Auszug aus dem Gemeindeverzeichnis – Statistisches Bundesamt Wiesbaden 2012. Stadt-Land-Gliederung nach Fläche und Bevölkerung (http://www.destatis.de)

United Nations (2012): World Urbanization Prospects: The 2011 Revision. Department of Economic and Social Affairs, Population Division (http://esa.un.org/unpd/wup/CD-ROM/Urban-Rural-Population.html)

2 Politik mit und für Jugendliche in ländlichen Räumen

Frank Tillmann

Teilhabechancen von Jugendlichen in ländlichen Räumen – Eine indikatorengstützte Abbildung räumlicher Disparitäten

Das Aufwachsen von Jugendlichen in ländlichen Regionen Deutschlands vollzieht sich – ungeachtet des Verfassungsgebots einer Gleichwertigkeit von Lebensbedingungen – unter sehr unterschiedlichen Voraussetzungen. Dabei sind es gerade junge Menschen zwischen 18 und 22 Jahren, die als Schlüsselgruppe für die regionale demografische Entwicklung zu betrachten sind. Denn in diesen Altersjahrgängen schlägt der Wanderungssaldo der Landkreise, also ihre Bilanz aus Zu- und Fortzügen, besonders deutlich aus (Beierle et al. 2016). Dabei sind gerade junge Menschen für die Vitalität ländlicher Regionen von besonderer Bedeutung (Höhne 2015).
Im Rahmen des von der Bundesbeauftragten für die neuen Bundesländer geförderten und vom Deutschen Jugendinstitut e.V. durchgeführten Forschungsprojekts „Jugend im Blick – Regionale Bewältigung demografischer Entwicklung"[1] wurden u.a. landkreisbezogene Kenndaten analysiert, welche die Teilhabechancen von Jugendlichen in ländlichen Räumen abzubilden geeignet sind. Dies geschah zunächst für die acht Untersuchungsstandorte, für die im Zuge des Forschungsprojekts Fallstudien erstellt worden waren[2], anschließend jedoch auch für alle übrigen deutschen Landkreise. Dabei bestand das Ziel dieser Auswertungen darin, anhand verfügbarer quantitativer Daten zu generalisierbaren Erkenntnissen über

---

1 Für eine kurze Projektdarstellung siehe Abschnitt 2 des Beitrags von Sarah Beierle in diesem Band.
2 Dazu zählten in Westdeutschland die Landkreise Birkenfeld in Rheinland-Pfalz, Wunsiedel in Bayern und der Werra-Meißner-Kreis in Hessen sowie in Ostdeutschland die Landkreise Vorpommern-Greifswald in Mecklenburg-Vorpommern, Mansfeld-Südharz in Sachsen-Anhalt, die Prignitz in Brandenburg, der Vogtlandkreis in Sachsen und der Kyffhäuserkreis in Thüringen.

die Lebenswirklichkeit von Jugendlichen in ländlichen Räumen Deutschlands zu gelangen. Für die hier interessierenden Gebietseinheiten der Flächenkreise standen dazu Daten der amtlichen Statistik sowie eigene erschlossene Datenquellen zur Verfügung, um Aspekte der Teilhabe junger Menschen in verschiedenen Lebensbereichen in einer Zusammenschau zu betrachten.[3]

Der besonderen Ausrichtung des Projekts folgend, war die Zusammenstellung der Daten hierbei jedoch auf die Perspektive der Jugendlichen fokussiert. Zur Entwicklung eines Indikatorensystems der regionalen Teilhabechancen Jugendlicher wurde dezidiert induktiv verfahren. Grundlage hierfür bildete qualitatives Datenmaterial aus insgesamt acht Gruppendiskussionen mit Jugendlichen, die ihre Lebenssituation, ihre Bedarfe sowie Wahrnehmungen der ländlichen Herkunftsregion zum Gegenstand hatten. Dieses vorliegende Material aus den acht Untersuchungsstandorten wurde im Hinblick auf die spezifische Fragestellung hin analysiert, welche Aspekte von Teilhabe ihnen innerhalb ihrer Region wichtig sind. In den hier herausgearbeiteten Teilhabedimensionen, welche im Rahmen der durchgeführten Gruppendiskussionen thematisiert wurden, spiegelte sich dabei eine lebensphasenspezifische Problembewältigung (Bönisch/Schröer 2002) wider. Die Diskutantinnen und Diskutanten artikulierten darin ihre aktuellen Bedürfnisse an die Rahmenbedingungen ihrer derzeitigen Situation, aber auch perspektivische Erwartungen an zukünftige Verwirklichungsoptionen in der Region. Demnach fanden hier sowohl gegenwartsbezogene Teilhabeaspekte Eingang, die in erster Linie Kriterien ihrer derzeitigen Lebensqualität sind, aber auch prospektive Teilhabeaspekte, die sich bei den Jugendlichen an ihre Zukunftserwartungen knüpfen. Im Abgleich mit verfügbaren bzw. ermittelbaren landkreisbezogenen Daten wurden die qualitativ identifizierten Teilhabedimensionen durch quantitative Indikatoren untersetzt und in einem Jugendteilhabeindex zusammengefügt.

1 Beschreibung eines Indikatorensystems zur Abbildung von Teilhabechancen Jugendlicher

Diesem im Projektkontext eigens für ländliche Räume aus dem Blickwinkel von Jugendlichen entwickelten Indikatorensystem liegt ein subjektiver Begriff von Teilhabe zugrunde, wie er bei Iris Marion Young Verwendung findet (Young 2002). Demnach ist einerseits eine vor Ort bestehende *Zugangsteilhabe* zu berücksichtigen, welche den Jugendlichen durch die Beseitigung von Zutrittsbarrieren zu gesellschaftlichen Arenen eingeräumt wird. Dies erfordert, dass Zugangsregeln geöffnet und Zugangsfähigkeiten gestärkt werden, um zunächst Teilhabegrund-

---

3 Falls nicht anders angegeben, wurden hierfür INKAR-Daten des BBSR (2014) auf Landkreis-ebene genutzt.

lagen zu schaffen. Andererseits ist darüber hinaus eine, durchaus voraussetzungsvollere, *Mitwirkungsteilhabe* für Jugendliche herzustellen, was die gleichberechtigte Mitwirkung im Rahmen gesellschaftlicher Arenen beinhaltet, nachdem eine Zugangsteilhabe besteht. Dazu sind Prozessregeln zu verändern und die Mitwirkungsfähigkeiten der jugendlichen Zielgruppen zu erhöhen.

In dem hier vorgestellten Teilhabeindex Jugendlicher sind somit *zugangsbezogene* Ermöglichungsstrukturen berücksichtigt, wie z.B. die örtliche Beschäftigungssituation oder Ausbildungsangebote, auf deren Vorhandensein die Jugendlichen meist nur wenig Einfluss haben. Ebenso werden jedoch auch *mitwirkungsbezogene* Aspekte, also das Auftreten aktiver Teilhabe im Sinne einer Beteiligung an vorhandenen Optionen abgebildet, etwa in Bezug auf Bildung oder politische Entscheidungsprozesse. In dem zugrundeliegenden Teilhabekonzept finden folglich struktur- und handlungsbezogene Aspekte der Teilhabe Jugendlicher ihren Ausdruck. Das Ausmaß an Teilhabe als Frage der gesellschaftlichen Zugehörigkeit ist für Jugendliche insbesondere in ländlichen Regionen von Relevanz, da es sich hier zumeist um räumlich periphere Lebensorte handelt.

Wenngleich nicht zu allen, der für die befragten Jugendlichen bedeutsamen Teilhabeaspekte (wie z.B. kommerzielle Freizeitangebote und Einkaufsmöglichkeiten), quantitative Zugänge auffindbar waren, konnten in diesem Analyseschritt sechs empirische Dimensionen induktiv herausgearbeitet werden, welche durch ein oder mehrere quantitative Indikatoren auf Grundlage der verfügbaren Daten untersetzt sind.

Dimension A – Beschäftigungsperspektive

Einen zentralen Aspekt von Teilhabe stellt der Zugang zum Arbeitsmarkt dar. So war für die im Projekt befragten Jugendlichen prospektiv vor allem entscheidend, welche beruflichen Erwerbsmöglichkeiten sich für sie später auf dem regionalen Arbeitsmarkt bieten. Vielfach gehen in strukturschwachen ländlichen Räumen hiervon ein ökonomischer Abwanderungsdruck und ein damit verbundenes pessimistisches Regionalklima aus. Angesichts bestehender Perspektivlosigkeit fällt es Jugendlichen demnach oft schwer, persönliche Lebensentwürfe und Zukunftsorientierungen zu entwickeln (Höhne 2015, 86f.).

Dabei ist zu beobachten, dass insbesondere junge Menschen am Beginn ihrer Erwerbslaufbahn – teils im Niedriglohnsektor – von prekärer Beschäftigung betroffen sind (Buchholz/Kurz 2008; Langhoff et al. 2010). Zudem jobben sie überproportional häufig in Leiharbeitsverhältnissen: Obwohl die unter 30-Jährigen nur einen Anteil von rund 22% an allen Beschäftigten ausmachen, sind sie mit knapp 40% in der Berufsgruppe der Leiharbeiter/innen deutlich überrepräsentiert (ebd.). Insofern wurde für die Abbildung der Beschäftigungsperspektive der Indikator des Medianeinkommens von Erwerbspersonen im Landkreis hinzugezogen (A1). Dieser gibt Auskunft über das allgemeine Lohnniveau in der betreffenden Gebietskörperschaft.

Doch selbst nach erfolgreich abgeschlossener Ausbildung ist ein großer Teil der Absolventinnen und Absolventen erst einmal arbeitslos (BiBB 2013, 284). In strukturschwachen Landkreisen liegt die Arbeitslosenquote der 15- bis 25-Jährigen nicht selten bei über 10%, während sie sich insgesamt in den Flächenkreisen bei durchschnittlich 5,6% bewegt. Demnach wurde auch diese Quote als Indikator (A2) aufgenommen.

Der Anteil Jugendlicher und junger Erwachsener an den Arbeitslosen aller anderen Altersgruppen ist vielfach überproportional hoch (Langhoff et al. 2010). Das heißt die Jugendarbeitslosigkeit liegt schon deshalb zumeist höher als die allgemeine Arbeitslosenquote, da junge Menschen mit und ohne Berufsabschluss in einen Markt drängen, der meist bereits von älteren Arbeitnehmerinnen und Arbeitnehmern ausgefüllt ist. Da sich in diesem Indikator (A3) der Zugang zum Arbeitsmarkt im intergenerationellen Vergleich und damit dessen Aufnahmekapazität gegenüber nachrückenden Generationen widerspiegelt, wurde auch er in das Indikatorensystem aufgenommen.

Dimension B – Weiterführende Bildung/Ausbildung

Eine der Beschäftigung überwiegend zeitlich vorausgehende Übergangsepisode für junge Menschen ist in den Regionen mit vorhandenen Voraussetzungen an weiterführenden Bildungsoptionen verbunden. In den ausgewerteten Gruppendiskussionen war das Vorhandensein von Bildungsangeboten, die über den Sekundarschulbereich I hinausgehen, ebenfalls ein bedeutsames Standortmerkmal für die Jugendlichen. Wenngleich Bildung heute keine hinreichende Zukunftssicherheit mehr garantiert, ist sie dennoch eine zumeist notwendige Mindestanforderung an Beschäftigung (Höhne 2015, 89). Da sich nach dem Erwerb des Schulabschlusses für die Jugendlichen vorrangig die Frage nach einem Anschluss im Bereich einer beruflichen Ausbildung stellt, ist hier der Indikator der Angebots-Nachfrage-Relation (B1) des Ausbildungsstellenmarktes im Landkreis relevant. Er gibt die Anzahl der offenen Ausbildungsstellen im Verhältnis zu den bei der Bundesagentur für Arbeit gemeldeten Ausbildungsuchenden an. Darin äußert sich, welche Ausbildungschancen Jugendlichen vor Ort eingeräumt werden. Um eine ausreichende Auswahl zu ermöglichen und Berufswahlfreiheit zu gewährleisten, müssten dabei weitaus mehr Plätze zur Verfügung stehen als dies heute selbst in prosperierenden Regionen der Fall ist. Denn nach einem Urteil des Bundesverfassungsgerichts müsste das Angebot an Ausbildungsstellen die Nachfrage um 12,5% überschreiten, um die verfassungsgegebene freie Wahl der Ausbildungsstätte und des Berufs zu garantieren (vgl. BVerfGE 55, 274).

Auch wohnortnahe tertiäre Bildungsangebote im ländlichen Raum werden von den Jugendlichen geschätzt, weshalb hier die bestehenden Studienmöglichkeiten aufgenommen wurden – ausgedrückt im Indikator der Anzahl Studierender je 1000 Einwohner (B2). Aber auch die Bildungsangebote zum Erwerb der dafür notwendigen Hochschulzugangsberechtigung können in vielen Landkreisen nicht mehr in der Fläche abgesichert werden. Somit dient der Indikator des Anteils der Gymnasiastinnen und Gymnasiasten an der altersbezogenen Referenzgruppe (B3) hier ebenfalls zur Abbildung weiterführender Bildungsoptionen.

Dimension C – Angebote der Jugendarbeit

In Bezug auf die Teilhabechancen von Jugendlichen in ländlichen Räumen ist die Bedeutung der sozio-kulturellen Integration nicht zu vernachlässigen, von welcher die Lebensqualität ebenso abhängt wie eine positive Einstellung junger Menschen zu ihrer Herkunftsregion (Höhne 2015, 86). Dies spiegelte sich auch in den Aussagen der durchgeführten Gruppendiskussionen wider, wenn beispielsweise auf fehlende Freizeitangebote bzw. Jugendtreffs verwiesen wurde.
Als ein Indikator für diesen Teilhabeaspekt diente demnach die Anzahl von Einrichtungen der Jugendarbeit, bezogen auf die Anzahl der Jugendlichen im Landkreis (C1). Als ein weiterer Indikator des Umfangs der dortigen Angebotsstruktur wurde die Anzahl der Vollzeitstellen in der Jugendarbeit herangezogen, ebenfalls in Relation zur Anzahl der Jugendlichen (C2).
Dabei ist anzumerken, dass vielerorts aufgrund der Fokussierung auf Benachteiligtengruppen trotz zahlreicher Einrichtungen durchaus Defizite in den Angebotsstrukturen für die übrigen Jugendlichen bestehen, wodurch sie somit oft vielfältige Anregungen aber auch Irritationen, Sozialkontakte und soziale Interaktion vermissen müssen (ebd., 87f.).

Dimension D – Mobilität

In den Gruppendiskussionen wurde von den Jugendlichen außerdem verschiedentlich die Bedeutung der peripheren Lage ihrer Herkunftsorte mit ihren nachteiligen Konsequenzen geschildert, etwa im Hinblick auf ihr Zeitbudget, die Abhängigkeit von elterlichen Fahrdiensten oder öffentlichen Verkehrsanbindungen zu Bildungs- und Freizeitorten. Somit kommt der Mobilität insbesondere in Mittel- und Oberzentren, in denen sich zahlreiche Freizeit- und Einkaufsmöglichkeiten bzw. kulturelle Angebote konzentrieren, eine entscheidende Rolle zu.
Vor diesem Hintergrund wurden die Indikatoren der durchschnittlichen PKW-Fahrzeit zum nächsten Mittel- bzw. Oberzentrum (D1), zu 3 von 36 Agglomera-

tionszentren im In- und Ausland[4] (D2) sowie der durchschnittlichen Bahnreisezeit zu diesen Agglomerationszentren (D3) berücksichtigt. Wenngleich auch die Angebotsstrukturen des ÖPNV mit seinen Streckennetzen und Taktzeiten für die befragten Jugendlichen nach eigenem Bekunden eine hohe Relevanz für die Lebensqualität hat, standen für die Abbildung dieses Mobilitätskriteriums keine landkreisbezogenen Daten zur Verfügung.

Dimension E – Digitale Erreichbarkeit

Für Jugendliche erfüllt die leitungsgebundene, vor allem aber die mobile Internetnutzung in erster Linie eine sozial-interaktive Funktion. Neben der Nutzung zur Kommunikation kommt für sie dem Internet eine wichtige Bedeutung als Unterhaltungs- und Entspannungsmedium zu (Koob et al. 2012, 31). Aufgrund der inzwischen erreichten hohen Reichweiten innerhalb der jüngeren Generation wird von einer zunehmenden Habitualisierung der Teilhabe an digitalen sozialen Netzwerken gesprochen, die in alterstypischen sozialen Rollen fest verankert ist (Busemann/Gscheidle 2012). So ist auch in den Gruppendiskussionen mit Jugendlichen aus den acht ländlichen Untersuchungsstandorten immer wieder von der Unzulänglichkeit digitaler Erreichbarkeit die Rede, bis hin zu der persönlichen Erfahrung, von der Kommunikation innerhalb Gleichaltriger häufig abgeschnitten zu sein. Dabei sind virtuelle Interaktionsmedien in ländlichen Gebieten aufgrund der hohen Mobilitätskosten und der räumlich verstreuten Freundeskreise umso wichtiger. Demzufolge wurden hier die Indikatoren des leitungsbasierten Versorgungsanteils der Haushalte einerseits (DSL) (E1) sowie andererseits der drahtlosen Breitbandversorgung (LTE) (E2) hinzugezogen.[5]

Dimension F – Politische Mitsprache

Jugendliche in ländlichen Regionen sind von einschneidenden Folgen des demografischen Wandels in besonderem Maße betroffen, wie z.B. von der finanziellen Erschöpfung gegensteuernder öffentlicher Akteure, von Schulschließungen und kulturellen Verödungsprozessen. Dabei besteht hier eher selten eine Kultur der Beteiligung junger Menschen an politischen Entscheidungsfindungsprozessen. Von den befragten Jugendlichen wurde der Aspekt demokratischer Teilhabe in den Gruppendiskussionen in verschiedenen Zusammenhängen eingefordert. An dieser Stelle sehen sich die Jugendlichen jedoch häufig in ihren berechtigten Be-

---

4 Aus dem qualitativen Projektmaterial zu Mobilitätsbedürfnissen der Jugendlichen geht gerade für grenznahe Untersuchungsstandorte hervor, dass vielfach auch nahegelegene Großstädte im Nachbarland beliebte Ziele der Freizeitmobilität sind – so z.B. Prag für Jugendliche aus dem Landkreis Wunsiedel oder Stettin für diejenigen aus dem Landkreis Vorpommern-Greifswald.

5 Dafür wurde auf landkreisbezogene Daten des vom BMVI herausgegebenen Breitbandatlas für Deutschland aus zurückgegriffen (BMVI 2015).

langen politisch deutlich unterrepräsentiert, da aus ihrer Sicht kaum eine Vertretung ihrer Interessen als Bevölkerungsgruppe stattfindet. Gleichzeitig äußerten sie klare Partizipationsbedürfnisse, etwa, wenn es um ihr unmittelbares Umfeld, wie Schule, Freizeiteinrichtungen und ÖPNV geht. Auf der Basis einer eigenen Bestandsaufnahme[6] konnte dem Teilhabeindex ein Indikator zum Anteil der durch Kinder- und Jugendparlamente bzw. -beiräte demokratisch repräsentierten Minderjährigen im Landkreis (F1) hinzugefügt werden. Zwar handelt es sich hierbei nicht um die einzige demokratische Partizipationsform für Jugendliche. Dennoch spricht die Existenz eines solchen Gremiums einerseits dafür, dass der Kinder- und Jugendbeteiligung seitens der Kommune ein hoher Stellenwert beigemessen wird (vgl. Zinser 2001, 148f.). Andererseits ist daraus die Mitwirkungsteilhabe von Seiten der Jugendlichen ablesbar, die von ihnen offenbar als adäquates Mittel der Vertretung ihrer Belange genutzt wird.[7]

In der Zusammenschau der verschiedenen Teilhabeaspekte, die von den Jugendlichen selbst zum Gegenstand der Gruppendiskussion gemacht worden waren, ergibt sich das Bild des entwickelten Teilhabeindex.
Auf der Grundlage der hinsichtlich Streuung und Mittelwert standardisierten Variablen konnte auf diese Weise ein Mittelwertindex gebildet werden, wobei die Indikatoren als gleichrangige Aspekte in die Bildung der einzelnen Dimensionen und diese wiederum gleichwertig in die Bildung des gesamten Teilhabeindex´ eingeflossen sind.

---

6 Zur Abbildung dieses Indikators wurde eine bundesweite Online-Recherche aller kommunalen Kinder- und Jugendparlamente sowie -beiräte durchgeführt, deren letzte dokumentierte Aktivität nicht länger als zwei Kalenderjahre zurückliegt. Dabei konnte auf die Partizipationsdatenbank des Kinderschutzbundes sowie auf Suchlisten sozialer Online-Netzwerke zurückgegriffen werden. Die Anzahl der in den Gemeinden mit solchen Parlaments- oder Beiratsstrukturen vertretenen Minderjährigen wurde dann zu derjenigen der übrigen im Landkreis ins Verhältnis gesetzt.

7 Grundlage hierfür bildeten umfangreiche eigene Online-Recherchen auf Portalen sowie in sozialen Netzwerken zur Ermittlung solcher Vertretungsgremien für die Belange von Minderjährigen, welche eine Aktivität innerhalb der letzten zwei Jahre aufwiesen

Abb. 1: Indikatorensystem zum Teilhabeindex Jugendlicher in ländlichen Räumen

Eine Betrachtung der landkreisbezogenen Ausprägungen der in diesen Teilhabeindex für Jugendliche aufgenommenen Indikatoren verdeutlicht dabei, dass durch
die Indexbildung nicht etwa künstliche Varianzen aus empirisch unbedeutenden
Merkmalsunterschieden erzeugt wurden. Stattdessen treten in den Einzelindika-
toren über das Bundesgebiet in den Landkreisen tatsächlich erhebliche Differenzen auf, wenn bspw. der Anteil der im Landkreis in demokratischen Gremien
repräsentierten Minderjährigen zwischen 0% und 68%, die Angebots-Nachfrage-
Relation in der dualen Ausbildung zwischen 87% und 126% oder das Medienein-
kommen sozialversicherungspflichtig Beschäftigter zwischen ca. 1350 EUR und
2780 EUR rangiert.

2 Ausprägungen des Jugendteilhabeindex′ im interregionalen Vergleich

Anhand des gewonnenen Jugendteilhabeindex′ wurden Betrachtungen dazu angestellt, inwiefern seine Ausprägung insgesamt bzw. in Bezug auf Teildimensionen regionale Disparitäten aufweist. Zur Veranschaulichung der auftretenden Unterschiede wurden der metrische Gesamtindex sowie seine Teildimensionen in Quintile klassifiziert. Das heißt die bundesweit 296 Landkreise wurden in Abstufungen zwischen 1 (niedrigster Wert) und 5 (höchster Wert) fünf zahlenmäßig gleichstark besetzten Gruppen zugeordnet. Bezogen auf die acht Untersuchungsstandorte werden die folgenden Ausprägungen der sechs Dimensionen sichtbar.

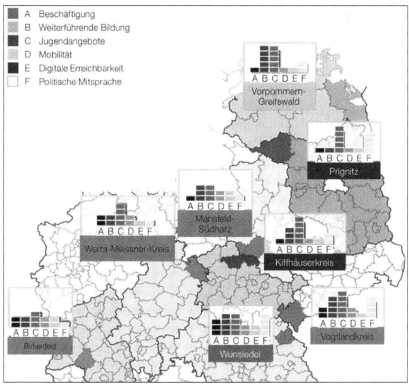

Abb. 2: Unterschiede der Teilhabedimensionen in den Untersuchungsstandorten (eigene Darstellung)

Der obigen Abbildung ist zu entnehmen, dass die vorliegende Kombination der sechs Teilhabedimensionen sehr unterschiedlich ausfällt. Demnach kann jede Region angesichts eines bestimmten Teilhabeprofils auf besondere Standortvorteile verweisen, weist gleichzeitig aber auch sichtbare Rückstände gegenüber anderen Landkreisen auf. Hierbei wird – bspw. bei einer Gegenüberstellung des Vogtlandkreises mit dem Landkreises Mansfeld-Südharz – deutlich, dass ländliche Regionen auch unter vergleichbaren wirtschaftlichen und infrastrukturellen Rahmenbedingungen, auf die sie kaum Einfluss haben mögen, dennoch die Teilhabechancen von Heranwachsenden, etwa durch Angebote der Jugendarbeit oder der Jugendpartizipation, in entscheidendem Maße erweitern können.

Teilhabe Jugendlicher in den Flächenlandkreisen Deutschlands

Eine Einfärbung der Flächenlandkreise mit der jeweiligen Einordnung in eines der gebildeten Quintile liefert für Gesamtdeutschland die folgende Teilhabekarte.

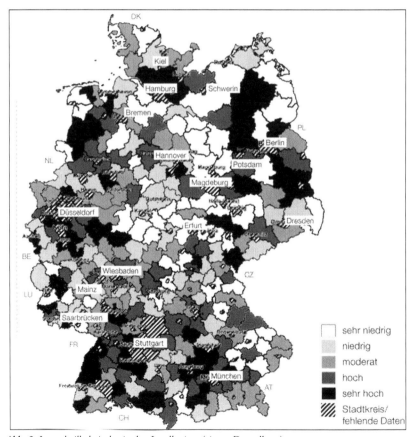

Abb. 3: Jugendteilhabeindex in den Landkreisen (eigene Darstellung)

Dabei waren Stadtkreise von vornherein von der Zuordnung ausgeschlossen, ebenso wie Landkreise mit fehlenden Regionaldaten (hier grau dargestellt). Auch wenn davon ein gewisser Teil der Landkreise betroffen ist, zeichnet sich dennoch eine im Osten Deutschlands tendenziell niedrigere Ausprägung des Teilhabeindex' ab. Hier zeigt sich das Merkmalsbündel im Hinblick auf den Arbeitsmarkt und eine weniger ausgebaute Infrastruktur insbesondere für die neuen Bundesländer als nachteilig.

3 Dimensionen von Teilhabe als regionale Haltefaktoren

Viele Jugendliche in ländlichen Räumen sehen sich vor dem Hintergrund lokaler Rahmenbedingungen zu einem „mobilen" und/oder einem „mentalen Ausstieg" veranlasst, wobei letzterer zumindest den Verlust der Identifikation mit der Herkunftsregion einschließt (Höhne 2015, 88). Dazu können die jeweiligen Abwanderungssaldi strukturschwacher Landkreise nach einzelnen Altersjahrgängen betrachtet werden, d.h. die Netto-Bilanz der Zuzüge und Fortzüge einer Gebietskörperschaft.

Hierbei zeigt sich, dass insbesondere der Abwanderungssaldo der Jugendlichen und jungen Erwachsenen, also die Alterskohorten der 18- bis 22-Jährigen besonders negativ ausfallen. Somit sind sie als die Schlüsselgruppe für die demografische Entwicklung einer Region anzusehen. Tatsächlich gehören diese jungen Menschen derjenigen Bevölkerungsgruppe an, bei der die vor Ort kollektiv geteilten Überzeugungen zu den Perspektiven einer Region unmittelbar entscheidungs- und verhaltensrelevant werden. Dies wird für sie institutionell mit dem Verlassen der Schule initiiert, wobei sie gleichzeitig die Generation bilden, welche nicht in dem Maße wie andere durch Arbeit und familiäre Verantwortung an ihren Herkunftsort gebunden ist. Demgegenüber sind ältere Generationen bereits für ihre eigenen Kinder oder später teils für die Pflege ihrer Eltern verantwortlich.

Nun kann auf der Basis der vorliegenden Daten zu den beschriebenen Teilhabeaspekten untersucht werden, inwiefern die einzelnen Dimensionen im Zusammenhang mit der Bildungswanderung stehen, d.h. dem landkreisbezogenen Wanderungssaldo der 18- bis 24-Jährigen.

Wenngleich aufgrund von beobachteten Zusammenhängen auf der Aggregatebene keine Kausalzusammenhänge zu den individuellen Motiven abgebildet werden können, werden hier dennoch die in den Gruppendiskussionen artikulierten Push- bzw. Pull-Faktoren für Abwanderung (vgl. Lee 1966) sichtbar, d.h. die Aspekte, die eine Region für junge Menschen attraktiv oder unattraktiv erscheinen lassen. Eine Absicherung solcher Wirkungshypothesen kann jedoch lediglich mittels Erhebungsdaten auf der Individualebene erfolgen. Angesichts der aufgeklärten Gesamtvarianz von ca. 40% bleibt dennoch ein Großteil der Motive für die Abwanderung im Dunkeln. Gleichzeitig kann jedoch nachvollzogen werden, dass nicht nur die prospektiven Kriterien der lokalen Ausbildungs- und Beschäftigungssituation sowie eine eingeschränkte Mobilität dabei von Bedeutung sind, sondern offenbar auch Faktoren wie die digitale Erreichbarkeit und sogar die politischen Mitsprachemöglichkeiten einen messbaren Beitrag als Haltefaktoren leisten. Wenn die Dimension der Angebote der Jugendarbeit hier auch keinen Zusammenhang mit dem Wanderungsverhalten aufweisen mag, ist sie doch zumindest aus den Statements der Jugendlichen als wichtiger Beitrag zur aktuellen Lebensqualität für die biografische Phase „Jugend" herausgestellt worden.

4　Fazit

Der hier vorgestellte Teilhabeindex Jugendlicher in Flächenkreisen wurde bewusste induktiv aus ihren subjektiv artikulierten Bedürfnissen und Wahrnehmungen heraus entwickelt. Dies impliziert einerseits eine besondere inhaltliche Validität und ermöglichte auf diese Weise eine Einbeziehung von Teilhabeaspekten, die bei rein deduktiven Indikatorensystemen, die gewissermaßen „am Reißbrett" konzipiert worden sind. Aus der dafür zugrundegelegten qualitativen Materialsammlung aus Gruppendiskussionen mit Jugendlichen ergeben sich jedoch andererseits blinde Flecken, die der Erhebungsmethode geschuldet sind. So liegt es nahe, dass z.B. die materielle Situation der Jugendlichen sicherlich ebenfalls einen wichtigen Aspekt ihrer Teilhabechancen ausmacht, der jedoch im Rahmen der Erhebung in den befragten, letztlich aus der Peergroup bestehenden, Realgruppen nicht thematisiert worden ist. So bildet das vorliegende Instrumentarium sicherlich nur die Möglichkeit zur Abbildung eines Ausschnitts der Teilhabe Jugendlicher in den einbezogenen Landkreisen.

Dennoch konnte anhand der dargestellten Untersuchungsergebnisse gezeigt werden, an welchen Kriterien sich die unterschiedlichen Lebensbedingungen Jugendlicher in ländlichen Räumen festmachen und inwiefern diese im Zusammenhang mit Wanderungsbewegungen junger Menschen stehen. Dabei sind – bei allen Interpretationsvorbehalten auf Aggregatebene – neben den objektiven wirtschaftlichen und infrastrukturellen Bleibevoraussetzungen auch „weiche" Haltefaktoren zutage getreten, z.B. eine kommunale Kultur der Jugendbeteiligung.

Angesichts der auftretenden regionalen Disparitäten, die sich bereits in den Varianzen der in den Index aufgenommenen Indikatoren zeigen, muss von selbst innerhalb der Bundesländer von erheblichen Unterschieden im Hinblick auf die Lebenswirklichkeit bzw. die Zukunftsperspektiven Jugendlicher ausgegangen werden. Vor diesem Hintergrund kann von einer Gleichwertigkeit der Lebensbedingungen junger Menschen an dieser Stelle keine Rede sein.

Gleichzeitig konnten Hinweise auf vorhandene jugendpolitische Handlungsspielräume für ländliche Regionen gewonnen werden, um die Teilhabechancen Jugendlicher vor Ort substanziell zu verbessern. Dabei wurde sichtbar, dass es auch in Landkreisen mit nachteiligen wirtschaftlichen bzw. infrastrukturellen Voraussetzungen durchaus gelingen kann, die Lebensqualität der jüngeren Bevölkerung in wichtigen Aspekten deutlich anzuheben. Diesbezügliche Ansätze können z.b. auf eine Sicherung weiterführender Bildungsangebote, auf bedarfsgerecht ausgestaltete Angebote der Jugendarbeit oder auf die Etablierung einer politischen Beteiligung von Kindern und Jugendlichen ausgerichtet sein. Letzteres schließt eine Wahrnehmung der Belange von jungen Menschen ein, die sie nicht in erster Linie als Ressource für die Region betrachtet, um sie für die demografische Vitalisierung oder die Absicherung des regionalen Fachkräftebedarfs noch besser zu nutzen, sondern um ihrer selbst willen.

Literatur

Beierle, S.; Tillmann, F.; Reißig, B. (2016): Jugend im Blick – Regionale Bewältigung demografischer Entwicklungen, Abschlussbericht, Projektergebnisse und Handlungsempfehlungen. Deutsches Jugendinstitut e.V.: München/Halle (Saale)

BiBB (2013): Datenreport zum Berufsbildungsbericht 2013. Informationen und Analysen. BiBB: Bonn

BMVI (2015): Breitbandatlas Deutschland (http://www.zukunft-breitband.de/Breitband/DE/Breitbandatlas/breitbandatlas_node.html)

Böhnisch, L.; Schröer, W. (2002): Soziale Benachteiligung und Kompetenzentwicklung. In: Arbeitsgemeinschaft betriebliche Weiterbildungsforschung e.V. (Hrsg.): Projekt Qualifikations-Entwicklungsmanagement: Kompetenzentwicklung. Auf dem Weg zu einer neuen Lernkultur. Rückblick – Stand – Ausblick (S. 199-221). New York, München, Berlin

Buchholz, S.; Kurz, K. (2008): A new mobility regime in Germany? Young people's labor market entry and phase of establishment since the mid-1980s. In: Blossfeld, H.-P.; Buchholz, S.; Bukodi, E.; Kurz, K. (Hrsg.): Young workers, globalization and the labour market. Comparing early working life in eleven countries (S. 51-76) Cheltenham, Northhampton

Busemann, K.; Gscheidle, C. (2012): Web 2.0: Habitualisierung der Social Communitys, Ergebnisse der ARD/ZDF-Onlinestudie 2012. Media Perspektiven. 7-8, 380-390

BVerfGE 55.274 (1980) – Berufsausbildungsabgabe – Urteil des 2. Senats vom 10. Dezember 1980; Karlsruhe

Höhne, S. (2015): Vitalisierung in der Praxis. Projektbeispiele aus Sachsen-Anhalt. Reihe: Vitalisierung ländlicher Räume, Bd. 3., Wochenschau Verlag: Schwalbach

Koob, C.; Bolliger, K.; Kopf, R. (2012): Mediennutzung unter 20. Standpunkte. MedienWirtschaft. 1, 30-32

Langhoff, T.; Krietsch, I.; Starke, C. (2010): Der Erwerbseinstieg junger Erwachsener: unsicher, ungleich, ungesund. WSI-Mitteilungen. 7, WSI: Düsseldorf

Lee, E. (1966). A theory of migration. Demography. 3(1), 47-57

Young, I. M. (2002): Inclusion and Democracy. Oxford Political Theory; Oxford University Press: Oxford

Zinser, C. (2001): Partizipation von Kindern und Jugendlichen in der Kommune. In: Oerter, R.; Höfling, S. (Hrsg.): Mitwirkung und Teilhabe von Kindern und Jugendlichen, Akademie für Politik und Zeitgeschehen (S. 145-165). München

Sarah Beierle und Frank Tillmann

Wie wird Politik Jugendlichen in struktur-schwachen ländlichen Räumen gerecht?

1 Einleitung

Aufwachsen auf dem Land – für viele klingt das nach Idylle, nach Weite und Natur. Andere denken an Krise, an „ausgeblutete" Orte und Perspektivlosigkeit. Entlang dieses Kontinuums bewegt sich die Diskussion über ländliche Räume. Dabei wird oftmals auf „den ländlichen Raum" rekurriert, der jedoch – so die einhellige Sicht der Regionalforschung – eine differenzierte Betrachtung verdient. Denn tatsächlich sind die Lebensbedingungen in den Flächenkreisen Deutschlands von erheblichen Disparitäten gekennzeichnet (vgl. Maretzke 2014; Bürkner 2015).

Im Zuge von Modernisierungs- und strukturellen Wandlungsprozessen sowie durch den Umbau von der Plan- zur Marktwirtschaft in Ostdeutschland haben sich ländliche Räume in der Bundesrepublik regional sehr unterschiedlich entwickelt. Städtische Räume und deren infrastrukturell gut erschlossenes Umland erleben einen Zuzug, wohingegen peripher gelegene Regionen zunehmend an Bevölkerung verlieren. Lange war in Bezug auf diese strukturschwachen ländlichen Räume von einem „Phänomen Ost" die Rede (Schubarth/Speck 2009), doch inzwischen geht auch in der Hälfte der ländlichen Regionen Westdeutschlands die Bevölkerung zurück. In den strukturschwachen ländlichen Räumen in Ost und West altert die Gesellschaft, wandern überproportional viele, insbesondere junge Menschen, ab und steigt das Durchschnittsalter entsprechend. Somit nimmt der Anteil junger Menschen an der Gesamtbevölkerung deutlich ab.

Für Jugendliche auf dem Land haben sich die Bedingungen ihres Aufwachsens in den vergangenen Jahrzehnten erheblich verändert. Ihr Leben ist einerseits aus einer gesamtgesellschaftlichen Perspektive – ebenso wie das von in Städten aufwachsenden jungen Menschen – durch Globalisierung, Internationalisierung, Inter- und Transkulturalität, Mobilität, Heterogenität und Urbanisierung geprägt (Stein 2013). Andererseits haben sich die sozialräumlich gerahmten Lebenswelten von städtischen und ländlichen Jugendlichen nicht gänzlich angeglichen. Vielmehr konstatierte Böhnisch (1992, S. 5) ein Nebeneinanderstehen verschiedener Lebenswelten:

> „Jugendliche in ländlichen Räumen leben heute zwischen der urban-industriellen Welt der Bildung, der Medien, der Freizeit und des Konsums auf der einen Seite und der Welt der dörflichen Kontrolle, der Durchgängigkeit der alltäglichen Lebensbereiche,

der Tabus und traditionellen Selbstverständlichkeiten, aber auch der Vertrautheit, Geborgenheit und sozialen Sicherheit auf der anderen Seite."

Andere Autoren gehen noch weiter. So spricht Herrenknecht vom „regionalen Dorf", in dem sich eine kaum überschaubare Vielfalt von kulturellen Strömungen und Ausdifferenzierungen begegnen würde, so dass nicht mehr zwischen den beiden oben stehenden konkurrierenden Welten der Tradition und der Moderne unterschieden werden könne (Herrenknecht 2000, S. 48). Eisenbürger und Vogelsang konstatieren, dass Landjugendliche durch die erhöhte Mobilität gleichsam in mehreren Welten leben, jedoch nur in einer Welt wohnen würden (Eisenbürger/Vogelsang 2002).

Aus den sich verändernden Bedingungen des ländlichen Raums ergeben sich für junge Menschen sowohl neue Freiräume und Chancen als auch neue Anforderungen. Ihnen stehen weitaus größere Entfaltungsmöglichkeiten in ihrer Lebensgestaltung offen als bspw. ihren Eltern. Die „neuen" Kommunikationswege (sozialen Netzwerke) eröffnen ihnen weitreichende Möglichkeiten des Austauschs mit Gleichaltrigen. Zugleich setzt ihnen aber die verfügbare Infrastruktur Grenzen. Dies betrifft besonders den Öffentlichen Nahverkehr sowie die soziale und bildungsbezogene Angebotslandschaft:

Die strukturschwachen ländlichen Räume sind aufgrund niedriger Steuereinnahmen, hoher Arbeitslosigkeit und eines ausgeprägten Niedriglohnsektors kaum mehr in der Lage, selbstständig eine attraktive Infrastruktur aufrechtzuerhalten. Zudem sind die Pro-Kopf-Ausgaben für die Aufrechterhaltung von Angeboten überproportional hoch. Notwendige Sparmaßnahmen gehen dann oftmals mit einer schlechten Versorgungsqualität, z.B. im Bereich des ÖPNVs einher. Viele junge Menschen reagieren auf diese Entwicklung, indem sie über die Lebensverhältnisse vor Ort durch Abwanderung eine „Abstimmung mit den Füßen" vornehmen und somit die demografischen Schrumpfungsprozesse weiter verstärken.

Somit stellt sich für politische Handelnde in diesen Regionen die Frage, wie sie die Belange von Jugendlichen als kleiner werdender Bevölkerungsgruppe überhaupt noch berücksichtigen und die Attraktivität ihrer Region trotz der beschriebenen demografischen und strukturellen Problemlagen verbessern können. Der vorliegende Beitrag nähert sich der Beantwortung dieser Frage über verschiedene Schritte: Zunächst wird die Datengrundlage – eine Expertenbefragung in strukturschwachen ländlichen Räumen – vorgestellt. Anschließend wird beleuchtet, wie die befragten jugendpolitischen Akteure die Auswirkungen der demografischen Entwicklungen auf das Aufwachsen von jungen Menschen wahrnehmen und wie sich das jugendpolitische Handeln in den beleuchteten Landkreisen dargestellt. Daraufhin werden Handlungshinweise für eine jugendgerechtere Demografiepolitik, wie sie durch die Expertinnen und Experten in den Interviews, aber auch in projektbegleitenden Workshops erarbeitet wurden, vorgestellt, um abschließend einen Ausblick hinsichtlich der Gestaltbarkeit demografischer Entwicklungen durch Jugendpolitik zu geben.

2 Datengrundlage

Die folgenden Ausführungen basieren auf Teilergebnissen des Projekts „Jugend im Blick – Regionale Bewältigung demografischer Entwicklungen".[1] In dem Projekt wurden in acht strukturschwachen ländlichen Landkreisen sowohl (jugend)politische Akteure in Experteninterviews als auch die Jugendlichen selbst in Gruppendiskussionen zum Aufwachsen in strukturschwachen ländlichen Räumen befragt. Die Kreise sind anhand der Indikatoren *Bevölkerungsdichte, Anteil junger Menschen, Bildungswanderung* und dem *Durchschnittsalter* in fünf ostdeutschen sowie in drei westdeutschen Bundesländern, Hessen, Bayern und Rheinland-Pfalz, ausgewählt worden. Die Landkreisebene wurden als adäquate Analyseebene gesehen, da hier zum einen ähnliche verwaltungsstrukturelle und rechtliche Voraussetzungen und Zuständigkeiten (z.B. die Jugendhilfeplanung, Jugendarbeit) vorliegen und zum anderen vergleichbare Informationen (Strukturdaten) der amtlichen Statistik verfügbar sind.

Der vorliegende Beitrag fokussiert auf das Expertenwissen von zentralen (jugend)politischen Akteuren in den Untersuchungsregionen, welches über Experteninterviews (in der Regel Einzelinterviews) erhoben wurde. Ziel dieser Interviews war es, zu vertieftem Wissen über die Auswirkungen der demografischen Entwicklung auf das Aufwachsen von jungen Menschen in strukturschwachen ländlichen Räumen und den Umgang mit solchen Wandlungsprozessen in den Untersuchungsregionen hinsichtlich der Jugendpolitik zu gelangen. Bei den Expertinnen und Experten handelte es sich um Befragte, die durch ihre berufliche Position oder aufgrund ehrenamtlichen Engagements Einfluss auf die Ausgestaltung der kommunalen Jugend- und Demografiepolitik nehmen oder aber mit deren praktischer Umsetzung in der Region betraut sind. Die Expertinnen und Experten stammten aus den folgenden fünf Bereichen, die zugleich die relevanten jugend- und demografiepolitischen Handlungsfelder repräsentieren:

1. Verwaltung (Landratsamt, Jugendamt)
2. Übergang Schule – Beruf (Schuldirektoren, Schulsozialarbeit, Industrie- und Handelskammer, Bildungskoordinatoren)
3. Planung (Regionalplanung, Wirtschaftsförderung)

---

1 Es handelt sich um ein Projekt des Deutschen Jugendinstituts (Laufzeit: März 2013- Februar 2016), welches von der Beauftragten der Bundesregierung für die neuen Bundesländer gefördert wurde. Weitere Informationen sind der Projekt-Homepage (www.dji.de/jugendimblick) zu entnehmen.

4. Jugendvertretung (Kreisjugendring, Kreisschülersprecher, aktive Jugendliche, Kreisjugendpflege)
5. Zivilgesellschaft/Einzelpersonen (Vereinsvorsitzende, Ehrenamtliche der Jugendarbeit, engagierte Unternehmen)

Das aus den leitfadengestützten Interviews mit diesen Akteursgruppen gewonnene qualitative Material, das sich in der Zusammenschau der verschiedenen Perspektiven wechselseitig ergänzt, lieferte die Datenbasis für die folgenden Analysen.

3 Welche Folgen haben die demografischen Entwicklungen für das Aufwachsen von jungen Menschen in strukturschwachen ländlichen Räumen?

Die befragten Akteure der strukturschwachen Landkreise und Kommunen sehen sich aufgrund der schwachen Finanzausstattung in ihrer Handlungsfähigkeit eingeschränkt. Vor allem eine sich rein an der Einwohnerzahl orientierende Mittelvergabe würde den finanziellen Bedarfen in ländlichen Regionen nicht gerecht werden. Bei der geringen Bevölkerungsdichte in ländlichen Räumen und dem geringen Anteil junger Menschen sei außerdem zu beobachten, dass infrastrukturelle Angebote in ihren (Öffnungs-)Zeiten und konzeptionellen Ausrichtung (z.B. bei Verkehrsmitteln, Schwimmbädern, Einrichtungen) eher an den Bedürfnissen älterer Menschen ausgerichtet sind als an jenen junger Menschen. Zudem seien diese Angebote durch Zentralisierungsprozesse und den ausgedünnten Nahverkehr immer schlechter zu erreichen. Inzwischen sei sogar zu beobachten, dass die genannten Angebote selbst in Mittelzentren aufgrund der angespannten Haushaltslage nicht mehr aufrechterhalten werden können. Zudem würden sich gerade kommerzielle Anbieter von Freizeitaktivitäten (z.B. Kinos, Cafés, Diskotheken) bei zahlenmäßig sinkender Zielgruppe der Jugendlichen zuerst aus der Fläche zurückziehen, wodurch die Angebote zivilgesellschaftlicher Akteure enorm an Bedeutung gewinnen.
Eine fehlende oder schlechte Erreichbarkeit von Einrichtungen wie Schulen, Ausbildungsstellen, Vereinen oder Angeboten der Jugendarbeit aber auch von „informellen" Orten, an denen sich Jugendliche mit Gleichaltrigen treffen können, wird als ein maßgeblicher Faktor gesehen, der die Regionen für Jugendliche zunehmend unattraktiv werden lässt. Für Jugendliche auf dem Lande gäbe es häufig einen regelrechten Zwang, weite Entfernungen überwinden zu müssen, der nicht mit ausreichenden Mobilitätsmöglichkeiten einhergehe. Fehlende materielle Ressourcen und wenig Unterstützung durch das persönliche Umfeld würden dann dazu führen, dass insbesondere sozial benachteiligte junge Menschen die Einschränkungen, die sie aufgrund ihres peripheren Wohnortes erfahren, nicht über

individuelle Lösungen (z.B. über persönliche Kontakte, Eltern oder Verwandte übernehmen die Fahrten, frühzeitiger Führerscheinerwerb) ausgleichen können. Demnach würden sich soziale Ungleichheit und territoriale Ungleichheit (Ungleichheiten aufgrund der Lage und infrastrukturellen Versorgung) gegenseitig verstärken (Neu 2006) und zu einer doppelten Benachteiligung führen. Dadurch seien diese Heranwachsenden häufig von Beteiligungserfahrungen und somit von zentralen Entwicklungsaufgaben, die im Zuge der Identitätsentwicklung und der Loslösung von ihrem Elternhaus im Jugendalter wichtig sind, abgekoppelt.

Im Bereich der Jugendhilfe überraschte zunächst, dass viele der hierzu befragten Akteure von rückläufigen Zahlen junger Menschen insgesamt weniger betroffen zu sein scheinen, als zu vermuten wäre. Bei näherer Betrachtung zeigte sich, dass dies im Wesentlichen einem Anstieg der Bedarfe an Angeboten der Jugend- und Schulsozialarbeit insbesondere für eine zunehmende Zahl sozial benachteiligter Jugendlicher geschuldet ist. Dagegen wird eine immer größere Herausforderung darin gesehen, attraktive Angebote der (offenen) Jugendarbeit bereitzustellen, die sich an alle Jugendlichen, nicht „nur" an Gruppen mit speziellen Unterstützungsbedarfen, richten. Durch die angespannte Haushaltslage der Untersuchungsregionen würde in den Landkreis akuten Pflichtaufgaben eine deutlich höhere Priorität beigemessen, als der deutlich unterfinanzierten Aufgabe der Jugendarbeit.[2] Jedoch zeige sich auf der anderen Seite auch, dass die bestehenden (professionell betreuten) Angebote der Jugendarbeit oft nicht ausgelastet sind. Dies bringe die Akteure hinsichtlich des tatsächlichen Bedarfs an solchen Angebotsstrukturen in Legitimationsnot. Die Expertinnen und Experten äußerten in diesem Zusammenhang vor allem den Wunsch nach neuen Konzepten, die den Tagesabläufen der Jugendlichen gerecht werden und die Jugendlichen in ihrem Sozialraum aufsuchen können. Jedoch würden kaum Fachdebatten über Jugendarbeit im ländlichen Raum geführt. Diese seien zumeist auf die Bedingungen des städtischen Raums ausgerichtet. Daher gebe es wenige Impulse, die für die Jugendarbeit des ländlichen Raums fruchtbar seien.

Zu den Chancen und Folgen der Einrichtung von Ganztagsschulen lagen sehr unterschiedliche Einschätzungen vor. Zum einen böten sie die Chance, den Ort Schule, an dem sich Jugendliche sowieso täglich aufhalten, zu nutzen, um auch non-formale und informelle Treff- und Bildungsräume zu eröffnen. Andererseits würden ältere Kinder bzw. junge Jugendliche hierdurch einmal mehr den Bezug zu ihrem Wohnort und zur lokalen Angebotslandschaft verlieren oder gar nicht erst herstellen können.

---

2   Hier zeigt sich einmal mehr, dass in nicht wenigen Kommunen nach wie vor an der Interpretation festgehalten wird, bei Jugend- und Jugendverbandsarbeit (§§ 11 und 12 SGBVIII) handele es sich um eine sogenannte „freiwillige" Aufgabe. Diese ist nach Rechtslage jedoch genauso „Pflichtaufgabe" wie Jugendsozialarbeit (§ 13 SGBVIII) (vgl. Wiesner, 2015, Vor §§ 11ff RN 5).

Problematisiert wurde auch, dass periphere ländliche Räume oftmals durch negative Zuschreibungen geprägt seien. Zwar würden momentan einzelne Aspekte des Landlebens in den Medien glorifiziert, dennoch würden entlegene Orte oftmals als „zurückgeblieben" und „abgehängt" bezeichnet, was sich wiederum auch auf das Selbstbild der jugendlichen Bewohner niederschlagen könne. Auch bei sich verbessernden Chancen auf dem regionalen Ausbildungs- und Arbeitsmarkt verlassen junge Menschen nach wie vor ländliche Räume, da Großstädte eine hohe Anziehungskraft auf junge Menschen ausübten. Begünstigt würden diese Abwanderungsprozesse unter anderem dadurch, dass die Jugendlichen, aber auch deren Eltern als wichtigste Berater in beruflichen Fragen (vgl. Kuhnke/Reißig 2007), die aktuelle Situation auf dem Arbeitsmarkt kaum kennen und die Eltern ein durch eigene Erfahrungen geprägtes, eher negatives Image der jeweiligen Region als Arbeitsort an ihre Kinder vermitteln würden.

4 Welchen Stellenwert hat die Jugendpolitik in den untersuchten Landkreisen?

Nach Einschätzung der jugendpolitischen Expertinnen und Experten (vor allem der Jugendarbeit, des Ehrenamts) sind auf lokaler Ebene die Bedürfnisse und Bedarfe von Jugendlichen kaum im Bewusstsein politisch Handelnder außerhalb des Jugendbereichs verankert. Da die Zuständigkeit für Jugend auf verschiedenen administrativen Ebenen (Kommunal-, Kreis-, Landes- und Bundesebene) liegt, Jugendpolitik auf Langfristigkeit angelegt ist und dem politischen Denken in Legislaturperioden entgegensteht, wird Jugendpolitik ihres Erachtens auf lokaler Ebene kaum kontinuierlich verfolgt oder nur symbolisch betrieben. Die fehlende Beachtung der Belange Jugendlicher drückte sich auch dadurch aus, dass die wenigsten der Untersuchungslandkreise über eine aktuelle Jugendhilfeplanung verfügt, geschweige denn, dass sie an Planungsprozessen, wie es das Jugendhilfegesetz vorsieht, entsprechend ihres Entwicklungsstandes beteiligt würden (§ 8 SGB VIII).

Zwar gäbe es verstärkt Bemühungen, Konzepte für Familienfreundlichkeit zu entwickeln, hierbei würde der Fokus aber zumeist auf die frühkindliche Betreuung oder die Verfügbarkeit von billigem Wohnraum für junge Familien gelegt. Wenn Jugend zum Thema würde, dann stünde vorwiegend die Bedeutung von Jugendlichen zur Deckung des regionalen Fachkräftebedarfs (z.B. Rückwanderungskampagnen) und selten Jugend um ihrer selbst willen im Vordergrund.

In den aktuellen Strategieentwicklungen auf Bundesebene sehen die jugendpolitischen Akteure jedoch derzeit einen guten Möglichkeitsraum, um Jugendpolitik stärker in der Kommune und im Landkreis zu verankern. Indem das Thema „Jugend im ländlichen Räumen" in der Entwicklung und Umsetzung der „Eigenständigen Jugendpolitik" des Bundesministeriums für Familie, Senioren, Frauen und Jugend sowie in der Demografiestrategie des Bundes mit seiner Arbeitsgruppe „Jugend gestaltet Zukunft" zentral bearbeitet wird, erhalte man – auch wenn die Ergebnisse dieser Prozesse noch nicht sichtbar seien – einen guten „Rückenwind", um die Notwendigkeit eines kohärenten jugendpolitischen Handelns deutlich zu machen.

5 Welches strategische Handeln liegt im Bereich der Jugendpolitik in den untersuchten Landkreisen vor?

Trotz der oben beschriebenen Schwierigkeiten sind die jugendpolitischen Akteure nicht untätig, sondern versuchen die kommunale Jugendpolitik bestmöglich voranzubringen.

Die Untersuchungslandkreise können zunächst danach kategorisiert werden, inwiefern sie ihre jugendbezogenen Aktivitäten in kohärente regionale oder kommunale Entwicklungsstrategien einbetten und bei der Entwicklung oder Implementierung entsprechender Maßnahmen zusätzliche Ressourcen aus staatlichen Förderprogrammen der Länder[3], des Bundes[4] oder der EU[5] erschließen konnten. Dazu wurde erhoben, ob sich die untersuchten Landkreise innerhalb eines Betrachtungsraumes von fünf Jahren (2008-2013) in den demografisch relevanten Bereichen der Regionalentwicklung, der Daseinsvorsorge sowie der Bildungs- und Jugendarbeit an einschlägigen Programmen beteiligt hatten.

Die Auswertung ergab, dass viele der finanzschwachen Untersuchungsregionen in bedeutsamem Umfang an Landes- und Bundesprogrammen teilgenommen und dadurch zusätzliche finanzielle Ressourcen eingeworben haben, um die ihres Erachtens unterfinanzierte Jugendarbeit zu stützen. Allerdings sind diese Programme nicht selten auf eng eingegrenzte Vorhaben fokussiert und wurden von den Akteuren vor Ort genutzt, um einzelne Angebote für Jugendliche zu sichern bzw. auszubauen. Ob die so geförderten Maßnahmen *nachhaltige* Beiträge zu einer strategisch ausgerichteten jugendgerechten Strukturpolitik leisten können, hängt dann davon ab, inwieweit sie in ganzheitliche Entwicklungsstrategien eingebettet werden oder eher additiven Charakter besitzen.

Landkreise mit solchen Strategien haben die entsprechenden Entwicklungsprozesse in den von uns betrachteten Fällen selbst und unabhängig von den erwähnten Programmkontexten initiiert. Dabei ließen sich drei Entwicklungsstufen identifi-

---

3 z.B. Thüringer Netzwerk Demografie, Modellregion Demografie Bayern
4 z.B. „Land-Zukunft", „Regionales Übergangsmanagement", „Lernen vor Ort", „Region schafft Zukunft"
5 z.B. LEADER

zieren: Eine erste Reflexions-Stufe stellen Situationsanalysen dar, die in Form umfangreicher Regionalanalysen, z.B. Demografie- und Bildungsberichte oder Regionalstudien, erfolgen. Die Planungs-Stufe umfasst den eigentlichen Prozess der Strategieformulierung, z.B. in Form von Masterplänen, Leitbildern, Handlungs- oder Entwicklungskonzepten. Auf der Implementations- oder Umsetzungs-Stufe werden dann konkrete jugendbezogene Initiativen realisiert. Die Landkreise formulieren hierzu in der Regel übergreifende, auf das gesamte Gemeinwesen bezogene Ziele, z.B. den sozialen Zusammenhalt zu stärken. Dabei wird vor allem versucht, brachliegende, endogene Entwicklungspotenziale zu erschließen, z.B. durch strategische Vernetzung, die helfen soll, vorhandene Ressourcen besser zu nutzen. Leitbilder und konkrete Initiativen für Jugendliche werden dann in diese Gesamtstrategien eingebettet. Allerdings sind Jugendliche nach Auskunft der Expertinnen und Experten selbst kaum direkt an diesen Entwicklungsprozessen beteiligt.

6 Wie sind die jugendpolitischen Akteure vernetzt?

Obwohl Vernetzung, wie gerade erwähnt, auch in den von uns betrachteten Landkreisen als Methode der Ressourcenbündelung und -erschließung angesehen wird, können sich solche Prozesse in der Praxis vor Ort als schwierig erweisen.
Hinsichtlich der Kooperationsstrukturen ging aus unserer Untersuchung z.B. hervor, dass eine vielfach bestehende Konkurrenz zwischen den Akteuren die Vernetzungsbemühungen erheblich erschwert. Das betrifft z.B. benachbarte Landkreise, aber auch Kommunen eines Landkreises, etwa nach einer Fusion infolge einer Kreisgebietsreform. Lokale Akteure scheinen sich mitunter noch lange an den „alten" Raumstrukturen und Gebietskörperschaftsgrenzen zu orientieren, was teils noch nach Jahrzehnten die Kooperationsbereitschaft innerhalb eines Landkreises dämpfen kann.
Mehrere Befragte verschiedener Landkreise äußerten den Bedarf nach einer dauerhaften Koordination für die Netzwerkarbeit im Landkreis. Eine befristete Koordination stellte sich hingegen vielerorts nach Ende der Programmlaufzeit als kontraproduktiv heraus. In manchen Landkreisen sind vormals projektbezogen koordinierte (und finanzierte) Netzwerke nach Ende der Projektlaufzeit wieder zerfallen. In diesem Zusammenhang wurde darauf hingewiesen, dass die Schaffung neuer projektbezogener Netzwerke zur teilweisen Erosion lange gewachsener, schon bestehender Netzwerke führen oder beitragen kann. Gefordert wurde, dass insbesondere die Bundesebene die Förderpraxis von Koordinierungsstellen überprüfen sollte, da diese in einer begrenzten Zeit zwar wichtige Knotenpunkte bilden, anschließend aber wegfallen würden. Den Kommunen und Landkreisen sei es zumeist nicht möglich, diese Strukturen eigenfinanziert weiterzuführen. Da-

her wird ein Weg, um die lokale und überregionale Vernetzung voranzutreiben, in der Stärkung bestehender Netzwerke gesehen. Darüber hinaus würden vor allem Landesprogramme oder -initiativen, wie etwa die demografischen Modellregionen, aus sich heraus kaum überörtliche oder überregionale Vernetzungseffekte erzielten.

Einen Grund für den mitunter geringen Stellenwert formalisierter Netzwerkarbeit sahen einzelne Befragte darin, dass sich lokale politische Akteure aufgrund der kleineren Verwaltungseinheiten stärker auf informellen Wegen austauschen und Informationen weitergeben. Zudem würden die Entfernungen in den großen Flächenlandkreisen einen erheblichen zusätzlichen zeitlichen und monetären Aufwand bedeuten, was Netzwerkarbeit – insbesondere auch für Ehrenamtliche – unattraktiv mache. Dies könne im Übrigen auch ein Grund sein, warum Jugendvertreterinnen und -vertreter nur selten in die Netzwerke eingebunden sind. Diese Beobachtung entspricht bereits vorliegenden Befunden zur Jugendpartizipation in ländlichen Räumen (siehe u.a. Pluto et al. 2014).

Die Expertinnen und Experten verwiesen auch darauf, dass Netzwerkarbeit nicht um ihrer selbst willen aufrechterhalten, sondern immer mit Blick auf permanent bestehende Koordinationsanforderungen betrieben werden sollte. Daher könnte diese durchaus auch eine Zeit brachliegen und nur bei Bedarf aktiviert werden.

7 Ansätze für eine jugendgerechte Demografiepolitik in ländlichen Räumen

Um die Bedingungen des Aufwachsens in ländlichen Räumen jugendgerecht zu gestalten und damit den Interessen und Bedürfnissen der dort lebenden Jugendlichen Rechnung zu tragen, bedarf es Richtungsvorgaben sowie langfristig angelegter kohärenter Unterstützungsstrategien und daraus abgeleiteter Maßnahmen, die idealerweise zwischen Bundes-, Landes- und Kreisebene abgestimmt sind. Das grundgesetzlich verbriefte Staatsziel der Herstellung gleichwertiger Lebensverhältnisse (Artikel 72, Absatz 2 GG)[6] kann nicht von lokalen Akteuren allein bewältigt werden. Auch können einzelne Bemühungen und „Leuchtturm"-Projekte zwar zu einer jugendgerechten Demografiepolitik beitragen, sie als isolierte Maßnahmen jedoch nicht begründen oder gar ersetzen. Vielmehr bedarf es, neben der intersektoralen Zusammenarbeit auf der lokalen Ebene, einer ebensolchen auf der Landes- und der Bundesebene. Im gemeinsamen Dialog der Kommunen und Länder einerseits sowie der Länder und des Bundes[7] andererseits könnten unter

---

6 An dieser Stelle sei auf die Debatte über die Interpretation und Realisierbarkeit gleichwertiger Lebensverhältnisse verwiesen (siehe Barlösius 2006).

7 Die Länder hätten hierbei auch eine advokatorische Funktion für „ihre" Gebietskörperschaften.

Einbeziehung der relevanten Bundesverbände, z.B. des Landkreistages, Strategien entwickelt werden, um den absehbaren demografischen Entwicklungen gestaltend zu begegnen. Zugleich sollte diskutiert werden, wie strukturschwache ländliche Regionen so gestärkt werden können, dass sie die vielfältigen aktuellen und künftigen Herausforderungen bewältigen können.

Anknüpfend an das bereits vorgestellte Stufenmodell zur Strategieentwicklung sollte Ausgangspunkt eines solchen Diskussionsprozesses zunächst eine datengestützte Bestandsanalyse in den Regionen zur aktuellen demografischen Situation sowie zur Lebenswirklichkeit und Beteiligungspraxis Jugendlicher sein. Hierbei wären auch Formen der Fortschreibung solcher Bestandsanalysen zu institutionalisieren, um den Wandel von Rahmenbedingungen abzubilden und diesem gerecht werden zu können. In einem nächsten Schritt müsste ein Zielfindungsprozess eingeleitet werden, der auf der geleisteten Wirklichkeitsbeschreibung beruht und Kinder und Jugendliche sowie weitere relevante Akteure möglichst gleichberechtigt, d.h. partnerschaftlich, einbezieht, um ein lokales Leitbild für die jugendgerechte Gestaltung demografischer Entwicklungen zu formulieren. Dabei wäre dringend darauf zu achten, dass die Jugendlichen nicht als Steuerungs- und Planungsobjekt betrachtet werden. Im folgenden Implementierungsprozess würden dann die gemeinsam formulierten Ziele auf der Ebene von Maßnahmen bzw. Initiativen gemeinsam mit den jungen Menschen konzipiert und – soweit möglich – auch in ihrer Mitverantwortung umgesetzt.

In Workshops mit jugendpolitischen Akteuren der Kreis-, Landes und Bundesebene, welche den Forschungsprozess begleiteten, wurden darüber hinaus konkrete Handlungsansätze entwickelt, um Freizeit- und Mitgestaltungsmöglichkeiten für Jugendliche in ihrer Region zu verbessern.

8 Handlungsansätze

Aus Sicht der Expertinnen und Experten sollte jungen Menschen das individuelle Erreichen von Orten erleichtert werden, damit sie unabhängig von der Fahrbereitschaft ihres Elternhauses werden. Hierzu müsste insbesondere der nichtmotorisierte Individualverkehr durch den Ausbau des Radwegnetzes inklusive der Installation von witterungsgeschützten Abstellplätzen verbessert werden. Zudem sollten Jugendvereinen Fördermöglichkeiten eröffnet werden, damit sie ihren Mitgliedern Fahrdienste anbieten können.

Darüber hinaus müssten sich vorhandene Örtlichkeiten stärker an den Bedürfnissen der Jugendlichen ausrichten. Schule sollte sich ihrer Rolle als zentralem Aufenthaltsort der Jugendlichen bewusst werden und sich vom Lern- zum Lebensort wandeln. Dies könnte dadurch erreicht werden, dass Schulgelände auch nach Ende der Unterrichtszeiten frei zugänglich gemacht werden und Aufenthalts-

und Warteräume für die Schülerinnen und Schüler bereitgestellt werden. Auch Räumlichkeiten von Kirchen, Vereinen sowie kommunalen Gebäuden sollten für Jugendliche geöffnet und für die selbstorganisierte Freizeitgestaltung von jungen Menschen bereitgestellt werden.

Auf Grund des geringen Zeitbudgets der Jugendlichen durch ihre langen Fahrzeiten bedarf es Freizeitangebote, die vor Ort und wohnortnah schnell zu erreichen sind. Gerade am Wochenende sollte jedoch auch der Zugang zu zentralen Jugendeinrichtungen ermöglicht werden, an denen die Jugendlichen eine hinreichend große Zahl Gleichaltriger antreffen können. Hierzu müssten die Öffnungszeiten der Einrichtungen deutlich erweitert und durch die Abstimmung mit den ÖPNV-Erreichbarkeiten abgesichert werden. Für Jugendliche sei zudem die Pflege alterstypischer Kommunikationsbeziehungen in sozialen Netzwerken wichtig. Um diese zu erleichtern, müsste in den Ausbau des mobilen Datennetzes investiert und z.B. kostenlose Internetzugänge in Jugendclubs oder Schulbussen bereitgestellt werden.

Um Jugendliche insgesamt mit partizipativen Elementen zu erreichen, sei eine Etablierung von demokratischer, teils aufsuchender Beteiligung in den verschiedensten Alltagsbereichen erforderlich, d.h. auch außerhalb gewählter Gremien und zeitlich dauerhaft in allen sie betreffenden Kontexten. Beispielsweise könnte über die Öffnungszeiten von Jugendfreizeiteinrichtungen, die Terminierung der Schülerbeförderung sowie die Ausgestaltung des schulischen Lebens durch Jugendliche selbst demokratisch entschieden werden. Eine zivilgesellschaftliche Koordinierungsstelle könnte die Jugendlichen über Möglichkeiten der Mitgestaltung und Förderung informieren und sie bei der Bewältigung von Formalitäten zu unterstützen (z.B. bei der Beantragung von Fördergeldern für eigene Projekte). Ein/e dort angebundene/r Jugendbeauftragte/r hätte die Aufgabe, Jugendlichen bei der Vertretung ihrer Interessen – z.B. mit Blick auf Wissen, Kontakte und finanzielle Mittel – zu stärken und zwischen Jugendlichen und Verwaltung bzw. Politik zu vermitteln.

Bei den Partizipationsprozessen für Jugendliche sei zu beachten, dass ein konkreter Anlass bzw. Gegenstand in den Mittelpunkt gestellt wird, der für die Lebenswelt der jungen Menschen von großer Bedeutung ist. Daher müssten junge Menschen bereits in die Ideenfindung der Projekte eingebunden werden. Dabei sei zu berücksichtigen, dass unterschiedliche Zielgruppen unterschiedliche Ansprachen und Abläufe benötigten. Insbesondere Projekte und Ansätze für junge oder bildungsferne Gruppen müssten dem Bedürfnis nach Abwechslung, Spontaneität und Originalität Rechnung tragen. Hierzu bieten sich Formate an, die Beteiligungsverfahren in spielerischer Form umsetzen sowie schnelle und greifbare Erfolgserlebnisse sowie eine reale Machtbeteiligung beinhalten. Repräsentative Beteiligungsformen könnten besonders gut in der Schule erlernt werden. Hierzu müsste jedoch die Funktion der Schülervertretung und die Abläufe von Wahlen, die Aufgaben und echten Gestaltungsmöglichkeiten gegenüber Schülerinnen und Schülern aber auch der Lehrerschaft deutlicher artikuliert werden.

9 Ausblick

Trotz dessen, dass demografische Entwicklungen nie verlässlich vorausgesagt werden können (siehe aktuelle Flüchtlingssituation), wird auch eine zuvor skizzierte jugendgerechte Politik nicht verhindern können, dass Jugendliche in ländlichen Räumen in eine immer stärker werdende Minderheitenposition geraten. Umso wichtiger ist es, dass deren Belange im politischen Meinungsbildungsprozess eine deutliche Aufwertung erfahren.

Wenn Jugendliche ihre Umgebung als Lebenswert erachten und sie als gestaltbar wahrnehmen, dann steigt auch die Wahrscheinlichkeit, dass sie sich ihrer Region verbunden fühlen und eine Bleibeorientierung entwickeln. Mit zunehmendem Alter rücken für die Entscheidung über ein Bleiben oder Gehen neben der individuellen Bedeutsamkeit der sozialen und kulturellen Angebotslage und der Wahrnehmung der eigenen Lebensqualität jedoch die angenommenen Ausbildungs- und Arbeitsperspektiven in den Vordergrund (Becker/Moser 2014; Tillmann/Beierle 2015). Dies äußerte sich auch darin, dass ein nicht unerheblicher Anteil der befragten Jugendlichen sich einen Verbleib in der Region vorstellen können, sich aber dennoch bezwungen sehen, ihre Heimat zu verlassen, um ihre beruflichen Pläne zu verwirklichen. Insofern ist es für die Regionen unabdingbar, Jugendlichen verbesserte berufliche Perspektiven zu eröffnen. Hierzu zählt, dass Jugendliche mit Bleibeabsicht oder junge rückkehrwillige Menschen besser hinsichtlich der Ausbildungs- und Arbeitsoptionen vor Ort informiert werden – etwa durch einen für sie aufbereiteten regionalen Ausbildungs- und Fachkräftemonitor. Denn oftmals sind die Anschlussmöglichkeiten nach der Schule in der Region inzwischen besser als ihr Ruf. Zudem gilt es, die Attraktivität von Ausbildungsplätzen im Hinblick auf Entlohnung, Erreichbarkeit, individuelle Unterstützung in der Ausbildung und berufliche Entwicklungsmöglichkeiten zu erhöhen. Zudem sollte die zunehmende Anzahl Jugendlicher mit Studienorientierung nicht aus dem Blick geraten, sondern durch Anbindungen an Hochschulstandorte das Bleiben oder aber durch Absolventenstipendien bei lokalen Betrieben, die Rückkehr in die Herkunftsregion erleichtert werden.

Literatur

Barlösius, E. (2006): Gleichwertig ist nicht gleich. Aus Politik und Zeitgeschichte. 37

Becker, H.; Moser, A. (2013): Jugend in ländlichen Räumen zwischen Bleiben und Abwandern: Lebenssituation und Zukunftspläne von Jugendlichen in sechs Regionen in Deutschland. Thünen Report. 12

Böhnisch, L. (1992): Distanz und Nähe. Jugend und Heimat im regionalen Kontext. Pro Regio. 19, 4-15

Bürkner, H.-J. (2015): Regionale Disparitäten, In: Kollmorgen, R.; Merkel, W.; Wagener, H.-J. (Hrsg.): Handbuch Transformationsforschung. Wiesbaden: Springer VS, S. 673-678

Eisenbürger, I.; Vogelsang, W. (2002): Ich muss mein Leben selber meistern! Jugend im Stadt-Land-Vergleich. Aus Politik und Zeitgeschichte

Kuhnke, R.; Reißig, B. (2007): Schülerinnen und Schüler auf dem Weg von der Schule in die Berufs-ausbildung. Bericht zur Basiserhebung der Kommunalen Schulabsolventenstudien in den Städten Leipzig, Halle, Jena und Frankfurt (Oder). München, Halle

Maretzke, S. (2014): Herausforderungen regionaler Disparitäten für die gleichwertige Infrastruk-turversorgung in Deutschland, In: Bayerisches Landesamt für Statistik und Datenverarbeitung (Hrsg.): Statistiktage Bamberg-Fürth 2014 – Regionale Disparitäten: Lebensverhältnisse im Ver-gleich. Tagungsdokumentation. Bamberg, S. 95-111

Neu, C. (2006): Territoriale Ungleichheit – eine Erkundung. Aus Politik und Zeitgeschichte. 37

Pluto, L.; van Santen, E.; Seckinger, M. (2014): Lebenslagen Jugendlicher als Ausgangspunkt kom-munaler Politikgestaltung. Eine Expertise zur beteiligungsorientierten Erhebung von jugendpoli-tischen Bedarfen. München

Schubarth, W.; Speck, K. (2009): Regionale Abwanderung Jugendlicher. Weinheim

Stein, M. (2013): Jugend in ländlichen Räumen. Die Landjugendstudie 2010. Bad Heilbrunn; Mün-chen

Tillmann, F.; Beierle, S. (2014): Jugend im ländlichen Raum im Blick behalten! dreizehn. Zeitschrift für Jugendsozialarbeit. 13, 15-18

Wiesner, R. (2015): SGB VIII. Kinder- und Jugendhilfe. Kommentar. 5., überarbeitete Auflage

3 Bildung und Bildungsbeteiligung von Jugendlichen in ländlichen Räumen

Holger Morawietz

Zwergschulen und Riesenschulen auf dem Lande – Entwicklungen, Probleme und Problem-lösungen

Im ländlichen Raum entstehen durch die geringe Bevölkerungsdichte viele Schulprobleme. Viele immer kleiner werdende Zwergschulen müssen ums Überleben kämpfen oder wurden bereits geschlossen. Wenn als Problemlösung mehrere Schulformen zusammengeschlossen wurden, wie vor allem in Haupt- und Realschulen, in Oberschulen und in Gesamtschulen, dann entstehen oft Riesenschulen mit ganz anderen Problemen.

Die folgenden Analysen zeigen zunächst einige zentrale Entwicklungstrends im deutschen allgemeinbildenden Schulwesen und stellen die Veränderungen sowie die aktuellen Schulsituationen in niedersächsischen Beispiel-Landkreisen vor. Nach der Erläuterung der wichtigsten Probleme von Zwergschulen und Riesenschulen werden viele Problemlösungen anhand von illustrativen Beispielen vorgeschlagen.

1 Schulentwicklungen in Deutschland

Seit der Nachkriegszeit hat sich das Schulwesen in Deutschland und vor allem in den ländlichen Räumen ganz wesentlich verändert. Die Entwicklungen lassen sich besonders deutlich an den Schulformen und an den Schulabschlüssen ablesen.

1.1 Entwicklung der Schulformen

Erste Hinweise auf die Entwicklung des Schulwesens im ländlichen Raum geben Statistiken zum Besuch der verschiedenen Schulen im Sekundarbereich ab der Nachkriegszeit, weil auf dem Lande nur ganz wenige Realschulen und Gymnasien vorhanden waren. Die Entwicklung des Schulbesuchs von 8-Klässlern in Westdeutschland von 1960 bis 1992 und danach bis 2010 für ganz Deutschland wurde von der Bundeszentrale für politische Bildung (2014, S. 1) genauer analysiert. Danach besuchten im Jahr 1960 mehr als zwei Drittel aller (westdeutschen) Schüler (68%) die Volksschule, die also im wahrsten Sinne die Schule des Volkes war. Nur 13% gingen zur Realschule und 16% aufs Gymnasium. Die Förderschule umfasste 3% eines Jahrgangs und blieb in allen folgenden Jahren unter 5%.

Weil von Georg Picht 1964 eine „Bildungskatastrophe" ausgerufen wurde und Ralf Dahrendorf 1965 „Bildung ist Bürgerrecht" forderte, begannen in den 1960er Jahren die ersten umfassenden Bildungsreformen, die sich stark auch auf ländliche Räume auswirkten und zu riesigen Umschichtungen in den besuchten Schulformen führten.

Von 1960 bis in die Gegenwart lässt sich für die Volksschulen, die ab Mitte der 1960er Jahre „Hauptschulen" heißen, ein permanenter Rückgang der Schülerzahlen von 68% auf nur noch 17% (für ganz Deutschland) im Jahr 2010 feststellen. Die Realschulen verzeichnen von 1960 mit einem Anteil von 13% eine deutliche Zunahme auf maximal 28% im Jahr 1985 und bis 2010 eine leichte Abnahme auf 25%. Ab 1975 kamen noch Gesamtschulen mit zunächst nur 3% hinzu. Aber nach der Wiedervereinigung kletterten die Gesamtschulen zusammen mit den „Schulen mit mehreren Bildungsgängen" bis zum Jahr 2010 auf einen Anteil von 18%. Eine sehr große Zunahme ist bei den Gymnasien zu verzeichnen, denn von 1960 mit 16% gab es eine kontinuierliche Steigerung bis zum Jahr 2010 auf 36%, wobei sich das Gymnasium zur meist gewählten Schulform entwickelte.

Diese Veränderungen verdeutlichen auch die Schulentwicklung in ländlichen Räumen, denn sehr oft wurden dort zunächst neue Realschulen und Gymnasien und später neue Gesamtschulen und Schulen mit mehreren Bildungsgängen errichtet.

1.2 Entwicklung der Schulabschlüsse

Die Entwicklung der von Schülern in allgemeinbildenden Schulen in ganz Deutschland erreichten Schulabschlüsse verlief fast parallel zu den Veränderungen bei den besuchten Schulformen (vgl. Edelstein/Grellmann 2013). Von den vor 1945 Geborenen erreichen 4,3% keinen Schulabschluss, zwei Drittel (66,3%) nur den Hauptschulabschluss, 2,5% den DDR-Abschluss der polytechnischen Oberschule, 12,4% einen mittleren Abschluss und nur 13,1% das Abitur.

Bei den in den Jahren 1985 bis 1990 Geborenen verringerte sich der Anteil von Schülern ohne Schulabschluss auf 3,2% und auch der Anteil der Hauptschulabschlüsse sank ganz erheblich auf 19,1%. Aber im Gegensatz dazu vergrößerte sich der Anteil der mittleren Abschlüsse stark auf 33,0%, und das Abitur wurde von 42,1% und damit am häufigsten erreicht.

Eine wichtige Ursache dieser sehr positiven Entwicklung liegt darin, dass deutlich mehr Landkinder die inzwischen viel besser erreichbaren Realschulen und Gymnasien besuchten und dort den Realschulabschluss oder das Abitur erwarben.

1.3 Schulabschlüsse von Jungen und Mädchen

Zu den größten Veränderungen im Schulwesen gehört die Tatsache, dass die Mädchen von der Nachkriegszeit bis in die Gegenwart immer bessere Schulabschlüsse erreichten und die Jungen sogar überholt haben. Durch sehr detaillierte empirische Analysen wurde nachgewiesen (vgl. z.B. Helbig 2013), dass Mädchen bis zur Mitte der 1970er Jahre trotz besserer Schulzensuren viel seltener Gymnasien besuchten und das Abitur schafften. Bei den höheren Bildungsabschlüssen am stärksten benachteiligt waren katholische Mädchen, die aus der Arbeiterklasse stammten und in ländlichen Räumen wohnten, so dass die Kunstfigur „katholische Arbeitertochter vom Lande" die geringsten Bildungschancen hatte. Erst ab 1975 bewältigten Mädchen genauso häufig wie Jungen das Abitur, und ab 1980 überholten die Mädchen die Jungen immer stärker.

Die Abbildung 1 (siehe nächste Seite) zeigt für die Jahre 1992 und 2014 die in ganz Deutschland von Jungen und Mädchen erreichten Schulabschlüsse (vgl. Statistisches Bundesamt 2015) aufgrund von Prozentberechnungen des Verfassers. 1992 schafften 25,9% der Mädchen, aber nur 22,2% der Jungen das Abitur. Dieser Vorsprung der Mädchen vergrößerte sich noch im Jahr 2014 deutlich, denn dort bekamen 36,9% der Mädchen, aber nur 29,4% der Jungen das Abitur. Am häufigsten vergeben wurden die Realschulabschlüsse mit einem großen Vorsprung der Mädchen (mit 42,7%) gegenüber den Jungen (mit 37,5%) im Jahr 1992. Danach holten die Jungen auf und zogen 2014 mit 44,2% gleich mit den Mädchen. Insgesamt schafften also die Jungen und vor allem die Mädchen immer öfter Schulabschlüsse an Realschulen und Gymnasien. Im Gegensatz dazu kann man bei Jungen und bei Mädchen von 1992 bis 2014 eine bedeutsame Abnahme bei den Hauptschulabschlüssen und bei den fehlenden Schulabschlüssen verzeichnen, wobei die Jungen in allen Fällen größere Anteile als die Mädchen hatten.

Die Gründe für die wachsenden und durchschnittlich höheren Bildungserfolge der Mädchen sind vielfältig, aber liegen auch daran, dass viel mehr Mädchen als Jungen aus ländlichen Räumen zu den dort neu eingerichteten Realschulen und Gymnasien wechselten und höhere Schulabschlüsse erreichen konnten.

2 Entwicklung der ländlichen Schulen

Besonders stark änderte sich das Schulwesen auf dem Lande, wie die Schulversorgung in der Nachkriegszeit, die Entwicklung in einer Beispiel-Gemeinde und die aktuelle Schulsituation in einem Beispiel-Landkreis demonstrieren.

2.1 Schulsituation bis in die 1960er Jahre

In Westdeutschland standen bis in die 1960er Jahre in allen Städten und Ortschaften achtjährige Volksschulen, die in Dörfern auch „Bauerschaftsschulen", „Dorfschulen" oder „Zwergschulen" hießen. In kleineren Zwergschulen waren ca. 25 bis 30 Schülern aus den Jahrgängen 1-8 in nur einem Klassenzimmer untergebracht und von ihrem einzigen Lehrer abhängig. In größeren Zwergschulen gab es zwei getrennte Klassenräume für die Jahrgänge 1-4 sowie für die Jahrgänge 5-8 und entsprechend zwei Lehrpersonen. Im Unterricht fand meistens eine Binnendifferenzierung statt, wobei die Schüler mehrerer benachbarter Jahrgänge zu Abteilungen zusammengefasst wurden und unterschiedliche Lernaufgaben bekamen. Die Lehrpersonen mussten für die verschiedenen Abteilungen zeitlich parallele Unterrichtsplanungen erstellen und täglich improvisieren. In diesem Abteilungsunterricht übernahmen ältere Schüler quasi als „Hilfslehrer" wichtige Teilfunktionen und konnten selbst dabei auch viel lernen.

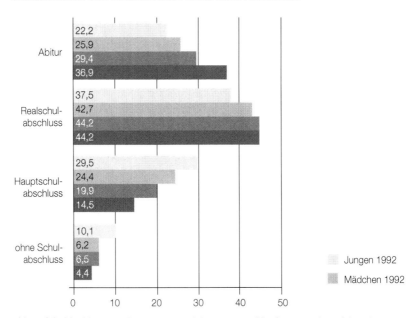

Abb. 1: Schulabschlüsse von Jungen und Mädchen in Deutschland 1992 und 2014 (in %)

Die Zwergschulen waren fast immer im Gegensatz zu den Schulen in größeren Städten, die Jahrgangsklassen wegen der höheren Schülerzahlen hatten, schlecht mit Lehrmaterialien ausgestattet und besaßen keine Fachräume für die Naturwissenschaften, für die musischen und handwerklichen Fächer oder für den Sportunterricht. Die Lehrpersonen wohnten im Dorf, kannten alle Schüler und deren Eltern persönlich und sprachen mit ihnen bei Bedarf auch im heimischen Dialekt, waren in allen Schulfächern und quasi als „Zehnkämpfer" in Pädagogischen Hochschulen sehr praxisnah ausgebildet worden und wurden meistens als „Schulmeister" bezeichnet. In den meisten Dörfern waren der Landarzt, der Pfarrer und der Lehrer die wichtigsten Autoritäten und genossen das höchste Ansehen.

Bis in die 1960er Jahre standen Realschulen nur in wenigen größeren Städten und Gymnasien nur in noch größeren Städten, wie vor allem in Kreisstädten. Alle Schüler, die eine Weiterführende Schule, also damals eine Realschule oder ein Gymnasium, besuchen wollten, mussten eine längere Aufnahmeprüfung mit oft ein- oder zweiwöchigem Probeunterricht machen.

Weil noch keine Schulbusse eingesetzt wurden und nur wenige Eltern ein eigenes Auto hatten, fuhren die meisten Landschüler mit dem Fahrrad zur nächstgelegenen Volksschule. Der Besuch von Realschulen oder Gymnasien hing stark davon ab, wie lang die Schulwege zur nächstgelegenen Weiterführenden Schule waren und ob es gute öffentliche Verkehrsverbindungen zu Realschulen oder Gymnasien in größeren Städten gab. Um zu den Weiterführenden Schulen zu gelangen, mussten die relativ wenigen Landschüler zusammen mit berufstätigen Erwachsenen die öffentlichen Verkehrsmittel, also die meistens langsam fahrende Eisenbahn oder die selten vorhandenen Busse benutzen. Die Fahrschüler waren also von den Fahrplänen und von der Zuverlässigkeit der öffentlichen Busse oder der Eisenbahn abhängig und durften öfters in der 6. Schulstunde etwas früher den Unterricht verlassen, damit sie noch rechtzeitig ihre Busse oder Züge erreichen konnten.

Die Strapazen, die viele Landschüler auf sich nahmen, zeigt folgendes Beispiel: Mitte der 1950er Jahre wollte eine zehnjährige Schülerin, die eine einklassige Bauerschaftsschule sehr erfolgreich bis zum Ende der 4. Klasse besucht hatte, als erste Person aus ihrem Dorf das Abitur erwerben. Im gesamten Landkreis gab es für Mädchen nur ein einziges Gymnasium, das in der ca. 40 km entfernt liegenden Kreisstadt lag und außerdem ein relativ hohes Schulgeld erforderte. Die Schülerin stand morgens um 5:00 Uhr auf und fuhr mit dem Fahrrad auch bei Regen, Schnee und eisiger Kälte im Winter zur nächsten, ca.5 km entfernten Kleinstadt. Von dort ging es mit dem öffentlichen Bus zum nächstgelegenen Bahnhof in einer etwas größeren Stadt. Um 6:15 Uhr stieg sie in den einzigen verfügbaren Zug, der um ca. 7:45 Uhr in der nächsten Großstadt ankommen sollte. Die Schülerin kam aber schon um 6:50 Uhr in der Kreisstadt an und erreichte nach einem 10-minütigen Fußweg ihr Gymnasium, das aber erst um 7:40 Uhr geöffnet wurde. Um nicht 40 Minuten draußen (und im Winter in der Kälte) stehen zu müssen, durfte die Schülerin in der nahegelegenen Hauptkirche der Kreisstadt warten (und sich im Winter aufwärmen). Der Schulunterricht im Gymnasium dauerte von 8:00 bis 13:10 Uhr, aber der nächste Zug fuhr erst gegen 13:50 Uhr zurück, sodass die Schülerin wieder warten musste und nach der Fahrt mit dem Zug, dem Bus und dem Fahrrad erst nach 15:00 Uhr wieder zuhause ankam. Für den etwas mehr als 5-stündigen Unterricht im Gymnasium war die Schülerin also etwa 9,5 Stunden unterwegs und bekam jeden Tag nur aufgewärmtes Mittagessen. Die Schülerin konnte nicht am Lateinunterricht teilnehmen, weil dieser an drei Nachmittagen pro Woche stattfand und die Schülerin dann kein Mittagessen bekommen hätte und erst gegen 18:30 Uhr nach Hause gekommen wäre. Bei seltenen Pflichtterminen an Nachmittagen oder Abenden musste die Schülerin eine Freundin finden, die sie während der Wartezeiten mit in ihr Elternhaus nahm.

Wegen der oft sehr weiten Schulwege zu den erreichbaren Realschulen und Gymnasien lässt sich die Situation für ländliche Schulen zusammenfassen im

Trend 1:	Bis in die 1960er Jahre gab es in ländlichen Räumen folgende Tendenz: „Je weiter eine erreichbare Realschule oder ein Gymnasium vom Wohnort entfernt war, desto seltener besuchten Schüler eine dieser Schulen!".

Erst ab den 1970er Jahren wurden auch in kleineren Städten meistens die Hauptschulen zu Haupt- und Realschulen mit zwei Schulzweigen ausgebaut oder seltener eigene Realschulen eingerichtet. Dadurch verkürzten sich die Schulwege erheblich. Außerdem wurden (kostenlose) Schulbusse eingesetzt, die aber in der Regel bis in die weiter entfernten Kreisstädte fuhren. Viele Fahrschüler starteten schon um 7:00 Uhr mit ihren Schulbussen und kamen gegen 7:30 Uhr in ihrer Haupt- und Realschule in einer Kleinstadt an. Um die Wartezeiten für die Fahrschüler zu verkürzen, wurde in mehreren dieser Haupt- und Realschulen der Schulbeginn auf 7:40 Uhr vorverlegt. Neuere Untersuchungen beweisen allerdings, dass ein viel späterer Schulbeginn erst zwischen 8:30 und 9:00 Uhr für die Biorhythmen der allermeisten Jugendlichen viel günstiger ist und die Schulerfolge dann deutlich besser werden.

Die Stundenpläne in fast allen Landschulen sind auch in der Gegenwart stark von den Fahrplänen der Schulbusse abhängig, und bei Unterrichtsausfällen, z.B. durch mehrere erkrankte Lehrpersonen, kann die Schulleitung die betroffenen Schüler oft nicht vorzeitig nach Hause schicken, weil nur selten Schulbusse verfügbar sind.

Manchmal besitzen Landkreise ein spezielles, in der nächstgelegenen Großstadt stehendes Gymnasium, damit ihre Schüler mit Bussen oder der Eisenbahn verkehrsgünstig dorthin gelangen können. Ein schon viele Jahrzehnte existierendes Beispiel ist in der Großstadt Oldenburg die Graf-Anton-Günther-Schule als Gymnasium des Landkreises Oldenburg (https://gymnasium-gag.de).

Nach der Umwandlung vieler Volksschulen in Grundschulen und der Schließung vieler Zwergschulen besonders in Dörfern gibt es nach dieser Zentralisierung in der Gegenwart folgende Schulversorgung in ländlichen Räumen:
In kleineren Ortschaften findet man nur Grundschulen. In Kleinstädten steht zumindest eine Hauptschule, öfters eine Realschule und in Niedersachsen meistens eine Haupt- und Realschule bzw. eine Oberschule. Nur in größeren Städten, aber vor allem in Kreisstädten, befinden sich mindestens ein Gymnasium und oft auch eine Förderschule. Diese Zusammenhänge lassen sich verknüpfen im

Trend 2:	Seit vielen Jahrzehnten gilt in Deutschland bei den Schulstandorten in ländlichen Räumen folgende Tendenz: „Je größer die Stadt ist, desto höhere Schularten gibt es dort!".

2.2 Entwicklungsschritte in einer Beispiel-Gemeinde

Im Jahr 1950 besuchten in den 7. Jahrgängen in Niedersachsen 87,5% der Schüler eine Volksschule, nur 2,8% eine Realschule, nur 8,6% ein Gymnasium und 1,1% eine Hilfsschule, die später Sonderschule und heute Förderschule heißt (vgl. Schulz 1951).

Ein illustratives Beispiel für die Entwicklung des Schulwesens in ländlichen Räumen seit der Nachkriegszeit ist die im niedersächsischen Landkreis Vechta liegende Gemeinde Bakum, die in der Online-Enzyklopädie Wikipedia (https://de.wikipedia.org/wiki/Bakum) im Überblick vorgestellt wird. Folgende Chronologie zeigt die einzelnen Entwicklungsschritte von 1945 bis 1987 (vgl. Bullermann 2006).

1945-1962: Volksschulen mit den Jahrgängen 1-8 standen in den Bauerschaften Carum, Harme, Hausstette, Schledehausen, Vestrup und Lüsche. Diese Bauerschaftsschulen waren fast immer einklassige Zwergschulen mit Abteilungsunterricht. In der Stadt Bakum existierte die in Deutschland damals übliche achtjährige Volksschule mit auf wenige Schulfächer spezialisierten Lehrkräften und mit Jahrgangsklassen, die es (fast) nur in Städten gab.

1962: Der 9. Schuljahrgang wurde in Niedersachsen (wie auch in vielen anderen Bundesländern) eingeführt, aber alle Bauerschaftsschulen hatten weiterhin nur die Jahrgänge 1-8. Im Rahmen der 1. Stufe einer Zentralisierung wurde nur in der Volksschule Bakum zusätzlich ein 9. Jahrgang eingerichtet. Daher mussten alle Schüler der 9. Klasse aus allen Bauerschaftsschulen der Gemeinde Bakum dort unterrichtet werden.

1963: Die Volksschule Bakum blieb mit den Jahrgängen 1-9 bestehen, aber in der 2. Stufe der Zentralisierung wurden alle Bauerschaftsschulen zu Grundschulen mit den Jahrgängen 1-4 abgestuft und alle Schüler der Jahrgänge 5-9 in der Volksschule Bakum unterrichtet und mit Schulbussen dorthin gefahren.

1963-1971: In der 3. Stufe der Zentralisierung wurden nach und nach alle Grundschulen in Carum, Harme, Hausstette, Schledehausen und Vestrup geschlossen und größere Schulbusse eingesetzt. Nur die Grundschule in Lüsche und die Volksschule in Bakum blieben bestehen.

1971-1973: Die Grundschule Lüsche (1-4) und die Volksschule Bakum (1-9) bestanden weiterhin.

1973-1976: Die SPD-Regierung plante folgende, nicht verwirklichte extreme 4. Stufe der Zentralisierung: Die Grundschule Lüsche sollte auch geschlossen und die Volksschule Bakum zur Grundschule (1-4) herabgestuft werden. Aus der Gemeinde Bakum sollten alle Schüler der 5.-6. Jahrgänge zur Orientierungsstufe Vechta-Süd und alle Schüler der 7.-13. Jahrgänge in die Haupt- und Realschule Vechta-Süd oder in die drei Vechtaer Gymnasien gehen.

1976-1987: Nach einem Regierungswechsel wollte die CDU-Regierung aber die noch vorhandenen Schulen erhalten und weitere Schulbusse einsetzen, sodass folgender Kompromiss als 4. Stufe der Zentralisierung für alle Schüler der Gemeinde Bakum realisiert wurde:

• Die 1.-4. Jahrgänge gingen in die Grundschulen Bakum und Lüsche.
• Die 5.-6. Jahrgänge gingen in die Orientierungsstufe Vechta-Süd.
• Die Hauptschüler (7-9) gingen in die Hauptschule Bakum.
• Die Realschüler (7-10) gingen in die Realschule Vechta-Süd.
• Die Gymnasialschüler (7-13) gingen in die drei Vechtaer Gymnasien.

In Bakum blieb die Hauptschule also bestehen. Aber im östlich von Vechta liegenden Goldenstedt konnte nur die Grundschule (1-4) erhalten bleiben (vgl. Landesamt für Statistik Niedersachsen 2014, Tabelle K3001515). Die dortige Hauptschule wurde Mitte der 1970er Jahre geschlossen, sodass alle Goldenstedter Schüler ab der 5. Klasse nach Vechta fahren und erst die Orientierungsstufe und danach eine Haupt- und Realschule oder eines der drei Vechtaer Gymnasien besuchen mussten. Aber auch in der Hauptschule Bakum wuchsen die Probleme, denn die Schülerzahl sank bis 1987 auf 82 und bis 1993 auf nur noch 53 Lernende ganz dramatisch, weil immer mehr Schüler nach ihrer Zeit in der Orientierungsstufe Vechta-Süd in der angegliederten Hauptschule Vechta-Süd blieben. Die Lösung der vielen Schulprobleme in Bakum soll später ausführlich dargestellt werden.

2.3 Aktuelle Schulsituation in einem Beispiel-Landkreis

Ein illustratives Beispiel für die Entwicklung und die derzeitige Situation des Schulwesens im ländlichen Raum ist der niedersächsische Landkreis Vechta (https://www.landkreis-vechta.de). Mit der Kreisstadt Vechta umfasst dieser Landkreis folgende 10 Gemeinden (mit den in Klammern hinzugefügten Schülerzahlen für das Jahr 2013): Bakum (576), Damme (2.856), Dinklage (1.469), Goldenstedt

(811), Holdorf (602), Lohne (3.842), Neuenkirchen-Vörden (758), Steinfeld (850), Vechta (5.562) und Visbek (860).

Seit der Nachkriegszeit hatten im Landkreis Vechta alle Bauerschaften und alle kleineren Städte nur Volksschulen für Schüler in den Jahrgängen 1 bis 8. Mittelschulen als Vorläufer der heutigen Realschulen gab es im Landkreis Vechta bis in die 1950er Jahre lediglich in Damme, Dinklage und Lohne. Erst 1959 wurde in Vechta die erste Mittelschule eröffnet.

Bis in die 1960er Jahre standen im Landkreis Vechta nur drei Gymnasien. Das älteste Gymnasium ist das schon 1719 aus einer Klosterschule entstandene staatliche Gymnasium Antonianum Vechta zunächst nur für Jungen und ab dem Schuljahr 1964/65 auch für Mädchen. Daneben gibt es in Vechta noch zwei private katholische Gymnasien. 1859 gegründet wurde die Liebfrauenschule, die sich aus einer höheren Töchterschule zu einem allgemeinbildenden Gymnasium nur für Mädchen entwickelte. Nach Vorläufern ab dem Jahr 1902 besteht seit 1947 das Kolleg St. Thomas zunächst nur für Jungen und seit dem Schuljahr 2006/07 auch für Mädchen. Um auch Schülern aus weiter entfernten Ortschaften im Landkreis Vechta den Besuch der Gymnasien zu ermöglichen, hatten das Kolleg St. Thomas bis 1990 und die Liebfrauenschule bis 1994 eigene Internate. Um die Schulwege deutlich zu verkürzen, wurden neue Gymnasien für Jungen und für Mädchen in Damme im Jahr 1966 und in Lohne im Jahr 1968 mit einigen Lehrkräften aus dem Gymnasium Antonianum Vechta gegründet.

Im Schuljahr 2013/14 lernten im niedersächsischen Landkreis Vechta in allgemeinbildenden Schulen insgesamt 18.186 Schüler, wobei die Schülerzahlen nach dem Zwischenhoch von 2005 in den letzten Jahren wieder zurückgingen. Die Abbildung 2 (siehe nächste Seite) zeigt für die Jahre 1995, 2005 und 2013 alle im Landkreis Vechta vorhandenen Schularten mit den in Klammern hinzugefügten Anzahlen (vgl. Landesamt für Statistik Niedersachsen 2014, Tabelle K3001032): 1995 gab es 5 in Grundschulen integrierte einjährige Schulkindergärten für schulpflichtige, aber noch nicht schulfähige Kinder. Bis 2013 wuchs die Anzahl auf 7 Schulkindergärten mit insgesamt 120 Kindern. Die einzige in eine Grundschule integrierte Vorklasse im Landkreis Vechta hatte man vor 2013 geschlossen.

34 Grundschulen waren 1995 vorhanden, und nach der Gründung einer zusätzlichen Grundschule in einem Neubaugebiet in der Kreisstadt Vechta wurde in der Nachbarstadt Lohne eine wenig frequentierte Grundschule geschlossen, sodass 2013 wieder 34 Grundschulen mit insgesamt 5.925 Kindern existierten.

2 selbstständige Hauptschulen und 9 Hauptschulzweige gab es durchgängig, wobei die Schülerzahl auf 1.586 im Jahre 2013 stark zurückging. Die Zahl der Realschulen stieg von 9 auf 12, wobei 3 selbstständige Realschulen und 9 Realschulzweige mit insgesamt 3.618 Schülern im Jahre 2013 vorhanden waren.

2 Integrierte Haupt- und Realschulen sowie 5 Schulen mit getrennten Haupt- und Realschulzweigen wurden in Oberschulen umgewandelt, sodass es 7 Ober-

schulen mit 874 Schülern im Jahre 2013 gab. Die 12 in den Jahren 1995 und 2003 vorhandenen Orientierungsstufen wurden 2004 abgeschafft.

5 Gymnasien standen durchgängig und mit 5.219 Schülern im Jahr 2013 in den drei größten Städten des Landkreises, also in Damme, Lohne und Vechta.

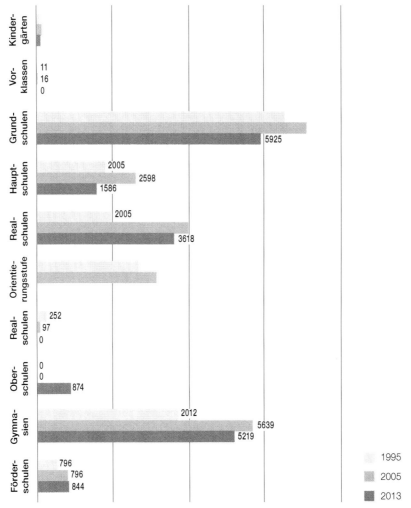

Abb. 2: Schularten und Schüler im Landkreis Vechta 1995 + 2005 + 2013 (mit Vorklassen in 2001 statt 2005, Orientierungsstufen in 2003 statt in 2005, Integrierten Haupt-Realschulen in 2004 statt in 2005).

Die Zahl der Förderschulen in den größten Städten stieg von 4 auf 6 im Jahr 2005, und nach der Schließung einer kleinen Einrichtung in der zweigrößten Stadt des Landkreises waren 844 Schüler im Jahr 2013 in den verbleibenden 5 Förderschulen.

In allen 10 Gemeinden des Landkreises Vechta gibt es seit mehreren Jahrzehnten mindestens 2 Grundschulen sowie eine Haupt- und eine Realschule, die meistens kooperativ oder integriert arbeiten und in Niedersachsen „Oberschulen" heißen. In mittelgroßen Gemeinden steht zusätzlich eine zweite Haupt-, Real- oder Oberschule. Nur in den drei größten Gemeinden des Landkreises, nämlich in Vechta, Lohne und Damme, findet man zusätzlich mindestens ein Gymnasium und eine Förderschule. Voll verwirklicht wird dabei der schon genannte Trend 2: „Je größer die Stadt, desto höhere Schularten gibt es dort!".

Aus der amtlichen Statistik (vgl. Landesamt für Statistik Niedersachsen 2014, Tabelle K3001032) wurden für das Schuljahr 2013/14 die durchschnittlichen Schulgrößen für alle Schularten im Landkreis Vechta vom Verfasser errechnet. Am kleinsten sind die Förderschulen mit 168,8 Schülern. Dann folgen die Grundschulen mit 177,8 Schülern und die separaten Hauptschulen und Realschulen mit 360,8 Schülern. Wesentlich größer sind die Oberschulen, zu denen auch die ehemaligen Integrierten Haupt- und Realschulen gezählt werden, mit 463,8 Schülern. Am allergrößten sind die Gymnasien mit 1.043,8 Schülern. Weil der Landkreis Vechta stellvertretend für die meisten deutschen Landkreise steht und man auch in größeren Städten diese Relationen findet, lautet der

Trend 3:	Seit vielen Jahrzehnten gilt in Deutschland bei den Schulgrößen folgende Tendenz: „Je höher die Schulform, desto größer ist die durchschnittliche Schülerzahl!".

3 Probleme der ländlichen Schulen

Zu den Hauptproblemen der ländlichen Schulen gehört die relativ kleine Bevölkerungsdichte. Im Gegensatz zu Städten sind in ländlichen Räumen die Landflächen sehr groß und die Schülerzahlen relativ klein. Damit die erforderlichen Mindestgrößen der verschiedenen Schularten erreicht werden, entstehen oft große Einzugsbereiche und damit sehr lange Schulwege. Daher können viele Schüler nicht mehr zu Fuß oder mit dem Fahrrad ihre Schule erreichen, sondern benötigen Schulbusse oder öffentliche Verkehrsmittel, die öfters längere Fahrt- und Wartezeiten hervorrufen.

3.1 Probleme der Zwergschulen

Im Jahre 2014 ermittelte der niedersächsische Landesrechnungshof 60 Grundschulen, die deutlich weniger als 50 Schüler hatten und deswegen geschlossen werden sollten (vgl. Radio Bremen 2014). Der Hauptgrund waren die viel zu hohen Kosten für Zwergschulen, denn in Grundschulen mit weniger als 50 Kindern muss man jährlich pro Schüler durchschnittlich 5.300 Euro aufwenden. In größeren Grundschulen mit über 200 Schülern entstehen lediglich Kosten in Höhe von 3.500 Euro pro Kind – also 1.800 Euro weniger. Vorgeschlagen wurden die Zusammenlegungen vieler dieser Grundschulen und die Verwendung der eingesparten Gelder für den Neubau von Mensen und für die notwendige Sanierung von Toiletten.

Als zweites Argument für die Schließung bzw. Zusammenlegung von Grundschulen war der oft wenig erfolgreiche fachfremde Unterricht, denn die ganz wenigen Lehrkräfte in Zwergschulen unterrichten auch mehrere Schulfächer, die sie gar nicht studiert hatten.

Das dritte Argument sind die oft riesigen Probleme, wenn einzelne Lehrpersonen krank werden, denn die restlichen Lehrpersonen in Zwergschulen können die dabei entstehenden heterogenen Schülergruppen oft nur wenig sinnvoll und selten effektiv unterrichten.

Ein drastisches Beispiel soll diese Probleme illustrieren: In einer Zwergschule mit nur 2 Lehrkräften musste beim Ausfall einer Kollegin die andere Lehrerin alle Schüler in der Turnhalle (ohne Tische) gemeinsam unterrichten. Die zur Unterstützung hinzugeholte pädagogische Mitarbeiterin musste ihren Dienst verlängern und bei dieser Mehrarbeit ihre eigenen Kleinkinder mitnehmen. Das dabei zeitweise entstandene Chaos in der Turnhalle kann man sich leicht vorstellen.

Auch im Landkreis Vechta gab es Probleme mit Zwergschulen, und die Brüder-Grimm-Grundschule in Lohne musste geschlossen werden. Eine wechselvolle Geschichte hat auch die seit ca. 340 Jahren bestehende Bauerschaftsschule Brockdorf in der Gemeinde Lohne. Aus dieser Bauerschaftsschule mit den Jahrgängen 1–8 wurde 1966 eine Grundschule mit den Jahrgängen 1–4. Aber wegen zurückgehender Schülerzahlen stand auch die Grundschule Brockdorf öfters kurz vor der Schließung, insbesondere weil 1992 nur noch 39 Kinder diese Schule besuchten. Wie die Grundschule Brockdorf aber gerettet werden konnte, wird später erklärt.

3.2 Probleme der Riesenschulen

In Deutschland gehören vor allem Gymnasien und Gesamtschulen mit 1.000 oder mehr Schülern und weit über 50 Lehrkräften zu den Riesenschulen, die im Gegensatz zu den Zwergschulen keine Existenzsorgen haben. Gymnasien und Gesamtschulen stehen fast ausnahmslos in größeren Städten und sichern für die Schüler des Standortes und der umliegenden Ortschaften den Erwerb des Abiturs.

Das erste Problem für die meisten Riesenschulen in ländlichen Räumen sind relativ große Einzugsbereiche, sodass sehr viele Schüler mit Bussen zu den Schulen transportiert werden müssen und Schulwege von einer ganzen Stunde immer noch zumutbar sind.

Für die Lehrkräfte schwierig in Riesenschulen ist im Rahmen der Organisation des Unterrichts vor allem die Erstellung von effektiven Stundenplänen und Raumplänen für Schüler und Lehrer. Wichtigere Probleme liegen in der Unübersichtlichkeit der Schüler- und Lehrermassen, denn in Riesenschulen können einerseits die Lehrkräfte nicht alle Schüler kennen und auch die Schüler verlieren bei mehr als 50 Lehrpersonen leicht den Überblick. Dadurch können schnell Anonymität und Vereinsamung nicht nur unter den vielen Schülern, sondern auch unter den vielen Lehrern entstehen.

Diese Probleme sollen am Beispiel der im Jahre 2015 größten Schule im Landkreis Vechta, dem Gymnasium Antonianum Vechta, mit 1.450 Schülern verdeutlicht werden. An diesem altehrwürdigen Gymnasium mit fast 300-jähriger Tradition arbeiten derzeit ca. 100 Lehrkräfte. Dieses Gymnasium ist ein wichtiges Beispiel für die Richtigkeit vom

Trend 4:	Seit vielen Jahrzehnten gilt in Deutschland bei den Schulen folgende Tendenz: „In Riesenschulen sind die Lehrerzahlen wesentlich größer als die Schülerzahlen in Zwergschulen!"

Wie Riesenschulen ihre Probleme in den Griff bekommen können, soll nach einem grundsätzlichen Überblick über Lösungsmöglichkeiten erläutert werden.

4 Lösungsmöglichkeiten der Schulprobleme

Bei der Lösung von Schulproblemen muss man zunächst die gegensätzlichen Ziele der Schulpolitik der führenden politischen Parteien, also der CDU/CSU und der SPD, analysieren.

Traditionell will die CDU/CSU das dreigliedrige Schulsystem mit Hauptschulen, Realschulen und Gymnasien erhalten. Weil die CDU/CSU keinesfalls auf Gymnasien verzichten möchte, werden Änderungen höchstens bei Haupt- und Realschulen zugelassen. Aufgrund des starken Rückgangs der Schülerzahlen in Deutschland ermöglichte die CDU in Niedersachsen 2011 eine Zusammenlegung von Haupt- und Realschulen in Form von Oberschulen, die als integrierte oder als kooperative Haupt- und Realschulen existieren können und bei Bedarf auch einen Gymnasialzweig haben dürfen. Mit diesen nicht festgelegten Organisationsformen möchte die CDU die Errichtung von Gesamtschulen verhindern.

Traditionell will die SPD statt des gegliederten Schulsystems lieber Integrierte Gesamtschulen (IGS) einrichten und die Hauptschulen, Realschulen und Gymnasien abschaffen. Nach dem Vorbild der skandinavischen Länder sollen auch neue Formen der Gesamtschulen, insbesondere „Gemeinschaftsschulen" mit den Jahrgängen 1-10 und zusätzlichen Oberstufen zur Erlangung des Abiturs eingerichtet werden. Allerdings sprechen Kritiker der Gesamtschule in Deutschland immer von Gleichmacherei und bezeichnen die Gesamtschulen abfällig als „Einheitsschulen".

Die Vorschläge zur Lösung von Schulproblemen starten mit den Zwergschulen.

4.1 Problemlösungen für Zwergschulen

Wenn Schüler zwischen mehreren Schulen wählen dürfen, dann können einzelne Schulen ihre Schülerzahl und ihre Attraktivität erhöhen, wenn sie zu Ganztagsschulen werden und damit eine Mittagsmahlzeit sowie eine Nachmittagsbetreuung (vor allem für die Erledigung der Hausaufgaben) anbieten.

Wenn einzelne Schulen zu wenige Schüler haben, dann erscheint oft die Zusammenlegung von unterschiedlichen Schularten sehr sinnvoll. Zusammengelegt wurden in Niedersachsen vor allem Grundschulen und Hauptschulen, Grundschulen und Haupt-/Realschulen, Hauptschulen und Realschulen (mit Schulzweigen), Hauptschulen und Realschulen als integrierte Sekundarschulen, Hauptschulen und Realschulen als Oberschulen, schulformunabhängige Orientierungsstufen mit den Jahrgängen 5 und 6 sowie Kooperative Gesamtschulen mit Hauptschul-, Realschul- und Gymnasialzweigen.

Zusammengelegt werden können aber auch benachbarte Schulen der gleichen Schulart, obwohl dann viele Schüler mit Schulbussen fahren müssen. Dabei verbindet man öfters benachbarte Grundschulen am größten Standort. Bei einer anderen Verbundlösung werden die kleineren Grundschulen zu Außenstellen der größten Grundschule gemacht. Dabei müssen nicht die Schüler fahren, sondern nur mehrere Lehrkräfte zwischen den verschiedenen Standorten pendeln. In beiden Fällen ist die Lehrerversorgung besser als in ganz kleinen Zwergschulen abgesichert.

Nach der Devise „Kurze Beine – kurze Wege!" erscheint aber öfters der Erhalt von kleineren Grundschulen sinnvoll, wie das Beispiel der Grundschule Brockdorf zeigt. Nach dem immer noch angewendeten Erlass von 1980 „Die kleine Grundschule" (Niedersächsischer Kultusminister 1980) dürfen im jahrgangsübergreifenden Unterricht benachbarte Klassenstufen zusammengelegt werden, um mindestens 14 Schüler pro Lerngruppe dauerhaft zu erhalten. In der Grundschule Brockdorf waren das (nach Vorbildern aus dem Jenaplan des Reformpädagogen Peter Petersen) zeitweilig die zusammengelegten 1. und 2. Klassen sowie die verbundenen 3. und 4. Klassen. Das Gemeinschaftsgefühl aller Schüler wurde in der

Grundschule Brockdorf z.b. durch regelmäßige Wochenabschlusskreise erheblich gesteigert.

Eine andere in Brockdorf mit großem Erfolg praktizierte Problemlösung war die deutliche Vergrößerung ihres Einzugsbereichs, der in Deutschland für fast alle Grundschulen festgelegt ist. Als weitere langfristige Maßnahme wurde das Siedlungsgebiet um die Grundschule Brockdorf erweitert, sodass mehr junge Familien nach Brockdorf zogen. Durch diese Maßnahmen konnte die Grundschule Brockdorf (http://helenhuhnt.wix.com/grundschulebrockdorf) bis in die Gegenwart erhalten bleiben. Weil sich ihre Schülerzahl auf 109 im Jahr 2000 steigerte, bekam sie wegen Platzmangels sogar einen Erweiterungsbau.

Äußerst interessant sind auch die Lösungen der Schulprobleme in Bakum.

4.2 Problemlösungen einer Beispiel-Schule

Die Lösung alter und neuer Probleme im niedersächsischen Landkreis Vechta in den Bakumer Schulen vollzog sich in folgenden Entwicklungsphasen, wie die Abbildung 3 (siehe nächste Seite) mit den Daten aus amtlichen Statistiken (vgl. Landesamt für Statistik Niedersachsen 2014, Tabelle K3001515) demonstriert:

1976-1987: Wie schon berichtet, sank die Anzahl der Hauptschüler dramatisch auf nur noch 82 Lernende in Jahr 1987. Um die Schulprobleme von Hauptschulen, Realschulen und Oberschulen im ländlichen Raum zu diskutieren und zu verringern, haben sich alle vorhandenen 14 Schulen im Landkreis Vechta zum „Schulverbund der Hauptschulen & Realschulen & Oberschulen" zusammengeschlossen.

1988: Aufgrund der Wünsche vieler Lehrer, Schüler und Eltern wurde die Orientierungsstufe zurück nach Bakum geholt und an die Hauptschule angebunden. (Auch nach Goldenstedt wurde 1989 die Hauptschule und die Orientierungsstufe zurück verlagert.) In Bakum stieg die Summe aller Schüler auf 183 stark an, sodass großer Raummangel entstand und die Grundschulklassen einen eigenen Anbau an die bisherigen Schulgebäude bekamen.

1988-1994: Die Anzahl der Hauptschüler sank weiterhin auf 40, sodass die Hauptschule Bakum 1992 bis 1994 nur noch einzügig geführt werden konnte.

1994: Auf Antrag der Schulleitung wurde der SPD-geförderte Schulversuch „Sekundarschule" gestartet. In dieser Integrierten Haupt- und Realschule gab es keinen Hauptschulzweig und keinen Realschulzweig mehr, sondern alle Schüler wurden in heterogenen Stammgruppen gemeinsam unterrichtet und nur in Leistungskursen für die Hauptfächer und für die Naturwissenschaften aufgeteilt.

1994-1997: Während die Zahl der Orientierungsstufenschüler von 115 im Jahre 1994 bis auf 140 im Jahre 1997 nur leicht anstieg und die Zahl der Hauptschüler von 40 auf 16 immer weiter sank, vergrößerte sich die Zahl der Sekundarschüler stark auf 185, sodass die Summe aller Schüler deutlich nach oben auf 325 kletterte und insgesamt cin ricsigcr Raummangel entstand.

1997: Die Grundschule bekam ein eigens Schulgebäude, wurde als selbstständige Grundschule ausgegliedert und erhielt den neuen Namen „Katharinenschule Bakum". Die verbleibende Haupt- und Realschule Bakum trug weiterhin den Namen „St. Johannes-Schule Bakum".

1997-2002: Die Orientierungsstufe (mit 142 Schülern) und der Schulversuch „Sekundarstufe" (mit 188 Schülern) arbeiteten sehr erfolgreich.

2002-2004: Nach dem Regierungswechsel ließ die CDU den Schulversuch „Sekundarschule" auslaufen.

2004: In Niedersachsen schaffte die CDU die (von der SPD in den 1970er Jahren eingeführte) Orientierungsstufe wieder ab, und die 5. und 6. Jahrgänge wurden wieder an die Hauptschulen, Realschulen und Gymnasien angegliedert. In Bakum wurde eine traditionelle Haupt- und Realschule mit einem Hauptschulzweig und einem Realschulzweig wieder eingerichtet.

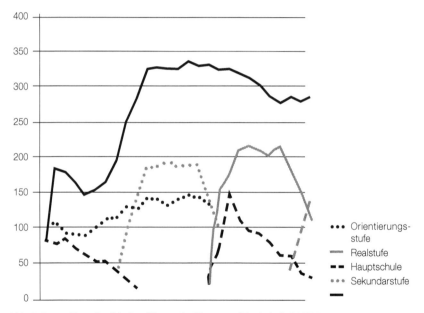

Abb. 3: Entwicklung der Schülerzahlen in der Haupt- und Realschule BAKUM 1987-2013

2003-2005: Durch diese Umwandlungen zur Haupt- und Realschule ab dem 5. Jahrgang stieg zunächst die Zahl der Hauptschüler von 31 auf 148, aber sank ab 2005 bis zum Jahr 2013 (mit 31 Schülern) extrem.

2003-2010: Weil die meisten Eltern für ihre Kinder lieber den Realschulzweig wählten, stieg die Zahl der Realschüler kräftig von 24 im Jahr 2003 auf 216 im Jahr 2010.

2011: In Niedersachsen wurde die Errichtung von Oberschulen als Integrierte Haupt- und Realschulen ermöglicht, und Bakum gehörte zu den ersten Schulgründungen. Weil die Oberschule von der 5. Klasse an neu aufgebaut wurde, gingen die Schülerzahlen im auslaufenden Hauptschulzweig auf 31 und im auslaufenden Realschulzweig auf 114 Schüler zurück. Aber die Schülerzahlen der Oberschule stiegen von 41 im Jahr 2011 bis auf 139 im Jahr 2013 stark an, sodass die Summe aller Schüler etwa gleich blieb. Mit derzeit knapp 300 Schülern ist die Zukunft der Oberschule Bakum (http://www.johannes-schule.bakum.de) gesichert.

4.3 Problemlösungen für Riesenschulen

Zur Lösung von Organisationsproblemen vor allem bei der Erstellung von Stundenplänen und Raumplänen benötigt werden versierte Koordinatoren sowie erprobte Computerprogramme, die nicht nur die schulorganisatorische Unterrichtsversorgung sicherstellen, sondern auch viele Wünsche der Lehrkräfte und der Schulklassen berücksichtigen können.

Um die Anonymität und Vereinsamung von Schülern und Lehrkräften zu verringern, haben sich in der Praxis zahlreiche Lösungsversuche zum Problem „Wie macht man große Schulen klein?" bewährt.

Viele Riesenschulen arbeiten nach einem Team-Modell, bei dem immer nur zwei Jahrgänge mit einem genau festgelegten Lehrerteam in einem eigenen Schultrakt untergebracht sind und dadurch mehrere Kleinschulen in einer Riesenschule entstehen. Zu diesem Zweck gibt es auch verschiedene Stufenleiter, die nur für zwei oder drei Jahrgänge verantwortlich sind. So hat z.B. das Gymnasium Antonianum Vechta (http://www.antonianum-vechta.de) eigene Stufenleiter für die Jahrgänge 5+6, 7+8, 9+10 sowie 11-12 bzw. 11-13.

Riesenschulen können weiterhin ihre Schulprobleme lösen, indem sie tragfähige Schulkonzepte entwickeln und verwirklichen. So arbeitet z.B. das Gymnasium Antonianum Vechta nach dem über dem Hauptportal angebrachten Wahlspruch „IUVENTUTI INSTITUENDAE", also „Der Erziehung und Bildung der Jugend verpflichtet". Das pädagogische Konzept dieses Gymnasiums besteht aus folgenden zeitgemäßen Elementen: Ganztagsschule, Europaschule, Schule ohne Gewalt, Begabtenförderung, Kooperationen sowie Beratung.

Ein zweites Beispiel für erfolgreiche Riesenschulen ist das Förderzentrum Elisabethschule Vechta (http://www.elisabethschule-vechta.de) im Schuljahr 2013/14 mit dem Förderbereich „Lernen" (mit 125 Schülern und 20 Lehrkräften), dem Förderbereich „Sprache" (mit 92 Schülern und 7 Lehrkräften) und dem Förderbereich „Geistige Entwicklung" (mit 110 Schülern und 46 Lehrkräften). Für alle drei Förderbereiche gibt es überzeugende Schulkonzepte. Im Rahmen der seit dem Schuljahr 2013/14 in Niedersachsen eingeführten Inklusion leistet das Förderzentrum Elisabethschule in 57 Klassen in 16 regulären Grundschulen ihres

Einzugsbereichs die sonderpädagogische Grundversorgung. Weil dabei viele Lehrkräfte zwischen mehreren Schulen pendeln und viel zu viel Zeit im Auto verbringen müssen, steht das bisherige, nicht besonders günstige Konzept der Inklusion in der Kritik und müsste dringend verbessert werden. Heftig diskutiert wird auch die vom Niedersächsischen Kultusministerium verfügte schrittweise Schließung des Förderbereichs „Lernen", obwohl die Erziehungsberechtigten das Wahlrecht haben sollen, ob ihr Kind eine allgemeine Schule oder eine Förderschule besucht. Auf jeden Fall müssen zur Verwirklichung der Inklusion noch hunderte von Sonderpädagogen ausgebildet und eingestellt werden.

In ländlichen Räumen reichen die geringen Schülerzahlen oft nicht aus, um bei zumutbaren Schulwegen separate Hauptschulen, Realschulen und Gymnasien einzurichten. Um die Schulversorgung in solchen Gebieten sicherzustellen, gibt es immer mehr Gesamtschulen. In eher traditionell geprägten Regionen sind das Kooperative Gesamtschulen (KGS), die in den Jahrgängen 5-10 einen Hauptschulzweig, einen Realschulzweig sowie einen Gymnasialzweig besitzen und zusätzlich noch eine gymnasiale Oberstufe zur Erlangung des Abiturs anbieten. Damit verwirklichen Kooperative Gesamtschulen das traditionelle dreigliedrige Schulsystem innerhalb einer einzigen Schule.

Ein illustratives Beispiel ist die südlich von Hannover im ländlichen Raum liegende KGS Pattensen (http://kgspattensen.de) mit dem Namen „Ernst-Reuter-Schule". Im Schuljahr 2013/14 besuchten 898 Schüler in 41 Klassen und in der Oberstufe diese Schule, und 80 Lehrkräfte unterrichteten dort. Die Schulleitung bestand wie üblich aus fünf Personen, einem Gesamtschuldirektor, einer stellvertretenden Gesamtschuldirektorin, einem Didaktischen Leiter, einer Leiterin des Realschulzweiges sowie einem Leiter des Gymnasialzweiges.

Obwohl es an Kooperativen Gesamtschulen deutlich unterscheidbare Hauptschüler, Realschüler und Gymnasialschüler gibt, wird häufig auch schulzweigübergreifender und teilweise auch jahrgangsübergreifender Unterricht angeboten. Nach dem fortschrittlichen Schulkonzept der KGS Pattensen kooperieren die Schüler in den Fächern Sport, Religion, Musik, Kunst, Werken und Textiles Gestalten sowie im Projektunterricht, im Schwerpunktbildenden Bereich (Profil) und in den Arbeitsgemeinschaften.

Die Probleme ländlicher Räume können aber nicht nur durch Kooperative Gesamtschulen, sondern auch nach dem fortschrittlicheren Modell der Integrierten Gesamtschulen (IGS) gelöst werden. Die allermeisten Integrierten Gesamtschulen haben eine gymnasiale Oberstufe, die sich nicht sonderlich von den Oberstufen an Kooperativen Gesamtschulen oder an Gymnasien unterscheidet. Aber in Integrierten Gesamtschulen gibt es in den Jahrgängen 5-10 keine Schulzweige, und alle Schüler sind nur noch Gesamtschüler und lassen sich nicht mehr als Hauptschüler, als Realschüler oder als Gymnasialschüler unterscheiden. Neben dem gemeinsamen Unterricht in Klassenverbänden existieren zur Verminderung der Leistungsheterogenität besondere Differenzierungsmodelle. Meistens wird in Mathematik und in Englisch und seltener auch in Deutsch und in den Naturwissenschaften eine Fachleistungsdifferenzierung mit A-Kursen für die Leistungsstärksten, mit B-Kursen für den Mittelbereich und mit C-Kursen für die Leistungsschwächsten eingesetzt. Oft gibt es aber nur zwei Kursniveaus mit mehreren Erweiterungskursen und Grundkursen für die Differenzierungsfächer.

Ein passendes Beispiel für eine Integrierte Gesamtschule ist die IGS Fürstenau (in der Nähe von Lingen), die 1971 startete, eine der ersten Gesamtschulen im ländlichen Raum war und von Erziehungswissenschaftlern und Psychologen der damaligen Abteilung Vechta der Universität Osnabrück empirisch sehr erfolgreich evaluiert wurde. Als Besonderheit ist die IGS Fürstenau der Ersatz für alle Schulformen des traditionellen dreigliedrigen Systems, also Ersatz für alle Hauptschulen, Realschulen und Gymnasien in der Region Fürstenau.

Die IGS Fürstenau gehörte im Frühjahr 2015 mit 1510 Schülern und 115 Lehrkräften zu den größten Schulen in Niedersachsen, und ihr fortschrittliches Schulkonzept auf ihrer Homepage (http://igs-fuerstenau.de) erläutert folgende Vorteile von Integrierten Gesamtschulen:

• Wir machen Schule für ALLE.
• Eine Alternative zum dreigliedrigen Schulwesen.
• Keine Festlegung und Entscheidung schon im 4. Schuljahr.
• Alle Abschlüsse unter einem Dach.
• Langes Offenhalten der Abschlüsse.
• Kein Sitzenbleiben, sondern Kurswechsel dort, wo nötig.
• Kein Schulwechsel, Durchlässigkeit innerhalb der Schule.
• Ganztagsangebote/Ganztagsschule.

Wie in den allermeisten anderen Integrierten Gesamtschulen besteht auch die Schulleitung der IGS Fürstenau aus fünf Personen mit einem Schulleiter, einem stellvertretenden Schulleiter, einer Didaktischen Leiterin, einer Leiterin der Sekundarstufe I und einem Leiter der Sekundarstufe II. Weil die Schülerzahl der IGS Fürstenau sich in den letzten fünf Jahren um 316 vergrößerte, bekam sie in der Zwischenzeit viele neue Lehrkräfte. Im September 2014 waren das insgesamt gleich 18 neue Mitarbeiter, sodass dieser Neuzugang schon viel größer ist als gesamte Kollegien der allermeisten Grundschulen.

Aber nicht nur für Riesenschulen, sondern auch für Schulen an besonderen Standorten gibt es spezielle Lösungen für Schulprobleme.

4.4 Problemlösungen für Inselschulen

Die Vorschläge des niedersächsischen Landesrechnungshofs zur Schließung von Zweigschulen beziehen sich nicht auf die Inselschulen, weil man dort den Schülern wegen des oft von Ebbe und Flut abhängigen Fährbetriebs keine Schulwege zum Festland zumuten kann. Auch der Besuch von Schulinternaten auf dem Fest-

land erscheint für Inselkinder erst ab der elften Klasse vertretbar. In allen hier vorgestellten Inselschulen lassen sich alle Schulabschlüsse nach dem 9. Schuljahr und
nach dem 10. Schuljahr erreichen. Mit dem erweiterten Abschluss der Sekundarstufe I können die Schüler auf dem Festland in der Oberstufe eines Gymnasiums,
z.B. im Niedersächsischen Internatsgymnasium Esens (http://www.nige.de), das
Abitur erwerben. Auch die Berufsbildenden Schulen auf dem Festland kann man
nach der 9. oder 10. Klasse besuchen.

Ein illustratives Beispiel ist die Inselschule Wangerooge (http://inselschule.net),
in der seit dem Herbst 2012 alle Schulformen „unter einem Dach" angeboten
werden. Juristisch besteht diese Inselschule aus zwei Schulen, nämlich einer
Grundschule mit der Gemeinde Wangerooge als Schulträger und einem Gymnasium (mit den Jahrgängen 5-10) mit dem Landkreis Friesland als Schulträger. Im
Schuljahr 2013/14 verteilten sich die insgesamt 86 Schüler, 36 Mädchen und 50
Jungen, auf folgende Schularten: 26 in der Grundschule, 20 in der Hauptschule,
18 in der Realschule und 22 im Gymnasium. Aufgrund der geringen Schülerzahlen wurde der Unterricht jedoch klassen- und schulformübergreifend nach einem
Leitbild mit 12 Elementen organisiert.

Eine einzige Schule ist die Inselschule Langeoog (http://www.inselschule-lange-
oog.de) für die Jahrgänge 1-10 mit insgesamt 125 Schülern, 61 Mädchen und 64
Jungen, im Schuljahr 2013/14. Die Schüler lernten in insgesamt 10 Jahrgangsklassen in der Grundschule (mit 55 Schülern) und in der Hauptschule (mit 15
Schülern), die mit der Realschule (mit 52 Schülern) verbunden ist. In die Jahrgangsklassen einbezogen sind auch die 3 Schüler aus der integrierten Förderschule
mit dem Schwerpunkt „Lernen". Weil das Jahrgangsklassenprinzip durchgehal-
ten wird, gab es in der Inselschule Langeoog in einigen Klassen nur ganz wenige
Schüler, z.B. im Schuljahr 2013/14 in der 1. Klasse nur 5 Mädchen und 1 Junge,
in der 5. Klasse nur 6 Mädchen und 2 Jungen und in der 10. Klasse 1 Mädchen
und 4 Jungen. Um den Unterricht zu optimieren, wurden im Schuljahr 2014/15
auch sehr erfolgreiche pädagogische Experimente mit jahrgangsübergreifendem
Unterricht in der Grundschule durchgeführt.

Auf der Suche nach der kleinsten Schule Deutschlands wird man auf kleineren
Inseln und auf den zu Schleswig-Holstein gehörenden Halligen fündig. Die Halligschule Hooge (http://www.halligschule-hooge.de) auf Deutschlands größter
Hallig (mit ca. 110 Einwohnern) hat als Grund- und Hauptschule insgesamt
nur 5 Schüler, die sich im Schuljahr 2013/14 wie folgt verteilten: 1 Junge und 2
Mädchen im 2. Jahrgang, 1 Mädchen im 3. Jahrgang und 1 Mädchen im 8.Jahr-
gang. Trotz der geringen Schülerzahl gibt es neben dem Klassenzimmer und einem Gruppenraum auch eine kleine Turnhalle, einen Hauswirtschaftsraum, zwei
Werkräume sowie eine Computerecke. Der einzige Grund- und Hauptschullehrer
führt mit seinen wenigen Schülern viele Projekte durch. Weil die Halligen jedes
Jahr drei- bis viermal überflutet werden und die Schüler bei diesem als „cool"

empfundenen „Land unter" nicht ihre Halligschule erreichen können, verteilt der Lehrer die Hausaufgaben per Telefon oder Internet und erledigen die Schüler ihre Arbeitsaufgaben aus der „Landuntermappe".

Die Halligschule Oland (http://www.schulliste.eu/schule/25283-halligschule-oland/) ist ebenfalls eine Grund- und Hauptschule, die aber nur eine einzige Lehrerin und zeitweilig nur zwei oder drei Schüler hatte.

Aber die kleinste Schule Deutschlands war zumindest im Jahr 2012 die Schule der zu Hamburg gehörenden Insel Neuwerk. Die traditionsreiche Inselschule Neuwerk (http://www.inselschule-neuwerk.de) feierte im September 2012 mit einer Lehrerin und nur einer einzigen Schülerin ihr 100jähriges Bestehen.

Literatur

Bullermann, J. (2006): PowerPoint-Vortrag: Die schulgeschichtliche Entwicklung in der Gemeinde Bakum (http://www.johannes-schule-bakum.de/uploads/downloads/praesentation_schulgeschichte.pdf)

Bundeszentrale für politische Bildung (2014): Welche Schulen besuchen 8-Klässler in Deutschland 1960-2012? (http://www.bpb.de/gesellschaft/kultur/zukunft-bildung/187790

Dahrendorf, Ralf (1965): Bildung ist Bürgerrecht. Plädoyer für aktive Bildungspolitik. Hamburg: Nannen Verlag)

Edelstein, B.; Grellmann, S. (2013): Welche Abschlüsse erreichten Schüler früher und heute? Bevölkerung in Deutschland nach Geburtsjahren und allgemeinbildenden Schulabschlüssen (http://www.bpb.de/gesellschaft/kultur/zukunft-bildung/159282)

Helbig, M. (2013): Geschlechtsspezifischer Bildungserfolg im Wandel. Eine Studie zum Schulverlauf von Mädchen und Jungen an allgemeinbildenden Schulen für die Geburtsjahrgänge 1944-1986 in Deutschland (http://www.j-e-r-o. com/index.php/jero/article/download/342/164)

Hellbernd, F. (1981): Die allgemeinbildenden Schulen in Vechta. Vechta: Vechtaer Druckerei und Verlag

Landesamt für Statistik Niedersachsen (2014): LSN-Online – Regionaldatenbank für Niedersachsen (http://www1.nls.niedersachsen.de/statistik/)

Niedersächsischer Kultusminister (1980): Die kleine Grundschule. Hannover (mit dem entsprechenden Erlass des MK „Kleine Grundschule" von 1980)

Niedersächsisches Kultusministerium (2014): Die niedersächsischen allgemein bildenden Schulen in Zahlen. Stand: Schuljahr 2013/2014 (http://www.mk. niedersachsen.de/download/89985/)

Picht, G. (1964): Die deutsche Bildungskatastrophe. Analyse und Dokumentation. Freiburg: Walter-Verlag

Radio Bremen (2014): Droht Niedersachsen die Schließung von mehr als 60 Grundschulen? (http://www.radiobremen.de/unternehmen/presse/radio/nwr1804.html)

Schulz, W. (1951): Die zahlenmäßige Entwicklung der allgemeinbildenden Schulen in Niedersachsen. In: Schulverwaltungsblatt für Niedersachsen, S. 33

Statistisches Bundesamt (2015): Bildung und Kultur. Allgemeinbildende Schulen – Fachserie 11 Reihe 1 – Schuljahr 2014/2015 (https://www.destatis.de/DE/Publikationen/Thematisch/BildungForschungKultur/Schulen/AllgemeinbildendeSchulen2110100157004.pdf)

Daniela Steenkamp

Menschenrechtsbildung in der Grundschule im Stadt-Land-Vergleich am Beispiel von Berlin und Niedersachsen

1 Zusammenfassung

Die Kultusministerkonferenz (KMK) hat bereits 1980 gefordert, dass Menschenrechtserziehung fächer- und schulübergreifend in allen Altersstufen umgesetzt werden soll. Es kann jedoch vermutet werden, dass Umfang und Inhalte der Menschenrechtsbildung abhängig sind vom Ausbildungs- und Kenntnisstand der Lehrkräfte, der Verfügbarkeit und Nutzung entsprechender Lernmaterialien und auch den schulischen Rahmenbedingungen, die sich in ländlichen und städtischen Räumen verschieden darstellen können. Darum wird in diesem Beitrag die Menschenrechtsbildung in der Grundschule im Stadt-Land-Vergleich in den Fokus gerückt. Die Grundlage hierfür bilden Untersuchungsergebnisse einer Lehrkräftebefragung zur Menschenrechtsbildung, bei der sich 309 Grundschullehrkräfte aus Niedersachsen und Niedersachsen beteiligt hatten. Die Befunde zeigen, dass die niedersächsischen Lehrkräfte sowohl die schulischen Rahmenbedingungen als auch die menschenrechtsbezogenen Fähigkeiten ihrer Schülerinnen und Schüler positiver bewerten als ihre Berliner Kolleginnen und Kollegen dies tun.

2 Zum Begriff der Menschenrechtsbildung

Für den Begriff der Menschenrechtsbildung liegen verschiedene Definitionen vor, doch es besteht ein inhaltlicher Konsens zentraler Akteure aus Politik, Zivilgesellschaft und Wissenschaft darin, dass darunter Formen des Lernens in Bezug auf das Wissen über Menschenrechte, positive Einstellungen und Haltungen den Menschenrechten gegenüber und die Entwicklung von Fähigkeiten und Fertigkeiten zur Durchsetzung dieser Rechte verstanden werden können (vgl. Brac et al. 2011). So verstehen die Vereinten Nationen Menschenrechtsbildung als ein umfassendes Bildungskonzept, das dazu beitragen soll, durch Wissensaustausch, die Weitergabe von Kenntnissen und die Ausformung von Verhaltensweisen eine universale Kultur der Menschenrechte herzustellen (vgl. Vereinte Nationen 2004). Die Organisation HREA charakterisiert Menschenrechtsbildung konkreter als:

„Aktivitäten, die mit dem ausdrücklichen Ziel entwickelt werden, handlungsorientierte Kenntnisse und das Verständnis über die in der Allgemeinen Erklärung der Menschenrechte angelegten Menschenrechte und deren Schutzsystem zu vermitteln." (HREA 2000, S. 2)

Der Europarat definiert Menschenrechtsbildung als:

„Bildung, Ausbildung, Bewusstseinsbildung, Information, Praktiken und Aktivitäten, deren Ziel es ist, Lernende durch die Vermittlung von Wissen, Kompetenzen und Verständnis sowie der Entwicklung ihrer Einstellungen und Verhaltensweisen zu befähigen, einen Beitrag zum Aufbau und zum Schutz einer allgemeinen Kultur der Menschenrechte in der Gesellschaft zu leisten, mit der Absicht, die Menschenrechte und Grundfreiheiten zu fördern und zu schützen." (Europarat 2010, S. 3)

Gängig ist auch die definitorische Bestimmung von Menschenrechtsbildung als *„Lernen über, durch und für die Menschenrechte"* (vgl. Amnesty International 2013). Lernen über Menschenrechte verweist auf sachliche Inhalte, Lernen durch Menschenrechte zielt auf die Reflexion von Haltungen, Einstellungen und Werten (vor dem Hintergrund der Menschenrechte) ab, und Lernen für die Menschenrechte meint die Entwicklung und den Erwerb von Handlungs- und Kommunikationskompetenzen, die es Menschen ermöglichen, aktiv für die Achtung der Menschenrechte einzutreten (vgl. Lohrenscheit 2009, vgl. Abb. 1). Die einzelnen Elemente verhalten sich komplementär zueinander und ergänzen sich (vgl. Kirchschläger und Kirchschläger 2015).

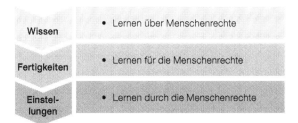

Abb. 1: Der Dreiklang der Menschenrechtsbildung: Wissen, Fähigkeiten, Einstellungen (Eigene Darstellung)

Menschenrechtsbildung umfasst also – in einem multidimensionalen Bildungsverständnis – kognitive, handlungsorientierte und affektive Dimensionen. Sie zielt ab auf die Bereiche Wissen (Aneignung von Kenntnissen in Bezug auf die Inhalte der Menschenrechtsverträge, die Ideengeschichte der Menschenrechte und das System ihres Schutzes), Fähigkeiten (Entwicklung von themenbezogenen Fertigkeiten), Einstellungen (Entwicklung entsprechender Wertvorstellungen) und Verhaltensmuster (Verstärkung von Verhaltensweisen, die diesen Rechten dienen) (vgl. Kaestli 2007). Als zentrale Ziele von Menschenrechtsbildung gelten die Umwandlung von Wissen und Einstellungen in Handlungen und die Förderung einer universalen Kultur der Menschenrechte (vgl. Martin und Kissane 2004).

Eine darauf aufbauende Definition von Menschenrechtsbildung für die Schule lässt sich in Form eines Mehrebenenmodells darstellen. Hier werden vier Ebenen konkretisiert, die die Menschenrechtsbildung in der Schule umfassen sollte (vgl. Brac et al. 2011, vgl. Abb. 4):

1. Vermittlung von Wissen und Informationen – Wissen in Bezug auf das System der Menschenrechte und die zugrundeliegende Philosophie, in Bezug auf Menschenrechtsstandards, zum Schutz von Menschenrechten etc.,
2. Herausbildung von Fähigkeiten und Fertigkeiten – Fähigkeiten im Umgang mit diesen Rechten und hinsichtlich ihrer Einbindung in den Alltag, etwa kritisches Denken, bzw. die Fähigkeit, moralische Entscheidungen zu treffen, grundsätzliche Standpunkte zu einem Thema einzunehmen und demokratisches Handeln zu gestalten,
3. Gestaltung von Einstellungen – Förderung eines menschenrechtsbezogenen Bewusstseins und entsprechender Werte bei den Schülerinnen und Schülern,
4. Gestaltung von Handlungen – praktische Anwendung des Theoriewissens und gelebtes Engagement für Menschenrechte.

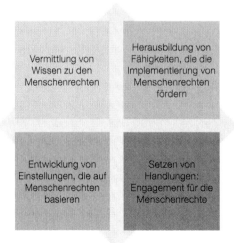

Abb. 2: Die vier Ebenen der Menschenrechtsbildung (nach Brac et al. 2011, Eigene Darstellung)

Menschenrechtsbildung in der Schule beinhaltet zudem auch die verhältnisbezogene Ebene, auf der menschenrechtskonforme und -fördernde schulische Rahmenbedingungen angestrebt werden (vgl. Sek. d. KMK 1980 und 2000, vgl. Abb. 3).

> „Menschenrechtserziehung auf der Basis eines Curriculums sollte weiterhin die Unterrichts- und Lernvoraussetzungen, also den Bedingungsrahmen, reflektieren. Hierzu gehören z.b. der Lehrer und seine Persönlichkeit, der Unterrichtsplan, das Lernmaterial, die Lehrbücher, die Organisation und auch die allgemeinen Lernbedingungen, die insgesamt das Klima der Schule als ein wesentliches Element effektiver Menschenrechtserziehung bestimmen." (Weinbrenner 1998, S. 2)

Dem schließt sich Fritzsche an, wenn er fordert:

> „Es gilt nicht nur, fächerübergreifend über die Menschenrechte zu unterrichten, sondern die Menschenrechte müssen praktisch und alltäglich erfahrbar gemacht werden im Lernraum der Schule." (Fritzsche 2009, S. 188)

Auf das Individuum bezogene Menschenrechtsbildung (Kompetenzaufbau auf der kognitiven, emotionalen und handelnden Ebene)

Verhältnisbezogene Menschenrechtsbildung (schulische Rahmenbedingungen)

Abb. 3: Verhaltens- und verhältnisbezogene Menschenrechtsbildung (Eigene Darstellung)

3 Zur Bedeutung der Menschenrechtsbildung in der Grundschule

Die Notwendigkeit von Menschenrechtsbildung in der Grundschule wird einerseits mit entwicklungs- und sozialpsychologischen Argumenten und andererseits mit gesellschaftlichen Entwicklungen und daraus resultierenden Anforderungen bzw. Konsequenzen für die kindliche Lebenswelt begründet. Diese Anforderungen und Konsequenzen seien durch Menschenrechtsbildung – so die Kernthese von Akteurinnen und Akteuren aus dem Bereich der Menschenrechtsbildung – kompetenter zu bewältigen. Menschenrechtsbildung sei eine zentrale Aufgabe der Grundschule. Kinder fänden sich heute in einer global vernetzten Welt wieder und fragten nach Anhaltspunkten für ihre persönliche Orientierung (vgl. Prcha 2010). Bereits Anfang der 1990er Jahre hatte Klafki angesichts der zunehmenden weltweiten Vernetzungen Konsequenzen für die Bildungsarbeit gefordert und einen Weltzusammenhang diagnostiziert, aus dem heraus sich epochentypische Schlüsselprobleme als Zentrum zukunftsbezogener Bildungsarbeit ergäben: die Erziehung zum Frieden, Interkulturalität, der Umweltschutz, das rapide Wachstum der Weltbevölkerung, die gesellschaftlich produzierte Ungleichheit und die neuen technischen Steuerungs-, Informations- und Kommunikationsmedien (vgl. Klafki 1994). Er forderte, die Erziehungswissenschaft solle einen universalen Horizont gewinnen und sich mit der Frage befassen, welche Erkenntnisse, Fähigkeiten und Einstellungen junge Menschen benötigten, um urteilsfähig, mitbestimmungs- und mitgestaltungsfähig zu werden (vgl. Klafki 1994).

Der Diskurs um die Menschenrechtsbildung greift diesen Kerngedanken mit der Verknüpfung von Menschenrechtsbildung in der Grundschule, Persönlichkeits- entwicklung und gesellschaftlichen Anforderungen auf:

> „Human Rights Education in primary grades is well suited to the current emphases [...] on development of positive self-concept, democratic values (working in groups, sharing, taking turns, respecting the rights of others, cooperating in solving problems), basic civic values (fair play, good sportsmanship, respect for the opinions of others) and cultural diversity." (Tarrow 1992, S. 24)

Auch die KMK erklärt, Menschenrechtsbildung solle möglichst schon im Kindes- alter Kernkompetenzen vermitteln, die als notwendig und gesellschaftlich relevant erachtet und entsprechend menschenrechtsbasiert normativ angebunden werden (vgl. Sek. d. KMK 2000, S. 6). Die Kinder von heute seien die politisch Ver- antwortlichen und Entscheidungsträger von morgen, ergänzt Prcha (vgl. 2010, S. 97). Dass Schule darüber hinaus gesellschaftliche Diskurse widerspiegle, fasst AI zusammen:

> „As a reflection of wider society, schools are key to socializing younger generations, pre- paring learners to become active and engaged members of society. In an interconnected and globalized 21st century, young people are being exposed to a diverse and changing world around them, a wold in which poverty, inequality and other injustices are still very much a part of the lives of millions." (AI 2012, S. 3)

Daran knüpft Fritzsche an, der die Notwendigkeit von Menschenrechtsbildung auch aus spezifischen gesellschaftlichen, wandelbaren Anforderungen ableitet (vgl. Fritzsche 2002). Habermas argumentiert, Menschenrechte hätten ein Ja- nusgesicht aus Recht und Moral und würden, holistisch begriffen, letztlich alle gesellschaftlichen Diskurse berühren, die Gerechtigkeitsfragen tangieren (vgl. Habermas 1999). Dieser Aspekt wie auch die Dreiteilung in erstens bürgerliche und politische, zweitens wirtschaftliche, soziale und kulturelle sowie drittens um- weltbezogene Rechte als legitimatorische Klammer führt unweigerlich zu einer Verknüpfung mit anderen pädagogischen Handlungsfeldern und zu der Notwen- digkeit, den Anschluss an gesellschaftsrelevante Diskurse um Diversity oder Ge- waltfreiheit herzustellen. Dabei muss Menschenrechtsbildung sowohl interventi- onsbezogen fungieren, um menschenrechtsbezogene Werte und Normen mit dem Ziel der Schaffung einer Menschenrechtskultur verhaltens- und verhältnisbezogen durchzusetzen, als auch präventiv, um eine verhaltens- und verhältnisbezogene Ausprägung von Einstellungs- und Verhaltensweisen zu verhindern, die diesen Rechten zuwiderlaufen.

Dass schulische Menschenrechtsbildung diese Aufgaben mit erfüllt und dazu beiträgt, dass Kinder den gesellschaftlichen und schulischen Herausforderungen besser gewachsen sind, ist empirisch nicht belegt. Ötsch kritisiert die zu hohen Erwartungen an die Menschenrechtsbildung und argumentiert, in der Schule könne das Wissen um Menschenrechte vermittelt werden, aber es sei nicht abschätzbar, ob sich damit verbundene Werte und Einstellungen entwickeln und zu entsprechenden Handlungen führen würden. Lernen – auch im Rahmen der Menschenrechtsbildung – sei kontextspezifisch. Wissen, das in der Schule erworben werde, werde in Schulschemata abgespeichert, was den Transfer auf andere, außerschulische Situationen erschweren könne (vgl. Ötsch 2012, auch Mietzel 2001). Ebenso unbewiesen ist das Erreichen der Zielsetzung, dass Menschenrechtsbildung als Mittel zur Prävention von Menschenrechtsverletzungen tauge (vgl. Müller 2002). Es gehört jedoch zur Erwartungshaltung gegenüber der Menschenrechtsbildung, dass es ihr gelinge, eine solche Bereitschaft zu entwickeln. Fritzsche führt dies wie folgt aus:

> „In dieser Erwartung steckt die Hoffnung, dass Menschenrechtsbildung präventive Wirkung gegen jegliche Anfälligkeit für Ideologien der Ungleichwertigkeit und für Verhaltensweisen der Ausgrenzung entfalten kann." (Fritzsche 2013, S. 9)

Menschenrechtsbildung steht dabei nicht isoliert im Raum, sondern es lassen sich gesellschaftliche Herausforderungen samt Konsequenzen ausmachen, zu denen pädagogische Handlungsansätze oder umfassende Bildungskonzepte bestehen, die deutliche Schnittmengen mit Menschenrechtsbildung aufweisen (vgl. Reitz und Rudolf 2014, vgl. Abb. 4):

Abb. 4: Schnittmengen mit Menschenrechtsbildung (Eigene Darstellung)

4 Zu bedeutsamen soziodemographischen Unterschieden zwischen Berlin und Niedersachen

Berlin ist die bevölkerungsreichste und flächengrößte Stadt Deutschlands und gleichzeitig ein Stadtstaat. Niedersachsen dagegen ist – was die Fläche betrifft – das zweitgrößte Flächenbundesland Deutschlands und überwiegend ländlich geprägt. Bei Phänomenen wie Kinderarmut, Segregation oder auch hinsichtlich eines Migrationshintergrundes zeigen sich zwischen dem ländlichen und dem städtischen Raum erhebliche Unterschiede. In Berlin beträgt der Anteil der Kinder, die in Bedarfsgemeinschaften leben, aktuell 33,4%, wohingegen in Niedersachsen der Anteil bei 14,9% liegt. Mehr als jedes dritte Berliner Kind lebt in einer Bedarfsgemeinschaft (vgl. Bundesagentur für Arbeit 2014). Auch in Bezug auf einen Migrationshintergrund weisen Berlin und Niedersachsen Unterschiede auf. 2012 hatten 17,8% der niedersächsischen Bevölkerung einen Migrationshintergrund, wobei überdurchschnittlich viele Kinder einen solchen aufweisen: im Alter bis zu 6 Jahren wiesen 31,7% einen Migrationshintergrund auf (Landesamt für Statistik Niedersachsen 2015). In Berlin hingegen liegt der Anteil der Bevölkerung mit Migrationshintergrund bei 27,4% deutlich höher (vgl. Amt für Statistik Berlin-Brandenburg 2013). Berlinweit haben 40% aller Kinder und Jugendlichen bereits einen Migrationshintergrund (vgl. Amt für Statistik Berlin-Brandenburg 2008). Insgesamt haben an den Berliner Schulen 33% der Schülerinnen und Schüler einen Migrationshintergrund. In der Grundschule sind es 36% (ISQ 2013), in Niedersachsen 16,9% (Niedersächsisches Kultusministerium 2014).

5 Menschenrechtsbildung in der Grundschule im Stadt-Land-Vergleich am Beispiel von Berlin und Niedersachen – Zentrale Befunde

Eine schriftliche Befragung von Grundschullehrkräften der 4. Klassenstufe in Berlin und Niedersachsen zur Menschenrechtsbildung von 2012, bei der 309 Lehrkräfte teilnahmen, zeigt,[1]

1. dass die niedersächsischen Lehrkräfte sowohl die schulischen Rahmenbedingungen als auch die menschenrechtsbezogenen Fähigkeiten ihrer Schülerinnen und Schüler positiver bewerten als ihre Berliner Kolleginnen und Kollegen,
2. dass je positiver die schulischen Rahmenbedingungen eingeschätzt werden, umso höher auch die urteils- und handlungsbezogenen sowie die methodischen Fähigkeiten der Schülerinnen und Schüler bewertet werden,
3. dass die Berliner Lehrkräfte insbesondere die Kooperations- und Konfliktlösungsfähigkeit ihrer Schülerinnen und Schüler deutlich negativer bewerten,
4. dass die Berliner Lehrkräfte die schulischen Rahmenbedingungen insbesondere bezogen auf die Bereiche Sicherheit, Mobbing, Angst vor Diskriminierung und Einsatz von unfairen Disziplinarmaßnahmen negativer bewerten als ihre niedersächsischen Kolleginnen und Kollegen,
5. dass die Berliner Lehrkräfte die Menschenrechtsbildung in der Grundschule für bedeutsamer halten als ihre niedersächsischen Kolleginnen und Kollegen es tun,

---

1 Insgesamt wurden 500 Grundschulen aus Berlin und Niedersachsen angeschrieben. Jede Schule erhielt vier Fragebögen. Die Befragung bezog sich auf acht Handlungsfelder: Menschenrechtsbildung in der Lehramtsausbildung, Menschenrechtsbezogenes Wissen der Lehrkräfte, Menschenrechtsbezogene Einstellungen und menschenrechtsbezogenes Handeln der Lehrkräfte, Schulische Rahmenbedingungen von Menschenrechtsbildung, Menschenrechtsbildung im Unterricht, Menschenrechtsbezogene Urteilsfähigkeit der Schülerinnen und Schüler, Menschenrechtsbezogene Handlungsfähigkeit der Schülerinnen und Schüler und Menschenrechtsbezogene Methodische Fähigkeiten der Schülerinnen und Schüler. Die Items des Fragebogens basierten u.a. auf den Standards zur Politischen Bildung der GPJE, den darauf aufbauenden Standards des Forums Menschenrechte zur Menschenrechtsbildung im Primarschulbereich und Indikatoren für eine menschenrechtsbezogene Schulkultur, vorgelegt vom Human Rights Resource Center an der Universität Minnesota (USA). Zudem wurden auch inhaltlich-curriculare, personale, methodische und organisatorisch-institutionelle Aspekte abgefragt, wie die Zusammenarbeit mit zivilgesellschaftlichen Akteuren, Hindernisse für die Umsetzung von Menschenrechtsbildung und erforderliche Unterstützungsangebote. Der Fragebogen enthielt zudem Fragen, die Hinweise darauf gaben, welche Merkmale der Lehrkräfte, der Schule oder des Schulklimas mit der Umsetzung (vs. Nicht-Umsetzung) menschenrechtsbildungsrelevanter Inhalte im Unterricht in Zusammenhang stehen könnten.

6. im ländlich geprägten Niedersachsen ein größeres Engagement der Lehrkräfte in der Zusammenarbeit mit außerschulischen Akteuren der Menschenrechtsbildung. In Berlin nehmen die Lehrkräfte mit vergleichsweise wenigen Institutionen Kontakt auf, während die niedersächsischen Lehrkräfte eine Bandbreite an Organisationen nutzen und sich die Lehrkräfte hier engagierter und aktiver zeigen.

6 Fazit

Die dargelegten Ergebnisse weisen darauf hin, dass Menschenrechtsbildung nicht isoliert von soziodemographischen Einflussgrößen betrachtet werden kann. Hier lassen sich verschiedene Begründungszusammenhänge herstellen, die weitaus differenzierter betrachtet werden müssten beispielsweise hinsichtlich der unterschiedlichen sozialen Lebensbedingungen der Kinder und ihrer Familien in Berlin und Niedersachsen, sich ergebender Problemlagen aus den typischen Charakteristika von Großstädten, der unterschiedlichen schulischen Rahmenbedingungen in den beiden Ländern und des unterschiedlichen Zugangs zu Fortbildungsangeboten. Den Einfluss solcher Wirkungsfaktoren verstärkt in den Blick zu nehmen, sollte in Zukunft Aufgabe wissenschaftlicher Begleitforschung zur Menschenrechtsbildung sein.

Literatur

Amnesty international (2012): Becoming a human rights friendly school. A Guide for Schools around the World, London (http://reliefweb.int/sites/reliefweb.int/files/resources/ pol320012012eng.pdf)
Amnesty International (Sektionskoordinationsgruppe Menschenrechtsbildung) (2013): Menschenrechtsbildung – kurz MRB – was ist das? Eine kurze Einführung (http://www.amnesty-bildung. de/Main/MR-Bildung)
Amt für Statistik Berlin-Brandenburg (2013): Bericht A I 5 – hj 2 / 12. Einwohnerinnen und Einwohner im Land Berlin am 31. Dezember 2012. Potsdam
Amt für Statistik Berlin-Brandenburg (2008): Zeitschrift für amtliche Statistik Berlin Brandenburg.
Brac, E.; Nicoletti, I.; Phillip, S.; Starl, K. (2011): Menschen.Rechte.Bildung. Eine qualitative Evaluation von Menschenrechtsbildung in allgemeinbildenden höheren Schulen, Graz (https://www. sparklingscience.at/_Resources/Persistent/6611166a460be71d6a031820b65ca5cebd5b700f/M-R-B-Bericht2011-Web.pdf)
Bundesagentur für Arbeit (2014): Statistik der Grundsicherung für Arbeitsuchende nach dem SGB II (www.statista.com/statistik/daten/studie/218386/umfrage/hartz-iv-kinder-in-bedarfsgemeinschaften-in-deutschland-nach-bundeslaendern/)
Europarat (2010): Charta Education for Democratic Citizenship and Human Rights Education. Empfehlung CM/Rec (2010) 7 des Ministerkomitees des Europarats an die Mitgliedstaaten (11. 05.2010)
Fritzsche, K.P. (2002): Menschenrechtserziehung in internationaler Perspektive. In: Breit, G. (Hrsg.): Maßstab Menschenrechte. Geschichte, Politik, Erziehung. Schwalbach/Ts.: Wochenschau, S. 67-78.
Fritzsche, K.P. (2009): Menschenrechte. Stuttgart
Fritzsche, K.P. (2013): Erfahrungen mit der Menschenrechtsbildung. In: Polis.1, S. 7-9

Habermas, J. (1999): Der interkulturelle Diskurs über Menschenrechte. In: Brunkhorst, H.; Köhler, W.R.; Lutz-Bachmann, L. (Hrsg.): Recht auf Menschenrechte. Menschenrechte, Demokratie und internationale Politik. Frankfurt a. M.: Suhrkamp, S. 216-227

Human Rights Education Associates (HREA) (2000): Resource book 2000 (www.hrea.org.)

Institut für Schulqualität der Länder Berlin und Brandenburg (Autorengruppe Regionale Bildungs- berichterstattung Berlin-Brandenburg im Auftrag der Senatsverwaltung für Bildung, Jugend und Wissenschaft Berlin und des Ministeriums für Bildung, Jugend und Sport Brandenburg) (2013): Bildung in Berlin und Brandenburg 2013. Ein indikatorengestützter Bericht zur Bildung im Le- benslauf. Berlin

Kaestli, T. (2007): Leitfaden zur Menschenrechtsbildung, Schriftliche Unterlage zum Pilotprojekt „Menschenrechtsbildung" an der PHZ Luzern mit Beginn am 4. Oktober 2007 (http://www.hu- manrights.ch/upload/pdf/071010_phz_leitfaden_mrb.pdf.)

Kirchschläger, P.G.; Kirchschläger, T. (2015): Menschenrechtsbildung und nachhaltige Entwicklung. In: Hasenkamp, M.L.; Brosig, M. (Hrsg.): Menschenrechte, Bildung und Entwicklung – Bestands- aufnahme ihrer Zusammenhänge. Opladen: Budrich Uni Press, S. 255-274

Klafki, W. (1994): Schlüsselprobleme als inhaltlicher Kern internationaler Erziehung. In: Seibert, N.; Serve, H. J. (Hrsg.): Bildung und Erziehung an der Schwelle zum dritten Jahrtausend. Multidiszi- plinäre Aspekte, Analysen, Positionen, Perspektiven. München: PimS, S. 135-161

Landesamt für Statistik Niedersachsen (2015). Statistische Monatshefte Niedersachsen: (https://www. destatis.de/GPStatistik/servlets/MCRFileNodeServlet/NIAusgabe_derivate_00000240/Monats- heft_01_2015_pdfa.pdf;jsessionid=1B4228A3A2733A862AA2CE19FDC3D1D0)

Lohrenscheit, C. (2009): Unterrichtsmaterialien für die Menschenrechtsbildung an Schulen für Schü- lerinnen und Schüler ab Jahrgangsstufe 8 (im Auftrag des Deutschen Instituts für Menschenrech- te). Berlin

Martin, P.; Kissane, C. (2004): Evaluierung von Menschenrechtsbildungsprogrammen. In: Mahler, C.; Mihr, A. (Hrsg.): Menschenrechtsbildung. Bilanz und Perspektiven. Wiesbaden: VS, S. 55-71

Mietzel, G. (2001): Pädagogische Psychologie des Lernens und Lehrens. Göttingen: Hogrefe

Müller, L. (2002): Menschenrechtserziehung an Schule und Hochschule. Occasional Paper 6 Nr. 6. Arbeitsgemeinschaft Menschenrechte an der Universität Trier

Niedersächsisches Kultusminsterium (2014): Die niedersächsischen allgemein bildenden Schulen in Zahlen (http://www.mk.niedersachsen.de/portal/live.php?navigation_id24731&article_id=6505 &_psmand=8. Stand: Schuljahr 2013/2014.Letzter Zugriff 25.01.2014)

Ötsch, B. (2012): Menschenrechtsbildung aus psychologischer Perspektive. Zeitschrift für Erziehungs- wissenschaft (ZfE).15, 345-361 (http://link.springer.com/article/10.1007%2Fs11618-012-0272-1)

Prcha, I. (2010): Menschenrechtspädagogik in der Grundschule – Ziele und didaktische Handlungs- felder. In: Dangl, O.; Schrei, T. (Hrsg.): „...gefeiert-verachtet-umstritten". Menschenrechte und Menschenrechtsbildung. Berlin: Lit, S. 97-109

Reitz, S.; Rudolf, B. (für das Deutsche Institut für Menschenrechte) (2014): Menschenrechtsbildung für Kinder und Jugendliche: Befunde und Empfehlungen für die deutsche Bildungspolitik. Berlin

Sekretariat der Kultusministerkonferenz (KMK) (2000): Empfehlung der Kultusministerkonferenz zur Förderung der Menschenrechtserziehung in der Schule. Beschluss der Kultusministerkonferenz vom 04.12.1980 i.d.F. vom 14.12.2000. Bonn

Tarrow, N. (1992): Human Rights Education: Alternative Conceptions. In: Lynch, J.; Modgil, C.; Modgil, S.: Cultural Diversity and the Schools: Human Rights, Education and Global Responsibi- lities. London and Philadelphia: The Falmer Press. 4, 21-50

Vereinte Nationen (2004): Weltprogramm für Menschenrechtsbildung, Res. A/Res.59/113

4 Werteorientierung und Wertebildung von Jugendlichen in ländlichen Räumen

Wilfried Schubarth

Wertebildung bei Jugendlichen auf dem Land

Der Blick auf das Land ist in der öffentlichen Wahrnehmung höchst zwiespältig: Zum einen gibt es offenbar eine neue Sehnsucht nach dem Land, wie der Boom der Zeitschriften wie „Landlust", „Landgenuss" oder „Mein schönes Land" belegen. Zum anderen herrscht die Meinung vor, dass in ländlichen Regionen, zumal in strukturschwachen, abgelegenen Gebieten, das Leben vom Aussterben bedroht ist und die Zivilgesellschaft zusammenbricht.

Beide Perspektiven auf das Landleben haben sicher ihre Berechtigung, wobei die Wirklichkeit nicht nur Schwarz-Weiß-Bilder kennt, sondern unendlich viele Zwischentöne. Das heißt, es gibt eine Vielzahl von unterschiedlichen Lebensweisen und Milieus auf dem Land. Diese zu erforschen und der Öffentlichkeit zu vermitteln ist eine wichtige Aufgabe der Wissenschaft.

Der vorliegende Beitrag widmet sich der Frage der Wertebildung bei Jugendlichen auf dem Land. Auch dazu herrschen zahlreiche Annahmen bzw. Vorurteile vor, z.B. dass Wertebildung hier zwar besonders notwendig wäre, zugleich aber praktisch kaum stattfindet – zumindest nicht im gesellschaftlich wünschenswerten Sinne. Im Folgenden wollen wir dieser Annahme nachgehen, indem wir ausgehend von den öffentlichen und fachlichen Diskursen zur Situation Jugendlicher in ländlichen Regionen eigene Rechercheergebnisse zur Wertebildung am Beispiel des Bundeslandes Brandenburg vorstellen und darauf aufbauend Folgerungen für die Wertebildung bei Jugendlichen im Rahmen der Kommune und der Jugendarbeit ableiten.

1 Wertebildung bei Jugendlichen – eine Begriffsklärung

Mit „Wertebildung" bezeichnen wir sowohl die pädagogischen Aneignungsprozesse in Institutionen als auch die individuellen Werteaneignungsprozesse. „Wertebildung" vollzieht sich insbesondere durch die pädagogisch initiierte Auseinandersetzung mit und Reflexion von Werten sowie das subjektive Erleben und Aneignen von Werten. Bei diesem wechselseitigen Interaktionsprozess zwischen Individuum und Umwelt kommt sowohl den pädagogischen und situativen Arrangements als auch der aktiven Rolle des Subjekts eine große Bedeutung zu. Durch die angestrebte Auseinandersetzung mit und Reflexion von Werten in pädagogischen Kontexten und vor allem durch den nur begrenzt pädagogisch beeinflussbaren Aneignungsprozess grenzt sich der Begriff der „Wertebildung" von einer instrumentell-technokratischen Auffassung der „Wertevermittlung" ab (Schubarth/Speck/Lynen von Berg 2010, Schubarth 2016).

Die Komplexität des Wertebildungsprozesses lässt sich am Beispiel des Strukturmodells der Sozialisation verdeutlichen, das auf die vielfältigen intendierten und nicht intendierten Sozialisationseinflüsse verweist (Hurrelmann 2012). Dazu gehören die politischen, ökonomischen und kulturellen Rahmenbedingungen ebenso wie die verschiedenen Sozialisationsinstanzen wie Familie, Schule und die Peer Group sowie die personalen Bedingungen und Dispositionen. Pädagogische Institutionen wie die Schule sind dabei nur *ein* Faktor von mehreren, was pädagogischen Erziehungsbemühungen bestimmte Grenzen setzt. Die Alltagserfahrungen, die Jugendliche in den verschiedenen Lebensbereichen machen, sind für die Wertebildung von großer Bedeutung. Folglich ist nach den konkreten Sozialisationsbedingungen, in denen Kinder und Jugendliche heute aufwachsen, zu fragen. Diese sind – mit Blick auf Krisenprozesse in Umwelt und Wirtschaft sowie wachsende soziale Ungleichheiten – sehr unterschiedlich, für viele nicht optimal und für eine wachsende Minderheit prekär.

Zugleich verweist das Sozialisationsmodell darauf, dass die vielfältigen Faktoren in einem engen Zusammenhang stehen und sich wechselseitig beeinflussen. So strahlt das politische Werteklima einer Gesellschaft in andere Bereiche aus. Umgekehrt können Institutionen und Personen das Werteklima einer Gesellschaft selbst mit beeinflussen. Hier sind auch die Möglichkeiten von Schule und Jugendarbeit anzusiedeln, die in ihrem eigenen Wirkungskreis ein förderndes Umfeld für Wertebildung schaffen können. Die Wirkungen werden dabei umso größer sein, je besser Schule und Jugendarbeit mit anderen Institutionen kooperieren. Insofern ist auch bei der Wertebildung ein systemischer Ansatz zu empfehlen, der die Bildungs- und Erziehungsaktivitäten der relevanten Bereiche wie Familie, Kita, Schule, Jugendarbeit oder Kommune zusammenführt. Für ländliche Regionen gilt das im besonderen Maße, da die Ressourcen zum Teil eher begrenzt sind.

2 Landjugend in der öffentlichen Wahrnehmung

Die öffentliche Debatte über Jugend auf dem Land steht in der Regel ganz im Zeichen des demografischen Wandels und der Abwanderung Jugendlicher (im Folgenden insbesondere Speck/Schubarth 2010). Die Wahrnehmung der von Abwanderung betroffenen Regionen ist dabei stark negativ besetzt: wie ein Blick auf die konjunkturelle Berichterstattung der letzten Jahre zeigt: „Viele Dörfer werden bald aussterben" (Märkische Allgemeine Zeitung vom 4./5. März 2006), „Provinzialisierung der Provinz", „Verödung und Verblödung" (Spiegel-online vom 14.-16. März 2006), „Verwilderung als Zukunftsvision" (Der Tagesspiegel vom 7. Mai 2007), „Auf dem Land sterben Schulen" (Waiblinger Kreiszeitung vom 2.06.2014), „Probleme auf dem Land: Die Stadtflucht der Rechtsextremen" (Schaumburger Nachrichten vom 26.07.2016).

Während einerseits Mobilität eingefordert und als positiv bewertet wird, werden die wirtschafts-, regional-, bildungspolitischen Folgen für die betroffenen Regionen in erster Linie kritisch bewertet. Prägend für die Medienberichte ist dabei nicht nur eine negative Darstellung der Folgen für die peripheren ländlichen Regionen, sondern eine dramatisierende Aufbereitung von Analysen und Statistiken zu den Abwanderungsregionen. Die Aufbereitung ist gekennzeichnet durch eine empirisch nicht belegte Fortschreibung von Trends, eine Verallgemeinerung von Einzelbeispielen und die Beschreibung von kausalen Folgeketten (z.B. Abwanderung führt zu Kriminalität, Rechtsextremismus, Alkoholismus). Dabei werden nicht nur die peripheren, dörflichen Regionen mit hohen Abwanderungsquoten negativ konnotiert, sondern auch die in den Regionen verbleibenden Menschen. Deren öffentliche Wahrnehmung wird besonders in der überregionalen Presse dominiert durch einseitige, verallgemeinernde und zugespitzte Etikettierungen, wie niedriges Bildungs- und Kulturniveau, Männlichkeitsdominanz, Bedürftigkeit (z.B. soziale und gesundheitliche Probleme) und Demokratiegefährdung (z.B. Intoleranz und Rechtsextremismus). Da Mediendebatten die subjektiven Wahrnehmungen von Menschen beeinflussen und neue „Wirklichkeiten" erzeugen, haben solche Diskurse auch Auswirkungen auf das Image der betreffenden Region sowie auf die Selbstwahrnehmung und das Selbstbewusstsein ihrer Bewohner.

Im Vergleich zur öffentlichen Meinung sind die wissenschaftlichen Ergebnisse zur Situation Jugendlicher auf dem Lande differenzierter: Die wenigen Landstudien zeigen, dass sich einerseits soziale Ungleichheiten zwischen Stadt und Land verringert haben, andererseits bestimmte Benachteiligungen für Landjugendlichen jedoch weiterhin bestehen. Ungünstigere Voraussetzungen für Jugendlichen aus ländlichen Regionen zeigen sich besonders in der schlechteren Erreichbarkeit von Schulen und qualifizierten Ausbildungsplätzen, den Mobilitätszwängen für die Aufrechterhaltung von Freizeitaktivitäten und Freundschaftsbeziehungen, der notwendigen Ausbalancierung von unterschiedlichen Lebenswelten am Alltag, der mangelnden Verfügbarkeit jugendkultureller Räumlichkeiten und Treffpunkte vor Ort und der eingeschränkten jugendkulturellen Selbstständigkeit (Winter 1993, Böhnisch u.a. 1997, Rudolph 1998, Eisenbürger/Vogelsang 2002, Karig 2002). Studien zur Abwanderung Jugendlicher zeigen Ausmaß und Hintergründe des Abwanderungsprozesses auf. Sie belegen u.a., das die Mobilität Jugendlicher weniger eine freiwillige Entscheidung, sondern vielmehr als notwendige Bedingung für einen Einstieg in die Berufsausbildung und in das Berufsleben darstellt (Schubarth/Speck 2008, Speck/Schubarth 2009). Die Befunde deuten insgesamt darauf hin, dass Wertebildung bei Landjugendlichen aufgrund der demografischen Situation tatsächlich unter erschwerten Bedingungen (z.B. Negativimage, Abwanderung, mangelnde Infrastruktur, wenig Angebote) stattfindet, was hohe Anforderungen an die Jugendarbeit stellt. Neuere Studien verweisen insgesamt auf ein eher differenziertes Bild der Lebenslage und Lebenswelten von Landjugendlichen (Stein 2013).

3 Wertebildung von Jugendlichen: Rechercheergebnisse im Land Brandenburg

Im Rahmen eines Praxisforschungsprojektes, das von der Stiftung „Großes Waisenhaus zu Potsdam" gefördert wurde, fand eine landesweite Recherche von Wertebildungsprojekten im Land Brandenburg statt. Möglichst viele existierende Projektansätze sollten dabei erfasst werden, wobei keine Vollerhebung, sondern vielmehr eine Erfassung unterschiedlicher Wertebildungsansätze angestrebt wurde. Zur Erreichung des Ziels wurden eine Internet-, Literatur- und Telefonrecherche, eine schriftliche Befragung sowie ein landesweiter Plakatwettbewerb für gute Werteprojekte mit anschließender Prämierung im Land organisiert (im Folgenden ausführlicher Speck/Schubarth/Lynen von Berg/Barth 2010).

Mittels der Recherche und Befragung wurden Projekte im ländlichen Raum gesucht, in denen sich Jugendliche direkt oder auch indirekt mit demokratischen Werten auseinandersetzen. Für das Forschungsprojekt waren besonders solche Projekte von Interesse, in denen sich Jugendliche durch eine aktive Gestaltung und Mitwirkung selbst Werte aneignen bzw. sich mit ihnen auseinandersetzen können. Angeschrieben wurden ca. 220 Organisationen, ExpertInnen und MultiplikatorInnen, insbesondere im ländlichen Raum, z.B. Jugendämter, JugendkoordinatorInnen, Fachkräfte in Verbänden und Vereinen im Bereich der Jugendarbeit, lokale Aktionspläne Brandenburgs, Regionale Arbeitsstellen für Ausländerfragen, Jugendarbeit und Schule, Jugendbildungsstätten, Kreisjugendringe sowie konkrete Praxisprojekte. Für die Verbreitung der Fragebögen wurde dabei auch der Jugendinformationsserver des Landes sowie der Beirat des Praxisforschungsprojektes (u.a. mit Landesjugendring, Arbeiterwohlfahrt, Ministerium für Bildung, Jugend und Sport, Landesjugendamt, Diakonisches Werk) genutzt.

Im Rahmen von zwei Lehrforschungsprojekten konnten etwa 35 Einzelprojekte identifiziert werden, die sich direkt oder indirekt mit der Wertebildung von Jugendlichen beschäftigen. Hinzu kamen weitere Projekte im Rahmen des Jugendprogramms „Brandenburg – Das bist du uns wert!" der Stiftung Demokratische Jugend sowie von Bundesprogrammen (z.B. „Vielfalt tut gut. Jugend für Vielfalt, Toleranz und Demokratie"). Im Rahmen der schriftlichen Befragung konnten 42 Projekte ermittelt werden, zu denen ausführlichere Projektinformationen vorliegen.

Die Ergebnisse lassen sich thesenhaft folgendermaßen bündeln:

– Die Wertedebatte wird offensichtlich mit unterschiedlichen Begründungen und Intentionen (Rechtsextremismus, Ausländerfeindlichkeit, Bildungs- und Erziehungsauftrag in Schule und Jugendhilfe, demographischer Wandel, Demokratisierung, Erziehungsnotstand) und mit verschiedenen Begrifflichkeiten geführt (Werteverfall, Werteerziehung, Wertebildung, Werteaneignung, Moralentwicklung).

– Im Fokus der zumeist erwachsenen geprägten Wertedebatte stehen oft die Jugendlichen, denen ein Defizit an Werten und ein dementsprechender Veränderungsbedarf unterstellt werden (z.B. Förderung der sozialen und fachlichen Kompetenzen oder demokratischer Verhaltensweisen). Den Jugendlichen selbst geht es beim Wertethema eher um solche Aspekte, wie Heimatgefühl, Gerechtigkeit, Liebe, Freundschaft, Toleranz, Zuverlässigkeit, Freundschaft und Ehrlichkeit.

– Eine Wertebildung im außerschulischen Bereich findet, legt man unsere Ergebnisse zugrunde, – zumindest partiell – in vielen Projekten der Jugendarbeit statt (z.B. wertgebundene Jugendarbeit, Diskussion der Wert- und Zukunftsvorstellungen, Vereinbarung von Regeln, Auseinandersetzung mit Heimatgeschichte), ohne dass dies immer intendiert, thematisiert und den beteiligten (Sozial-)PädagogInnen bewusst wird.

– Ein Problem für eine kontinuierliche Wertebildung besteht unter anderem in den fehlenden Angeboten der Jugendarbeit im ländlichen Raum, den prekären Finanzierungsstrukturen der Jugendarbeit sowie Konflikten zwischen Erwachsenen und Jugendlichen. Benachteiligte Jugendliche werden durch die bestehenden Wertebildungsprojekte häufig nicht erreicht und meist auch gar nicht als Zielgruppen anvisiert. Ein Defizit scheint es zudem in Bezug auf reflexive, geschlechtssensible Angebote für männliche Jugendliche zu geben.

– Eine explizite, d.h. intendierte Wertebildung lässt sich vor allem dort nachweisen, wo über spezifische Programme des Bundes, des Landes oder Stiftungen eine inhaltliche Fokussierung von Projekten auf das Wertethema stattfindet bzw. aufgrund des Trägerprofils eines wertebezogene Ausrichtung vorliegt.

- Zahlreiche Projekte im außerschulischen Bereich werden durch die Aufwertung der Kooperation von Schule und Jugendhilfe an oder in Zusammenarbeit mit Schulen durchgeführt. Als Herausforderungen erweisen sich dabei mitunter zum einen das schulische Setting (z.b. feste Klassen, Stundentakte, klare Zielvorgaben) und zum anderen die Schaffung von ausreichenden Freiräumen und Mitgestaltungsmöglichkeiten für die beteiligten Jugendlichen.
- Neben den Fachkräften und den Schulen kommt auch den Trägern von Einrichtungen und Organisationen im Bereich der Jugendarbeit eine besondere Bedeutung bei der Wertebildung zu. Dies gilt beispielsweise für die wertebezogene Sensibilisierung und Fortbildung der eigenen MitarbeiterInnen sowie die Beteiligung an wertebezogenen Programmen und Wettbewerben.
- Die analysierten Werteprojekte beschäftigen sich oft mit sozialräumlichen bzw. gesellschaftlichen Herausforderungen, Problemlagen und Ereignissen. Im Mittelpunkt stehen solche Themen, wie Rechtsextremismus, Gewalt, Interkulturalität, Vielfalt und Toleranz, Demokratie, Beteiligung/Interessenvertretung, Mitbestimmung/-verantwortung, Religion, Ethik, Sport, Kunst, Medien und Natur. Angesichts entsprechender bundes- und landesspezifischer Programme dominieren die Themen Toleranz sowie Vielfalt und Demokratie.

Eine nachhaltige Aneignung von Werten lässt sich in den Projekten – so eine vorläufige Gesamtbewertung – vor allem dort konstatieren, wo Bedürfnisse und Interessen von Jugendlichen angesprochen werden (z.B. Bewegung, Medien, Sinnfragen), eine bewusste Wertediskussion zwischen PädagogInnen und Jugendlichen stattfindet, PädagogInnen als authentische Gegenüber und Diskussionspartner fungieren, Jugendliche pädagogische Arrangements vorfinden, in denen sie sich mit ihren eigenen und fremden Werten auseinandersetzen können und gleichzeitig Freiräume zur Mitgestaltung und Erprobung erfahren. Eine Verknüpfung von konkreten Teilhabeerfahrungen und bewusster Wertereflektion erweist sich offenbar als perspektivträchtig.

Neben den landesweiten Recherchen wurde auch ein öffentlichkeitswirksamer Wettbewerb zu „Good-practice" in der Wertebildung bei Jugendlichen durchgeführt. Die besten Projekte wurden öffentlich vorgestellt und prämiiert. In Auswertung der landesweiten Recherchen und des Wettbewerbs wurden folgende *Kriterien für „gute Werteprojekte"* identifiziert:

- Gute Werteprojekte finden einen sensiblen Zugang zu Jugendlichen. Sie vermeiden abstrakte, aufgesetzte Wertedebatten; sie geben auch keine Werte vor, noch versuchen sie, anderen irgendwelche Werte aufzuzwingen oder andere wegen deren Werte bloßzustellen. Sie werden auch nicht für symbolische Aktionen oder andere von außen gesetzte Ziele instrumentalisiert.

- Gute Werteprojekte greifen vielmehr die Bedürfnisse, Probleme und Ängste Jugendlicher auf und thematisieren die dahinter liegenden Werte bzw. Wertekonflikte.
- Gute Projekte beziehen Jugendliche von Anfang an ein und setzen auf Aktivierung und Beteiligung sowie auf demokratische Aushandlungs- und Entscheidungsprozesse in allen Phasen des Projekts.
- Gute Werteprojekte tragen vor allem dem Projektgedanken Rechnung, indem sie als weitgehend offene Projekte angelegt und durch solche didaktisch-methodische Merkmale gekennzeichnet sind wie Erfahrungslernen, learning by doing, Handlungsorientierung, Selbstorganisation, Methodenvielfalt, Selbstgestaltung, Selbstwirksamkeit u.a.
- Neben den Aktivitäten in Form von konkreten Tätigkeiten, z.B. für einen guten Zweck, ist auch die Ebene der Reflexion, d.h. die aktive geistige Auseinandersetzung mit dem Thema bzw. der Tätigkeit im Kontext von Moral und Ethik, für gute Werteprojekte kennzeichnend.
- Gute Werteprojekte dienen der Kompetenzentwicklung, insbesondere der Entwicklung sozialer und personaler Kompetenzen, z.B. Förderung demokratischer, kommunikativer, interaktiver Fähigkeiten, Konflikt- und Kritikfähigkeit, Selbstbewusstsein, Verantwortungsübernahme, Gemeinschaftsfähigkeit usw.
- Gute Werteprojekte sind keine Kurzzeitprojekte, sondern auf längere Sicht angelegt, da Wertebildung vor allem über Beziehungsbildung realisiert wird. Das erfordert eine entsprechende Projektausstattung, insbesondere eine längerfristige Personalausstattung.
- Ohne professionelles Personal keine professionellen Werteprojekte. Professionelle Pädagogen sind authentisch und leben (wünschensweteweise) die Werte selbst vor. Sie nehmen Jugendliche als Person ernst, zeigen Respekt und Fehlertoleranz. Gute Wertebildung setzt die Wertebildung und Wertereflexion der Professionellen voraus.
- Gute Werteprojekte sind sich der Grenzen der Wertebildung bewusst und setzten sich realistische Ziele, deren Umsetzung reflektiert wird. Dabei verstehen sie sich als ein von mehreren Bausteinen im komplexen Wertebildungsprozess und suchen deshalb die Kooperation mit anderen Wertebildungspartnern.

Generell zeigte sich, welche Potenzen die Jugendarbeit im Rahmen der Wertebildung besitzt, z.B. als ein Ort der Persönlichkeitsentfaltung, der Selbstfindung und der Selbstbildung, vor allem hinsichtlich sozialer und personaler Kompetenzen. Die für Jugendarbeit typische Offenheit und Pluralität bieten reichhaltige Möglichkeiten, seinen Interessen und Neigungen nachzugehen, sich auszuprobieren, Werte im Alltag erfahrbar zu machen, Gruppen als „Wertemilieus" zu erleben, sich an Jugendarbeitern als „Lernmodelle" zu orientieren bzw. zu reiben, Lern-, Kommunikations- und Reflexionsangebote wahrzunehmen, (Wert)Konflikte eigenverantwortlich zu regeln, Verantwortung für sich und andere zu übernehmen, Erfolg, Wertschätzung, Freundschaft, Solidarität und Gemeinschaft zu erfahren, sein Subjekt- und Selbstbewusstsein zu stärken usw.

Trotz dieser Potenzen ergibt sich angesichts der Situation der Jugendarbeit in ländlichen Regionen, generell jedoch ein *ambivalentes, paradoxes Bild*: Einerseits scheint Jugendarbeit aufgrund ihrer Werthaltung, ihrer Konzepte und Methoden über ein großes Potenzial für Bildungsprozesse, darin eingeschlossen Prozesse der Wertebildung, zu verfügen, andererseits verliert sie durch mangelnde Ressourcen, Inanspruchnahme und öffentliche Wertschätzung an Bedeutung. Die Wertebildung Jugendlicher im ländlichen Raum wird insbesondere durch die dortige prekäre Situation der Jugendarbeit sowie durch Generationskonflikte und eine fehlende kommunalpolitische Sensibilität für Jugendliche erschwert. So stehen die vorgefundenen Strategien der Wertebildung (z.B. persönliche Vorbildrolle, Erfahren und Reflexion von Werten, direkte oder beiläufige Gespräche sowie die Erarbeitung und Durchsetzung von Regeln) einer Reihe von Hemmnissen und Problemen gegenüber, z.B. die mangelnde Resonanz bei Jugendlichen (aufgrund großer Entfernungen, geringer Mobilität oder des Alkohol- und Zigarettenverbots in den Einrichtungen) sowie der Einsatz von unqualifizierten Kräften.

4 Folgerungen für Kommunen und die Jugendarbeit

Vor dem Hintergrund dieses widersprüchlichen Bildes der Jugendarbeit mit großen Potenzen einerseits und den tatsächlichen begrenzten Möglichkeiten zur Wertebildung andererseits sollen abschließend einige Folgerungen abgeleitet werden. Als Grundprämisse gilt: Eine gelingende Wertebildung geschieht nicht über politisch initiierte Wertedebatten, kurzzeitige Projekte oder die „Belehrung" über richtige Werte und Symbole. Eine gelingende Wertedebatte benötigt aktive Erprobungs- und Teilhabemöglichkeiten, die Diskussion und Austragung von lebensnahen (Werte-)konflikten, aber auch eine Vorbildwirkung und Grenzsetzungen durch das Gegenüber. Sie setzt im pädagogischen Raum eine Wertesensibilität, eine Wertereflexion, ein professionelle Rollenklärung und ein Methodenrepertoire bei den pädagogischen Fachkräften voraus. Für eine gelingende Werteaneignung in Schule, Jugendhilfe und Kommune sind insofern langfristige Konzepte und Strategien, Erprobungsräume für Jugendliche, pädagogisch qualifiziertes Personal mit einem positiven Jugendbild sowie Wertekonzepte und Vernetzungsstrukturen erforderlich (im Folgenden insbesondere Speck/Schubarth 2010).

Auf der kommunalpolitischen Ebene bedarf eine gelingende Wertebildung zunächst einer selbstkritischen Lageeinschätzung der politischen Kultur und der Teilhabemöglichkeiten und realen Teilhabe unterschiedlicher Alters- und gesellschaftlicher Gruppen. Vorhanden sein muss eine offene und kritische Diskussionskultur. Mit Blick auf die Gruppe der Jugendlichen zeigen unsere Untersuchungsergebnisse allerdings sehr deutlich, dass nicht selten die Gefahr besteht, Jugendliche einseitig und homogen als Problemgruppe und Störenfriede zu verstehen, den Diskurs mit Jugendlichen auf der politischen Ebene zu vernachlässigen und Jugendarbeit ausschließlich als Kostenfaktor und vermeintlich freiwillige Leistung zu verstehen. Die fehlende Akzeptanz und Anerkennung von Jugendlichen kann eine systematische Ausgrenzung von Jugendlichen aus dem öffentlichen Diskurs und Raum sowie eine Selbststigmatisierung und Abwendung der Jugendlichen bewirken. Auf der Basis einer realistischen Stärken-Schwächen-Analyse sollten daher abgestimmte Handlungsstrategie zur Stärkung demokratischer Werte entwickelt, unterschiedliche Altersgruppen systematisch in den öffentlichen Diskurs eingebunden und eine Zusammenarbeit zwischen schulischen und außerschulischen Institutionen und Akteuren unter Beteiligung der Zivilgesellschaft gefördert werden.

Als *Zielgruppe der Wertebildung* auf der kommunalpolitischen Ebene sollten dabei nicht nur Jugendliche, sondern die gesamte Dorf- bzw. Stadtbevölkerung in den Blick genommen werden, da Wertebildung nicht auf die Gruppe der Jugendlichen beschränkt ist (z.B. Gemeindevertreter und -verwaltung, Stadtverwaltung, Schulen, Vereine sowie weitere zivilgesellschaftliche Akteure). Auf der kommunalen Ebene müssen im Interesse einer gelingenden Wertebildung von Jugendlichen a) eine räumlich und personell langfristig abgesicherte Jugendarbeit als Alltagsangebot vorhanden sein, b) ein positives Bild von der Jugendarbeit und den Jugendlichen existieren (keine „Verprojektierung" der Jugendarbeit), c) Vorurteile gegenüber Jugendlichen deutlich reduziert werden (z.B. „Jugend als Störfaktor"), d) neue kommunale Gesprächs- und Politikformen für Jugendliche entwickelt werden und e) Bildung als kommunale Aufgabe angenommen werden. Notwendig erscheint zudem, dass regionale Problemlagen und Wertedefizite nicht – wie in unserem Praxisforschungsprojekt mitunter beobachtet – bagatellisiert und verdrängt werden (z.B. Gewaltvorfälle, Ausländerfeindlichkeit, fremdenfeindliche Sprüche), da dadurch die notwendigen kommunalen Positionierungen und Strategien bei undemokratischen Einstellungen und Verhaltensweisen fehlen bzw. ausbleiben und sich Problemlagen verschärfen können.

Eine besondere Herausforderung stellen die *problematischen Entwicklungen in strukturschwachen, ländlichen Regionen* (nicht nur in Ostdeutschland) dar, in denen die Zivilgesellschaft kaum noch existiert und rechtsextreme Milieus zunehmend Fuß fassen. Durch den demografischen Wandel und die Abwanderung gut ausgebildeter Fachkräfte haben sich demokratiebedrohliche „Negativspiralen" in solchen Regionen mit zunehmender Armut und Perspektivlosigkeit herausgebildet, die einen Nährboden für Rechtsextremismus darstellen. Hier haben rechtsextreme Personen und Gruppierungen leichtes Spiel, zumal diese sich gerne als

„Kümmerer" präsentieren. Solche problematischen Entwicklungen in manchen Regionen gilt es ernst zu nehmen und sensibel darauf zu reagieren, indem ausgehend von der konkreten Analyse der jeweiligen Situation zusammen mit gezielter Unterstützung von außen, geeignete Mittel und Maßnahmen (z.B. Prävention, Intervention und Repression) zu entwickeln und umzusetzen sind. Diesen Herausforderungen kann sich eine Demokratie nicht auf Dauer entziehen (Schubarth/Ulbricht 2014).

Literatur

Böhnisch, L. u.a. (1997): Jugendliche in ländlichen Regionen. Ein ost-westdeutscher Vergleich. Reihe A: Angewandte Wissenschaft. 463. Bonn

Eisenbürger, I.; Vogelsang, W. (2002): „Ich muss mein Leben selber meistern!" Jugend im Stadt-Land-Vergleich. Aus Politik und Zeitgeschichte. 5, 28-38

Hurrelmann, K. (2012): Sozialisation. Weinheim und Basel

Karig, U. (2002): „Braune Landeier" müssen bunt angemalt werden. Zum Bundesmodellprogramm „Jugendarbeit im ostdeutschen ländlichen Raum". Corax – Magazin für Kinder- und Jugendarbeit 11. 11, 4-7

Rudolph, M. (1998): Bleibenkönnen. Jugendliche in ländlichen Regionen. In: Böhnisch, L.; Rudolph, M.; Wolf, B. (Hrsg.): Jugendarbeit als Lebensort (S. 131-151). Weinheim, München

Schubarth, W. (2016): Wertebildung in der Fachdebatte. Theoretische Grundlagen und pädagogische Konzepte. In: Werte lernen und leben. Theorie und Praxis der Wertebildung in Deutschland (S. 17 – 60). Gütersloh

Schubarth, W.; Speck , K. (2008): Folgen des demografischen Wandels für das Aufwachsen von Jugendlichen. Herausforderung für Schule und Jugendhilfe. In: Hoffmann, D.; Schubarth, W.; Lohmann, M. (Hrsg.): Jungsein in einer alternden Gesellschaft (S. 113-130). Weinheim und München

Schubarth, W.; Speck, K. (Hrsg.) (2009): Regionale Abwanderung Jugendlicher. Theoretische Analysen, empirische Befunde und politische Gegenstrategien. Weinheim und München

Schubarth, W.; Speck, K.; Lynen von Berg, H. (Hrsg.) (2010): Wertebildung in Jugendarbeit, Schule und Kommune. Bilanz und Perspektiven. Wiesbaden

Schubarth, W.; Ulbricht, J. (2014): Probleme und Perspektiven pädagogischer Arbeit mit Rechtsextremismus. In: Baer, S.; Möller, K.; Wichmann, P. (Hrsg.): Verantwortlich handeln: Praxis der Sozialen Arbeit mit rechtsextrem orientierten und gefährdeten Jugendlichen (S. 311-321). Opladen, Berlin und Toronto

Speck, K.; Schubarth, W. (2009): Regionale Abwanderung Jugendlicher als Teil des demografischen Wandels – eine ostdeutsche oder gesamtdeutsche Herausforderung? In: Schubarth, W.; Speck, K. (Hrsg.): Regionale Abwanderung Jugendlicher. Theoretische Analysen, empirische Befunde und politische Gegenstrategien (S. 11-40). Weinheim und München

Speck, K.; Schubarth, W. (2010): Wertebildung von Jugendlichen in ländlichen Regionen. Herausforderungen für die Jugendarbeit. Journal für politische Bildung. 4, 44-51

Speck, K.; Schubarth, W.; Lynen von Berg, H.; Barth, J. (2010): Wertebildung und Teilhabe von Jugendlichen in ländlichen Regionen. Ein qualitatives und quantitatives Praxisforschungsprojekt. In: Schubarth, W.; Speck, K.; Lynen von Berg, H. (Hrsg.): Wertebildung in Jugendarbeit, Schule und Kommune. Bilanz und Perspektiven (S. 115-144). Wiesbaden

Stein, M. (2013): Lebenslagen und Lebenswelten Jugendlicher in ländlichen Räumen – erste Ergebnisse der Landjugendstudie 2010. Deutsche Jugend. 61(2), 75-83

Winter, R. (1993): Zur Lebenslage Jugendlicher im ländlichen Raum. In: Berichte über Landwirtschaft. In: Zeitschrift für Agrarpolitik und Landwirtschaft. 71(1), 106-117

Wiebke Janßen

„Heimat ist da, wo ich lebe".
Zugehörigkeit und Wir-Gefühle junger Männer mit Migrationshintergrund im ländlich geprägten Raum

1 Migration in den ländlichen Raum

Das Thema der Integration von Zugewanderten ist für ein Land, das sich bereits seit etlichen Jahren als Aufnahmeland versteht (vgl. BMI 2015), mehr als vertraut. Dennoch gewinnt die Integrationsfrage – die von politischer Seite übrigens als gelungen gelten sollte, wenn sich Zugewanderte bzw. Personen mit Migrationshintergrund der Gesellschaft zugehörig fühlen (vgl. ebd.) – durch die höchsten Zuwanderungszahlen, die je verzeichnet wurden (vgl. Focus Online 2015) in der jüngsten Zeit nochmals an Aktualität und Brisanz. Eine gewisse Sorge, wie – oder sogar ob ein Zusammenfügen z.T. so gegensätzlich erscheinender Kulturen gelingen kann, erscheint allgegenwärtig.

Das sich so bezeichnende Aufnahmeland, aber auch jede einzelne Kommune stehen vor einer großen Herausforderung. Insbesondere sind davon auch weniger urbane Gemeinden – denen bereits vor dem neusten Anstieg der Zuwandererzahlen attestiert wurde, im Bereich Integration trotz auszumachender Ressourcen noch große Entwicklungsbedarfe zu haben (vgl. Micksch/Schwier 2001; Zimmer-Hegmann/Liebmann 2010, S. 12ff.; Schader Stiftung 2011, S. 11) – betroffen. Versuche, pragmatisch bis kreativ mit dieser Aufgabe umzugehen, enden beispielsweise in der zuweilen als etwas unbeholfen bis geschmacklich fragwürdig eingestuften Aufstellung von Leitfäden zur Orientierung für Zugewanderte (vgl. Gemeinde Hardheim 2015), die die Presse als so genannte *Flüchtlings-Benimmregeln* kritisiert hat (vgl. faz.net 2015; Die Welt 2015 u.a.). Darin zeigt sich nicht zuletzt das etwas hilflose Bemühen, die gemeinschaftliche Ordnung mit ihren Werten und Normen zu schützen, wie es schon Elias & Scotson ([1965] 2002) formuliert haben. Derartige Werte, überlieferte und eine lange Zeit überdauernde Traditionen, sowie engmaschige Netzwerke aus Familien und Nachbarschaften haben im ländlichen Raum nach wie vor eine große Bedeutung (vgl. Zimmer-Hegmann/Liebmann 2010; Scheu/Autrata, 2011). Ebenso zeichnet diese Orte ein hohes Maß sozialer Kohäsion (vgl. Siegrist et al. 2009) und sozialer Kontrolle (vgl. Hamm 2000; Pantuček 2009) aus: so wird Sicherheit geboten aber auch Anpassung gefordert (vgl. Brüggemann/Riehle 1986; Scheu/Autrata 2011; siehe dazu auch Völschow/Janßen 2015a). Hieraus ergeben sich womöglich vorteilhafte Potentiale für die

Aufnahme Zugewanderter in eine starke Gemeinschaft. Gleichzeitig könnte jedoch auch eine große Hürde in der Stärke der bestehenden Gemeinschaft liegen, die sich erschließt, betrachtet man zugewanderte Personen, die im Alltagsdiskurs oftmals das Etikett der Integrationsunwilligkeit tragen, weil sie möglicherweise keine abgeschlossene Schullaufbahn vorweisen können oder durch delinquentes Verhalten auffallen, als Bedrohung empfunden und in ihrer Zugehörigkeit abgelehnt werden.[1]

Der vorliegende Beitrag beschäftigt sich daher mit der Frage, inwiefern junge Männer mit Migrationshintergrund und Delinquenzerfahrung an dem umfassenden Gemeinschaftsgefühl des ländlichen Raumes teilhaben. Auf Basis der Untersuchungsergebnisse der Dissertationsschrift *Wir (und) die Anderen. Zugehörigkeitsbemühungen junger Männer mit Migrationshintergrund und Delinquenzerfahrung im ländlich geprägten Raum* (Janßen 2016 i.E.) wird erörtert, inwiefern sich häufig als ‚schlecht integriert' etikettierte Personen ihrem (neuen) ländlichen Lebensraum zugehörig fühlen und ob sie hier eine Heimat gefunden oder eine solche überhaupt gesucht haben. Wird der ländliche und gemeinschaftliche Raum aus der Perspektive der Betroffenen als Ressource oder als Herausforderung wahrgenommen?

Keine Begrifflichkeit ist dabei so eng mit den Themen Zugehörigkeit und Gemeinschaft verknüpft wie die um Heimat in ihrer der subjektiv-emotionalen Definition (vgl. Heilingsetzer 2014; Schmitt-Roschmann 2010). Untersuchungen zufolge wird Heimat als geographischer Ort am häufigsten mit dem langjährigen Lebensraum und am zweithäufigsten mit dem Ort der Geburt assoziiert (Kühne/ Spellerberg 2010). Beinahe mythosartig scheint Heimat dabei Identität, Geborgenheit und Zugehörigkeit zu versprechen (vgl. ebd.; Huber 1999). So wird neben den genannten auch den Fragen nachgegangen, ob die befragten Personen einen solchen Ort oder eine solche affektive Verbindung auch beschreiben? Welche Rolle spielt hier die Ländlichkeit des Lebensraumes – in Form von Landschaften und dörflichen Strukturen, die als so bedeutsam für Heimatgefühle gelten (vgl. ebd. S. 31; siehe dazu auch Janßen 2016)?

---

1 Abgebildet finden sich derartige Alltagsdiskurse, die auch als sogenannte ‚*Ich habe nichts gegen Ausländer, aber*… '-*Debatten* (vgl. Bemmer 2014) betitelt werden und als Beleg dafür betrachtet werden können, dass es doch immer wieder zuvorderst die Gesellschaft ist, die bestimmt, wer sich ihr zugehörig fühlen darf und wer nicht (vgl. ebd.), beispielsweise in den Diskussionen von Internetforen (siehe dazu Janßen 2016).

2 Die Untersuchung: Die Gemeinschaft und die Fremden

Gemeinschaft gilt in der Regel als eher positiv besetzter Begriff bzw. als ein Attribut, das in der Lage ist, Nähe und Geborgenheit zu vermitteln (vgl. Clausen 2002). Bereits in der klassischen Auseinandersetzung durch Tönnies (1887), der Gemeinschaft als Zusammenspiel aus den Kategorien Zusammenwohnen, Zusammenwirken und Zusammenwesen verstand und sowohl die Bejahung einer räumlichen Nähe als auch das Streben nach gemeinsamen Idealen und Werten darunter fasste (vgl. 2012), wird die reinste Form der Gemeinschaft dem ländlichen Lebensraum zugeschrieben (vgl. ebd.). Auf dem Land – so der Gedanke – herrscht ein gemeinschaftlicher Wille vor, der geprägt ist von gegenseitigem Verständnis, gemeinsamem Brauchtum und Glauben (vgl. ebd.). Obgleich die Unterschiede zwischen urbanem und ländlichem Raum gegenwärtig eher geringer zu werden scheinen, da das Leben auf dem Land sich dem in der Stadt in vielerlei Hinsicht annähert (vgl. Schöbel 2011; Stein 2013), lassen sich heute noch Aspekte der Idee Tönnies' bestätigen, wie die oben angeführten Attribute der ausgeprägten sozialen Kontrolle und Kohäsion.

Was so sicher für die Gemeinschaftsmitglieder auch gegenwärtig einen hohen Wert und Nutzen hat, kann – imaginiert man die Kehrseite – eine Hürde für Personen sein, die sich – zum Beispiel als neu zugezogene Personen – dieser Gemeinschaft gegenüber sehen. So können die Attribute wie überdauernde Wertmaßstäbe, Nachbarschaftlichkeit oder ausgeprägte Vereinsstrukturen (vgl. Zimmer-Hegmann/Liebmann 2010; Schmidt 2011; Scheu/Autrata 2011), die noch einer Zeit bäuerlichen Lebens entstammen, in der Unterstützung durch bzw. die Verbindung mit andere(n) Menschen unabdingbar war und ein gemeinsames Handeln unter dörflichen Regeln erforderte (vgl. Scheu/Autrata 2011; Glander/Hoßmann 2009), neben einer Ressource für das Einbinden Zugewanderter durchaus auch eine Herausforderung für diese darstellen (vgl. Helms 2013; siehe auch Janßen 2016).

Der vorliegende Beitrag bezieht sich auf die Ergebnisse einer Untersuchung, die sich einem Lebensraum gewidmet hat, der als ländlich geprägte Region als von einem besonderen Gemeinschaftsgefühl geprägt gilt (vgl. Glander/Hoßmann 2009) und darüber hinaus auch die ländlichen Regionen zugewiesenen Attribute erfüllt, wie eine bestimmte Einwohnerdichte u.a. (vgl. OECD 2006, 2007) oder ein ausgeprägtes Vereinsleben und ein ausgeprägtes Traditionsbewusstsein (vgl. Glander/Hoßmann 2009). Als Folge einer Zeit, in der die Moorbauern als einzige Anhänger einer katholischen Konfession in einer ansonsten protestantisch geprägten Gegend in hohem Maße aufeinander angewiesen waren, wird dem Oldenburger Münsterland bescheinigt, dass die Menschen hier auch gegenwärtig tendenziell gern unter sich blieben und zudem in besonderem Maße durch gemeinsame

Werte und Ideale ein Wir-Gefühl erzeugt werde, welches gegenseitiges Vertrauen und Wertschätzung fördere (vgl. ebd.)

Die Idee des Unter-sich-Bleibens bringt sogleich ein Bild der Grenzziehung mit sich. Abgrenzung gegen Personen, die auf die vorherrschende Gemeinschaft treffen und/oder die möglicherweise die seit langer Zeit gelebten und verfolgten Ziele und Werte nicht teilen ist erwartbar. Als ein so genanntes subjektives Abgrenzungskriterium oder Beziehungsprädikat je einer Seite gilt Fremdheit (vgl. Münkler/Ladwig 1997). Fremd ist der, der als fremd betitelt wird (vgl. Hahn 1994), man spricht von einer empfundenen Nicht-Zugehörigkeit, die durchaus auch nur auf einer Seite bestehen kann (vgl. Stagl 1997; Zinn-Thomas 2010). Auch in Zeiten der immer weiter fortschreitenden Individualisierung, in der sich mehr und mehr mit verhandelbaren Diskontinuitäten auseinander gesetzt werden muss (vgl. Beck 2008; Beck/Beck-Gernsheim 1994; Breckner 2009), ist es doch am häufigsten die Gruppe zugewanderter Personen bzw. sind es Menschen mit Migrationshintergrund, die sich mit einer solchen Art der zugeschriebenen Fremdheit konfrontiert sehen (vgl. Breckner 2009). Immer wieder – so konstatiert beispielsweise die Migrationspädagogik – wird im Zusammenhang mit Personen mit Migrationshintergrund im Alltagsverständnis von symbolischen Grenzen der (Nicht-) Zugehörigkeit ausgegangen, die durchaus schwieriger zu überwinden sind, als die im Zuge der Wanderung überquerten geographischen Grenzen (Mecheril et al. 2010).

Großstädte, so der Tenor, sind aufgrund ihrer Multipluralität und der größeren Anonymität (vgl. Schulze 2010) eher Orte „des Fremden" (Wehrheim 2009). Im Umkehrschluss könnte man davon ausgehen, dass das Attribut fremd in ländlich geprägten Regionen, die oftmals noch eher Lebensräume homogener Wertvorstellungen und Lebensarten zu sein scheinen, noch weitaus stärker kontrastiert.

Tatsächlich wird wie oben angeführt dem ländlichen Raum ein noch hoher Entwicklungsbedarf hinsichtlich eines interkulturellen Zusammenlebens mit zugewanderten Personen konstatiert (vgl. Miksch/Schwier 2001) bzw. werden diese Regionen z.T. sogar als eine Art „blinde[r] Fleck der Integrationsforschung" (Schader Stiftung 2011, S. 11) betrachtet.

Die dem Artikel zugrunde liegende Untersuchung beschäftigte sich daher wie angeführt mit der subjektiven Perspektive junger Männer, die selbst in ihrer Kindheit oder deren Eltern in eine ländliche Region Deutschlands migrierten. Dass diese Region den für ländliche Räume als typisch dargestellten Kriterien entspricht, konstatierten wie bereits erörtert schon Glander & Hoßmann (2009). Doch auch die Ergebnisse einer Bürger/innenbefragung zum subjektiven (Un) Sicherheitsempfinden in der Bevölkerung (vgl. Völschow/Helms 2014) lassen sich zur Beschreibung der Untersuchungsregion heranziehen. Die Ergebnisse verschiedener Fragekomplexe lassen hier die Schlussfolgerung zu, dass insbesondere junge Menschen mit Migrationshintergründen in der Untersuchungsregion von einem mehrheitlichen Teil der Bevölkerung als Unsicherheitsgefühle auslösend oder sogar als bedrohlich empfunden wurden (vgl. ebd.). Die wie die erwähnte Büger/innenbefragung im Rahmen einer Kriminologischen Regionalanalyse (vgl. Völschow 2014) erfolgte Befragung professioneller Akteur/innen aus den Bereichen Polizei, Soziale Arbeit etc. zum Thema Jugendgewalt (vgl. Völschow/Janßen 2014) ergab – analysiert mittels des Labeling Approach Ansatzes (vgl. Tannenbaum 1938 u.a.) – ebenfalls eine gewisse Fokussierung auf junge Menschen mit Migrationshintergrund, die v.a. auf Zuschreibungen gewalttätigen Verhaltens sowie mangelnder Integrationsbereitschaft basierte (vgl. Völschow/Janßen 2014).

Auch die Interviews, die in der, dem Artikel zugrunde liegenden, Analyse betrachtet wurden, entstammten dem Zusammenhang der Kriminologischen Regionalanalyse für die ländliche Untersuchungsregion. Interviewt wurden sieben junge Männer mit – und zwei ohne Migrationshintergrund, die alle in der Untersuchungsregion wohnten und in unterschiedlichem Maße Delinquenzerfahrungen aufwiesen. Eine detailliertere Übersicht über das Untersuchungssample zeigt Tabelle 1.

Tab. 1: Übersicht über das Untersuchungssample (Eigene Darstellung)

Jugendlicher	Alter	Bildungsstand/ Bildungsabschluss/ Beruf	Migrationshintergrund	Konfession
Besim	19 Jahre	Förderschulabschluss/ sucht Ausbildungsplatz	aus dem Kosovo (als Säugling geflüchtet), Aufenthaltsstatus: geduldet	muslimisch
Sinan	15 Jahre	8. Klasse, Realschule	in Deutschland geboren, Eltern kurdisch, aus der Türkei	yezidisch
Eldin	16 Jahre	9. Klasse, Hauptschule	in Deutschland geboren, Eltern kurdisch, aus der Türkei	yezidisch
Vadim	22 Jahre	Realschulabschluss, Ausbildung abgebrochen (entlassen worden)	in Russland geboren (mit 8 Jahren migriert)	katholisch
Kenan	21 Jahre	kein Abschluss	in Deutschland geboren, Eltern kurdisch, aus der Türkei	yezidisch

Jugendlicher	Alter	Bildungsstand/ Bildungsabschluss/ Beruf	Migrationshintergrund	Konfession
Faruk	19 Jahre	kein Abschluss	in Deutschland geboren, Eltern aus der Türkei	muslimisch
Sascha	15 Jahre	Förderschule	in Russland geboren (als Säugling migriert)	evangelisch
Thomas	17 Jahre	Förderschule → ohne Abschluss beendet	Keiner	evangelisch
Raffael	26 Jahre	kein Abschluss, Ausbildung abgebrochen	Keiner	evangelisch

Die narrativ-problemzentrierten Interviews, die mit den jungen Männern in einem für sie jeweils aktuellen Lebensumfeld – Jugendzentren, Tagesgruppen, Förderschulen oder der Justizvollzugsanstalt – geführt wurden, wurden im Rahmen der explorativen Untersuchung nach einem eigens entwickelten Methodendesign ausgewertet. Während zunächst nach einigen auch linguistischen Auswertungsschritten der Kommunikativen Sozialforschung (vgl. Giesecke/Rappe-Giesecke 1997; Giesecke 2015) zwei zentrale Auffälligkeiten im Material ermittelt wurden, wurden diese anschließend Modell-basiert ausgewertet. Dazu wurde in Anlehnung an die ursprünglich für die Untersuchung von Supervisionsgruppen u.a. entwickelte System-Umwelt-Analyse (vgl. Giesecke 1988; Rappe-Giesecke 2013) das Modell der Individuumzentrierten Umweltsystemanalyse (vgl. Janßen 2016) gebildet und angewendet.

Die folgenden Ergebnisse beziehen sich so auf die systematische und systemtheoretische Auswertung der folgenden Phänomene: 1.) eine quantitativ in hohem Maße auffällige Verwendung des Personalpronomens *wir/uns* durch die Samplemitglieder mit Migrationshintergrund sowie 2.) umfassende Aushandlungsprozesse zum Thema *Heimat* in den Interviews der jungen Männer mit Migrationshintergrund gegenüber der klaren Äußerung, keine Heimat zu haben, durch die Untersuchungsmitglieder ohne Migrationshintergrund.

Beide Aspekte wurden der Thematik *Zugehörigkeit* zugeordnet und so Bestandteil der vertiefenden systematischen Analyse.

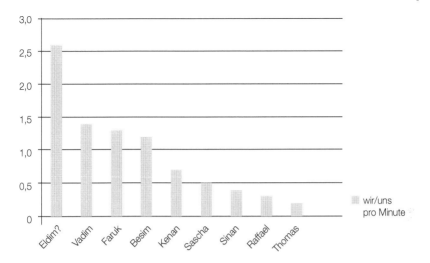

Abb. 1: Verwendung des Personalpronomen wir/uns pro Minute durch Interviewte (Eigene Darstellung)

3 Wir-Gefühle und Zugehörigkeiten

Die in der dem Beitrag zugrundeliegenden Untersuchung einbezogenen jungen Männer sind alle in der ländlichen Untersuchungsregion mit ihrer gemeinschaftlichen Prägung, die die hier größtenteils seit Generationen lebenden Einwohner/innen einschließt, aufgewachsen. Auch die Samplemitglieder leben größtenteils seit ihrer Geburt bzw. mindestens seit ihrer frühen Kindheit in der Region, haben im Laufe ihrer Biographie jedoch alle Ausgrenzungserfahrungen aufgrund ihrer Migrationshintergründe machen müssen (vgl. Völschow/Janßen 2015b; 2016).
Ohne eine kontrastierende Untersuchung nicht beleg- aber dennoch hypothetisierbar ist, dass derlei Erfahrungen in einer ländlichen und derart vergemeinschafteten Region durchaus spürbarer sein könnten, als in einem städtischeren und als heterogener geltenden Raum (vgl. Janßen 2016).
Das Erleben der reinsten Form der Gemeinschaft, von der in einem ländlichen Lebensraum im Allgemeinen bzw. in der Untersuchungsregion im Speziellen ausgegangen wird und die, wie aufgezeigt, mit einer hohen Relevanz sozialer Kohäsion (vgl. Siegrist et al. 2009), überlieferter Traditionen und Werte sowie einer „quasi angeborene(n) Heimatverbundenheit" (Janßen 2016) einhergeht, könnten hier Faktoren sein, die das Erleben einer gewissen Nicht-Zugehörigkeit begünstigen, das sich bei den Untersuchungsmitgliedern nachweisen lässt. Von all den der Gemeinschaft zugeschriebenen Attributen scheinen insbesondere die Befragten mit

Migrationshintergrund im Sample an vielen Stellen – zumindest ihrem eigenen subjektiven Empfinden zufolge – nämlich eher ausgeschlossen (vgl. Janßen 2016). Dass soziale Kontrolle hier neben einem Sicherheitsversprechen auch ein Anpassungserfordernis mit sich bringt (siehe oben – vgl. Hamm 2000) scheint sich daneben in der aufgezeigten Kritik vieler Befragter mit Migrationshintergrund an der wahrgenommenen Allgegenwärtigkeit einer quasi als Integrationswunsch getarnten Assimilationsanforderung zu bestätigen. So gehen die jungen Männer in der Regel davon aus, sich zum einen an die Aufnahmegesellschaft anpassen zu sollen und damit gegen die familiäre Herkunftsgesellschaft entscheiden zu müssen. Dies wird über Äußerungen wie „Du * kannst dich doch nicht verstecken. * Du bist was du bist, ne? (...) hier wollen die das unterdrücken, man muss sich * integrieren, ne?" (vgl. Int. Vadim; siehe auch Janßen 2016) in den Interviews verdeutlicht.

Zum anderen wird in den Interviews mehrfach die Idee vertreten, dass man aufgrund optischer oder auch sprachlicher Merkmale ohnehin nicht uneingeschränkt ein Teil der Mehrheitsgesellschaft sein könne: „weil ich anders ausseh, weil ich meine Muttersprache anders is und so" (Int. Kenan; siehe auch Janßen 2016). Hier kann durchaus von bereits verinnerlichten Zuschreibungen ausgegangen werden (siehe auch Völschow et al. 2012).

Von für sie wenig nachvollziehbaren Pauschalisierungen und Etikettierungen aufgrund ihres Migrationshintergrundes wird seitens der Befragten zudem beispielsweise in Bezug auf nicht gerechtfertigte Schuldzuweisungen durch Lehrkräfte bei Konflikten in der Schule berichtet (vgl. Janßen 2016; Janßen 2014; Völschow et al. 2012). Ebenso werden Polizeikontrollen auf offener Straße am ländlichen Wohnort erwähnt, die der Interpretation eines Befragten nach aufgrund seines Migrationshintergrundes besonders häufig und gründlich von der Polizei durchgeführt würden: „das regt mich auf. *2* Mein Onkel fährt lang, meine Tante fährt lang, Bekannte fahren lang, * die halten mich da an und durchfilzen mich" (Int. Faruk.; siehe auch Janßen 2016). Aufgrund der Ländlichkeit der Region und der der damit verbundenen Attribute führen derlei Erlebnisse zu einem unguten Gefühl des Bloßgestelltseins (vgl. Janßen 2016; Janßen 2014). Formulierungen wie „das is `n Dorf, Alter, ej (...) Jeder kennt jeden" (Int. Faruk; siehe auch Janßen 2016) verdeutlichen, dass die so genannte Jeder-kennt-jeden-Mentalität (vgl. Völschow/Janßen 2015a) eine Rolle spielt, die für die jungen Männern auch in Form von Blicken und Gerede seitens der Bevölkerung zutage tritt, wenn man in einer Gruppe Jugendlicher mit Migrationshintergrund auftrete (vgl. Janßen 2014). Dabei wird von den Befragten durchaus die Zuschreibung eines erhöhten Gewaltpotentials an Jugendliche mit Migrationshintergrund wahrgenommen: „die denken (VERSTELLT LEICHT DIE STIMME:), ‚Ah ja, jetzt * geht's los, jetzt sind die hier, jetzt (UNV) es dauert keine halbe Stunde, dann fängt die ganze Schlägerei oder so was an'" (Int. Eldin; siehe auch Janßen 2016).

Hier findet sich also ebenfalls eine Bestätigung der oben angeführten Idee, dass die Zuschreibungen, die seitens der Bevölkerung aber eben auch durch die professionellen Akteur/innen erfolgen, die Adressaten durchaus erreichen und prägen (siehe dazu auch Janßen 2014; Völschow et al. 2012).

Mittels der diesem Beitrag zugrunde liegenden Studie lässt sich jedoch belegen, dass es nicht bei einem bloßen Beklagen dieser Ist-Situation durch die Samplemitglieder mit Migrationshintergrund bleibt. Stattdessen lässt sich anhand linguistischer und systemtheoretischer Analyseschritte ein gewisses „Ringen um Zugehörigkeit zu – bzw. um Anschluss an eine – zunächst einmal wie auch immer geartete – Gemeinschaft" (Janßen 2016) belegen.

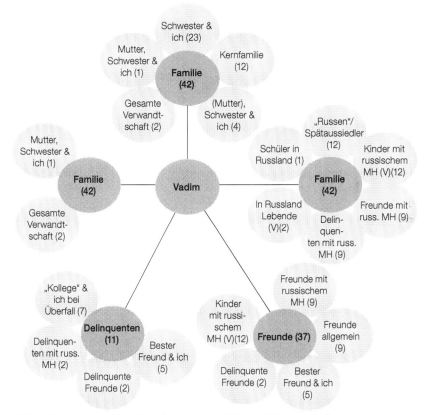

Abb. 2: Mit wir/uns markierte Umweltsysteme eines Befragten (Eigene Darstellung)

Die genutzte Individuumzentrierte Umweltsystemanalyse (vgl. Janßen 2016) zeigt, dass die jungen Männer mit Migrationshintergrund aus der ländlich geprägten Region mittels der Nutzung des Personalpronomens *wir/uns* vergleichsweise häufig auf die unterschiedlichsten Umweltsysteme referieren – als Beispiele seien hier die Familie, der Freundeskreis oder auch delinquente Banden genannt. Abbildung 2 zeigt zudem die mit *wir/uns* markierten Umweltsysteme eines beispielhaft ausgewählten Samplemitgliedes.

Das Bemühen um Anschluss an die verschiedenen Formen der Gemeinschaft ist auffallend hoch – insbesondere im Vergleich zu den Samplemitgliedern ohne Migrationshintergrund (vgl. Janßen 2016). Dieses Bemühen und Ringen um Zugehörigkeit, das die Interviewanalysen verdeutlichen, können auf ein größeres Bedürfnis schließen lassen, Zugehörigkeit zu Umwelten bzw. Gemeinschaften darzustellen. Zum einen kommt hier sicher der Aspekt der – im ländlichen Raum aufgrund der angeführten typischen Attribute womöglich besonders ausgeprägt wahrnehmbaren – sozialen Erwünschtheit zum Tragen, indem die Befragten eine intendierte Aufforderung der Zuordnung und Anpassung ihrer Person zur Gemeinschaft oder sogar bestimmten Gruppen oder Systemen hinter den Interviewfragen (wie auch gesamtgesellschaftlich) vermuten (vgl. ebd.). Jedoch stellt sich, selbst unter Einbezug dieses Aspektes die Frage nach Ursprung und Berechtigung dieser Einschätzung durch die jungen Männer.

Hier scheinen die aufgezeigten allgegenwärtigen Integrations- oder gar Assimilationsanforderungen, mit denen sich die Befragten im Alltag konfrontiert sehen, wie auch die dargestellten Ausgrenzungserfahrungen eine große Rolle zu spielen. Was so ein Gefühl der Nicht-Zugehörigkeit hervorgerufen zu haben scheint, das in verschiedenen Kontexten erlebt wird, wird zu einer Art Mangelzustand und führt zu einem verstärkten Bedürfnis nach Zugehörigkeit(sempfindungen) (vgl. ebd.).

4 Eine Heimat im ländlichen Raum?

Ländlichen Räumen wird wie aufgezeigt in der Regel ein ausgeprägtes Heimatgefühl der Einwohner/innen attestiert. Diese eher emotional besetzte Komponente von Heimat wird – im Rahmen einer Perspektive, die Heimat nicht nur als Herkunft oder geographische und/oder kulturelle Abstammung bezeichnet – nicht zuletzt als tiefes Bedürfnis nach Zugehörigkeit (vgl. Schmitt-Roschmann 2010) gehandelt.

Dieses Bedürfnis lässt sich auch über die dem Beitrag zugrunde liegenden Analyseergebnisse bei den jungen Männern mit Migrationshintergrund belegen: Während – nicht erwartbar – die Samplemitglieder ohne Migrationshintergrund im Interview angaben, keine Heimat zu haben bzw. sich nirgendwo heimisch zu fühlen, erfolgte bei den Befragten mit Migrationshintergrund ausnahmslos eine Art Aushandlungsprozess um eine versuchte Zuordnung, wurden sie nach ihrer persönlichen Definition von Heimat gefragt (vgl. Janßen 2016). Auch hier lässt sich sowohl das Ringen um eine – von den Männern möglicherweise im Interviewkontext erwartete – adäquate Antwort aufzeigen, als auch das wirkliche Bedürfnis nach Zuordnung und Wir-Identität, das der Heimatthematik an sich zugesprochen wird (vgl. ebd.). Tatsächlich fand sich in der Analyse aller Interviews eine „gewisse Ambivalenz bzw. – neutraler ausgedrückt – eine Zweiteilung in der persönlichen Definition" (ebd.) von Heimat. Beschrieben wurde zum Beispiel *eine alte und eine neue Heimat* oder *ein Heimatvolk und eine zweite Heimat* zu haben oder zwischen *Heimat und Zuhause* differenziert (vgl. ebd.).

Deutlich wurde zudem, dass die Interviewten in der Regel von einer Art bipolaren Anordnung zweier Systeme ausgingen: dem Heimatsystem, das sie in Bezug auf die ethnische Herkunft markierten sowie dem, das sie mit ihrem jetzigen geographischen Standort verbanden (vgl. ebd.). Insbesondere die älteren Samplemitglieder schienen Schwierigkeiten mit einer von ihnen wahrgenommenen gesellschaftlichen Erwartungshaltung bezüglich einer Anpassung ihrerseits zu haben. So gingen sie wie bereits aufgezeigt in der Regel von einer Integrationsanforderung aus, die sie im Grunde eher ähnlich einer Assimilationsanforderung definierten.

In der Tendenz schien diese Anforderung, die als negativ beschrieben wurde, eher dazu zu führen, dass eine Zuordnung der eigenen Person stärker hin zu dem Heimatsystem erfolgte, das in Bezug auf die (familiäre) Herkunft genannt wurde (vgl. ebd.).

Dass insbesondere die älteren Samplemitglieder zu auffallenden Anschlussbemühungen an die jeweilige Herkunftskultur der Familie neigten – obgleich sie das Herkunftsland in den meisten Fällen kaum kannten und zum Teil noch nie besucht hatten – und die Kultur des oftmals als zweite Heimat benannten Landes hintenan stellten (vgl. ebd.), lässt sich auf ähnliche Weise erklären. Während die Befragten wie aufgezeigt durchaus Ausgrenzungserfahrungen oder andere als Ablehnung interpretierte Erlebnisse in Deutschland oder auch im Speziellen in ihrem ländlichen Lebensraum gemacht haben, gibt es derartige mit der Herkunftskultur und dem Herkunftsland verknüpften Negativereignisse auf der Ebene persönlichen Erlebens nicht. „Die geographische oder kulturelle familiäre Herkunft, die man entweder nur aus Erzählungen kennt oder aber vielleicht im Rahmen von Urlaubsreisen besucht hat, wird so möglicherweise in gewissem Rahmen idealisiert" (ebd.), dort zum Teil vorherrschende und den jungen Männern durchaus bewusste konflikthafte Zustände bis hin zu Kriegsereignissen, vor denen die Familien ursprünglich geflohen sind, rücken dabei eher in den Hintergrund (vgl. ebd.). So erscheinen die Menschen, die im Herkunftsland leben den Befragten beispielsweise als „wärmer" (Int. Faruk) oder man beschreibt eine Person des gleichen ethnischen Hintergrundes als „Landsmann" (vgl. Int. Vadim) und trifft in Bezug auf diese Personengruppe Äußerungen wie „Also ich versteh sie besser als andere Nationalitäten. Wir * brauchen uns nix zu erklären um uns zu verstehen" (Int. Vadim; vgl. auch Janßen 2016). Es ist davon auszugehen, dass die eigene Zugehörigkeit im Rahmen der als (erste) Heimat deklarierten Kultur den Samplemitgliedern doch so viel weniger hinterfragt erscheint. Hier wähnt man vielleicht sogar die Art von Gemeinschaft, deren uneingeschränktes Mitglied man sein darf, ohne einem Anspruch auf Anpassung und Verleugnung der eigenen Herkunft nachkommen zu sollen und am Ende doch Nicht-Zugehörigkeit zu und von diesem so engmaschig vergemeinschafteten System signalisiert zu bekommen (vgl. ebd.).

Beispielsätze aus den Interviews wie „Heimat is da, wo ich lebe" (Int. Vadim) scheinen jedoch gleichzeitig eine Idee davon abzubilden, wie es den Samplemitgliedern zufolge doch eigentlich ist oder sein sollte. Ein nicht vermitteltes Gefühl des Angenommenseins könnte hier das sein, was die eigentlich so konkrete und simple Vorstellung von der Realität trennt (vgl. Janßen 2016).

Insgesamt lassen sich auch die Ergebnisse der Analyse von Heimatdefinitionen als Beleg für ein ausgeprägtes Bedürfnis nach Zugehörigkeit bei den jungen Männern interpretieren. Bei den Samplemitgliedern ohne Migrationshintergrund liegt dagegen kein Bestreben vor, eine Art Zuordnung der eigenen Person zu einem Heimatsystem vorzunehmen sondern auszudrücken, keine Heimat zu haben (vgl. Janßen 2016).

Betrachtet man die eingangs zu diesem Artikel angeführten theoretischen Definitionen von Heimat, so lässt sich insbesondere die individuell-emotionale Komponente eines persönlichen Heimatverständnis (Heilingsetzer 2014) bei den jungen Männern nachvollziehen (vgl. Janßen, 2016). Ebenso wird deutlich, dass das Sehnen nach einer Heimat auch hier tatsächlich das Bedürfnis nach Gemeinschaft, Zugehörigkeit und Schutz wiederspiegelt (vgl. Greverus 1979; Schmitt-Roschmann 2010; siehe auch Janßen 2016).

Die ebenfalls oben angeführte Frage „Wo darf ich sein, wo gehöre ich hin?", die nach Schmitt-Roschmann (2010) Heimat ausmacht, wird in der dem Artikel zugrunde liegenden Untersuchung durch die Aushandlungsprozesse der Personen mit Migrationshintergrund nachgezeichnet. Die Bemühungen, eine Zuordnung der eigenen Person zwischen Heimat und Zuhause, formaler und affektiver – oder auch erster und zweiter Heimat, präsentieren sich wie eine Art Suchbewegung und verdeutlichen wiederum das Ringen um Zugehörigkeit, das das zentrale Ergebnis der Individuumzentrierten Umweltsystem-Analyse darstellt (vgl. Janßen 2016).

5 Fazit und Ausblick

Gemeinschafts-, Wir- und Heimatgefühle sind besonders ausgeprägt unter den Bewohner/innen ländlicher Räume, so wird es konstatiert. Zugewanderte bzw. in ländlichen Regionen lebende Personen mit Migrationshintergrund eint mit den Einwohnern, die oftmals seit Generationen in der jeweiligen Region verankert sind zumindest das Bedürfnis nach derartigen Gefühlen. Die diesem Beitrag zugrunde gelegte Untersuchung zeigt, dass Ausgrenzungserfahrungen für junge Männer mit Migrationshintergrund und Delinquenzerfahrung in ländlichen Regionen ein Teil ihrer Biographie sind. Dem Wir sprich der Gemeinschaft ihres Wohnortes fühlen sie sich kaum bis nicht zugehörig. Ihr Streben nach Gemeinschaft und nach der Zugehörigkeit zu – wie auch immer gearteten – anderen Zugehörigkeiten fällt dafür umso größer bzw. bemühter aus. Anschlussbemühungen an Umweltsysteme wie die Herkunftsfamilie, den Freundeskreis, anderen Angehörigen der Herkunftskultur oder auch delinquenten Gruppen lassen sich bei allen Samplemitgliedern in umfassendem Maße ausmachen. Nicht immer handelt es sich dabei also um hergestellte Zugehörigkeiten zu Umweltsystemen, die seitens der Gesellschaft vor Ort *gern gesehen* sind, konstituiert Gemeinschaft sich hier doch oftmals über Abweichung von der Mehrheitsgesellschaft: sei es das gemeinsame delinquente Agieren oder das Leben und Betonen von Werten einer anderen Kultur, die der Mehrheitsgesellschaft schwer vereinbar mit den eigenen erscheinen (vgl. dazu Janßen 2016). Das Bild einer Art Teufelskreis drängt sich da geradezu auf. Tatsächlich folgt dem Erleben dieses Rhythmus seitens der Mehrheitsgesellschaft oftmals die Zuschreibung von schlechter Integration oder einem mangelnden Integrationswillen der betreffenden jungen Männer mit Migrationshintergrund, deren Entstehen vielleicht sogar nachvollziehbar ist. Dennoch belegt die dem Artikel zugrunde liegende Untersuchung auch einen konträren Aspekt: das ausgeprägte Bemühen der als anders, fremd und abweichend deklarierten Personen, um Zugehörigkeit – dem verheißungsvollen Zustand, der doch eigentlich das so fern erscheinende Ziel von Integration sein sollte. Eine Heimat zu haben, sich dort, wo man lebt, heimisch oder zuhause fühlen zu können, erscheint wie der sichere Hafen eines solchen Zugehörigkeitsgefühls – das dafür elementar erscheinende Gefühl des Angenommenseins scheint den befragten Personen jedoch in weiten Teilen (noch) verwehrt geblieben.

Ausblickend sollten diese Ergebnisse der Analyse, die – auch rückwirkend betrachtet – besonders anschaulich in einem ländlichen und sehr vergemeinschafteten Raum erscheinen, Anlass geben, den bestehenden Integrationsbegriff und die damit verbundene Bringschuld, die immer ein wenig mehr auf Seiten der zugewanderten Personen und ihren Nachkommen zu stehen scheint, zu hinterfragen. Der Begriff, der im Alltagsgebrauch mittlerweile doch eher zu einem Synonym des Begriffs der Assimilation zu werden scheint, ist für die Personengruppen, die von ihm profitieren sollten, mehr und mehr zu einem Damoklesschwert geworden. Möglicherweise könnte hier der Begriff der Inklusion – der im Bereich der Schulbildung mit Blick auf die gemeinsame Beschulung von Schüler/innen mit und ohne Behinderungen bereits eine so große Bedeutung hat – wesentlich funktionaler sein. Insbesondere die symmetrischere Betrachtungsweise, die Anpassungsleistungen nicht nur auf Seiten der zugewanderten Personen erwarten, sondern ebenso von der Umwelt – in diesem Fall der so verheißungsvoll genannten Aufnahmegesellschaft – abverlangen würde. Während gerade ländlich geprägte Räume über ihre starken Gemeinschaftsgefüge durchaus Ressourcen für das Schaffen eines breiteren – auch neu Zugezogene umfassenden – Miteinanders bereithalten, könnte die durch den Inklusionsbegriff geforderte Beweglichkeit eher eine Herausforderung für diese Regionen bedeuten. Das Vertrauen auf die Beständigkeit der lang bewahrten Traditionen und Werte bei einem gleichzeitigen Zulassen von mehr Heterogenität und Vielfalt wäre hier wünschenswert. Die Perspektive der jungen Menschen mit Migrationshintergrund sollte hier Anreiz sein, über den Tellerrand von Vorwürfen einer schlechten Integrierbarkeit zu schauen und so auch für zugewanderte Personen eine (neue) Heimat im ländlichen Raum zu schaffen.

Literatur

Beck, U. (2008): Weltrisikogesellschaft: Auf der Suche nach der verlorenen Sicherheit. 2. Auflage. Berlin

Beck, U. & Beck-Gernsheim, E. (Hrsg.) (1994): Riskante Freiheiten: Individualisierung in modernen Gesellschaften. Berlin

Bemmer, A. (2014): Was ist das, „ein gut integrierter Ausländer"?. In: Der Tagesspiegel (http://www.tagesspiegel.de/meinung/pegida-einwanderung-yallacsu-was-ist-das-ein-gut-integrierter-auslaender/11167808.html)

Breckner, R. (2009): Migrationserfahrung – Fremdheit – Biografie. Zum Umgang mit polarisierten Welten in Ost-West-Europa. 2. Auflage. Wiesbaden

Brüggemann, B.; Riehle, R. (1986): Das Dorf. Über die Modernisierung einer Idylle. Frankfurt am Main

Bundesministerium des Innern (2015): Integration (http://www.bmi.bund.de/DE/Themen/MigrationIntegration/Integration/integration_node.htm)

Clausen, L. (2002): Gemeinschaft. In: Endruweit, G.; Trommsdorff, G. (Hrsg.). Wörterbuch der Soziologie. 2., völlig neubearbeitete und erweiterte Auflage. Stuttgart, S. 183-184

Die Welt (2015): Odenwald-Gemeinde verteilt Benimmregeln an Flüchtlinge (http://www.welt.de/politik/deutschland/article147362583/Odenwald-Gemeinde-verteilt-Benimmregeln-an-Fluechtlinge.html)

Elias, N. & Scotson, J. L. (2002): Etablierte und Außenseiter. Frankfurt am Main

Elias, N. & Scotson, J. L. (1965): The Established and the Outsiders. A Sociological Enquiry into Community Problems. London

Faz.de (2015): Benimmregeln für Flüchtlinge. „Liebe fremde Frau, lieber fremder Mann" (http://www.faz.net/aktuell/politik/fluechtlingskrise/benimmregeln-fuer-fluechtlinge-lieber-fremder-mann-13846048.html)

Focus Online (2015): Rekordjahr! Zahl der Zuwanderer in Deutschland so hoch wie nie (http://www.focus.de/politik/deutschland/jeder-fuenfte-hat-migrationshintergrund-rekordjahr-zahl-der-zuwanderer-in-deutschland-ist-so-hoch-wie-nie_id_4855787.html)

Gemeinde Hardheim (2015): Hilfestellung und Leitfaden für Flüchtlinge (http://www.hardheim.de/sites/brief.html)

Giesecke, M. (1988): Die Untersuchung institutioneller Kommunikation – Perspektiven einer systemischen Methodik und Methodologie. Opladen

Giesecke, M. (2015): Kommunikative Sozialforschung (http://www.michael-giesecke.de/methoden/index.htm)

Giesecke, M.; Rappe-Giesecke, K. (1997): Supervision als Medium kommunikativer Sozialforschung. Die Integration von Selbsterfahrung und distanzierter Betrachtung in der Beratung und Wissenschaft. Frankfurt am Main

Glander, M.-L.; Hoßmann, I. (2009): Land mit Aussicht. Was sich von dem wirtschaftlichen und demographischen Erfolg des Oldenburger Münsterlandes lernen lässt. Berlin

Greverus, I.-M. (1979): Auf der Suche nach Heimat. München

Hahn, A. (1994): Die soziale Konstruktion des Fremden. In: Sprondel, W. M. (Hrsg.): Die Objektivität der Ordnungen und ihre kommunikative Konstruktion. Für Thomas Luckmann. Frankfurt am Main, S. 140-166

Hamm, B. (2000): Nachbarschaft. In: Häußermann, H. (Hrsg.): Großstadt. Soziologische Stichworte. 2. Auflage. Opladen, S. 173-181

Heilingsetzer, G. C. (2014): Verortung und Identität: Wer bin ich ohne Heimat? Hamburg

Helms, M. (2013): Soziale Qualität strukturschwacher ländlicher Regionen in Nordwestdeutschland. Eine Analyse menschenfeindlicher Einstellungsmuster am Beispiel einer niedersächsischen Samtgemeine. Frankfurt

Huber, A. (1999): Heimat in der Postmoderne. Zürich

Janßen, W. (2014): Gewalterfahrungen Jugendlicher mit Migrationshintergrund – Eine lebensweltanalytische Betrachtung. In: Völschow, Y. (Hrsg.): Kriminologie ländlicher Räume. Eine mehrperspektivische Regionalanalyse. Wiesbaden, S. 235-335

Janßen , W. (2016): Wir (und) die Anderen. Zugehörigkeitsbemühungen junger Männer mit Migrationshintergrund und Delinquenzerfahrung im ländlich geprägten Raum.

Kühne, O.; Spellerberg, A. (2010): Heimat in Zeiten erhöhter Mobilitätsanforderungen. Empirische Studien im Saarland. Wiesbaden

Mecheril, P.; do Mar Castro Varela, M.; Dirim, İ.; Kalpaka, A.; Melter, C. (2010): Bachelor/Master: Migrationspädagogik. Weinheim und Basel

Micksch, J.; Schwier, A. (2001): Fremde auf dem Lande. Frankfurt

Münkler, H.; Ladwig, B. (Hrsg.) (1997): Furcht und Faszination. Facetten der Fremdheit. Berlin

Organisation für wirtschaftliche Zusammenarbeit und Entwicklung (OECD) (2006): Das neue Paradigma für den ländlichen Raum. Politik und Governance. Paris

Organisation für wirtschaftliche Zusammenarbeit und Entwicklung (OECD) (2007): OECD-Prüfbericht zur Politik für ländliche Räume. Paris

Pantuček, P. (2009): Das Dorf, der soziale Raum und das Lebensfeld. In: Kluschatzka, R. E./Wieland, S. (Hrsg.): Sozialraumorientierung im ländlichen Kontext. Wiesbaden, S. 39-52

Rappe-Giesecke, K. (2013): Supervision. Gruppen- und Teamsupervision in Theorie und Praxis. 2. korrigierte und erweiterte Auflage. Berlin, Heidelberg

Schader Stiftung (Hrsg.) (2011): Integrationspotenziale in kleinen Städten und Landkreisen. Ergebnisse des Forschungs-Praxis-Projekts. Darmstadt

Scheu, B.; Autrata, O. (2011): Theorie Sozialer Arbeit. Gestaltung des Sozialen als Grundlage. Wiesbaden

Schmidt, T. (2011): Einheimische und Zugereiste. Partizipation und soziale Modernisierung im ländlichen Raum. Wiesbaden

Schmitt-Roschmann, V. (2010): Heimat. Neuentdeckung eines verpönten Gefühls. Gütersloh

Schöbel, S. (2011): „Landschaftsbilder zwischen Bewahren und neuer Gestalt". In: Der Bürger im Staat, S. 50-57

Schulze, E. (2010): „Und ich fühl mich als Kölner. Speziell als Nippeser". Lokale Verortung als widersprüchlicher Prozess. In: Riegel, C.; Geisen, T. (Hrsg.): Jugend, Zugehörigkeit und Migration. Subjektpositionierung im Kontext von Jugendkultur, Ethnizitäts- und Geschlechterkonstruktionen. 2., durchgesehene Auflage. Wiesbaden, S. 99-112

Siegrist, J.; Dragano, N.; von dem Knesebeck, O. (2009): Soziales Kapital, soziale Ungleichheit und Gesundheit. In: Richter, M.; Hurrelmann, K. (Hrsg.): Gesundheitliche Ungleichheit. Grundlagen, Probleme, Perspektiven. 2., aktualisierte Auflage. Wiesbaden, S. 167-180

Stagl, J. (1997): Grade der Fremdheit. In: Münkler, H.; Ladwig, B. (Hrsg.): Furcht und Faszination. Facetten der Fremdheit. Berlin, S. 85-114

Stein, M. (2013): Jugend in ländlichen Räumen. Die Landjugendstudie 2010. Bad Heilbrunn

Tönnies, F. (1887): Gemeinschaft und Gesellschaft. Abhandlung des Communismus und des Socialismus als empirischer Kulturformen. Berlin

Tönnies, F. (2012): Studien zu Gemeinschaft und Gesellschaft. Hrsg. von K. Lichtblau. Wiesbaden

Völschow, Y.; Helms, M. (2014): Vechtaer Bürgerbefragung zum subjektiven Sicherheitsempfinden. In: Völschow, Y. (Hrsg.): Kriminologie ländlicher Räume. Eine mehrperspektivische Regionalanalyse. Wiesbaden, S. 89-186

Völschow, Y. (2014) (Hrsg.): Kriminologie ländlicher Räume. Eine mehrperspektivische Regionalanalyse. Wiesbaden

Völschow, Y.; Janßen, W.; Bajaa, M. (2012): Vorannahmen mit Zuschreibungstendenz in der Arbeit mit gewalterfahrenen Jugendlichen mit Migrationshintergrund. In: Migration und Soziale Arbeit, 336-342

Völschow, Y.; Janßen, W. (2014): Jugendgewalt und Prävention aus der Perspektive professioneller Akteure im ländlichen Raum. In: Völschow, Y. (Hrsg.): Kriminologie ländlicher Räume. Eine mehrperspektivische Regionalanalyse. Wiesbaden, S. 187-236

Völschow, Y.; Janßen, W. (2015a): „Wenn das ganze Dorf in Aufruhr gebracht wird". Partner/innengewalt und soziale Kontrolle in ländlich geprägten Räumen. In: Sozialmagazin. Die Zeitschrift für Soziale Arbeit. 40, 30-37

Völschow, Y.; Janßen, W. (2015b). „Wenn man sich so verhält, wie die Anderen, fällt man nicht groß auf" – Lebensweltanalytische Betrachtung Jugendlicher mit Migrationshintergrund im Oldenburger Münsterland. In: Kürschner, W. (Hrsg.): Formen des Miteinanders in Zeiten der Globalisierung. Berlin, S. 233-244

Wehrheim, J. (2009): Der Fremde und die Ordnung der Räume. Opladen

Zimmer-Hegmann, R.; Liebmann, H. (2010): Integrationspotenziale in kleinen Städten und Landkreisen. Erste Ergebnisse der Begleitforschung. Zusammenfassung des Vortrags. In: Schader Stiftung (Hrsg.): Angebotsstrukturen für Integration im ländlichen Raum. Dokumentation der Fachtagung 15.-16. September 2010. Darmstadt, S. 12-14

Zinn-Thomas, S. (2010). Fremde vor Ort: Selbstbild und regionale Identität in Integrationsprozessen. Eine Studie im Hunsrück. Bielefeld

5 Verhaltens- und Erlebniswelten von Jugendlichen in ländlichen Räumen

Sie Liong Thio

Jugendliche und junge Erwachsene in ländlichen Räumen – anderes Nutzungsverhalten im Internet?

1 Einführung

Wissenschaftliche Studien die sich umfassend mit unterschiedlichen Aspekten der Internetnutzung junger Menschen in Deutschland befassen, sind noch nicht weit verbreitet. Aber einige Veränderungen sind bereits eingetreten: Die Studien der ARD/ZDF und der Shell Holding beschreiben (junge) Nutzer und Nutzertypen unter Einbeziehung sozial-demografischer Merkmale, wie Alter, Geschlecht, sowie soziokultureller Charakteristika, wie sozialer Status und soziale Milieus. Damit wird erkannt, dass diese Merkmale sich unterschiedlich stark auf Einstellungen, Interessen und Verhalten auswirken und in diesem Zusammenhang auch das Nutzungsverhalten im Internet beeinflussen.

Die räumliche Dimension wird in der Internetforschung jedoch nur wenig einbezogen. Räumliche bzw. regionale Merkmale oder räumliche Typisierungen werden kaum erfasst und in Analysen selten einbezogen. Dies führt dazu, dass man zunächst zwar Unterschiede zwischen beispielsweise Stadt und Land oder ost- und westdeutschen Bundesländern erkennen kann. Fundiertes und empirisch belastbares Wissen über räumliche Unterschiede ist eingeschränkt vorhanden. Folglich können selten vertiefende Rückschlüsse aus dem räumlichen Kontext und den unterschiedlichen Dimensionen und Formen der Internetnutzung gezogen werden.

Ähnliches gilt für die Raumforschung. Eine einfache Internetsuche nach Raumforschung und Jugendlichen ergibt zahlreiche stadtbezogene Hinweise: „Jugendliche in Stadtquartieren", „Jugendliche gestalten ihre Stadt", „Jugend bewegt Stadt", „Jugend checkt Leerstand", „Die Eroberung urbaner Bewegungsräume", usw. Dies weckt und verstärkt den Eindruck, dass veröffentlichte Ergebnisse derartiger Forschung sich auf Jugendliche und junge Erwachsene als homogene

Kategorie generalisieren ließen. Auf dieser Weise schleicht sich in Jugendstudien und die Jugendforschung ein „urban bias", eine (groß)städtische Orientierung, ein (Stein 2013, 418).

Auch die Behandlung des Jugendthemas par excellence – des Internets – ist davon betroffen und lässt mit Ausnahme des virtuellen Raums die räumlichen Bezüge vermissen. So wird beispielsweise die Frage, ob junge Menschen in Städten sich in ihrem im Internetnutzungsverhalten und in ihren Einstellungen zum Netz von ihren Altersgenossen in Dörfern und Kleinstädten oder unterscheiden kaum gestellt. Die Feststellung regionaler Unterschiede ist oftmals der erste Schritt für weitere Erklärungen und Analysen.

Die Veröffentlichung von Ergebnissen neuer Studien bietet jetzt die Möglichkeit das allgemeine Bild des Umgangs junger Menschen mit neuen Medien ein wenig zu differenzieren. Dieser Beitrag bezieht sich insbesondere auf die aktuelle jährlich erscheinende ARD-/ZDF-Onlinestudie (2015), die 17. Shell-Jugendstudie (2015) und die Langzeitstudie „Ländliche Lebensverhältnisse im Wandel 1952, 1972, 1993, 2012" des Johann Heinrich von Thünen-Instituts mit der Teilstudie „Neue Medien und dörflicher Wandel" (2015).

Ziel des Beitrags ist es räumliche und regionale Unterschiede hinsichtlich der Internetnutzung Jugendlicher und junger Erwachsene herauszuarbeiten, insofern dies auf der Basis der Datenlage möglich ist. Der Beitrag konzentriert sich sowohl auf quantitativen und qualitativen Ergebnisse als eine wissenschaftliche Interpretation und Einordnung derselben. Aufgrund der Datenlage und der geringen Fallzahlen in den untersuchten Dörfern kann die empirische Aussagekraft jedoch nicht immer als verlässlich gelten. Dennoch können damit die Beobachtungen bzw. Hypothesen aus anderen Studien kommentiert werden.

2 Herangehensweise

Die ARD/ZDF Onlinestudie 2015, die 17. Shell Jugendstudie und die 2015 erschienene Teilstudie zu neuen Medien der Hauptstudie „Ländliche Lebensverhältnisse im Wandel 1952, 1972, 1993, 2012" des Johann Heinrich von Thünen-Instituts (vTi) liefern zunächst aktuelle Zahlen über die Ausstattung mit internetfähigen Geräten, der Verweildauer im Internet und der Nutzung von Internetfunktionen unter jungen Menschen. Aus dem Vergleich zwischen den Studien sollen sich erstens Hinweise auf Unterschiede zwischen den repräsentativen Studien und den untersuchten ost- und westdeutschen Dörfern und zweitens auf Differenzen zwischen ost- und westdeutschen Dörfern, ergeben.

ARD/ZDF-Onlinestudie 2015

Die ARD/ZDF-Onlinestudien basieren auf repräsentativen Erhebungen, die seit 1997 durchgeführt werden und geben die Entwicklung der Internetnutzung in Deutschland sowie den Umgang der Nutzer mit den Angeboten wieder. Die ARD/ZDF-Onlinestudien erfassen Deutsche ab 14 Jahren in Deutschland; ab 2010 beziehen diese Studien sich auf die Angaben der Deutsch sprechenden Bevölkerung ab 14 Jahren.[1] Seitdem werden die Daten jährlich erhoben; 2015 umfasste die Erhebung 1800 Personen. In dem Beitrag steht die Altersgruppe der 14 bis 29-Jährige im Mittelpunkt.

17. Shell-Jugendstudie (2015)

Auf der Basis repräsentativ angelegter Stichproben werden seit 1953 Jugendliche im Alter von 12 bis 25 Jahren aus den alten und neuen Bundesländern zu ihrer Lebenssituation, ihren Einstellungen und Orientierungen persönlich befragt. Da die Verteilung der Stichprobe sich mit der Verteilung nach den BIK-Siedlungsstrukturtypen[2] deckt, ergibt sich eine gewisse Relevanz auch für ländliche Räume. Mit Hilfe eines standardisierten Fragebogens wurden 2015 2.558 Personen im Alter von 12 bis 25 Jahren interviewt.

Die Studie widmet sich auch dem Nutzungsverhalten der Jugendlichen im Internet und fokussiert in diesem Zusammenhang die Felder Unterhaltung, Information und interaktiver Austausch.

Bei der Erhebung der Daten, auf denen die ARD/ZDF-Onlinestudie und die 17.Shell Jugendstudie basieren, ist eine eingeschränkte regionale Differenzierung vorgenommen worden. Dennoch lassen die Ergebnisse der ARD/ZDF-Onlinestudie und der 17.Shell Jugendstudie keine direkten oder genauen Rückschlüsse auf die Verweildauer und Nutzung der Internetfunktionen in ländlichen Räumen zu. Der repräsentative Charakter der beiden Studien erlaubt es jedoch, die Ergebnisse zumindest als relevante Hinweise auch für die auf ländlichen Regionen bezogene Forschung über die Internutzung junger Menschen in ländlichen Räumen zu nutzen.

---

1 D.h. dass ab 2010 auch ausländische Jugendliche und Erwachsene, die Deutsch sprechen, in den Studien einbezogen wurden.

2 BIK- Siedlungsstrukturtypen: Eine Systematik, die die Strukturierung und weitere Differenzierung von Raumeinheiten auf der Basis von Kriterien wie Bevölkerungsdichte und wirtschaftliche Kennzahlen ermöglicht. Auf dieser Weise lassen sich in der Stadtregionssystematik u.a. das Umland der Kernstädte von ländlich geprägten Bereichen von Vorstädten und Subzentren unterscheiden.

Die Studie „Ländliche Lebensverhältnisse im Wandel 1952, 1972, 1993, 2012" des Johann Heinrich von Thünen-Instituts (2015)

Die Langzeitstudie des vTi untersuchte bisher im 20-Jahres-Rhythmus den Wandel ländlicher Lebensverhältnisse in denselben zehn westdeutschen und seit 1993 vier ostdeutschen Dörfern (siehe Abbildung 1). In der Teilstudie wurden zum ersten Mal der Einfluss neuer Medien auf dörfliche Lebensverhältnisse und der Umgang junger Menschen mit dem Internet thematisiert. Die Ergebnisse und Erkenntnisse dieser Teilstudie sind das Resultat einer empirischen Befragung in den Dörfern. In vier westdeutschen Dörfern wurden Fokusgruppen (moderierte Kleingruppendiskussionen) durchgeführt, Experten interviewt und eine Literaturstudie erarbeitet. Befragt wurden 3177 nach dem Zufallsprinzip ausgewählte volljährige Einwohner aus den Untersuchungsdörfern. Die Teilstudie befasste sich mit den 18- bis 24-jährigen Einwohnern aus den untersuchten Dörfern.

Ordnet man die untersuchten Dörfer, der von den BBSR erstellten Raumtypologie (2009)[3] zu, ergibt sich die folgende Zuteilung:

- Drei Dörfer befinden sich in *Agglomerationsräumen* (hochverdichtete und ländliche Kreise)
- Sieben Dörfer in Regionen, die als *verstädterte Räume* bezeichnet werden (Kernstädte, verdichtete und ländliche Kreise)
- Vier Dörfer in *ländlichen Räumen* (ländliche Kreise höherer und geringerer Dichte). Hierzu zählen alle vier Untersuchungsdörfer in Ostdeutschland.

---

3 Bundesinstitut für Bau-, Stadt- und Raumforschung (BBSR).

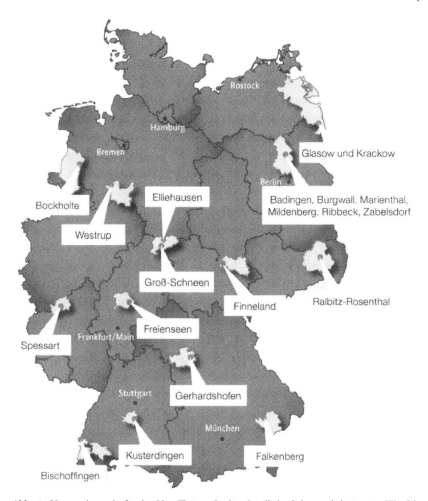

Abb. 1: Untersuchungsdörfer der Von Thünen-Studie „Ländliche Lebensverhältnisse im Wandel 1952, 1972, 1993, 2012" (Quelle: BMEL 2015).

Im Beitrag werden notgedrungen drei unterschiedliche Altersgrenzen für die Definierung von Jugendlichen und jungen Erwachsenen festgelegt. Was die Nutzungsdaten und -analysen betrifft, bezieht der Beitrag sich auf die Studien der ARD/ZDF, die die Altersklassifizierung 14 bis 29 Jahre verwenden. Die Shell Jugendstudie umfasst den Altersbereich zwischen 12 und 25 Jahre. Die Befragung der vTi-Studie unterteilt die Variable Alter in sieben Klassen, wovon die erste Klasse, die Gruppe der 18- bis 24-Jährigen, am ehesten der Kategorie der Jugendlichen und jungen Erwachsenen entspricht (siehe Tabelle 1).

Tab. 1: Altersgruppen der Studien (Quelle: Eigene Darstellung)

	14- bis 29-Jährige, (n=124)	12- bis 25-Jährige, (n= 2558)	18- bis 24-Jährige, (n=226)	18- bis 24-Jährige, (n=44)
ARD/ZDF-Online-studie 2015	✓			
17. Shell Jugend-studie		✓		
Von Thünen Studie 2015			✓	
Von Thünen Studie – Ostdeutsche Dörfer 2015				✓

3 Ausstattung, Verweildauer und Nutzung

3.1 Ausstattung und Internetzugang

Internetfähige digitale Endgeräte, wie PC/Laptop/Tablets, Mobiltelefone oder Smartphones, und Spielkonsole sind inzwischen in deutschen Haushalten zu Alltagsgegenständen und damit zu Selbstverständlichkeiten geworden. Auch sind diese Geräte unter Jugendlichen und jungen Erwachsenen so weit verbreitet, dass nahezu alle Jugendlichen und jungen Erwachsenen über einen Internetzugang verfügen (DIVSI U25-Studie 2014; ARD/ZDF Onlinestudie 2015).

Die Ausstattung, die Verweildauer im Internet, die Nutzung von Internetfunktionen und -anwendungen geben Hinweise darauf, wie Jugendliche und junge Erwachsene neue Medien in ihren Lebensalltag einbinden. Als Erklärung für die weite, immer noch zunehmende Verbreitung und Popularität der Endgeräte wird sowohl auf das große Interesse als auch auf die sich in hohem Tempo entwickelnden Anwendungsmöglichkeiten verwiesen (ARD/ZDF-Onlinestudie 2012). Schnelle Internetverbindungen, preiswerte (mobile) Internettarife (Flatrates) und zunehmend preisgünstige Geräte sowie deren leichtere Bedienung verstärken diese Entwicklung zusätzlich.

Wie die 17. Shell Jugendstudie feststellt, hängt die Vielfalt der Internetzugänge mit dem Besitz interfähiger Geräten zusammen und letzteres ist sozial bedingt. Mehr Jugendliche und junge Erwachsene aus besser situierten Milieus besitzen mindestens drei Internetzugänge (Smartphone, Laptop, PC und/oder Tablet). Interessanterweise tritt bei manchen Geräten (Smartphone, Tablet und Laptop) neben dem sozialen Status und Alter die regionale Herkunft als Merkmal in Erscheinung. So übertrifft der Anteil der westdeutschen Jugendlichen und jungen Erwachsenen mit drei Internetzugängen den aus den östlichen Bundesländern (Shell Deutschland Holding 2015: 125-26). Man könnte den räumlichen Unterschied weiter differenzieren. Ein Blick auf die Karte deutet an, dass es sich bei den östlichen Bundesländern mit Ausnahme der Regionen um Berlin, Potsdam und Dresden zum großen Teil um den Regionstyp „ländliche Räume" handelt (siehe Abbildung 2).[4]

Abb. 2: Differenzierte siedlungsstrukturelle Regionstypen 2009 (Quelle: BBSR Bonn 2011)

---

4 Dazu zählen verstädterte Räume und ländliche Räume höherer und geringerer Dichte.

3.2 Verweildauer

2014 betrug die täglich im Internet verbrachte Zeit der Altersgruppe der 14- bis 29-Jährigen im Durchschnitt 248 Minuten (van Eimeren und Frees 2014, 384). Im Vergleich zu 2012 bedeutet dies für diese Altersgruppe ein Anstieg von deutlich mehr als eine Stunde täglich (ebd.). Die Zunahme der Verweildauer dieser Altersgruppe im Internet wird auf die Steigerung des Internetkonsums durch die intensive Nutzung von Smartphones durch diese Alterskategorie und generell durch die angestiegene Nutzung mobiler Endgeräte (Laptops, Tablets) und deren Nutzung unterwegs zurückgeführt (Sinus-Institut und DIVSI 2014, 11ff.). Auch die Teilstudie „Neue Medien und dörflicher Wandel" des vTi ging in vier Dörfern der Frage nach, wie lange Jugendliche und junge Erwachsene sich im Internet aufhielten.[5] In diesen vier Dörfern schienen die Fokusgruppenteilnehmerinnen und Fokusgruppen-teilnehmer durchschnittlich weniger Zeit im Internet zu verbringen (mindestens zwei Stunden täglich), an den Wochenenden länger.

Die Steigerung der im Internet verbrachten Zeit lässt sich mit schulischen Zwecken bzw. mit der Ausbildung und mit dem Studium zusammenhängenden Internetrecherchen oder im Beruf zu erledigender Aufgaben erklären (Shell Deutschland Holding 2015, 121, Evers-Woelk et al. 2015, 86). Zusammen mit der privaten Nutzung des Internets ergibt sich dabei das Bild, dass das Internet und dessen Nutzung im Alltag junger Menschen fest integriert sind. Insbesondere das Smartphone, in dem unterschiedlichen Funktionen (Navigator, Organisationswerkzeug, Unterhaltungsmedium und Kommunikationsstandleitung zu Freunden) integriert sind, tritt als Begleiter junger Menschen in allen Lebenslagen hervor (DIVSI U25-Studie, 2014, 63). Die daraus resultierende fast permanente Verbindung mit dem Internet und die Erreichbarkeit im Internet bewirkt, dass für Jugendliche und junge Erwachsene die Grenzen zwischen Online- und Offline-Zeiten fließend erscheinen. Dies führt für diese Altersgruppe, möglich mehr als bei den übrigen Altersgruppen zu einer Realität, in der man kontinuierlich unabhängig von Zeit und Raum erreichbar ist. Das Online sein signalisiert dem sozialen Umfeld junger Menschen im Wesentlichen gesellschaftliche Teilhabe, teilweise ermöglicht durch das Einkommen der Eltern und ihrem formalen Bildungsgrad (DIVSI U25-Studie, 2014, 11).

3.3 Genutzte Internetfunktionen

Neben Ausstattung und Verweildauer ist die Nutzung von Internetfunktionen, die Komponente mit der sich das Online-Verhalten junger Menschen näher beschrei-

---

5 In den Dörfern Bischoffingen, Bockholte, Groß-Schneen und Gerhardshofen wurden mit Jugendlichen und jungen Erwachsenen Fokusgruppen zum Thema Internet und Internetnutzung durchgeführt.

ben lässt. Dazu erfassen die regelmäßig durchgeführten ARD/ZDFZ-Onlinestudien und Shell Jugendstudien die von Jugendlichen und jungen Erwachsenen am meisten genutzten Internetfunktionen (ARD/ZDFZ-Onlinestudie, 2015, Shell Jugendstudien, 2015). Dazu zählen:

- Kommunikation: Senden und Empfangen von E-Mails, SMS, Internet/Videotelefonie (Skype)
- Informationen: Die Beschaffung (Informationssuche meistens über Suchmaschinen wie Google) sowie dessen Nutzung (beispielsweise das Lesen von Zeitungen und/oder Zeitschriften, Artikeln und Berichten, von aktuellen Nachrichten, Nutzung digitaler Landkarten/Stadtpläne oder Ortungsdienste für ortsbezogene Informationen
- Unterhaltung: Man hört und sieht Musik über YouTube und Spotify, sieht und „streamt" Videos über YouTube oder man beschäftigt sich mit Online-Spielen
- Soziale Netzwerke/Social Web: Web-2.0-Angebote wie Wikipedia, Videoportale (insbesondere YouTube) und soziale Netzwerke (hier vor allem: Facebook) sowie Chatten über Apps wie WhatsApp. Die Internetforen verfügen über eine sehr hohe Reichweite unter Jugendlichen und jungen Erwachsenen. Inhalte werden zum größten Teil passiv genutzt, eine aktive Nutzung (Blogs) findet auf sehr niedrigem Niveau statt, während in sozialen Netzwerken ausgewählte Informationen (Bild, Text und Ton) gepostet werden. Initiativen, wie Online-Petitionen bleiben unter Jugendlichen und jungen Erwachsenen eher eine Ausnahme.

Persönliche und soziale Merkmale wirken sich unterschiedlich auf die Nutzung der Internetfunktionen aus. Hinsichtlich der Funktionen Kommunikation und Information beeinflussen nacheinander Alter, soziale Herkunft, Geschlecht und der aktuelle soziale Status die Nutzung (Shell Deutschland Holding 2015, 141). Bei der Unterhaltung und den sozialen Netzwerken ändert sich die Reihenfolge nach abnehmendem Einfluss wie folgt: Geschlecht, Alter, sozialer Herkunft, Migrationshintergrund, aktueller sozialer Status (Shell Deutschland Holding 2015, 141ff.).

Der Einfluss des Alters auf die Nutzung von Kommunikationsfunktionen spiegelt sich in einigen ländlichen Regionen wider (Evers-Woelk et al. 2015, 87). So zeigen die Auswertungen der Einwohnerbefragung der Von Thünen-Teilstudie, dass die Altersgruppen unterschiedliche Schwerpunkte in der Internetnutzung setzen:

- Die E-Mailfunktion wird von den Jugendlichen und jungen Erwachsenen weniger genutzt als von anderen Altersgruppen. Dies hängt mit der Verschiebung der Nutzung in den Bereich der sozialen Netzwerke zusammen, die ähnliche Kommunikationsangebote bereitstellen.
- Die SMS und sonstige Funktionen unter Jugendlichen und jungen Erwachsenen haben an Attraktivität eingebüßt

- Stattdessen verzeichnen die Jugendlichen und jungen Erwachsenen eine hohe Beteiligung an Online-Communities (Facebook, Google+ oder Twitter, Whatsapp)
- Des Weiteren zeigt sich, dass Jugendliche und junge Erwachsene im Vergleich mit älteren Altersgruppen die Funktionen Unterhaltung bzw. Freizeit sehr aktiv nutzen.

4 Regionale Differenzen in der Internetnutzung junger Menschen?

Bisher wurde die Erfassung räumtypologischer Merkmale bei den repräsentativen ARD/ZDF- und Shell-Untersuchungen nicht vorgesehen. Dadurch sind vertiefende regional vergleichende Internet- und Medienanalysen nicht möglich, wohl aber ein annähernder bzw. explorativer Vergleich.

Aus der Gegenüberstellung der drei vorliegenden Studien hinsichtlich der Internetnutzung junger Menschen ergeben sich bemerkenswerte Unterschiede, die darauf hindeuten, dass es regionale Unterschiede gibt (siehe Tabelle 1).

Bei allen hier betrachteten Formen der Internetnutzung fallen zum einen Differenzen zwischen den beiden repräsentativen Untersuchungen und zweitens die Unterschiede zwischen den repräsentativ ausgelegten Studien und der vTi-Teilstudie auf. Die aktuellen ARD/ZDF-Onlinestudie und Shell Jugendstudie zeigen besonders Ungleichheiten auf, bei den Anteilen der Altersgruppen auf die E-Mails empfangen und senden (71 bzw. 54 Prozent der jeweiligen Altersgruppen), Onlineshopping (24 bzw. 13 Prozent der jeweiligen Altersgruppen) und die Nutzung von Sozialen Netzwerken (61 bzw. 76 Prozent der jeweiligen Altersgruppen). Ein mögliche Ursache für die unterschiedlichen Anteile der Altersgruppen an den einzelnen Internetfunktionen dürften die unterschiedlich breiten gehandhabten Altersklassen in den jeweiligen repräsentativen Studien sein.

Deutlicher sind die unterschiedlichen Nutzungsanteile der zwei repräsentativen Studien und der Dorfuntersuchung des vTi. Die Anteile der Jugendlichen und junger Erwachsenen in den untersuchten Dörfern am Empfang und Versand von E-Mails, an der Informationssuche und der Unterhaltung sind vergleichsweise niedriger als in der ARD/ZDF-Onlinestudie und der Shell Jugendstudie. Die durchgeführten Diskussionsrunden mit Jugendlichen und jungen Erwachsenen im Rahmen der Dorfuntersuchungen deuteten an, dass Kommunikationsangebote in den sozialen Medien vermehrt wahrgenommen werden. Aussagen der Fokusgruppenteilnehmer zufolge verlagern sie zunehmend ihre Kommunikation mit Freunden und Freundinnen, Bekannten und Verwandten in die sozialen Netze (Evers-Woelk et al. 2015, 87).

Tab. 2: Internetnutzung, Angaben in Prozent der Altersgruppe
(Quelle: Daten aus ARD/ZDF-Onlinestudie 2015, eigene Berechnung)

Internetnutzung	ARD/ZDF-Onlinestudie 2015 (14- bis 29-Jährige, n=124)	Shell Jugend-studie (12- bis 25-Jährige, n= 2558)	Von Thünen Studie 2015 (18- bis 24-Jährige, n=226)	Von Thünen Studie – Ostdeutsche Dörfer 2015 (18- bis 24-Jährige, n=44)
Kommunikation (Empfang und Versand von E-Mails)	71*	57***	47	55
Informations-suche	83*	86***	51	67
Unterhaltung[6]	59*/**	57***	43	48
Onlineshopping (Zum Einkaufen/ Buchung von Reisen und/oder Tickets	24	13***	29	31
Soziale Netze/ Online-Communities	61*	76***	87	74

* Antwortmöglichkeiten mindesten einmal täglich und mindesten einmal wöchentlich addiert;; *** (Shell Deutschland Holding 2015, 139).

Die Funktion Onlineshopping scheint sich mit einer Beteiligung von 29 Prozent der Jugendlichen und junge Erwachsenen stärker in den ländlichen Regionen zu manifestieren, in den untersuchten ländlichen Räumen Ostdeutschlands sogar ein wenig mehr (31 Prozent der jungen Menschen). Die vTi- Teilstudie scheint damit die frühere Beobachtung des vermehrten Einkaufens im Internet in ländlichen Regionen zu bestätigen (Stein 2013, 429). Zwar werden die weiten Entfernungen zu den Geschäften in den Oberzentren in den ländlichen Regionen meistens als Grund für das veränderte Nachfrageverhalten genannt, es sollte aber weiter

---

6 Zur Vergleichbarkeit des Konzepts der „Unterhaltung" in den drei Studien wurde Unterhaltung auf den Aktivitäten: Videos, Filme und Fernsehen im Internet ansehen, Musik hören und down-loaden und Spiele eingeschränkt. (Frees und Koch 2015:372; Shell Deutschland Holding 2015: 141; Evers-Woelk 2015: 86).

untersucht werden, inwiefern das veränderte Einkaufsverhalten (Shopping im Internet) die lokale Versorgungslage negativ beeinflusst und mit zu eingeschränkten und dem Verschwinden von lokalen Einkaufsmöglichkeiten, vor allem im Sektor des Lebensmitteleinzelhandels, beigetragen hat und weiter dazu beiträgt (BMVBS und Thünen-Institut 2013).

Tab. 3: Internethandel schadet auf Dauer dem örtlichen Handel (Angaben in Prozent, Quelle: Eigene Berechnung; Daten: Einwohnerbefragung vTi-Studie „Ländliche Lebensverhältnisse im Wandel 1952, 1972, 1993, 2012" (2015))

	Von Thünen Studie 2015 Westdeutsche Dörfer 2015 (18- bis 24-Jährige, n=226)	Von Thünen Studie – Ostdeutsche Dörfer 2015 (18- bis 24-Jährige, n=44)
Trifft voll zu	16,5	23,8
Trifft eher zu	27,6	21,4
Teils/Teils	19,4	14,3
Trifft eher nicht zu	20,0	26,2
Trifft überhaupt nicht zu	12,9	11,9
Keine Angabe	3,5	2,4
Insgesamt	100	100

Über die Folgen des Onlineshoppings urteilen die jungen Menschen ähnlich. In ländlichen Regionen in Ost- und Westdeutschland ist eine Mehrheit von etwa 45 Prozent der Auffassung, dass das Internet dem örtlichen Handel schaden wird. Ein genauer Blick zeigt einige Unterschiede: Der Anteil junger Menschen in den ostdeutschen Untersuchungsdörfern, der der Aussage, dass Internethandel auf Dauer dem örtlichen Handel schadet „voll zustimmt", ist mit fast 24 gegenüber 16,5 Prozent deutlich höher als in den westdeutschen Dörfern.
Der Anteil, der nicht zustimmt, liegt im Vergleich mit den westdeutschen Dörfern mit 38 Prozent in den ostdeutschen Dörfern deutlich höher. Bemerkenswerterweise ist der Anteil der jungen Befragten in den ostdeutschen Untersuchungsdörfern, der die Aussage nicht deutlich ablehnt: 26 Prozent gegenüber 20 Prozent in den westdeutschen Dörfern (siehe Tabelle 3). Die in der Untersuchung gestellte Frage nach der Einschätzung der Wirkung des Onlinehandels für den lokalen Handel kann hier nur als erster Schritt für weitere Untersuchungen gesehen werden. So ist u.a. eine Differenzierung des Begriffes „Einkaufen im Internet" in mehreren Unterkategorien (Lebensmitteleinzelhandel, Einzelhandel, et cetera) für

weitere Analysen des Einkaufsverhaltens junger Menschen in ländlichen Räumen unerlässlich.

Tabelle 3 zeigt weiter, dass verglichen mit den jungen Menschen in den repräsentativen Studien mehr Gleichaltrige in den ländlichen Räumen sich in sozialen Netzen oder Online-Communities aufhalten (61 bzw. 76 Prozent gegenüber 87 Prozent in den ländlichen Regionen). Als Ursache wird auf die bestehenden größeren räumlichen Distanzen zwischen Freundinnen, Freunden und Bekannten in ländlichen Regionen hingewiesen, die durch die sozialen Funktionen des Internets kompensiert werden (Stein 2013: 431). Ob und inwiefern das Internet in diesem Zusammenhang gleichermaßen bei der Pflege von Freundschaften vor Ort eine Rolle spielt, ist auch davon abhängig, wie stark man im lokalen informellen sozialen Umfeld integriert ist.

Tab. 4: Rolle von Freundschaften und Bekanntschaften am Wohnort (Angaben in Prozent Quelle: Vogt L, Biernatzki R, Kriszan M, Lorleberg W (2015: 37); eigene Berechnung und Darstellung)

	Von Thünen-Studie Westdeutsche Dörfer (14- bis 24-Jährige, n=226)	Von Thünen-Studie Ostdeutsche Dörfer 2015 (14- bis 24-Jährige, n=44)
Starke Rolle	63,5	77
Mäßige Rolle	20,4	16
Kaum eine Rolle	15,5	7
Keine Angabe	0,6	

Für knapp 64 Prozent der Befragten jungen Menschen in den untersuchten westdeutschen Dörfern spielen Freundschaften und Bekanntschaften am Wohnort eine starke Rolle, in den ostdeutschen Dörfern ist die Bedeutung für mehr als drei Viertel der befragten jungen Menschen noch ausgeprägter (siehe Tabelle 4). Wenn für die meisten Befragten Freundschaften und Bekanntschaften vor Ort so bedeutend sind und sich durch die räumliche Nähe ohne allzu großen Aufwand persönlich pflegen lassen, stellt sich die Frage, aus welchem Grund mehr junge Menschen in ländlichen Räumen als in anderen Regionen sich in sozialen Netzen aufhalten. Eine hypothetische Erklärung wäre, dass trotz der großen Bedeutung, die Freundschaften und Bekanntschaften in den Dörfern beigemessen werden, die Zahl der Freundschaften und Bekanntschaften möglich gering (geworden) ist. Becker und Moser stellten in ihrer Studie fest, dass „im Hinblick auf den persönlichen Erfahrungshorizont sich die ländlichen Regionen für viele junge Menschen als zu eng erweisen" (2013: 27)". Das heißt, dass die Zahl der Freundschaften am Wohnort für viele Jugendliche[7] tatsächlich begrenzt ist.

Junge Erwachsene werden mit dem Weggang ihrer Freundinnen, Freunde und Bekannten wegen der Fortsetzung der Bildung oder der Ausbildung, des Studiums oder dem Start ins Berufsleben an einem anderen Ort konfrontiert. Kontakte werden möglich auf virtuellem Wege weitergepflegt. Die nachhaltige Bedeutung der Freundschaften und Bekanntschaften ergibt und verstärkt sich möglich aus den nun weniger frequenten Treffen am Wohnort während der Wochenenden.

5　Ländliche Lebenslagen und Lebenswelten von jungen Menschen und die Rolle des Internets

Das Leben junger Menschen spielt sich zum großen Teil in den Bereichen Schule, Ausbildung bzw. Studium und in der Freizeit ab. Jugendliche halten sich häufig dort auf, was Tully „Parallelwelten" von Schule, Familie, Freunden und einer Vielzahl von Freizeitaktivitäten genannt hat (Tully 2008:173). Diese Lebenslagen und –welten konfrontieren junge Menschen mit Herausforderungen, die sie zu bewältigen versuchen und ihren Alltag dominieren und strukturieren.

Die Digitalisierung und das Internet bieten durch ihre Eigenschaften, wie die schnelle, kostengünstige und einfache Übermittlung von vielen und unterschiedlichen Informationen zahlreiche und vielfältige Möglichkeiten bei der Bewältigung ihrer Herausforderungen. Im Vordergrund stehen dabei nicht nur die Verbreitung von für Jugendliche und junge Erwachsene relevante Informationen (z.B. durch das Verlinken von Webseiten), sondern auch durch die Möglichkeiten sich auf unterschiedlichen Weisen in Gruppierungen, (sozialen) Netzwerken und Organisationen zu vernetzen.

Vor diesem Hintergrund beschäftigt dieser Abschnitt sich mit der Frage, welche Rolle das Internet für junge Menschen in den für sie relevanten Lebensbereichen Schule, Bildung und Freizeit, insbesondere in ländlichen Regionen, spielt. Hinsichtlich der Ausgangslage, vor allem was die Ausstattung mit internetfähigen Geräten betrifft, sind die Bedingungen zur Internetnutzung annähernd gleich.

5.1　Schule und Bildung

Eine gute Bildung bleibt für Jugendliche und junge Erwachsene ein wichtiges Thema in das aufgrund der zugenommenen wirtschaftlichen Internationalisierung und Wettbewerb mit zunehmenden Anforderungen an Wissen und Kompetenzen „immer ehrgeizigere Ziele" gesteckt werden (Shell Shell Deutschland Hol-

---

7　In der genannten Studie handelt es sich um 14- bis 18-Jährige.

ding 2015, 65). Auch im ländlichen Regionen wird der Bildung große Bedeutung beigemessen und das widerspricht dem negativen Bild, das über die Bildung im ländlichen Räum vorherrscht (Becker und Moser 2013, 27).

Wie in anderen alltagsrelevanten Bereichen auch, zählen die Informationssuche und Informationsbeschaffung in den Bereichen Schule und Studium zu den am häufigsten praktizierten Internetaktivitäten. Die im Rahmen der vTi- Teilstudie zu neuen Medien durchgeführten Diskussionen in Fokusgruppen ergaben folgende Erkenntnisse:

- das Internet dient den Teilnehmern als relevante Informationsquelle für Schule und Studium. Studierende unter den Teilnehmern verwiesen darauf, dass ein Internetzugang für das Studium unverzichtbar ist, weil E-Learning-Plattformen genutzt werden müssen und die Kommunikation mit Dozenten und Kommilitonen sowie die Vermittlung studienrelevanter Informationen (über Lehrveranstaltungen, Termine, Sprechstunden der Lehrenden) fast ausschließlich internetbasiert verläuft (über die entsprechenden Webseiten der Universitäten, Hochschulen und Fachoberschulen, die gleichzeitig über einen oft genutzten Download-Bereich verfügen)
- Bezogen auf Schule oder Studium lassen spezielle Themen sich fast nur mittels Internetrecherchen erschließen. Dabei fällt die pragmatische Einstellung der Jugendlichen und jungen Erwachsenen auf. Ihrer Ansicht nach sind die im Internet bezogenen Informationen vielfältiger als in gedruckt publizierten Lehrbüchern, enthalten spezifischere Informationen, sind schneller zu finden und ausführlicher in ihren Beschreibungen. Es wird darauf verwiesen, dass die „for free"-Mentalität im Internet dazu führe, den Erwerb von Büchern zu vermeiden und lieber die kostenfreien Auszüge hiervon zu lesen (Evers-Woelk et al. 2015, 86)
- Der Bildungsbereich bietet Lehrenden auf der einen und Schülern und Studierenden auf der anderen Seite viele Möglichkeiten neue Medien zu nutzen. So könnten beispielsweise Podcasts[8] verwendet werden oder könnten Schüler oder Schülergruppen mit relativ geringem Aufwand eine eigene Sendung produzieren, die als Input im Unterricht genutzt oder im Internet hochgeladen werden kann. Weiter wären interaktive Anwendungen von Raum und Zeit unabhängigen Zusammenarbeitsformen, was z.B. in ländlichen Regionen mit häufig zerstreuten und entfernten Ortschaften nützlich sein kann, möglich.[9]
- Aber es zeigt sich, dass in manchen Dörfern trotz „theoretischen Möglichkeiten" in Schulen kaum mit neuen Medien gearbeitet wird bzw. werden kann.

---

8 Mit Podcasts bezeichnet man Radiosendungen und andere Audioformate, die über das Internet auf den MP3-Player geladen werden können.

9 Schulwege von über 60 Minuten sind in ländlichen Regionen nicht unüblich (Becker und Moser 2013,31)

Die unzureichende Breitbandverfügbarkeit in dem einen oder andern Ort in einigen ländlichen Regionen trägt zu diesem Umstand bei und erschwert auch die Zusammenarbeit zwischen Schülerinnen und Schülern erheblich. Die Zufriedenheit über die Internetverbindungen zu Hause ist in dieser Hinsicht vielsagend: Die Leistung des Internet-Zugangs zu Hause ist den ländlichen Regionen für mindesten 40 Prozent der befragten jungen Menschen nicht zufriedenstellend (siehe Tabelle 5).

Tab. 5: Zufriedenheit mit der Leistung Ihres Internet-Zugangs zu Hause (Angaben in Prozent, Quelle: Eigene Berechnung; Daten: Einwohnerbefragung vTi-Studie „Ländliche Lebensverhältnisse im Wandel 1952, 1972, 1993, 2012" (2015))

	Von Thünen-Studie Westdeutsche Dörfer (14- bis 24-Jährige, n=226)	**Von Thünen-Studie Ostdeutsche Dörfer 2015 (14- bis 24-Jährige, n=44)**
Ja	52,9	59,5
Nein	47,1	40,5

Die Folgen der unzureichenden Breitbandverfügbarkeit machen sich in den Ursachen der Unzufriedenheit über die Internetverbindungen bemerkbar (siehe Tabelle 6)

Tab. 6: Gründe für die Unzufriedenheit (Mehrfachnennungen – Angaben in Prozent, Quelle: Eigene Berechnung; Daten: Einwohnerbefragung vTi-Studie „LändlicheLebensverhältnisse im Wandel 1952, 1972, 1993, 2012" (2015)).

Grund der Unzufriedenheit	**Von Thünen-Studie Westdeutsche Dörfer**	**Von Thünen-Studie Ostdeutsche Dörfer**
Die Verbindung ist zu langsam	52,9	59,5
Die Verbindung ist nicht stabil und bricht immer wieder ab	47,1	40,5

Abgesehen von der verfügbaren Breitbandinfrastruktur stößt das Internet auf andere Grenzen. Bei der Orientierung nach und der Suche von Ausbildungsplätze erweist sich das Internet nur bei der Suche nach Informationen über überregionalen Ausbildungs- und Weiterbildungsangeboten sinnvoll. Für die Entscheidungsfindung des Schulabgängers hinsichtlich der Standortwahl des Ausbildungsplatzes hat das Internet eine geringe Bedeutung. Da Ausbildungsplätze in der Regel in der Region gesucht und gefunden werden, finden entsprechende Beratungen oft persönlich und vor Ort statt. Nach Aussagen der Teilnehmenden an den Diskussionsrunden scheinen persönliche Verbindungen und Kontakte vielmehr wichtig.

5.2 Freizeit und Freizeitgestaltung

Generell dient Freizeit der Erholung. Sie ist auch deshalb von Bedeutung, weil in der Freizeit die soziale Integration zu großem Anteil verwirklicht wird. Die Freizeit ist der Raum, in dem man sich mit der Familie, der Partnerin oder dem Partner und seinen Freunden trifft, in dem Bedürfnisse sowie Interessen entstehen und vertieft werden können und letztendlich die Teilhabe an Gesellschaft praktiziert und realisiert wird.

Der Charakter der Freizeit von Jugendlichen und jungen Erwachsenen, definiert als diejenige Zeit, in der keine Schul- oder Ausbildungsverpflichtungen bestehen, hat sich in mehreren Hinsichten strukturell verändert. Erstens hat sich aufgrund verlängerter Schul- und Ausbildungszeiten und das damit verbundene Wohnen im Elternhaus ohne die Pflicht häusliche Aufgaben zu übernehmen, der Umfang der frei verfügbaren Zeit erhöht (Weick 2002, Papastefanou 2008, Palentien und Hurrelmann 1998). Stein spricht in diesem Zusammenhang von „hohen freien disponiblen Kontingenten", die Jugendlichen und junge Erwachsene zur Verfügung stehen (Stein 2013, 57). Zweitens hat sich Freizeit von Jugendlichen und jungen Erwachsenen auf das Wochenende verschoben (Becker und Moser 2013). Die Ausdehnung der Freizeit, die sich in den letzten Jahre entwickelt hat, bietet Jugendlichen und jungen Erwachsenen nun sogar mehr Raum, sich persönlich zu entfalten und auch ihre Identität zu entwickeln (Shell Deutschland Holding 2015, 17) und die Freizeitgestaltung selbst zu übernehmen.

5.2.1 Bedeutung des Internets in der Freizeit

Freunde

Wie nutzen junge Menschen nun ihre Freizeit? Auf jeden Fall ist der soziale Aspekt der Freizeitgestaltung für Jugendliche und junge Erwachsene unvermindert wichtig. Für die von der 17. Shell Jugendstudie befragten Jugendlichen und jungen Menschen ist „Sich mit Leuten treffen" die meist genannte Tätigkeit. Auch in ländlichen Regionen haben Begegnungen mit Freunden nach wie vor eine große Bedeutung (Vogelgesang, 2001; Stein, 2013; Becker und Moser 2013) und Treffen mit Freunden spielen hier für junge Menschen eine ebenso wichtige Rolle.

Die Aussagen der Fokusgruppenteilnehmer weisen ebenfalls in diese Richtung. Die hierfür erforderliche Kontaktaufnahme erfolgt nach Angaben der Fokusgruppenteilnehmer über die im Internet verfügbaren kommunikativen Möglichkeiten (beispielsweise Kommunikationsdienste wie WhatsApp oder soziale Netze wie Facebook). Die Kommunikation per Internet steht im Dienste der Organisation der realen sozialen Begegnungen (Organisation von Treffen, Vorbereitungen von Veranstaltungen im Dorf und im Rahmen von Freizeit- und Vereinsaktivitäten). Das Motiv der Nutzung der sozialen Netze für die Pflege bestehender sozialer Kontakte findet hier eine starke Betonung (Evers-Woelk et al. 2015, 87).

Engagement und die Teilhabe von Jugendlichen an zukünftigen Herausforderungen: Kommunalpolitik

Mit grundlegenden gesellschaftlichen Veränderungen wie dem demographische Wandel oder der Individualisierung verändern sich auch Lebensgewohnheiten und Ansprüche der Menschen. In ländlichen Räumen macht der Wandel sich u.a. am Rückgang landwirtschaftlicher Betriebe, die mit der Schließung von Geschäften allmähliche Senkung der Lebensqualität und am Ende dieser Entwicklung, am einsetzenden Weggang der Einwohner bemerkbar. Dieser Veränderungsprozess wirkt sich auf das Dorfleben, das Ortsbild und auch die Identifikation der Einwohner mit „ihrem" Dorf aus. Sind junge Bewohner der Untersuchungsdörfer noch an „ihrem" Dorf interessiert, informieren sie sich per Internet über die Entwicklungen und Ereignissen?

Die jüngere Generation ist an der Region und an Regionalthemen interessiert. Aus einer Analyse von Oehmichen und Schröter geht hervor, dass neben der mittleren Generation die jüngere Altersgruppe sich ebenso für ihre Region interessiert und dazu das Internet nutzt (2011, 187). Es sind insbesondere Freizeitangebote, Einkaufsmöglichkeiten und Regionalsport, die Neugier wecken und als interessante Regionalthemen im Internet verfolgt werden (Oehmichen und Schröter 2011, 189). Stein zeigt aber in ihrer Studie, dass die kommunale Politik als Mittel zur Gestaltung der Dorfentwicklung für Jugendliche und junge Erwachsene kaum attraktiv ist. Generell hält eine Minderheit der Landjugendlichen Politik für bedeutend, die große Mehrheit zeigt dafür weniger Interesse (Stein 2010).

Die vTi-Teilstudie zu neuen Medien zeigt, dass unter den 18- bis 24-Jährigen, unabhängig davon, ob man sich über das Internet informiert oder nicht, ein Interesse an dörflichen Entwicklungen und Ereignissen besteht. So informieren Jugendliche und junge Erwachsene sich anhand unterschiedlicher Medien über die Kommunalpolitik. Tages- bzw. Kreiszeitung zählen in vielen der untersuchten Dörfer zu den am meisten genutzten Informationsquellen. Weiter werden Gespräche mit Familie, Nachbarn, Freunden oder Bekannten, das Gemeinde- oder Amtsblatt genannt. Die Gespräche im und mit dem sozialen Umfeld weisen auf die Bedeutung persönlicher Kontakte auch in diesem Bereich hin. Das regionale Fernsehen und regionale Radioprogramme werden von den 18- bis 24-Jährigen dagegen kaum genannt (Evers-Woelk et al. 2015, 93ff.).

Das Internet wird von den meisten dieser Altersgruppe zwar nicht intensiv für die Informationsbeschaffung über Kommunalpolitik benutzt, es ist aber als Informationsquelle in vielen Dörfern nicht zu unterschätzen. Es gehört zu einer der verfügbaren Medien über die man sich über die Entwicklungen im Dorf auf dem Laufenden hält. Andere Internetfunktionen, wie E-Mail, Internettelefonie, Online-Communities und SMS spielen in diesem Zusammenhang eine untergeordnete Rolle (Evers-Woelk et al. 2015, 94).

In den untersuchten Dörfern ist die kommunale Politik als Möglichkeit, sich für die dörfliche Entwicklung zu engagieren, für Jugendliche und junge Erwachsene aufgrund des mangelnden Interesses kaum eine Option. Die Zahl der Nennungen zeigt auch, dass generell wenige aus diesen Altersgruppen sich über Kommunalpolitik informieren.

Nutzung sozialer Netze und Mitgliedschaft im Verein

Die Lebensqualität in den Dörfern wird insbesondere durch soziale Mittelpunkte und eine aktive Bürgerschaft aufrecht gehalten – dazu gehören dörfliche Ereignisse, Kommunalpolitik und der Wunsch über die Geschehnisse und Entwicklungen im Dorf informiert zu sein. Dabei sollte das Verfolgen der Interessen des Dorfes, wie der Erhalt der Schule, des Kindergartens und der Feuerwehr, ein zentrales Anliegen sein (Laschewski et al. 2006). Diese Aufgaben gemeinsam zu organisieren und zu meistern sind, so Laschewski et al., notwendig. Für Jugendliche und junge Erwachsene kommt es in diesem Rahmen darauf an, einen aktiven Beitrag zur Freizeitgestaltung zu leisten und das Wahrnehmen von Angeboten zur Freizeitgestaltung als Form des Engagements zu nutzen. Dörfer können erst dann stabil und attraktiv bleiben, wenn sich junge Menschen aktiv an der Dorfentwicklung beteiligen, beispielsweise durch die Freiwilligenarbeit in den Vereinen (Slupina 2013). Mit dem Internet und insbesondere den sozialen Netzen hat sich ein neuer Ansatz in einer spontanen Form, anders als der Verein, für gemeinsame Aktivitäten gebildet. Vor dem Hintergrund dieser Entwicklung stellt sich die Frage, ob Vereine als sozialer Mittelpunkt an Bedeutung einbüßen. Deshalb wurde in diesem Zusammenhang geprüft, wie sich soziale Netze im Internet zu der Vereinsmitgliedschaft verhalten.

Aus den Diskussionen in den Fokusgruppen ging hervor, dass

- persönliche Kontakte (von Angesicht zu Angesicht) für die Anbahnung von sozialen Beziehungen (Freundschaften) und deren Pflege, beispielsweise durch gemeinsame Aktivitäten, nach wie vor ausschlaggebend sind. Die Möglichkeit über sozialen Netzen neue Freundes- und Bekanntenkreise zu erschließen, wird zumindest von den Fokusgruppenteilnehmenden wenig wahrgenommen
- die sozialen Medien (z.B. Facebook oder Dienste wie Whatsapp) vielmehr der Verstetigung bereits offline geknüpfter Kontakte dienen (Personen, die man auf Partys oder Festen kennengelernt hat, Kommilitonen u.a.), indem sie für konkreten Terminabsprachen und die Organisation von Verabredungen oder Einladungen zu Veranstaltungen genutzt werden

Die Einwohnerbefragung in den Untersuchungsdörfern ergab zudem, dass insgesamt 113 von 186 Jugendlichen und jungen Erwachsenen (60 Prozent) Mitglied in einem Verein oder anderen Organisation und in sozialen Netzen häufig oder gelegentlich aktiv sind

60 von 186 Befragten (34 Prozent) gaben an, kein Mitglied im Verein zu sein und häufig oder gelegentlich in sozialen Netzen zu verkehren. Die übrigen 12 Befragten dieser Altersgruppe, unabhängig von einer Mitgliedschaft im Verein oder einer Organisation, sind kaum in den sozialen Netzen aktiv. Auch wenn man die geringen Fallzahlen in den Dörfern Rechnung trägt, stellt man fest, dass die Vereins- bzw. Organisationsmitglieder öfter in den sozialen Netzen vertreten sind als diejenigen, die es nicht sind (vgl. Abbildung 3).

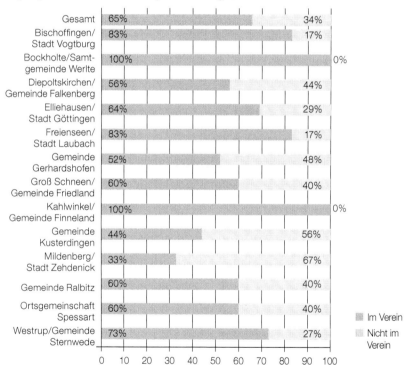

Abb. 3: Anteil der Vereinsmitglieder an der Aktivität in sozialen Netzen[10] (Angaben in Prozent)
Quelle: Einwohnerbefragung 2013, eigene Berechnung und Darstellung. Frage H1: Sind Sie Mitglied in einem oder in mehreren Vereinen oder anderen Organisationen korreliert an Frage C8: Sind Sie Mitglied in mindestens einem sozialen Netz im Internet, wie zum Beispiel Facebook, google+, Twitter oder studiVZ? (bezogen auf der Altersgruppe der 18- bis 24-Jährigen).

---

10 In Glasow fehlt die Altersgruppe der 18 bis 24-Jährigen

Für die These, dass das Internet sich negativ auf das dörfliche Leben bei jungen Menschen auswirkt, findet man vorerst keine Hinweise (vgl. auch Stein 2013, S. 425). Stein deutet auf ein mögliches typisches Muster von jungen Menschen in ländlichen Räumen: „Junge Menschen auf dem Land nutzen die Möglichkeiten des Internets sowohl quantitativ anders im Sinne einer höheren Frequentierung des Internets als auch qualitativ unterschiedlich, etwa eher zur Pflege sozialer Kontakte und zu Einkaufszwecken, um die großen Entfernungen zu Freunden und Bekannten und zu den Einkaufsmöglichkeiten der Mittel- und Oberzentren zu kompensieren" (Stein 2013). Teilweise deckt sich dies mit dem Ergebnis der Shell Jugendstudie 2010, die als Grund für dieses Verhalten auch die mit größeren Aufwand zu überwindenden regionalen Distanzen benennt (Shell Deutschland Holding 2010).

6 Fazit

Mit dem Vergleich zwischen der jüngst erschienenen repräsentativen ARD/ZDF-Onlinestudie 2015 und der 17. Shell Jugendstudie auf der einen und der vTi-Teilstudie zu neuen Medien auf der anderen Seite sollten räumliche und regionale Unterschiede in der Internetnutzung Jugendlicher und junger Menschen herausgearbeitet werden.

Trotz der eingeschränkten empirischen Grundlage der vTi-Teilstudie zu neuen Medien ergab der Vergleich Differenzen zwischen der Internetnutzung junger Menschen unterschiedlicher Räume. Jugendliche und junge Erwachsene in ländlichen Regionen zeigen ein unterschiedliches Bild bei fast allen Internetfunktionen, lediglich beim Onlineshopping ist der Differenz geringer ausgefallen. Hier fällt eher der Kontrast zwischen den repräsentativen Studien auf.

Die vTi-Teilstudie zeigt ebenfalls Unterschiede in der Nutzung der Internetfunktionen auf, aber hier insbesondere zwischen den ländlichen Regionen Ost- und Westdeutschlands.

Als Gründe für die Unterschiede sind im Beitrag Erklärungen eher hypothetischer Natur angeführt worden. Die Differenzen sind, unter Berücksichtigung der eingeschränkten empirischen Grundlage, im ersten Schritt räumlich zu zuordnen. Ob die Unterschiede auf typisch mit ländlichen Regionen in Verbindung gebrachten Mustern zurückzuführen sind, ist offen. Als Ursache für manche beobachtete Unterschiede in der Internetnutzung konnte die unzureichende Breitbandinfrastruktur in einigen Regionen benannt werden. Für die Erklärung anderer Unterschiede zwischen ländlichen und anderen Regionstypen und zwischen den ländlichen Regionstypen untereinander ist weitere und tiefergreifende Forschung in ländlichen Regionen erforderlich. Denn ländliche Regionen bilden ebenso wenig wie junge Menschen eine homogene Kategorie.

Literatur

ARD/ZDF (2015): Statistik. Daten aus der ARD/ZDF-Onlinestudie 2015. Quelle: ARD/ZDF-Onlinestudie 2015. Zuletzt geprüft am 24.01.2016.

ARD/ZDF Onlinestudie 2013 (2014): Ergebnisse der ARD/ZDF-Onlinestudie 2013. In: Media Perspektiven (1).

Becker H, Moser A (2013) Jugend in ländlichen Räumen zwischen Bleiben und Abwandern – Lebenssituation und Zukunftspläne von Jugendlichen in sechs Regionen in Deutschland. Braunschweig: Johann Heinrich von Thünen-Institut, 140 p, Thünen Rep 12.

Bundesanstalt für Landwirtschaft und Ernährung (2013): Daseinsvorsorge in ländlichen Räumen unter Druck. Wie reagieren auf den demografischen Wandel. Bonn. Zuletzt geprüft am 28.12.2013.

Bundesinstitut für Bau-, Stadt- und Raumforschung (BBSR) im Bundesamt für Bauwesen und Raumordnung (BBR) (2009): Laufende Raumbeobachtung – Raumabgrenzungen. Siedlungsstrukturelle Regionstypen (2009). Online verfügbar unter http://www.bbsr.bund.de/BBSR/DE/Raumbeobachtung/Raumabgrenzungen/SiedlungsstrukturelleGebietstypen/Regionstypen/regionstypen.html. Zuletzt geprüft am 25.09. 2015.

Bundesinstitut für Bau-, Stadt und Raumforschung (BBSR) (2011): Lebensqualität in kleinen Städten und Landgemeinden. Aktuelle Befunde der BBSR-Umfrage. BBSR-Berichte KOMPAKT 5/2011. Bonn.

Bundesministerium für Verkehr, Bau und Stadtentwicklung (Hrsg.) (2013): Nahversorgung in ländlichen Räumen. BMVBS-Online-Publikation 02/2013.

Deutsche Shell Holding GmbH (Hrsg.) (2015): „Jugend 2015". Frankfurt am Main: S. Fischer Verlag GmbH.

Deutsche Shell Holding GmbH (Hrsg.) (2010): „Jugend 2010". Frankfurt am Main: S. Fischer Verlag GmbH.

Evers-Wölk M, Oertel B, Thio S L, Kahlisch C, Sonk M (2015) Ländliche Lebensverhältnisse im Wandel 1952, 1972, 1993, 2012 : Vol. 5, Neue Medien und dörflicher Wandel. Braunschweig: Johann Heinrich von Thünen-Institut, 145 p, Thünen Rep 32, Vol. 5, DOI:10.3220/REP1445512828000.

Laschewski, Lutz (2006): Das aktive und soziale Dorf. Agrarkonzept 2000. Hg. v. Landwirtschaft Forsten und Fischerei Mecklenburg-Vorpommern Ministerium für Ernährung. Rostock. Online verfügbar unter http://www.regierung-mv.de/cms2/Regierungsportal_prod/Regierungsportal/de/lm/_Service/Publikationen/?&publikid=1146, zuletzt geprüft am 30.10.2014.

Oehmichen, Ekkehardt; Schröter, Christian (2011): Internet zwischen Globalität und Regionalität. Die Bedeutung der Region für das Internet. In: Media Perspektiven 2011 (4), S. 182–194.

Papastefanou, C. (2008): Kevin noch immer zu Haus: Von Nesthockern im jungen Erwachsenenalter, in: Rietzke, T.; Galuske, M. (Hrsg.): Basiswissen Soziale Arbeit – Lebensalter und Soziale Arbeit. Bd. 4 Junges Erwachsenenalter. Baltmannsweiler, S. 51-68. Zitiert in: Stein, M./Logeman, N. (2012): Jugend in ländlichen Räumen – die Landjugendstudie 2010. Bad Heilbrunn: Verlag Julius Klinkhardt.

Palentien, C.; Hurrelmann, K. (1998): Veränderte Jugend – veränderte Formen der Beteiligung Jugendlicher? In: Palentien, C.; Hurrelmann, K. (Hrsg.): Jugend und Politik. Ein Handbuch für Forschung, Lehre und Praxis, 2. Aufl., Neuwied, S. 11-31. Zitiert in: Stein, M./Logeman, N. (2012): Jugend in ländlichen Räumen – die Landjugendstudie 2010. Bad Heilbrunn: Verlag Julius Klinkhardt.

Sinus-Institut Heidelberg (2014): DIVSI U25-Studie: Kinder, Jugendliche und junge Erwachsene in der digitalen Welt. im Auftrag des Deutschen Instituts für Vertrauen und Sicherheit im Internet (DIVSI). Hamburg.

Slupina, Manuel (2013): Schwere Zeiten für die Jugend auf dem Land. In: LandInForm Spezial 2013, S. 8.

Stein, Margit (2013): Internetnutzung junger Menschen auf dem Land – ein differentieller Vergleich gemäß sozialräumlicher Parameter. In: Zeitschrift für Soziologie der Erziehung und Sozialisation ZSE 33 (4), S. 417–443.

Stein, Margit (2013): Jugend in ländlichen Räumen. Die Landjugendstudie 2010. Bad Heilbrunn: Klinkhardt.

Stein, Margit (2013): Lebenslagen und Lebenswelten Jugendlicher in ländlichen Räumen – erste Ergebnisse der Landjugendstudie 2010. In: Zeitschrift für Jugendarbeit 61 (2), S. 75–83.

Tully, C. J. (2008): Jungsein in der mobilen Gesellschaft. Zum Projekt Jugend als Einbettung zum Beginn des neuen Jahrtausends. In: Bingel, G., Nordmann, A. u. Münchmeier, R. (Hrsg.): Die Gesellschaft und ihre Jugend. Strukturbedingungen jugendlicher Lebenslagen, Opladen u. Farmington Hills, S. 171-188.Usbeck, Prof. Dr. - Büro für Stadt- und Regionalentwicklung GmbH (2003): Regionales Entwicklungskonzept Muldentalkreis. 2. Zwischenbericht, Leipzig. Zitiert in: Becker H, Moser A (2013) Jugend in ländlichen Räumen zwischen Bleiben und Abwandern – Lebenssituation und Zukunftspläne von Jugendlichen in sechs Regionen in Deutschland. Braunschweig: Johann Heinrich von Thünen-Institut, 140 p, Thünen Rep 12.

van Eimeren, Birgit; Frees, Beate (2014): 79 Prozent der Deutschen online – Zuwachs bei mobiler Internetnutzung und Bewegtbild. In: Media Perspektiven 2014 (7-8), S. 378–396.

Vogelgesang, Waldemar; Eisenbürger, Iris; Haubrichs, Alexander; Schorch, Marén (2001): „Meine Zukunft bin ich!". Alltag und Lebensplanung Jugendlicher. Frankfurt, New York: Campus.

Vogt L, Biernatzki R, Kriszan M, Lorleberg W (2015) Ländliche Lebensverhältnisse im Wandel 1952, 1972, 1993, 2012 : Vol. 1, Dörfer als Wohnstandorte. Braunschweig: Johann Heinrich von Thünen-Institut, 87 p, Thünen Rep 32, Vol. 1, DOI:10.3220/REP1445502469000.

Weik, Stefan (2002): Auszug aus dem Elternhaus, Heirat und Elternschaft werden zunehmend aufgeschoben. Verlaufsdatenanalyse zu Ereignissen des Familienzyklus in Deutschland. In: Informationsdienst Soziale Indikatoren 2002 (27), S. 11–14. Online verfügbar unter http://www.ssoar.info/ssoar/handle/document/21355, zuletzt geprüft am 30.10.2014.

Sophie Weingraber

„Wenn der ländliche Raum zum Mikrosystem wird…" Einflüsse auf Interventionsprozesse nach sexuellen Missbrauchserlebnissen von Kindern und Jugendlichen in ländlich geprägten Räumen – ein Stadt-Land-Vergleich

Einleitung

Der Ruf nach dem Ausbau von Unterstützungsmöglichkeiten wird durch den Missbrauchsskandal seit dem Jahr 2010 immer lauter. So plädiert die Bundesregierung mit Hilfe des Runden Tisches „Sexueller Kindesmissbrauch" und der Arbeit der Unabhängigen Beauftragten zur Aufarbeitung des sexuellen Kindesmissbrauchs für Handlungspläne und -programme zu Interventionsmaßnahmen. Gerade für Einrichtungen der Kinder- und Jugendhilfe, die nicht auf sexuellen Missbrauch spezialisiert sind, müssen bedarfsgerechte Interventionsleitfäden erstellt werden. Insbesondere kommt diese Aufgabe Einrichtungen in jenen Gebieten zuteil, in deren Reichweite keine spezialisierte Beratungsstelle gegen sexuellen Missbrauch ansässig ist und die folglich den Bedarf an Unterstützungsanfragen auffangen müssen. So sind in erster Linie ländliche Regionen auf eigens ausgearbeitete Konzepte angewiesen. Hingegen fordert die Bundesregierung einen flächendeckenden Ausbau der Beratungslandschaft bzw. Beratungskompetenz im Rahmen des Hearings der Veranstaltungsreihe „Dialog Kindesmissbrauch – Forderungen und Perspektiven":

> „Damit diese Aufgaben flächendeckend erfüllt werden können, sind der Ausbau und die finanzielle und personelle Absicherung des Fachberatungsstellennetzes bzw. in ländlichen Regionen der Ausbau und die Absicherung von Fachberatungskompetenz notwendig." (Stölzl et. al. 2012, S.4[1]).

Inwieweit eine Fachberatungskompetenz, die in urbanen Räumen ihrem Anspruch gerecht wird gleichzeitig auf ländliche Regionen übertragbar ist kann gegenwärtig noch nicht beantwortet werden. Um die notwendige Fach(beratungs) kompetenz als präsent und vollständig darzulegen benötigt es nicht rein das Wis-

---

[1] Auszug aus dem Förderungskatalog im Zuge des 2. Hearings der Unabhängigen Beauftragten zur Aufarbeitung des sexuellen Kindesmissbrauchs.

sen über sexuellen Missbrauch, sondern auch Erkenntnisse über sozialräumliche Strukturen, die ebenfalls auf Interventionsprozesse einen Einfluss nehmen. Eine exakte Abgrenzung von städtischen zu ländlichen Räumen lässt sich jedoch schwer bestimmen. Es scheint als verbleibe es auf der Ebene theoretischer Herangehensweisen und Faktoren, die ländliche Räume von ausgeprägten städtischen Gebieten abgrenzen. Damit könnten Definitionen weit gefasst werden und qualitative, sowie quantifizierbar-geographische Merkmale (Infrastruktur, Arbeitsmarktangebote, Bevölkerungsdichte) beinhalten (Brandstetter 2009). Nach Stein (2013) können ländliche Räume aufgrund eines neuen Bezugs- und Orientierungsrahmens nicht mehr als homogen betrachtet werden. Ihre zukunftsweisende Perspektive ist die Verbindung zwischen weltweiter Verbundenheit und der Ausrichtung auf den lokalen Raum. Folglich geschieht die Entgrenzung des ländlichen Raums, indem Stadt-Land-Unterschiede nicht mehr wahrgenommen werden, sondern nur als Regionen mit Wohnortsbezug gesehen werden gleichwohl dieser in städtischen oder ländlichen Gebieten liegt. Damit erlangt die Identifizierung mit regionalen Bereichen für Individuen an Bedeutung. Auch Deinet (2004) gibt an, dass die Differenzierung von ländlichen und großstädtischen Räumen in der Offenen Kinder- und Jugendarbeit an Trennschärfe verliert. Insbesondere aufsuchende Ansätze seien in urbanen, wie in ländlichen Bereichen vermehrt erkennbar. Die Offene Kinder- und Jugendarbeit in beiden Regionen lasse sich demnach bis auf sozialräumliche Bedingungen (z.B. die familiäre Situation, religiöse Zugehörigkeit) kaum unterscheiden. Wenn jedoch Hilfen, wie des Allgemeinen Sozialen Dienstes (ASD) betrachtet werden, haben gerade ländliche Räume nach Rädler und Schubert (2012) besonderen Bedarf an Leistungen des ASD. Einen hohen Stellenwert besitzen die Maßnahmen zum Schutz von Kindern und Jugendlichen (Vernachlässigung, sexueller, psychischer und physischer Gewalt). Wiederum verweist Brandstetter (2009) auf das Charakteristikum des Aushandelns von innerfamiliären Konflikten in dörflichen Strukturen und betont dabei die kaum vorhandene Selbstverständlichkeit im Einbezug sozialer institutioneller Hilfen außerhalb der Familie. Hingegen wäre eine traditionelle gegenseitige Unterstützung, wie der Nachbarschaftshilfe in ländlichen zu urbanen Strukturen stärker ausgeprägt. Auch nach Bergmann (2014) fehlt es in ländlichen Räumen an ausgewiesenen Fachberatungsstellen, wie bei sexueller Gewalt. Erstmals wird im Zuge dessen auch die Forderung nach bedarfsgerechten Hilfen für Betroffene mit Migrationshintergrund von politischer Seite ausgesprochen (Bergmann 2014). Um dieser Anweisung gerecht werden zu können, müssen migrationssensible Konzepte eingeführt werden und Einrichtungen der Kinder- und Jugendhilfe sich stärker interkulturell öffnen. Bedacht werden muss, dass die Gradwanderung zwischen der Gefahr Homogenisierungen voranzutreiben und zugleich die Einführung diversitätsbewusster Hilfen zu vermeiden schmal ist. Infolgedessen ist die Anforderung an Einrichtungen der Kinder- und Jugendhilfe in ländlichen

Gebieten nicht nur Interventionsangebote bereitzustellen, sondern auch migrationssensibel zu gestalten. Um diesen Anspruch leisten zu können bedarf es vorerst der Beantwortung der Frage, welchen Einfluss die Struktur ländlicher Regionen und die soziokulturelle Lebenswelt der BewohnerInnen auf Interventionsprozesse nehmen.

Der vorliegende Beitrag zeigt mittels einer qualitativen Untersuchung auf, wie das Umfeld betroffener Kinder und Jugendlichen mit und ohne Migrationshintergrund nach sexuellen Missbrauchserlebnissen in ländlichen Wohnlagen auf den Interventionsprozess wirkt. Erstmalig werden indessen Untersuchungsergebnisse dargelegt, die den ländlichen Raum in Bezug auf Interventionsmaßnahmen förderliche oder hemmende Merkmale betrachten.

1 Theoretischer Input

1.1 Sexueller Missbrauch – eine begriffliche Eingrenzung

Um den Begriff "sexuellen Missbrauchs" besteht in der Literatur nicht nur Uneinigkeit darüber, inwiefern der Begriff kritisch betrachtet werden müsste und ob folglich andere Termini, wie die sexuelle Gewalt, sexuelle Ausbeutung, sexuelle Misshandlung, sexualisierte Gewalt diese Gewaltform besser verdeutlichen würden, sondern auch über die synonyme Bedeutung dieser Begrifflichkeiten (Bange 2002a, Tschauner 2006, Friedrich 2001).

Zudem haben sich, wie Gahleitner (2005) anführt verschiedene Bezeichnungen, wie die sexualisierten Gewalt in der Fachliteratur noch nicht durchgesetzt, wohingegen Deegener (2010) dem Begriff „sexuellen Missbrauchs" häufigere Verwendung in Öffentlichkeit und juristischer Terminologie, wie auch Bange (2015) der Kinderschutzkonvention der Vereinten Nationen (1989) zuschreibt. Vor allem und dies ist in der Definitionsthematik der entscheidende Aspekt, verdeutlicht er ebenfalls das ungleiche Machtgefälle bzw. Autoritätsgefüge und wirkt der Sichtweise entgegen, Betroffene hätten eine Mitschuld an den sexuell übergriffigen Handlungen (Deegener 2010). Wobei u.a. Bange (2002a/2015) anmerkt, dass das Wort „Missbrauch" die Suggestion eines gerechtfertigten sexuellen „Gebrauchens" von Kindern hervorrufen könnte und die Bezeichnung demnach nicht angemessen erscheint. Bestehende Definitionen lassen sich in Klassifikationssysteme kategorisieren und können aus sozialwissenschaftlicher, klinisch-therapeutischer und juristischer Perspektive betrachtet werden. Im vorliegenden Beitrag wird rein eine sozialwissenschaftliche und juristische Perspektive in den Blick genommen. Eine in der Literatur vielzitierte *sozialwissenschaftliche Definition* sexuellen Missbrauchs stammt von Bange und Deegener (1996) und ordnet darunter:

„jede sexuelle Handlung (…), die an oder vor einem Kind entweder gegen den Willen des Kindes vorgenommen wird oder der das Kind aufgrund seiner körperlichen, psychischen, kognitiven oder sprachlichen Unterlegenheit nicht wissentlich zustimmen kann.“ (Bange & Deegener 1996, 105).

Kritisch betrachtet werden kann hier die Phrase „gegen den Willen des Kindes“, da Kinder in die Verantwortung gezogen werden könnten, entscheiden zu müssen, inwiefern sexuelle Handlungen von Erwachsenen an ihnen als gewaltvoll erlebt werden. Allerdings finden sich diese Wörter in Definitionen wieder, weil betroffene Kinder häufig angeben, den sexuellen Kontakt gewollt zu haben. Dahinter verbirgt sich jedoch eine Strategie der Kinder um den Missbrauch bzw. das Erlebte überhaupt psychisch auszuhalten und ebenfalls der Druck seitens der TäterInnen zwingt Kinder zu solchen Aussagen. Zudem ist fraglich, weshalb in zahlreichen Definitionen die Unterlegenheit bzw. der nicht gleiche Entwicklungsstand des Kindes gegenüber Erwachsenen beachtet wird, obwohl dies trotz Befürwortern der Pädosexualität als unbestreitbares Faktum anerkannt werden muss (vgl. Deegener 2010, 22; Gahleitner 2005; Reh et. al. 2012). Unter diesem Gesichtspunkt diskutiert Harten (2005), dass in vielen Fällen Kinder ihre Missbrauchserlebnisse ambivalent erfahren. Sie können sich gegen etwas wiedersetzen und dabei eine gewisse Neugierde entwickeln. Damit müsste dem Willen des Kindes Bedeutung geschenkt werden. Dem gegenüber besteht Einigkeit, dass prinzipiell Erwachsenen die pädagogische Verantwortung einer Handlung obliegt (Harten, 2005). Folglich ist ein Missbrauch dort gegeben, „wo ein Erwachsener die Differenz zwischen Kind und Erwachsenem negiert und das Kind zur Befriedigung eigener Bedürfnisse benutzt, wo also das Kind in eine ‚falsche Rolle‘ gedrängt wird.“ (ebd., 117).
Damit sei nach Bange (2004) jede sexuelle Handlung zwischen Erwachsenen und Kindern aufgrund des strukturellen Machtgefälles, sowie ihrer asymmetrischen Machtbeziehung sexueller Missbrauch (Bange 2004). Auch das deutsche Strafgesetzbuch bezieht den Willen der Person im Fall eines sexuellen Missbrauchs an Kindern nicht mit ein, wobei der sexuelle Missbrauch an Jugendlichen (Minderjährigen) die Selbstbestimmung hinsichtlich sexueller Handlungen mit einschließt (StGB §180).
Eine Erstellung eigener Nominaldefinitionen für Untersuchungen und Darstellungen sexuellen Missbrauchs bleibt nicht aus. Die Autorin bezieht in eigenen Nominaldefinitionen sozialwissenschaftliche und juristische Perspektiven mit ein und differenziert den sexuellen Missbrauch von erwachsenen Personen an Kindern und Jugendlichen, sowie unter Kindern und/oder Jugendlichen unter Berücksichtigung der in der deutschen Bundesrepublik gesetzlich festgelegten Altersgrenzen (StGB § 173- §180).

Tab. 1: Eigens erstellte Nominaldefinitionen sexuellen Missbrauchs in Anlehnung an sozialwissenschaftliche (Bange/Deegener 1996, S. 105) und
juristische Definitionen

Sexueller Missbrauch	Nominaldefinition
von Erwachsenen an Kindern	Jede sexuelle Handlung vor und an einem Kind ist sexueller Missbrauch.
a. von Erwachsenen an Jugendlichen b. unter Jugendlichen	Sexueller Missbrauch ist jede sexuelle Handlung, die an oder vor einem/einer Jugendlichen entweder gegen den Willen des/der Jugendlichen vorgenommen wird oder der ein Jugendlicher/eine Jugendliche aufgrund seiner/ihrer „körperlichen, psychischen, kognitiven oder sprachlichen Unterlegenheit nicht wissentlich zustimmen kann." (Bange/Deegener 1996, S. 105).
a. von Jugendlichen an Kindern b. unter Kindern	Sexueller Missbrauch ist jede sexuelle Handlung, die ein Kind „an oder vor einem [anderen, S.W.] Kind entweder gegen den Willen des Kindes (…) [durchführt, S.W.] oder der das Kind aufgrund seiner körperlichen, psychischen, kognitiven oder sprachlichen Unterlegenheit nicht wissentlich zustimmen kann." (ebd.).

1.2 Sexueller Missbrauch an Kindern und Jugendlichen mit Migrationshintergrund

Sexueller Missbrauch ist eine schichtunabhängige und kulturunspezifische Gewaltform (Finkel 2002).

Es kann folglich festgehalten werden, dass sich der sexuelle Missbrauch im ländlichen, wie im städtischen Bereich nicht unterschiedlich, weder in der Prävalenz, noch in den Formen darstellt. Obwohl der Kindesmisshandlung, worunter auch der sexuelle Missbrauch sich verorten lässt, u.a. eine sozioökonomische Ursache zugrunde liegen soll. So können aber nach Maywald (2012) zwischen Regionen, die eine ähnliche Einkommensarmut aufweisen, deutlich differente Ergebnisse in den Misshandlungsraten erkannt werden.

> Doch „eine zu große Heterogenität als auch eine zu stärke Homogenität in der Zusammensetzung der Bevölkerung erhöhen die Risiken für das Vorkommen bzw. Nicht-Erkennen innerfamiliärer Gewalt". (Maywald 2012, 255).

Auch Anpassungsschwierigkeiten (z.B. kulturbedingter Art) seien für ein erhöhtes Risiko von innerfamiliärer Gewalt verantwortlich, besonders wenn geringe Assimilationschancen im Aufnahmeland gepaart mit einer schwachen Verwurzelung im Herkunftsland gegeben sind (ebd.). Wenn wie hier angesprochen die Integrations- und Assimilationschancen eine Ursache der Kindesmisshandlung und damit auch in der Prävalenz sexuellen Missbrauchs eine Rolle spielen, könnte fälschlicherweise davon ausgegangen werden, dass ein sexueller Missbrauch in Migrantenfamilien häufiger als bei einheimischen Familien vorkommt.

Die erste und gegenwertig einzige bundesweite Prävalenzstudie sexuellen Missbrauch, die vom Kriminologischen Forschungsinstitut Niedersachsens durchgeführt wurde und damit die Datenbasis aus dem Jahr 1992 erneuert, sowie erstmalig auch den sexuellen Missbrauchs an Kindern und Jugendlichen mit Migrationshintergrund berücksichtigt, umfasst eine Quotenstichprobe von insgesamt 11.428 Personen im Alter von 16 bis 40 Jahren.

Das Durchschnittsalter der ProbandInnen liegt bei 27 Jahren. Rund 20% der befragten Personen weisen einen türkischen oder russischen Migrationshintergrund auf. Der Begriff des Migrationshintergrundes orientiert sich an der Definition des Statistischen Bundesamtes (2013), nachdem Personen mit Migrationshintergrund all jene sind,

> „die nach 1949 auf das heutige Gebiet der Bundesrepublik Deutschland zugezogen sind, alle in Deutschland geborenen Ausländer/-innen und alle in Deutschland mit deutscher Staatsangehörigkeit Geborene mit zumindest einem zugezogenen oder als Ausländer in Deutschland geborenen Elternteil.“

Die in der Untersuchung herangezogenen drei Teilnehmergruppen (türkischem, russischem Migrationshintergrund und einheimisch Deutsche ohne Migrationshintergrund) wurden aufgrund der häufigsten vertretenen Gruppen in Deutschland ausgewählt und vergleichend gegenübergestellt. Die gemäß den Quotenmerkmalen repräsentativen Teilstichproben der befragten Personen mit russischem (n= 1.101; 45% männlich) oder türkischem (n= 1.152; 53,4% männlich) Migrationshintergrund ergeben im Vergleich mit der untersuchten Gruppe ohne Migrationshintergrund signifikante Unterschiede bezüglich der Betroffenenrate von exhibitionistischen Handlungen und sexuellen Missbrauchs. Befragte mit einem türkischen Migrationshintergrund zeigen in allen drei Missbrauchskategorien (Entblößen, sexueller Missbrauch mit Körperkontakt und sonstige sexuelle Handlungen) eine niedrigere Prävalenz als Befragte ohne oder mit russischem Migrationshintergrund. Nur ein Viertel der türkischstämmigen Befragten (1,1%) haben nach der Analyse der Ergebnisse einen sexuellen Missbrauch im Gegensatz zu deutschstämmigen Befragten (4,4%) erlebt. Russischstämmige Befragte weisen mit 4,2% eine nahezu gleiche Prävalenzrate auf. Im Hinblick auf die Kategorie der erlebten exhibitionistischen Handlungen, erfuhren russischstämmige Befragte über 1,5 Mal so häufig wie Befragte ohne Migrationshintergrund bis zum 16. Lebensjahr diese Gewaltform, während Befragte mit türkischem Migrationshintergrund auch hier mit 1,6% die niedrigste Betroffenheitsrate kennzeichnen. Kulturelle Aspekte oder Generalisierungen werden in der Prävalenzstudie für Erklärungen primär nicht herangezogen, obgleich zum Ende hin die niedrige Betroffenheitsrate türkischer Migrantinnen mit einer vermuteten stärkeren familiären Kontrolle begründet wird (Stadler et. al. 2012).

Dennoch ist die (auch wissenschaftliche) Literatur nicht frei von Kulturalisierungen und stereotypen Vorstellungen gegenüber Migrantinnen. Beispielsweise fragt Spitzl (1992) in ihrer Untersuchung über „Sexuellen Missbrauch an Mädchen aus der Türkei", ob dieser in manchen Kulturen häufiger auftritt als in anderen. Sie versucht anhand bestimmter Herkunftskulturen den sexuellen Missbrauch mittels kultureller Faktoren zu begründen. Andere Aspekte, wie Lebensumstände werden von ihr außer Acht gelassen (Prasad, 1996 & 2008).

Auch die gegenwertige Literatur zu sexuellem Missbrauch an Kindern und Jugendlichen mit Migrationshintergrund geht ebenfalls auf kulturelle Faktoren ein. So bezieht Kizilhan (2015) in seine Überlegungen traditionelle Wertvorstellungen, kollektivistische Denkweisen mit ein und verbindet diese ausschließlich mit Migrationsfamilien. Zudem führt er an, dass die Sorge über eine Ausgrenzung aus einer sozialen Gemeinschaft, die ein Verheimlichen des sexuellen Missbrauchs begründet, „bei traditionellen Kulturen z.B. islamischen Kulturen aufgrund religionsspezifischer Vorstellungen von Sexualität" zu psychischen Erkrankungen beiträgt (Kizilhan 2015, 400). Ähnlich konstatieren dies Stoltenborgh et. al. (2011) und nehmen an, dass in kollektivistische Kulturen (z.B. asiatischen Kulturen) der sexuelle Missbrauch eher verschwiegen wird als in individualistisch orientierten Gesellschaften. Auch könnten kulturelle Unterschiede im Hinblick auf die Sexualität und die sexuelle Zurückhaltung, die Prävalenz von sexuellem Missbrauch und/oder die Bereitschaft der Betroffenen in ihrem Disclosureprozess beeinflussen.

Das, wie Kizilhan (2015) beschreibt, Befürchtungen über einen Ausschluss aus einer Gemeinschaft ein Verschweigen der Missbrauchserlebnisse begünstigt und dies wiederum Auswirkungen auf die psychosoziale Genesung der Betroffenen besitzt, kann unkritisch dargelegt werden. Diverse Erkenntnisse sind nötig, da betroffene Kinder und Jugendliche mit Migrationshintergrund aufgrund dessen einer doppelten Stigmatisierung unterliegen würden: Sie sind „Opfer" sexuellen Missbrauchs und ihrer „kulturellen" Herkunft. Wesentlich erscheint auch, inwiefern bestimmte sozialräumliche Strukturen Interventionsprozesse beeinflussen und ob in diesen auch Kinder und Jugendliche ohne Migrationshintergrund von Stigmatisierungstendenzen ausgesetzt sind.

1.3 Intervention – zwischen „den Regeln der Kunst" und strikten Handlungsleitlinien

Der Interventionsprozess nach sexuellen Missbrauchserfahrungen ist wie Bange (2002b) ihn in einem Beitrag mit den Worten „die Regeln der Kunst" betitelt, vielseitig und von enormer Heterogenität in den Handlungen von Fachkräften und Betroffenen, sowie ihrer Familien gekennzeichnet. Fachkräfte bewegen sich hier immer wieder zwischen Kontrolle und Empathie (Bange/Körner 2004). Diese Heterogenität im Vorgehen liegt nicht nur darin begründet, dass sexueller Missbrauch ein höchst komplexes, schwer mit anderen Fällen sexuellen Missbrauchs vergleichbares Gefüge (z.b. hinsichtlich der Viktimisierungserfahrungen, Missbrauchsdynamiken, Folgen, etc.) annehmen kann, sondern auch wie sich die im Interventionsprozess beteiligten Fachkräfte, Einrichtungen mit ihren Professionsstandards und ihrer Organisationskultur darstellen bzw. überhaupt in Reichweite der Betroffenen sind. So konnten Kavemann, Nagel & Hertlein (2015) in ihrer quantitativen Erhebung zur Angebotsstruktur spezialisierter Fachberatungsstellen gegen sexuellen Missbrauch in Deutschland ermitteln, dass von 240 befragten Beratungsstellen 42 in eher Kleinstädten bzw. ländlichen Regionen[2] angesiedelt sind. Gerade ländliche Räume in Deutschland würden enorme Versorgungslücken aufweisen. Geschlossen werden die bestehenden Lücken an ausreichend vorhandenen Fachberatungsstellen durch andere Kinder- und Jugendhilfeeinrichtungen. Damit wird der Ruf nach adäquaten, ubiquitär gültigen Handlungsleitlinien wie Bange & Körner (2004) angeben immer lauter. Feste, verbindliche Standards sind jedoch aufgrund des Postulats die Individualität des Falls zu beachten nicht möglich und müssen bei jeder Intervention neu ausgelotet werden. Wobei fälschlicherweise nicht gedacht werden darf, dass nicht auf einen gewissen Erfahrungsschatz zurückgegriffen werden kann und damit Interventionsprozesse für Fachkräfte erleichternd wirken könnten. Andererseits bleibt es nach Bange & Körner (2004) immer eine Gradwanderung zwischen Eingriff und Unterstützung und schließt ein sensibles, geduldiges Vorgehen der Fachkraft mit ein (siehe auch: Bange, 2002b „die Regeln der Kunst"). Doch wo beginnt eine Intervention und ist es mit der tertiären Prävention, die als „Behandlung" bezeichnet wird (Maywald 2012), synonym zu setzen? Intervention bezeichnet nach Kalshorn & Brockhaus (1993, S.166)

„alle Maßnahmen, die darauf abzielen, einen Verdacht auf sexuelle Ausbeutung abzuklären; eine Ausbeutungssituation zu beenden; dem Opfer die Verarbeitung der Erfahrung zu erleichtern; andere potentielle Opfer des gleichen Täters ausfindig zu machen und zu unterstützen; den Täter zur Rechenschaft zu ziehen und weitere sexuelle Gewalthandlungen durch den Täter zu verhindern".

---

2 Anm. d. Verf.: Die Autorinnen definieren eine „Kleinstadt" als Stadt mit weniger als 40.000 EinwohnerInnen und ländlichem Einzugsgebiet.

Vernachlässigt wird in dieser Definition der gesamte Bezugsrahmen des betroffenen Kindes und Jugendlichen. Das Umfeld und der systemische Blick darauf scheinen gänzlich aus dem Fokus zu rücken. Auch Bange & Körner (2004) empfehlen in Interventionsstrategien alle betroffenen Personen (d.h. Beschuldigte, nicht-missbrauchende Eltern(-teile) und nicht-betroffene Geschwister) in ein therapeutisches und/oder beraterisches Setting einzubinden. Ihnen sollen ebenfalls Hilfsangebote, jedoch andere als den Betroffenen mit Missbrauchserfahrung, zur Verfügung stehen. Gleichermaßen postuliert dies Büschges-Abel (2011) und fordert nicht nur einen Einbezug in die Hilfeplanung der Eltern des betroffenen Kindes, sondern auch eine Kooperation und Offenheit pädagogischer, therapeutischer und juristischer Positionen im Hilfeprozess. Begründet wird der tabufreie und offene Raum der Kooperation mit der Bekämpfung des Geheimhaltungsdrucks der bei Missbrauch meist (mitunter in der gesamten Familie) gegeben ist. Zudem können auch intervenierende Personen, wie TherapeutInnen oder SozialpädagogInnen Teil des dysfunktionalen Systems werden, indem sie das Missbrauchsgeheimnis aufrechterhalten und dem Kinderschutz nicht die nötige Rechnung tragen (Büschges-Abel 2011).

Kalshorn & Brockhaus (1993) beziehen in ihrer Definition auch Maßnahmen zur Verdachtsabklärung mit ein und bewegen sich daher nahe dem gegenwärtig immer häufiger in der Literatur verwendeten Begriffs „Disclosure", der die Offenlegung, Aufdeckung sexuellen Missbrauchs und indessen das „Sich-an-jemanden-Anzuvertrauen" meint. Nicht unproblematisch zu sehen ist der englische Terminus, da nicht klar benannt wird, wann eine Offenlegung als solche deklariert werden kann und welche Signale (verbal oder nonverbal) als Aufdeckung des Missbrauchs anzusehen sind. Damit könnte die Offenlegung als punktuelles Moment gedeutet werden oder als fließender Prozess, der sich schon in gemalten Bildern der Kinder zeigt und konkrete bis mutmaßende Viktimisierungserfahrungen erkennen lässt (Mosser 2009). Darüber hinaus ist nicht hinreichend tituliert, wer von den sexuellen Missbrauchserlebnissen der Kinder oder Jugendlichen in Kenntnis gesetzt werden muss, um von einer Offenlegung zu sprechen. Zielt der Begriff damit auf staatliche Behörden, soziale Einrichtungen oder einzelne Personen (wie Familienmitglieder), die Wissen über die Missbrauchstat erlangen müssten? Aufgrund unzureichend vorhandener Definitionen in der Fachliteratur wird „Disclosure" von der Autorin als Prozess gesehen, der bei einer Verdachtsaufklärung beginnt und sich bis zur gerichtlichen oder medialen Öffentlichkeit zieht, sowie die betroffene Person und ihr näheres soziales Umfeld durch Einbezug verschiedener Fach- und Einrichtungen in ihrer Verarbeitung unterstützt. Kritisch betrachtet werden könnte der Begriff hinsichtlich seiner Voraussetzung etwas „aufdecken" zu müssen. Damit würde er im Vorfeld eine ganz bestimmte Einstellung festlegen (Bange/Körner 2004). Doch auch wenn Vermutungen über einen sexuellen Missbrauch eines Kindes bestehen, bleibt das Abwägen und Ergründen von Signalen des Kindes bestehen und kann wiederum durch „die Regeln der Kunst" nach Bange (2002b) beschrieben werden. Aufgrund wissenschaftlicher Forschungen bestehen gegenwertig im Hinblick auf Disclosureprozesse von betroffenen Kindern und Jugendlichen zahlreiche Ergebnisse (siehe Smith et al. 2000; Priebe/Svedin 2008; Unger et al. 2009; Hunter 2011). Jedoch gibt es nur vereinzelt Studien zu Disclosureprozessen von Betroffenen mit Migrationshintergrund, die vor allem aus dem anglo-amerikanischen Raum stammen (siehe Feiring, Coates/Taska 2001; Gilligan/Akhtar 2005; Misurell/Springer 2013). Inwieweit aber auch eine ländliche Wohnlage einen Einfluss auf Disclosureprozesse besitzt, ist gegenwärtig nicht belegt.

Intervention kann wie Disclosure als weit gefasster Begriff verstanden werden, der unterschiedliche Ebenen und Schritte beinhaltet. Nach Scheufele (2005) kann die Intervention und Prävention sexuellen Missbrauchs in drei Bereiche gegliedert werden:

• Täterbezogene Intervention/Prävention
• Opferbezogene Intervention/Prävention
• Gesellschaftsbezogene Intervention/Prävention

Für Scheufele (2005) zielt eine Täterbezogene Intervention mehr auf strafrechtliche Interventionen, wobei die Opferbezogene Intervention u.a. die Beendigung der Missbrauchssituation und ihre Aufarbeitung beinhaltet und die gesellschaftsbezogene Intervention ihr Augenmerk auf Maßnahmen der (primären) Prävention richtet, d.h. die Beseitigung patriarchaler Strukturen, Erziehung von Kindern/Jugendlichen, Aufklärung, sozialstrukturelle Veränderungen der Gesellschaft, etc. Die Autorin orientiert sich an den von Scheufele (2005) erstellten Interventionsmaßnahmen und different in Anlehnung an Bronfenbrenner (1981) vier Ebenen ausgehend von Betroffenen sexuellen Missbrauchs, die Einfluss auf den Interventionsprozess nehmen:

Tab. 2: Einflüsse ausgehend von Betroffenen sexuellen Missbrauchs auf den Interventionsprozess in Anlehnung an Scheufle (2005) und dem ökosyste-
mischen Ansatz nach Bronfenbrenner (1981).

Mikroebene	Mesoebene	Exoebene	Makroebene
• Therapie-, • Beratungs-, • gerichtlicher Prozess/Gerichtshilfe (in dem eigene Ressourcen d.h. psychische, physische, psychosoziale Faktoren relevant sind) • Opferschutz	• Einbezug der Familienmitglieder in Beratung und Therapie)	• Soziales Umfeld der Betroffenen • Austausch der Fachkräfte untereinander und ihre Profession, • Vernetzung und Vorhandensein von Einrichtungen der Kinder- und Jugendhilfe	• Gesundheitssystem, • politisches System, • strafrechtliche Maßnahmen, • Aufklärung über sexuellen Missbrauch, • Beseitigung patriarchaler Strukturen, • sozialstrukturelle Veränderungen, • Erziehung von Kindern und Jugendlichen, • Bedarfsgerechte Hilfen für Betroffene

Die Mikroebene der betroffenen Kinder und Jugendlichen spiegelt ihre direkten
Beziehungen im Interventionsprozess wieder, wie ihre Einbindung in therapeu-
tische Maßnahmen oder in einen gerichtlichen Prozess nach Anzeige des Tätes/
der Täterin. Hingegen dazu stellt die Mesoebene die Beziehungen der einzelnen
Mikrosysteme dar und bezieht sich beispielsweise auf die Interaktion zwischen
Therapeutin und den Eltern des betroffenen Kindes. Hinsichtlich des Exosystems
in Interventionen spielen Beziehungsgeflechte eine Rolle, dem die Betroffenen
nicht direkt angehören, die jedoch einen Einfluss auf sie besitzen (z.B. die Ausgrenzung der betroffenen Kinder und Jugendlichen und ihrer Familie aus sozialen
Gemeinschaften). Das Makrosystem beinhaltet alle gesellschaftlichen Beziehungen, die wiederum relevant für erfolgreiche Interventionsprozesse anzusehen sind.

2 Eine qualitative Untersuchung zum Interventionsprozess nach sexuellen Missbrauchserlebnissen von Kindern und Jugendlichen im ländlichen Raum

2.1 Methodisches Vorgehen und Stichprobenbeschreibung

Es wurden sieben problemzentrierte Interviews im Rahmen qualitativer ExpertInneninterviews durchgeführt und dazu Kinder- und JugendpsychotherapeutInnen zum Interventionsprozess mit von sexuellem Missbrauch betroffenen Kindern und Jugendlichen in einem ländlich geprägten Raum befragt.

Die ca. eineinhalbstündig umfassenden Interviews wurden mittels qualitativer Inhaltsanalyse nach Mayring (2010) ausgewertet. Der Fokus hinsichtlich der Auswertung und Darstellung der Ergebnisse liegt auf dem Stadt-Land-Vergleich und dem Vergleich von Interventionsprozessen von Kindern und Jugendlichen mit und ohne Migrationshintergrund. Als ExpertInnen galten all jene, die mit betroffenen Kindern und Jugendlichen mit und ohne Migrationshintergrund arbeiten und die, wie in ihrer beruflichen Biographie ersichtlich nicht nur im ländlichen Raum als PsychotherapeutInnen tätig sind, sondern auch in urbanen Räumen (in Kinder- und Jugendpsychiatrien, eigener Praxis, Einrichtungen der Kinder- und Jugendhilfe) gearbeitet haben. Die Befragung von PsychotherapeutInnen erwies sich für die vorliegende sinnrekonstruierend-fremdverstehende Untersuchung als nützlich, da sie wie Seel (2014) anführt gerade durch ihre reflexive Haltung gesellschaftliche Zusammenhänge erkennen und nicht nur das „Tun" in den Vordergrund ihrer Überlegungen einbeziehen, sondern auch das „Sein" des Klienten und ihrer eigenen Subjektkonstruktion. Die ExpertInnen arbeiten überwiegend in eigener Praxis, wobei u.a. eine Expertin in Teilzeit in einer Erziehungsberatungsstelle beschäftigt ist und zwei weitere in einer Fremdunterbringung für Kinder und Jugendliche tätig sind. Eine Nennung des Erhebungsortes erfolgt nicht, um aufgrund der geringen Anzahl an PsychotherapeutInnen im ländlichen Raum deren Anonymität zu wahren. Der ländliche Raum als Erhebungsort wurde ausgewählt, weil er mit knapp 30 Prozent einen hohen Anteil an EinwohnerInnen mit Migrationshintergrund aufweist.

2.2 Darstellung der Ergebnisse

Die Ergebnisdarstellung beschränkt sich aufgrund der Komplexität und des Einbezugs der ländlichen Region auf Interventionsmaßnahmen zweier Ebenen (Meso- und Exoebene), die im Interventionsprozess einen Einfluss auf betroffene Kinder und Jugendliche besitzen. Dementsprechend wurden die Interviews nach den Ebenen der jeweils zugeordneten Interventionsmaßnahmen ausgewertet. Aufgrund dessen können wie in Abbildung 2 ersichtlich folgende Kategorien angeführt werden:

1. Mesoebene:
   • Einbezug der Familienmitglieder
2. Exoebene:
   • Umfeld der Opfer
   • Vorhandensein von Einrichtungen der Kinder- und Jugendhilfe im ländlichen Raum
   • Austausch der Fachkräfte untereinander und ihre Profession
   • Vernetzung und Vorhandensein von Einrichtungen der Kinder- und Jugendhilfe

Der Fokus liegt primär auf den Ergebnissen der Exoebene, da gerade der ländliche Raum durch seine strukturellen und soziokulturellen Bedingungen auf Interventionsprozesse der Betroffenen wirkt. Indessen wird in der Ergebnisdarstellung die hintergründige Frage nach dem Einfluss des ländlichen Raumes auf Interventionsprozesse mit Kindern und Jugendlichen vergleichend zu städtischen Gebieten beantwortet. Ferner wird nicht nur die Bedeutung ländlicher Strukturen für betroffene Kinder und Jugendliche einheimisch deutscher Herkunft, sondern gerade auch für Kinder und Jugendliche mit Migrationshintergrund betrachtet. Die letzten zwei angeführten Kategorien werden in einem Kapitel zusammengefasst, da hier Überschneidungen sichtbar werden und eine Trennung nicht sinnvoll erscheint.

2.2.1 Kurze Beschreibung der betroffenen Kinder und Jugendlichen

Bevor die einzelnen Kategorien diskutiert werden, soll eine kurze Beschreibung der KlientInnen, der befragten ExpertInnen, die von sexuellem Missbrauch betroffen sind erfolgen.

Feststellbar ist, dass die KlientInnen überwiegend einheimisch deutscher Herkunft sind. Ein geringerer Teil weist demnach einen Migrationshintergrund auf. Der Leitfaden konzentrierte sich auf Fragen zu Kindern und Jugendlichen mit türkischem und GUS-Migrationshintergrund, wobei die ExpertInnen angaben KlientInnen mit unterschiedlichen Migrationshintergründen zu beraten. Ebenfalls würden die ExpertInnen einen Migrationshintergrund nur dann erkennen, wenn die KlientInnen ihren Migrationshintergrund während des Therapieprozesses thematisieren. Aufgrund dieser Ausgangslage verzichtete die Interviewerin vielfach auf eine genaue Nachfrage der Herkunftsländer (der KlientInnen und/oder ihrer Familie). Die KlientInnen sind überwiegend Mädchen im Jugendalter. Nahezu alle Mädchen mit Migrationshintergrund sind nach Angabe der ExpertInnen in Deutschland geboren und sprachliche Barrieren werden daher in der Therapie nicht wahrgenommen. Überwiegend hätten die KlientInnen einen innerfamiliären sexuellen Missbrauch erlebt. In den wenigsten Fällen ist der Aufnahmegrund einer psychotherapeutischen Hilfe der Betroffenen der erlebte sexuelle Missbrauch. In erster Linie gelten als Gründe psychische, psychosomatische Beschwerden und/oder soziale Verhaltensauffälligkeiten.

2.2.2 Einbezug der Familienmitglieder

Im Hinblick auf den Einbezug der Familienmitglieder in den Interventionsprozess muss nicht nur nach einem außer- und innerfamiliären sexuellem Missbrauch unterschieden werden, sondern auch nach dem Alter der Betroffenen. Wie die ExpertInnen angeben, ist es bei einem außerfamiliären sexuellen Missbrauch, der durch Nachbarn, Freunde der Eltern der/des Betroffenen oder den Eltern (nahezu) unbekannten Personen ausgeübt wird, einfacher die Eltern der Betroffenen über den Missbrauch aufzuklären und gemeinsam Interventionsmöglichkeiten abzustimmen. Doch gerade wenn Kinder von sexuellem Missbrauch betroffen sind, stehen die ExpertInnen in der Verpflichtung dem Kinderschutzauftrag gerecht zu werden und müssen den Missbrauch dem zuständigen Jugendamt melden, das gegebenenfalls weitere Möglichkeiten der Intervention auslotet. Im Fall eines sexuellen Missbrauchs an Jugendlichen können die ExpertInnen den Einbezug der Eltern in Absprache mit den von Missbrauch betroffenen Jugendlichen klären. In wenigen Fällen jedoch wünschen Jugendliche, den sexuellen Missbrauch vor ihren Eltern öffentlich zu machen. Dieses Vorgehen würde der Definition des Begriffs „Disclosure" nicht gerecht werden und bliebe auf der reinen Verdachtsabklärung und der Unterstützung der Verarbeitungsprozesse der Betroffenen beschränkt (siehe Kapitel 1.3). In der Regel werden die Eltern der betroffenen Kinder und Jugendlichen von den ExpertInnen zu einem Gespräch gebeten, in dem nicht der sexuelle Missbrauch thematisiert wird, sondern die Sichtweisen der Eltern in Erfahrung gebracht werden. Diesbezüglich spielt nach Angabe der ExpertInnen ein Migrationshintergrund der Eltern eine Rolle. Gerade sprachliche Barrieren der Erziehungsberechtigten werden von den ExpertInnen für die Elternarbeit als Hindernis erkannt und eingehend in den Interviews thematisiert. Vordergründig besitzen allerdings die Mütter mit Migrationserfahrung oftmals wenig bis keine Deutschkenntnisse und sind auf die Übersetzungen ihrer Kinder oder Ehemänner angewiesen. Hierhin zeichnet sich nach Meinung der ExpertInnen ein wesentliches Problem ab, da einerseits die Kinder in die Rolle von VermittlerInnen zwischen Eltern und TherapeutInnen gedrängt werden und andererseits die TherapeutInnen darüber keine Kenntnis erlangen, inwieweit eine adäquate Übersetzung stattfindet.

> „Dann habe ich die hier die, die mit Eltern türkisch spricht und der Vater spricht relativ gut Deutsch. Die Frau lässt einen schwall von fünf Minuten hier raus und der Vater sagt es ist alles in Ordnung (lacht). Und ich sehe das Mädchen, also dass die Tochter die Augen rollt. Das ist ein Handikap. […] Das ist jenseits von Gut und Böse für mich. Und was auch so schwierig ist, ich kann ja auch den Tonfall nicht einschätzen." (Expertin 1)

Qualifizierte DolmetscherInnen können meist nicht heran gezogen werden (siehe Kapitel 2.2.4). Ebenfalls sind sprachliche Barrieren ein Hindernis für die Suche nach geeigneten Unterstützungsmöglichkeiten der Eltern. Vor allem im ländlichen Raum gestalten sich solche Prozesse als Herausforderung. In den wenigsten Fällen werden z.B. PsychotherapeutInnen mit Migrationshintergrund und gleicher Muttersprache in umliegenden Regionen gefunden. Die Hilfesuchenden sind dazu angewiesen in weit entfernten Städten Beratungen und Psychotherapien in Anspruch zu nehmen. Dennoch lässt sich auch in Bezug auf die sprachlichen Differenzen eine enorme Heterogenität erkennen, sodass keine gesicherten Aussagen nach einer Migrantengruppe erfolgen können. Ferner geben alle ExpertInnen an, dass im ländlichen Raum der Alkoholkonsum von Vätern und auch der anderer männlicher erwachsenen Familienmitglieder der betroffenen KlientInnen als sehr hoch eingeschätzt wird. Daraus resultiere zwar kein Grund sexuellen Missbrauchs, jedoch würde die Hemmschwelle für einmalige sexuelle Übergriffe erleichtert werden. Demnach wären laut einer Expertin auf Feiern drei ihrer Klientinnen mit russischem Migrationshintergrund im Jugendalter von erwachsenen Familienangehörigen sexuell missbraucht worden. Nicht ausschließen würde die Expertin, dass auch einheimisch deutsche Kinder und Jugendliche gleichermaßen davon betroffen sein könnten. Zudem sei vorrangig an dieser Stelle ein erfolgreicher Disclosurprozess, d.h. der Einbezug der Eltern schwieriger zu gestalten. Letzteres wird die Offenlegung des Missbrauchs von dem Großteil der betroffenen Jugendlichen gegenüber ihren Erziehungsberechtigten vehement abgelehnt, da die Sorge um den Verlust und/oder das Zerbrechen der Familie im Vordergrund steht. Vor allem für Mädchen mit türkischem Migrationshintergrund sei die Befürchtung vor einem Abbruch mit ihrer Familie größer als für Jugendliche ohne Migrationshintergrund. Als Gründe mutmaßen die ExpertInnen die fehlenden Ressourcen der Jugendlichen außerhalb der Familie und nicht wie vermutet eine stärkere familiäre Orientierung, die auch im ländlichen Raum bei Familien ohne Migrationshintergrund vermehrt spürbar sei. Befürchtungen von Beziehungsabbrüchen, gerade zur Kernfamilie sind jedoch kein Charakteristikum eines ländlichen Raumes, sondern spezifisch für Interventionsprozesse sexuellen Missbrauchs.

2.2.3 Umfeld der Betroffenen

Unter dem Umfeld der Betroffenen werden all jene Aspekte verstanden, die den Interventionsprozess der betroffenen Kinder und Jugendlichen indirekt beeinflussen und ihre gesamte Lebenswelt betreffen.

Die ExpertInnen beziehen sich hierbei primär auf Barrieren und für den Interventionsprozess förderliche Zusammenhänge, die vor allem die Aufdeckung sexuellen Missbrauchs begünstigen oder hemmen. So kann in erster Linie die soziale Kontrolle, die überwiegend in ländlich geprägten Räumen vorherrschend ist, genannt werden. Sie würde nach Meinung der ExpertInnen ein Hemmnis für die Öffentlichkeitsmachung sexuellen Missbrauchs darstellen, weil die Familien der betroffenen Kinder und Jugendlichen stärker in soziale Gemeinschaften eingebunden sind, als es in Städten der Fall wäre. Demnach wären ländliche Räume kollektivistisch ausgerichtet, wohingegen Städte vermehrt einen individuellen Lebensstil fördern würden. Interessant ist diese Auffassung kollektivistisch geprägter Kulturen, da eine solche Behauptung eher Migrantenfamilien als einheimisch deutschen Familien zugeschrieben wird (siehe Kapitel 1.2). Auf die Frage, ob diesbezüglich kein Unterschied der sozialen Kontrolle zwischen einheimisch deutschen Familien und Migrantenfamilien im ländlichen Raum erkennbar ist, antwortet eine Expertin:

> „JA, absolut. Genau. Man hat verschissen bis ans Ende seiner Tage, wenn man das hier öffentlich macht. Vor einigen Jahren ist ein Missbrauch in so einem Minidörfchen hier in der Nähe aufgedeckt worden. Das hatte extreme Wellen, weil das ja unglaublich viel nach sich gezogen hat. Also wer da noch alles drin verwickelt war und dann die ganze Familie geächtet war. Weiß der Geier. Und dann hat man darüber ein Haus oder eine kleine Landwirtschaft und dann geht man da nicht weg. Das glaube ich macht viel aus. […] Da ist kein Unterschied." (Expertin 3).

Trotz des kaum spürbaren Unterschiedes fördere alleine der Status des Migrationshintergrundes die Tabuisierung des Missbrauchsgeschehens und eine deutlich verstärkte Zurückhaltung der betroffenen Jugendlichen im Disclosureprozess. Zudem beeinflusst auch ein höherer Bekanntheitsgrad der Familien in ländlichen Gegenden die Notwendigkeit einer Schweigepflicht von PsychotherapeutInnen und damit die Gewinnung des Vertrauens der Jugendlichen. Für betroffene Jugendliche sei die Schweigepflicht maßgeblicher Einflussfaktor für die Inanspruchnahme einer Psychotherapie. Die befragten ExpertInnen sind angehalten ihre Schweigepflicht vor ihren KlientInnen stärker zu betonen als sie es bei Betroffenen aus Städten angeben mussten. Zum Teil wird ihnen das wiedergespiegelt, indem betroffene Jugendliche angeben, dass weder ihre Namen noch Gründe der Inanspruchnahme therapeutischer Unterstützung an Dritte weiterreicht wurden und sie diese Information ansonsten im Austausch in ihrer sozialen Gemeinschaft erfahren hätten.

Auch eine Herausnahme betroffener Kinder und Jugendlicher aus ihren Familien gestaltet sich durch die verstärkte soziale Kontrolle in ländlichen Räumen schwieriger. Beispielsweise müssen Psychiatrie- oder Heimaufenthalte durch Lügen vor Nachbarn und KlassenkollegInnen geheim gehalten werden:

> „Also ich denke das schon, dass es da einen großen Unterschied gibt. Weil wir haben das oft dass die Kinder, die vom Land kommen nicht sagen dürfen, dass sie nun hier leben. Da wird in der Nachbarschaft oft gesagt, dass die Kinder nun in ein Internat gehen. Aber ich bin da eigentlich für Ehrlichkeit. Aber das ist so in einem kollektiven Verbund.

Da würde das eine viel zu große Welle machen [...] Ich denke da gibt es einen großen Unterschied zur Stadt, wo es einfach anonymer ist." (Experte 4).

Überdies wäre eine Barriere für die Offenlegung sexuellen Missbrauchs die rigide Einhaltung von Werten und Konventionen. Je stärker die Werthaltungen (z.B. religiöse Einstellungen, stereotypen Geschlechterrollen) der Familien und ihres Umfeldes gelebt werden, desto schwieriger gestalten sich Interventionsprozesse, da diese in Verarbeitungsprozessen aufgebrochen werden müssen. Auch in diesem Punkt gebe es keinen Unterschied zwischen einheimisch deutschen Familien und türkischen Migrantenfamilien. Hintergrund wäre laut den ExpertInnen der von EinwohnerInnen überwiegend streng gelebte Katholizismus. Eine Psychotherapeutin äußerte sich dahingehend, dass sie nicht wisse, „ob es wirklich Gläubigkeit ist (Anm. d. Verf.: bei einheimisch deutschen Familien), also ob die wirklich gläubig sind. Aber die Zugehörigkeit (...) das ist auch eine Frage der Ehre." (Expertin 5).

Vordergründig wäre die Aufgabe von PsychotherapeutInnen in der Zukunft die Gradwanderung zwischen dem kulturellen und religiösen Hintergrund einheimisch deutscher Familien und Migrantenfamilien im ländlichen Raum lebend zu meistern:

„Für uns ist das selbstverständlich, dass wir uns frohe Weihnachten wünschen aber dass man anderen ein frohes Zuckerfest wünscht, ist nicht der Fall. Oder wozu der Ramadan ist. Wir haben ja hier enge religiöse Grenzen. Manche Familien sind hier ja auch extrem moralisch katholisch. Das ist genauso eine Behinderung. [...] Da geht es vielmehr um Verständigung. Also diese Angst vor dem Fremden, die nehmen uns ja nichts. Das gibt es hier aber. Das ist, woran hier vieles erkrankt." (Expertin 3)

Damit könnten die von den ExpertInnen ersichtlich fest gelegten Außengrenzen von einheimisch deutschen Familien zu Migrantenfamilien aufgehoben werden. Ansonsten wäre dies mit einem sexuellen Missbrauch vergleichbar, wo die Grenzen zur Außenwelt bzw. zum Umfeld der Betroffenen geschlossen werden. Dennoch ist das Vorhandensein von Grenzen nicht charakteristisch für einen ländlichen Raum, jedoch andere Grenzen bzw. Barrieren, wie der Zugang zu kulturellem Kapital sind für die ExpertInnen wahrnehmbar. Dieses Hindernis ist zwar für Interventionsprozesse sexuellen Missbrauchs nicht bewusst ausschlaggebend, aber durch die geringe bis keine Teilhabe an z.B. Angeboten informeller Bildung bedeutet es etwas „Fremdartiges" für Kinder und Jugendliche, sowie auch für ihre Familien. Dahingehend gab es nach Angabe einer Expertin, früher noch Busse, die Personen aus ländlichen Gegenden in die Städte zu Theatern gefahren haben:

„Und dann diese Scheiße im Fernsehen angucken, da weißt du aber nicht wie es riecht. Und dann weiß du auch nicht wie es ist, wenn jemand neben dir sitzt der sich räuspert und du hörst nicht, wenn sich jemand verspielt. [...] und wie schön das ist sich in der

Pause zu mustern, so ‚Mensch, das gäbe es auch noch'. (…) also das ist sicherlich so ein Ding der Landbevölkerung, aber auch für Menschen mit Migrationshintergrund noch viel Extremer. Die haben da gar keinen Zugang dazu. Die sind ja teilweise hoch, HOCH musikalisch." (Expertin 3).

2.2.4 Austausch der Fachkräfte untereinander und die Vernetzung, wie das Vorhandensein von Einrichtungen der Kinder- und Jugendhilfe

Ein guter Austausch der ExpertInnen besteht nicht nur untereinander, sondern auch zu anderen Einrichtungen der Kinder- und Jugendhilfe (psychiatrische Kliniken, Kinderheimen, dem ortsansässigen Jugendamt). Ebenfalls kooperieren die PsychotherapeutInnen in eigener Praxis häufig mit Fachberatungsstellen gegen sexuellen Missbrauch in den nächstgelegenen Städten. Einerseits um Kinder und Jugendliche, die selbst übergriffig werden, dorthin zu verweisen und andererseits um sich bei Bedarf spezifische Informationen einholen zu können. Darüber hinaus gibt es einen Arbeitskreis gegen sexuelle Gewalt, an denen alle befragten ExpertInnen in regelmäßigen Abständen teilnehmen. Der Arbeitskreis dient dazu sich über bestehende Unterstützungsmöglichkeiten für Betroffene auszutauschen und Bedarfe hinsichtlich des Kinder- und Jugendschutzes in ihrer Region zu diskutieren. Darüber hinaus würden gelegentlich ExpertInnen zu bestimmten Themenbereichen eingeladen werden, die für Interventionsprozesse auf relevante Informationen hinweisen könnten (z.B. Sprach- und KulturvermittlerInnen). Inwiefern dieser Austausch über einen eigens gegründeten Arbeitskreis ein Charakteristikum des ländlichen Raumes ist, bleibt offen. Ersichtlich wurde, dass die befragten ExpertInnen zum Teil auch in anderen Arbeitskreisen eingebunden sind, die vordergründig nicht das Thema des sexuellen Missbrauchs behandeln, sondern sich z.B. mit der psychiatrischen Versorgung im ländlichen Gebiet befassen. Fortbildungen zu Themen, wie der interkulturellen Pädagogik oder Psychotherapie werden kaum besucht. Hier fehle es den ExpertInnen an interessanten Angeboten in Reichweite. Eine Expertin, die selbst einen Migrationshintergrund hat, hätte selbst Fortbildungen im Migrationsbereich initiiert. Hingegen werden Weiterbildungen zum Thema sexueller Missbrauch, gerade von PsychotherapeutInnen in Kinder- und Jugendhilfeeinrichtungen wahrgenommen. Häufig besteht das Motiv, dass Einrichtungen Handlungsleitfäden für Interventionen erstellen müssen und im Zuge dessen alle MitarbeiterInnen an externen Weiterbildungsprogrammen zum Schutz vor sexuellem Missbrauch teilnehmen.
Eine Vernetzung mit Einrichtungen aus dem Migrationsbereich (z.B. Migrantenorganisationen) findet nicht statt, da es nach Angabe der ExpertInnen keine in umliegender Umgebung geben würde. An dieser Stelle sehen die ExpertInnen jedoch auch keinen Vernetzungsbedarf. Eine Expertin begründet dies damit, dass solche Migrantenorganisationen sich meist über die Jahre hinweg auf eine Migrantengruppe spezialisiert haben und dadurch auf geringe Resonanz stoßen

würden. Vermutlich könnte die Ursache sein, dass die Organisation von MigrantInnen gegründet wurde, die nicht denselben Migrationshintergrund aufweisen, wie ihre Zielgruppe. Dieser Aspekt ging durch die genaue Ausführung der Expertin hervor.

Von allen ExpertInnen wurde eine fehlende Fachberatungsstelle gegen sexuellen Missbrauch im ländlichen Raum angesprochen, dies wiederum sei hinderlich für die Aufklärung sexuellen Missbrauchs in der Öffentlichkeit. Dieses Defizit müsse die bestehende Erziehungsberatungsstelle auffangen und wäre damit die erste Anlaufstelle für betroffene Kinder und Jugendliche. Inwiefern das Wissen bei Kindern und vor allem Jugendlichen darüber bestehe sich im Fall eines sexuellen Missbrauchs an eine Erziehungsberatungsstelle zu wenden, könnten die ExpertInnen nicht angeben. Darüber hinaus werden Unterstützungsmöglichkeiten zu sexuellen Gewalterfahrungen nicht auf einer Homepage von bestehenden Einrichtungen, die mit betroffenen Kindern und Jugendlichen arbeiten, angeführt. Dies könnte bei der Suche nach Hilfen von Kindern und Jugendlichen in akuten Krisen im ländlichen Raum erschwerend hinzukommen. In Städten gebe es dagegen ausreichend Möglichkeiten an Unterstützungsangeboten. Für die ExpertInnen war dies bemerkbar, weil aus ländlichen Gebieten viele Kinder und Jugendliche in den Städten Hilfen in Anspruch genommen haben.

Es gibt jedoch eine psychiatrische Klinik für Kinder und Jugendliche in der ländlichen Region, aber auch hier spiegelt sich der Einfluss sozialer Kontrolle wieder (siehe Kapitel 2.2.3). Primär befürchten einige Jugendliche, dass die Klinik zu nah an ihrem Wohnort liegt, wodurch der Missbrauch öffentlich gemacht werden könnte. Ebenfalls sei der Umgang in einer Kinder- und Jugendpsychiatrie nahe einer Stadt liegend von Seiten der PatientInnen offener. Eine Psychotherapeutin die auch in einer kinder- und jugendpsychiatrischen Kliniken im städtischen Bereich gearbeitet hat erkennt, dass Kinder und Jugendliche untereinander „ oft sagen: ‚Na, bist du schon wieder in der Kinder- und Jugendpsychiatrie? Ja, und du?‘ So locker, dass wir selbst schon lachen mussten". (Expertin 6).

Ein großer Bedarf besteht insbesondere an geschulten DolmetscherInnen, die nicht aus derselben Community wie der Familie angehören. Diese können zwar nicht als Fachkraft der Kinder- und Jugendhilfe aufgefasst werden, aber mit dem Thema vertraute DolmetscherInnen werden als wichtiger Bestandteil von Interventionsprozessen angesehen. Auch fehle es an beraterischen, therapeutischen Maßnahmen für Eltern, die kaum Deutsch können. Damit könnten erfolgreiche Interventionsprozesse nach Angabe der ExpertInnen nicht gelingen. Betroffene Kinder und Jugendliche würden nach der Inanspruchnahme von einzelnen Psychotherapien wieder in dysfunktionale Familiensysteme zurückkehren und dem würde ein systemischer Ansatz nicht gerecht werden. In Städten sei das Angebot an DometscherInnen groß, doch der finanzielle Aufwand für sie in ländliche Gebiete zu fahren kann kaum vergütet werden. Auch wenn ÜbersetzerInnen von

PsychotherapeutInnen mit eigener Praxis eingeladen werden, wird die finanzielle Vergütung der Übersetzungsleistung von einer Krankenkasse nicht übernommen. Den Einbezug von Sprach- und KulturvermittlerInnen wünschen die befragten ExpertInnen, aber auch diesbezüglich bestehen ähnliche Herausforderungen, wie für DolmetscherInnen. Des Weiteren seien die DolmetscherInnen, sowie Sprach- und KulturvermittlerInnen nicht auf solche sensiblen Themen in der Beratung geschult, wodurch es vielfach zu negativen Erfahrungen in Beratungsgesprächen kam. Oftmals entwickeln sich eigene Dynamiken in den Gesprächen, in denen die ExpertInnen völlig außer Acht gelassen werden und sich ein „Zweiergespräch" zwischen KlientIn und DolmetscherIn ergibt. Um dieser Problematik entgegen zu wirken, fordert ein Teil der befragten ExpertInnen Fachkräfte mit Migrationshintergrund und vielfältigen sprachlichen Kompetenzen für die Arbeit mit betroffenen Kindern und Jugendlichen. Eine Expertin, die selbst einen Migrationshintergrund besitzt spricht sich allerdings gegen eine Psychotherapie von TherapeutIn mit Migrationshintergrund und KlientIn mit gleichem Migrationshintergrund aus. Vor allem im ländlichen Raum sei die Gefahr groß einen/eine Therapeuten/ Therapeutin, der/die Mitglied seiner/ihrer Community sein kann zu begegnen und ein Brechen der Schweigepflicht befürchtet wird. So schildert eine Therapeutin, dass es kein Wort in arabischer Sprache für „Schweigepflicht" gibt und die Umschreibung dessen lauten würde: ,Ich darf es niemandem erzählen […].' (Expertin 4). Diesen Satz könnte aber die/der betroffene Jugendliche z.B. von ihrer/ seiner Nachbarin einmal gehört haben und damit besitze er für alle Situationen eine geringere Bedeutung.

3 Diskussion und Ausblick

Deutlich wurde, welche Merkmale gerade dem ländlichen Raum hinsichtlich der Einflussnahme auf Interventionsprozesse nach sexuellen Missbrauchserlebnissen von Kindern und Jugendlichen ihres Meso- und Exosystems zugesprochen werden. Insbesondere stellte sich heraus, dass die soziale Kontrolle eine wesentliche Rolle vor allem in Bezug auf Disclosureprozessen spielt. Befürchtungen vor einer weitreichenden Ausgrenzung aus sozialen Gemeinschaften würden nicht nur Jugendliche mit Migrationshintergrund besitzen, sondern auch einheimisch deutsche Jugendliche sind im ländlichen Raum vermehrt dazu angehalten den Missbrauch zu verheimlichen. Vermutet werden könnte, dass die unterschiedlichen sozialen Gemeinschaften im ländlichen Raum durch einzelne MitgliederInnen stärker miteinander in Kontakt stehen, wodurch die Information über das Erlebte auch Anderen bekannt werden könnte. Demnach hätten Stigmatisierungstendenzen größere Auswirkungen für die Betroffenen und ihre Familie als in urbanen Räumen. Für Kinder und Jugendliche mit Migrationshintergrund bedeute überdies hinaus von einer doppelten Stigmatisierung betroffen zu sein: Migrantin und Opfer zugleich. Nicht nur die lang erlebte Zuschreibung des Migrationshintergrundes, sondern auch die Beschränkung der Betroffenen auf ihre Opferrolle trägt zur sozialen Ausgrenzung bei. Wohingegen auch wenn die Betroffenen Hilfen, wie eine Fremdunterbringung oder die stationäre Aufnahme in einer psychiatrischen Klinik in Anspruch nehmen, wird der Aspekt sozialer Kontrolle sichtbar. Die betroffenen Kinder und Jugendlichen müssen Gründe erfinden, weshalb sie z.b. nicht mehr in die Schule gehen und wo sie sich derzeit aufhalten. Damit einhergehend könnte geschlussfolgert werden, dass die Inanspruchnahme einer psychiatrischen Unterstützung in der ländlichen Umgebung einer negativen Sichtweise unterworfen ist. Die Annahme kann durch die These der Suche nach Hilfe innerhalb der Familie in ländlich geprägten Räumen gestützt werden (Brandstetter 2009). Folglich werden aber die betroffenen Kinder und Jugendlichen wieder in die Rolle gedrängt Geheimnisse wie im Fall des Missbrauchs aufrechtzuerhalten. Das Kriterium sozialer Kontrolle und damit einhergehend der Befürchtung sozialer Stigmatisierung der Familie gelte demnach nicht nur für betroffene Kinder und Jugendliche mit türkischem Migrationshintergrund, wie es in der wissenschaftlichen Literatur (siehe Finkel 2002, Kizilhan 2015, Stoltenborgh et. al. 2011) angeführt ist, sondern auch für betroffene Kinder und Jugendliche ohne Migrationshintergrund im ländlichen Wohnlagen. Folglich müssten traditionelle Wertvorstellungen und kollektivistische Denkweisen (Tabuisierung der Sexualität, patriarchale Geschlechterrollen, familiäre Orientierung), die als Barrieren für eine Offenlegung und Verarbeitung des Missbrauchs anzusehen sind in ländlichen Räumen untersucht werden. Nach den Ergebnissen der „Landjugendstudie 2010" von Stein (2013) betonen Männer aus einem ländlichen Raum gegenüber vergleichenden Ergebnissen mit der Shellstudie (2006) in der gesamten Bundesrepublik Deutschlands die Beachtung von Traditionen. Inwieweit dabei andere traditionelle Werte als Relevant erachtet werden müsste ebenfalls mittels quantitativer Untersuchung erfasst werden. Vermutet werden kann, dass sich in Bezug auf kollektivistische Orientierungen im Vergleich von Jugendlichen mit Migrationshintergrund zu Jugendlichen ohne Migrationshintergrund im ländlichen Raum geringe Unterschiede zeigen, da nach Stein (2013) die Befragten insgesamt der Individualität eine geringere Bedeutung beimessen als den Befragten der Shellstudie (2006).

Schlussendlich bleibt die Herausforderung bestehen, dass sich betroffene Kinder, Jugendliche und ihre Familien nach Öffentlichkeitsmachung des Missbrauchsgeschehens stärkeren Stigmatisierungstendenzen aufgrund sozialer Kontrolle ausgesetzt sehen als es in Städten der Fall ist. Wiederum begünstigt der Status „Migrationshintergrund" eines betroffenen Kindes die Geheimhaltung des Erlebten und kann sich an den Kreis erfahrener Ausgrenzung schließen. Damit werden durch die soziale Kontrolle Bewegungen in Gang gesetzt, die vor der Öffentlichkeitsmachung des Missbrauchs noch nicht bestanden. Diverse indirekte Beziehungsgeflechte der Betroffenen und ihrer Familie stehen nachfolgend durch den kleinstrukturierten Sozialraum in direktem Bezug zu ihnen, der von Neugierde des Umfeldes bei gleichzeitiger Ausgrenzung der Betroffenen gekennzeichnet ist. Damit einhergehend werden zuvor noch uneingeschränkte Handlungsmöglichkeiten der Betroffenen eingegrenzt und hemmen nicht nur die angemessene Verarbeitung des sexuellen Missbrauchs, sondern begünstigen seine inkonsistente Aufarbeitung.

Literatur

Bange, D.; Körner, W. (2004): Leitlinien im Umgang mit dem Verdacht auf sexuellen Kindesmissbrauch. In: Körner, W.; Lenz, A. (Hrsg.): Sexueller Missbrauch. Band 1, S. 247-276

Bange, D. (2002a): Definitionen und Begriffe. In: Bange, D.; Körner, W. (Hrsg.): Handbuch sexueller Missbrauch. Göttingen; Bern; Toronto; Seattle, S. 47-53

Bange, D. (2002b): Intervention – „die Regeln der Kunst". In: Bange, D.; Körner, W. (Hrsg.): Handwörterbuch sexueller Missbrauch. Göttingen; Bern; Toronto; Seattle, S. 47-53

Bange, D. (2004): Definitionen und Häufigkeit von sexuellem Missbrauch. In: Körner, W.; Lenz, A. (Hrsg.): Sexueller Missbrauch. Göttingen; Bern; Toronto; Seattle, S. 29-37

Bange, D. (2015): Gefährdungslagen Gefährdungslage und Schutzfaktoren Schutzfaktor im familiären und institutionellen Umfeld in Bezug auf sexuellen Kindesmissbrauch. In: Fegert, J. et. al. (Hrsg.): Sexueller Missbrauch von Kindern und Jugendlichen. Berlin; Heidelberg, S. 137-141

Bange, D.; Deegener, G. (1996): Sexueller Mißbrauch an Kindern: Ausmaß, Hintergründe, Folgen

Bergmann, C. (2014): Sexualisierte Gewalt – Politische Reaktionen. In: Böllert,K.; Watzlawik, M. (Hrsg.): Sexualisierte Gewalt. Institutionelle und professionelle Herausforderungen. Wiesbaden, S. 127-138

Brandstetter, M. (2009): Gewalt im sozialen Nahraum. Die Logik von Prävention in ländlichen Sozialräumen. Wiesbaden

Bronfenbrenner, U. (1981): Die Ökologie der menschlichen Entwicklung. Natürliche und geplante Experimente

Büschges-Abel, W. (2011): Sexuelle Misshandlung und sexuelle Gewalt – Kindesschutz systemisch gesehen. In: Baldus, M.; Utz, R. (Hrsg.): Sexueller Missbrauch in pädagogische Kontexten. Faktoren, Interventionen, Perspektiven. Wiesbaden, S. 179-192

Deegener, G. (2010): Kindesmissbrauch. Erkennen – helfen – vorbeugen. 5. Aufl., Weinheim; Basel

Deinet, U. (2004): Zur Lage der Kinder-und Jugendarbeit in ländlichen Regionen. Werkstattgespräch. Kinder-und Jugendarbeit auf dem Land. Dokumentation der Veranstaltung vom 20./21. Januar. Berlin (http: http://www.eundc.de/pdf/30008.pdf)

Finkel, M. (2002): Migrantinnen und Migranten. In: Bange, D.; Körner, W. (Hrsg.): Handbuch sexueller Missbrauch. Göttingen; Bern; Toronto; Seattle, S. 346-354

Feiring, C.; Coates, D.; Taska, L. (2001): Ethnic status, stigmatization, support, and symptom development following sexual abuse. Journal of interpersonal violence. 16, 1307-1329

Friedrich, M. H. (2001): Tatort Kinderseele. Sexueller Mißbrauch und die Folgen. 2. Aufl., Wien

Gahleitner, S. B. (2005): Sexuelle Gewalt und Geschlecht. Hilfen zur Traumatisierung bei Frauen und Männern. Gießen

Gilligan, P.; Akhtar, S. (2006): Cultural barriers to disclosure of child sexual abuse in asian communities: listen to what women say. British journal of social work. 36, 1361-1377

Harten, H.-C. (2005): Zur Zementierung der Geschlechterrollen. In: Amann, G.; Wipplinger, R. (Hrsg.): Sexueller Missbrauch. Überblick zu Forschung, Beratung und Therapie. Ein Handbuch. 3. Aufl., Tübingen

Hunter, S. V. (2011): Disclosure of child sexual abuse as a life-long process: Implications for health professionals. In: The Australien and New Zealand journal of family therapie. 32, 159-172

Kavemann, B.; Nagel, B.; Hertlein, J. (2015): Fallbezogene Beratung und Beratung von Institutionen zu Schutzkonzepten bei sexuellem Missbrauch. Arbeitsstab des Unabhängigen Beauftragten für Fragen des sexuellen Kindesmissbrauchs (https://beauftragter-missbrauch.de/fileadmin/Content/pdf/Presse_Service/Hintergrundmaterialien/Expertise_Fachberatungsstellen.pdf)

Kizilhan, J. I. (2015): (Inter-)Kulturelle Faktoren von sexuellem Missbrauch sexueller Missbrauch kulturelle Faktoren. In: Fegert, J. et. al. (Hrsg.): Sexueller Missbrauch von Kindern und Jugendlichen. Berlin; Heidelberg, S. 397-406

Kolshorn, M. & Brockhaus, U. (1993): Sexuelle Gewalt gegen Mädchen und Jungen. Mythen, Fakten, Theorien. Frankfurt

Mayring, P. (2010): Qualitative Inhaltsanalyse. Wiesbaden: VS Verlag für Sozialwissenschaften

Maywald, J. (2012): Gefährdungen junger Kinder. Herausforderungen an frühe Hilfen. In: Andresen, S.; Heitmeyer, W. (Hrsg.): Zerstörerische Vorgänge. Missachtung und sexuelle Gewalt gegen Kinder und Jugendliche in Institutionen. Weinheim; Basel, S. 252-263

Misurell, J. R.; Springer, C. (2013): Developing culturally responsive evidence-based practice: a game-based group therapy program for child sexual abuse (CSA). Journal of Child and Family Studies. 22, 137-149

Mosser, P. (2009): Wege aus dem Dunkelfeld. Aufdeckung und Hilfesuche bei sexuellem Missbrauch an Jungen. Wiesbaden

Prasad, N. (1996): Schwarze/migrierte Frauen und sexueller Mißbrauch. In: Hentschel, G. (Hrsg.): Skandal und Alltag. Sexueller Mißbrauch und Gegenstrategien. 1. Aufl., Berlin, S. 183-191

Prasad, N. (2008): „Gewalt gegen Migrantinnen und die Gefahr ihrer Instrumentalisierung im Kontext von Migrationsbeschränkung." – Soziale Arbeit als Menschenrechtsprofession mit ethischer Verantwortung. Oldenburg

Priebe G.; Svedin C.G. (2008): Child Sexual Abuse is largely hidden from the adult society: An epidemiological study of adolescents` disclosures. Child Abuse & Neglect. 32, 1095-1108

Rädler, M.; Schubert, H. (2012): Innovation im ländlichen Raum am Beispiel des Allgemeinen Sozialen Dienstes (ASD) In: S. Debiel et al. (Hrsg.), Soziale Arbeit in ländlichen Räumen. Wiesbaden

Reh, S. et. al. (2012): Sexualisierte Gewalt in pädagogischen Institutionen – eine Einleitung. In: Thole, W. et. al. (Hrsg.): Sexualisierte Gewalt, Macht und Pädagogik. Opladen, Berlin, Toronto, 13-26

Scheufele, B. (2005): Sexueller Missbrauch-Mediendarstellung und Medienwirkung. Wiesbaden

Seel, Hans-Jürgen (2014): Beratung: Reflexivität als Profession. Göttingen

Smith, D.W. et. al. (2000): Delay in Disclosure of Childhood rape: results from a National Survey. Child Abuse & Neglect. 24, 273-287

Stadler, L. et. al. (2012): Repräsentativbefragung. Sexueller Missbrauch 2011. (KFN-Forschungsbericht; Nr.: 118). Hannover: KFN. (http://www.kfn.de/versions/kfn/assets/fob118.pdf)

Statistisches Bundesamt (2013): (https://www.destatis.de/DE/ZahlenFakten/GesellschaftStaat/Bevoelkerung/MigrationIntegration/Migrationshintergrund/Aktuell2012Migranten.html)

Stein, M. (2013): Jugend in ländlichen Räumen: die Landjugendstudie 2010. Julius Klinkhardt

Steinhage, R. (1992): Sexuelle Gewalt – Kinderzeichnungen als Signal. Hamburg: Rowohlt Verlag

Stoltenborgh, M. et. al. (2011): A Global Perspective on Child Sexual Abuse: Meta-Analysis of Prevalence Around the World. Child Maltreat 2011 16: 79 (http://cmx.sagepub.com/content/16/2/79)

Stölzl, M. et. al. (2012): Förderungskatalog Fachberatung sichern: Bessere Hilfen für von sexueller Gewalt betroffene Mädchen und Jungen. 2. Hearing der Unabhängigen Beauftragten zur Aufarbeitung des sexuellen Kindesmissbrauchs. Berlin. (https://beauftragter-missbrauch.de/der-beauftrag-te/dialog-kindesmissbrauch/)

Tschauner, M. (2006): Die Anhörung von kindlichen Opfern sexueller Gewalt aus psychotrauma-tologischer Sicht. In: Ley, T. (Hrsg.): Die Anhörung von kindlichen Opfern sexueller Gewalt aus psychotraumatologischer Sicht. Band 4, Frankfurt

Ungar, M. et. al. (2009): What Canadian youth tell us about disclosing abuse. Child Abuse and Ne-glect. 33, 699-708

Vereinte Nationen: UN-Kinderrechtskonvention (vom 20. November 1989). Übereinkommen über die Rechte des Kindes (http://www.national-coalition.de/pdf/UN-Kinderrechtskonvention.pdf)

Wipplinger, R.; Amann, G. (2005): Sexueller Missbrauch: Begriffe und Definitionen. In: Amann, G.; Wipplinger, R. (Hrsg.): Sexueller Missbrauch. Überblick zu Forschung, Beratung und Therapie. Ein Handbuch. 3. Aufl., Tübingen

Verzeichnis der Autorinnen und Autoren

Beierle, Sarah: Diplom-Sozialwissenschaftlerin am Deutschen Jugendinstitut e.V. DJI, Außenstelle Halle.

Born, Karl Martin, Prof. Dr.: Mitarbeiter am Institut für Strukturforschung und Planung in agrarischen Intensivgebieten ISPA an der Universität Vechta.

Hempel, Tobias: Diplom-Sozialpädagoge an der Fachhochschule Emden/Leer.

Janßen, Wiebke, Dr.: wissenschaftliche Mitarbeiterin im Fachbereich Soziale Arbeit an der Universität Vechta.

Keil, Andreas, Prof. Dr.: Professor für Geographie und ihre Didaktik mit dem Schwerpunkt Sozialgeographie an der Universität Wuppertal.

Lenz, Svenja, MEd: Grundschullehrerin im ländlichen Raum.

Lindau-Bank, Detlev: Wissenschaftlicher Mitarbeiter im Fachbereich Soziale Arbeit an der Universität Vechta.

Mettenberger, Tobias: wissenschaftlicher Mitarbeiter am Thünen-Institut für Ländliche Räume, Braunschweig.

Morawietz, Holger, Dr.: Akademischer Oberrat für Schulpädagogik und Leiter des Audio-Visuellen Medienzentrums an der Universität Vechta.

Moser, Andrea: Diplom-Agraringenieurin und ehemalige wissenschaftliche Mitarbeiterin am Thünen-Institut für Ländliche Räume, Braunschweig.

Röhner, Charlotte, Prof. Dr.: Senior-Research-Professorin an der Universität Frankfurt.

Scherak, Lukas: Wissenschaftlicher Mitarbeiter und Doktorand im Fachbereich Erziehungswissenschaften an der Universität Vechta.

Schneider, Thomas: Mitarbeiter in einem Unternehmen der chemischen Industrie im Bereich Soziales und ländlicher Raum und Doktorand im Fachbereich Erziehungswissenschaften an der Universität Vechta.

Schubarth, Wilfried, Prof. Dr.: Lehrstuhl für Erziehungs- und Sozialisationstheorie im Bereich Bildungswissenschaften der Universität Potsdam.

Seyfi, Nur: Wissenschaftliche Hilfskraft im Team Geographie der Universität Wuppertal.

Steenkamp, Daniela, Dr.: Wissenschaftliche Mitarbeiterin am Lehrstuhl für Allgemeine Pädagogik an der Universität Vechta.

Stein, Margit, Prof. Dr.: Lehrstuhl für Allgemeine Pädagogik an der Universität Vechta.

Steinführer, Annett, Dr.: wissenschaftliche Mitarbeiterin am Thünen-Institut für Ländliche Räume, Braunschweig.

Stummbaum, Martin, Prof. Dr.: Professor im Fachbereich Soziale Arbeit und Gesundheit an der Hochschule Emden/Leer.

Thio, Sie Liong: Diplom-Geograph und Senior Researcher am Institut für Zukunftsstudien und Technologiebewertung IZT, Berlin.

Tillmann, Frank, Dr.: Diplom-Soziologe und wissenschaftlicher Referent am Forschungsschwerpunkt „Übergänge im Jugendalter" des Deutschen Jugendinstituts e.V. an der Außenstelle in Halle (Saale).

Weingraber, Sophie: Wissenschaftliche Mitarbeiterin und Doktorandin am Lehrstuhl für Allgemeine Pädagogik an der Universität Vechta.

Wochnik, Markus, Dr.: Wissenschaftlicher Mitarbeiter im Institut für Berufsbildung an der Universität Kassel.